20
25

C A I O **B A R T I N E**

DIREITO TRIBUTÁRIO QUÂNTICO

COMPLEXIDADE, INCERTEZA E INTELIGÊNCIA
FISCAL NO SÉCULO XXI

Dados Internacionais de Catalogação na Publicação (CIP) de acordo com ISBD

B288d   Bartine, Caio
Direito tributário quântico: complexidade, incerteza e inteligência fiscal no século XXI / Caio Bartine. – Indaiatuba, SP : Editora Foco, 2025.

316 p. ; 17cm x 24cm.

Inclui bibliografia e índice.

ISBN: 978-65-6120-529-0

1. Direito. 2. Direito tributário. I. Título.

2025-2338   CDD 341.39   CDU 34:336.2

Elaborado por Odilio Hilario Moreira Junior - CRB-8/9949
Índices para Catálogo Sistemático:
1. Direito tributário 341.39
2. Direito tributário 34:336.2

CAIO **BARTINE**

DIREITO TRIBUTÁRIO QUÂNTICO

COMPLEXIDADE, INCERTEZA E INTELIGÊNCIA FISCAL NO SÉCULO XXI

2025 © Editora Foco

Autor: Caio Bartine
Diretor Acadêmico: Leonardo Pereira
Editor: Roberta Densa
Assistente Editorial: Paula Morishita
Revisora Sênior: Georgia Renata Dias
Revisora Júnior: Adriana Souza Lima
Capa Criação: Leonardo Hermano
Diagramação: Ladislau Lima
Impressão miolo e capa: FORMA CERTA

DIREITOS AUTORAIS: É proibida a reprodução parcial ou total desta publicação, por qualquer forma ou meio, sem a prévia autorização da Editora FOCO, com exceção do teor das questões de concursos públicos que, por serem atos oficiais, não são protegidas como Direitos Autorais, na forma do Artigo 8º, IV, da Lei 9.610/1998. Referida vedação se estende às características gráficas da obra e sua editoração. A punição para a violação dos Direitos Autorais é crime previsto no Artigo 184 do Código Penal e as sanções civis às violações dos Direitos Autorais estão previstas nos Artigos 101 a 110 da Lei 9.610/1998. Os comentários das questões são de responsabilidade dos autores.

NOTAS DA EDITORA:

Atualizações e erratas: A presente obra é vendida como está, atualizada até a data do seu fechamento, informação que consta na página II do livro. Havendo a publicação de legislação de suma relevância, a editora, de forma discricionária, se empenhará em disponibilizar atualização futura.

Erratas: A Editora se compromete a disponibilizar no site www.editorafoco.com.br, na seção Atualizações, eventuais erratas por razões de erros técnicos ou de conteúdo. Solicitamos, outrossim, que o leitor faça a gentileza de colaborar com a perfeição da obra, comunicando eventual erro encontrado por meio de mensagem para contato@editorafoco.com.br. O acesso será disponibilizado durante a vigência da edição da obra.

Impresso no Brasil (6.2025) – Data de Fechamento (6.2025)

2025
Todos os direitos reservados à
Editora Foco Jurídico Ltda.
Rua Antonio Brunetti, 593 – Jd. Morada do Sol
CEP 13348-533 – Indaiatuba – SP

E-mail: contato@editorafoco.com.br
www.editorafoco.com.br

PREFÁCIO

O estudo que fui chamado a prefaciar tem suas origens no que, com alguma licença, se poderia chamar da proto-história da futura história aqui narrada pelo autor.

Com efeito, pelos idos de março de 1957, o Tratado de Roma, ao criar o Mercado Comum Europeu, firmado por seis países – (França, Alemanha Ocidental, Itália, Bélgica, Holanda e Luxemburgo – estatuía como diretriz a harmonização das regras de tributação. Vinha configurado, desde então, o embrião da União Europeia, hoje integrado por vinte e sete países.

Eis o pilar fundamental do que, em perspectiva quântica, como explicita o autor, será representado pela interconexão dos sistemas econômicos globais.

Na mesma diretriz caminhava, pouco tempo depois, o Modelo de Código Tributário para a América Latina, de 1967, elaborado por Valdez Costa, Giuliani Fonrouge e Rubens Gomes de Sousa.

As disputas políticas impediram o avanço da ideia da integração da América Latina e, de concreto, o Tratado de Assunção instituiu o MERCOSUL, cujas perspectivas fiscais são bastante tímidas.

Com efeito, a árdua tarefa a que se propôs o autor consiste em propugnar pela cabal e completa integração do sistema tributário internacional.

Trata-se, em certa medida, de complemento efetivo, na esfera da tributação, do proposito de institucionalização, em 1974, de uma Nova Ordem Econômica Internacional, consubstanciada em duas Resoluções da Assembleia Geral das Nações Unidas, a primeira com o formato de Declaração e a segunda como verdadeiro e próprio plano de ação.

Ora, percebeu claramente o autor, ninguém pode ignorar que nos encontramos, presentemente, em certo momento intermediário – e, aqui sim, já se pode falar de história, e de história contemporânea – no qual o fenômeno da globalização já produz efeitos concretos e urge que tal fase transitória seja capturado pelos sistemas tributários nacionais e, em perspectiva quântica, carregue consigo consequências jurídicas. É que, para o Direito Quântico, é natural e corriqueiro que a superposição de ordenamentos jurídicos provoque o colapso do qual surgirá a unidade conceitual e fática de um único fenômeno fiscal.

O autor assume, quase como se fosse um múnus seu, demonstrar, que a estruturação do direito tributário será precisamente aquela que menos resistirá aos avanços irreversíveis da globalização.

Atentemos bem! Quando falo em avanço nem de longe qualifico o fenômeno como adequado ou positivo. É tão somente uma constatação decorrente de premissas afeitas ao raciocínio quântico.

O autor adverte que o direito tributário quântico depende da integração de dados fiscais e estes só existem mediante a configuração de infraestruturas tecnológicas robustas. E, como consequência, os custos envolvidos nessa magna operação podem criar dependência entre estados, com a consequente manutenção da velha ordem econômica internacional. Tudo muda, para ficar sempre igual.

Cumpre considerar que a perspectiva quântica só pode ser compreendida e sustentada, ou, dito por outras palavras, ganhar efetividade, se os administrados, isto é, aqueles que suportam a carga tributária, tenham ao alcance da mão, pouco mais ou menos como ocorre ainda de maneira tímida com a conta de chegar do imposto de renda da pessoa física no Brasil o valor correspondente ao total da carga tributária que eles próprios suportam.

O autor revela prontamente sua visão pragmática do fenômeno com que se depara.

A governança algorítmica fiscal, diz, pode ampliar o padrão de desigualdades regionais, setoriais e socioeconômicas.

Destarte, um elemento essencial de redução das desigualdades, colocado sob a perspectiva quântica, permite a interação entre contribuinte, norma, ambiente digital e estrutura institucional, apto a criar a assim chamada tributação preditiva e probabilística, projeto ideal de justiça fiscal que eleva à máxima potência o ideário da igualdade. É como se cada qual vertesse ao fisco exatamente o quinhão que lhe é apontado pela diretiva da equidade.

A que nos conduziu o manicômio jurídico tributário a que se referia Becker em 1963? A um estado de coisas infenso à ordem natural das coisas que o direito quântico ressalta à evidência. E, como consequência nefasta, ao abismo de desigualdades no tratamento fiscal que subjuga os mais pobres e, pela via grosseira da tributação indireta, só lhes confere um arremedo de mínimo existencial, que afronta ao valor essencial da dignidade da pessoa humana.

Perceberá o leitor, de pronto, que o fio condutor da proposta inovadora e versátil com que nos deparamos é aquele que propugna o monitoramento contínuo do sistema tributário como vetor de legitimidade do arcabouço engendrado e que carrega consigo, como consequência, a transparência dos dados, elemento garantidor do Estado de Direito.

A seu modo, a presente teoria pretende decompor todo o universo jurídico tributário até a partícula elementar e, mesmo identificando esta última, não a descola da consubstancialidade quântica da qual se acha impregnado em essência.

A sociedade de risco, colocada sob a perspectiva de uma outra modernidade, como quer Beck, absorve com naturalidade os princípios probabilísticos e os dados estatísticos porque estes são instrumentais quânticos posto a serviço da interdependência econômica global, que pode ser nascedouro da modernidade mais justa, a história posterior que pode vir a ser implantada se atentarem para os critérios científicos do direito quântico, manejados com proficiência pelo autor.

CAIO BARTINE está devidamente credenciado a tratar do assunto posto ser detentor de títulos doutorais e de mestrado obtidos em centros de reconhecido saber.

Cada vez que um feixe de propostas inovadoras das quais este trabalho está repleto o conhecimento de quem se debruça sobre o texto se enriquece e, ao mesmo tempo, é provocado a ir além.

Estamos, efetivamente, defronte a um marco relevante do pensamento tributário contemporâneo

Wagner Balera

Professor Titular da Faculdade de Direito da Pontifícia Universidade Católica de São Paulo.

APRESENTAÇÃO

Senhoras e senhores, é com entusiasmo intelectual e um profundo senso de responsabilidade acadêmica que lhes apresento uma obra absolutamente singular e disruptiva no cenário jurídico contemporâneo: *Direito Tributário Quântico: Complexidade, Incerteza e Inteligência Fiscal no Século XXI*, de autoria do *Prof. Dr. Caio Bartine* – jurista de trajetória notável, com sólida formação transnacional e ampla experiência tanto na academia quanto na advocacia prática.

Pós-Doutorando em Direito pela Università degli Studio di Messina (ITA), Doutor em Direito pela Pontifícia Universidade Católica do Rio de Janeiro (PUC-RJ) e em Ciências Jurídicas e Sociais pela Universidade de Buenos Aires (UBA-AR), MBA em Direito Empresarial pela Fundação Getulio Vargas (FGV), Especialista em Direito Tributário pelo IBET e Bacharel em Economia, Caio Bartine reúne, em sua formação, uma rara combinação de densidade teórica, sofisticação econômica e domínio técnico do sistema tributário. Professor, parecerista, advogado militante e sócio fundador do escritório *Ribeiro & Bartine Sociedade de Advogados*, o autor carrega em sua trajetória mais de duas décadas de experiência acadêmica e profissional – e é justamente essa síntese de vivência e reflexão que se materializa nas páginas da obra que agora se revela ao público.

Mais do que um livro, *Direito Tributário Quântico: Complexidade, Incerteza e Inteligência Fiscal no Século XXI* é um convite provocador à reconstrução da racionalidade fiscal a partir de fundamentos interdisciplinares – unindo Direito, Economia, Física, Matemática, Filosofia e Tecnologia para questionar os alicerces de um sistema tributário que já não responde, com eficácia, às dinâmicas de um mundo incerto, instável e interconectado.

Fruto de uma pesquisa intensa que teve início ainda no período anterior à pandemia de Covid-19 e que se aprofundou durante os momentos de reclusão e incerteza global, a obra representa um marco da maturidade intelectual do autor. É nesse contexto de crise sanitária, econômica e institucional que o projeto ganha forma, mergulhando na instabilidade não como um problema a ser evitado, mas como uma categoria epistemológica essencial à compreensão dos novos paradigmas normativos.

Inspirado pelos postulados da mecânica quântica e pela teoria dos sistemas complexos, o autor propõe um modelo interpretativo radicalmente novo – um *Direito Tributário não linear, probabilístico, responsivo e adaptativo*, em que conceitos como *superposição normativa, incerteza fiscal, governança algorítmica, inteligência artificial aplicada à tributação* e *modelagem estocástica de obrigações fiscais* deixam de ser abstrações futuristas e passam a integrar, com rigor técnico e clareza analítica, a nova arquitetura do pensamento jurídico-tributário.

Este livro não se limita a repetir categorias dogmáticas consagradas. Ao contrário: ele rompe com o determinismo clássico e lança as bases para uma nova epistemologia tributária – uma epistemologia que reconhece a complexidade, acolhe a imprevisibilidade e propõe uma *interpretação sistêmica da Constituição*, do Código Tributário Nacional e da Reforma Tributária (EC 132/2023) à luz dos avanços da ciência e da transformação digital.

Por isso, *esta obra é uma proposição de reflexão*. Uma reflexão séria, corajosa e absolutamente necessária para todos aqueles que compreendem que o Direito não pode permanecer estático diante das mutações profundas que atravessam as relações econômicas, a dinâmica do Estado e a arquitetura normativa global.

Convido, portanto, cada jurista, economista, cientista social, administrador público, programador fiscal e pensador inquieto a adentrar este universo quântico do Direito Tributário – não com a pretensão de obter respostas definitivas, mas com o espírito aberto à complexidade das perguntas que o nosso tempo exige.

Pois, como nos ensina Niels Bohr, "*a verdade oposta de uma grande verdade pode ser outra grande verdade*". E talvez seja justamente esse paradoxo – essa tensão entre o previsível e o incerto – que a obra *Direito Tributário Quântico: Complexidade, Incerteza e Inteligência Fiscal no Século XXI* nos convida a habitar, com coragem, técnica e ousadia.

SUMÁRIO

PREFÁCIO V

APRESENTAÇÃO IX

CAPÍTULO 1 – ATRIBUTOS QUÂNTICOS DOS SISTEMAS TRIBUTÁRIOS 1

1.1 Fundamentos da Teoria Quântica aplicada ao Direito Tributário 2

    1.1.1   O modelo clássico da tributação e suas limitações 11

1.2. Reflexões Epistemológicas sobre o Mapa Conceitual dos Fundamentos da Teoria Quântica aplicada Ao direito Tributário 20

    1.2.1.   Direito Tributário Quântico: Um Paradigma Emergente? 21

    1.2.2.   Incerteza Normativa e a Modelagem Matemática............................. 23

    1.2.3.   Superposição Tributária: Estados Jurídicos Múltiplos e a Indeterminação Interpretativa 25

    1.2.4.   A intersecção entre Modelagem Computacional e Governança Tributária 27

    1.2.5.   Impactos Econômicos: Para Onde Caminha a Tributação? 30

    1.2.6.   Conclusão: um convite ao debate 32

1.3. Modelagem Matemática dos Sistemas Dinâmicos 33

    1.3.1.   A evolução da teoria da tributação e o impacto da globalização 44

    1.3.2.   A necessidade de um novo paradigma para explicar fenômenos tributários complexos 46

1.4. Modelagem Matemática dos Sistemas Tributários Dinâmicos 76

    1.4.1   A Necessidade de Modelagem Matemática no Direito Tributário 76

    1.4.2   Estrutura do Modelo Representado 77

    1.4.3   Implicações do Modelo: Reflexões sobre a Dinamicidade Tributária .. 77

        1.4.3.1   Para Onde Caminha a Modelagem Tributária? 78

1.5. Relações entre a Mecânica Quântica e Tributação: Incerteza e Superposição 78

    1.5.1   O que é a quantização e como ela se manifesta na tributação 79

    1.5.2   O princípio da incerteza e a volatilidade normativa 81

1.6. Incerteza e Superposição na Tributação 83

1.6.1. A Incerteza Tributária: Um Fenômeno Inegável?	84
1.6.2. Superposição Tributária: Múltiplas Possibilidades Simultâneas	84
1.6.3. Reflexões sobre a Dinâmica Tributária e Possíveis Caminhos	85

1.7. A evolução da teoria da tributação e o impacto da globalização 85

1.7.1. A transformação da soberania fiscal em um mundo interconectado...	87
1.7.2. Tributação e redes complexas: interdependência econômica global ...	88
1.7.3. Modelos de governança tributária em tempos de globalização	89
1.7.4. A Superação da Governança Fiscal Tradicional	90
1.7.5. Modelos Contemporâneos de Governança Tributária	91

1.8. O papel da inteligência artificial na quantização do Direito Tributário 93

1.8.1. Algoritmos preditivos na administração tributária	94
1.8.2. A Fundamentação Matemática e Epistemológica da Previsão Tributária	94
1.8.3. Machine Learning e Big Data na governança fiscal	96
1.8.4. *Blockchain* e transparência tributária	99

CAPÍTULO 2 – INTERCONEXÃO FISCAL GLOBAL E A SUPERPOSIÇÃO TRIBUTÁRIA 103

2.1. A natureza interconectada dos sistemas tributários modernos 104

2.1.1. Complexidade fiscal e teoria dos sistemas dinâmicos	106
2.1.2. Modelos de quantização normativa e impactos no contencioso tributário	108

2.2. A superposição tributária na economia digital 110

2.2.1. Conflitos de competência fiscal no ambiente digital	112
2.2.2. O desafio da tributação de intangíveis e fluxos financeiros globais	123
2.2.3. Novos paradigmas normativos para a tributação digital	126

2.3. A interseção entre física quântica e a incerteza fiscal 128

2.3.1. Aplicação do princípio da incerteza de Heisenberg na tributação	129
2.3.1.1. A incerteza jurídico-normativa como estrutura de limite	130
2.3.1.2. Medição jurídica e o colapso interpretativo	132
2.3.1.3. O paradoxo da previsibilidade: precisão legal x eficácia econômica	135
2.3.2. Caos tributário: a imprevisibilidade normativa e suas consequências	140

	2.3.2.1.	Sensibilidade às Condições Iniciais: Efeitos Sistêmicos de Decisões Pontuais	142
	2.3.2.2.	Retroalimentação, Complexidade e Efeito de Ressonância ..	145
	2.3.2.3.	Imprevisibilidade como Risco Sistêmico: A Crise da Segurança Jurídica	147
	2.3.2.4.	Da Entropia à Governança: Administrando o Caos com Modelagem e Inteligência Sistêmica	149
2.3.3.		Teoria dos jogos e estratégias fiscais em cenários de incerteza	150
	2.3.3.1.	O Sistema Fiscal como Jogo Estratégico Assimétrico	151
	2.3.3.2.	Jogos com Informação Imperfeita e Modelagem Probabilística de Risco	153
	2.3.3.3.	Estratégias Dominantes, Equilíbrios e Compliance Algorítmico	156
	2.3.3.4.	Jogos de Reputação, Equilíbrios Instáveis e Litigância Estratégica	158

CAPÍTULO 3 – A FÍSICA DA INCERTEZA TRIBUTÁRIA 163

3.1. O princípio da incerteza aplicado à interpretação fiscal 164

3.1.1.		A subjetividade hermenêutica e os limites da previsibilidade normativa	167
	3.1.1.1.	A Linguagem Tributária e a Ambiguidade Semântica Estrutural	167
	3.1.1.2.	Hermenêutica, Subjetividade e Complexidade Institucional	169
	3.1.1.3.	Limites da Previsibilidade e a Ilusão da Determinação Ex Ante	172
	3.1.1.4.	Consequências para o Sistema Tributário: Conflito, Risco e Desigualdade	175
3.1.2.		Modelagem computacional da incerteza tributária	177

3.2. A dualidade onda-partícula na tributação 183

3.2.1.	A Simultaneidade de Regimes Jurídicos: Tributos sobrepostos e colapsos normativos	184
3.2.2.	A Superposição Hermenêutica: Coexistência de Teses e Zonas de Instabilidade Interpretativa	187
3.2.3.	A Teoria do Colapso Fiscal: Da Indeterminação à Individualização da Obrigação	190
3.2.4.	Implicações para a Justiça Fiscal, a Previsibilidade e o Litígio	192

3.3. Cálculo probabilístico e modelagem matemática da arrecadação fiscal 196

3.3.1.	Métodos estocásticos na previsão da arrecadação	196
	3.3.1.1. A Natureza Estocástica da Arrecadação Tributária	197
	3.3.1.2. Principais Ferramentas de Modelagem Estocástica Aplicáveis à Arrecadação	199
3.3.2.	Modelos de *machine learning* para predição de evasão e elisão fiscal..	206
	3.3.2.1. Tipos de Modelos Utilizados na Predição de Evasão e Elisão....	207
3.3.3.	Inteligência Artificial aplicada à fiscalização tributária	212

CAPÍTULO 4 – DIREITO TRIBUTÁRIO QUÂNTICO NA PRÁTICA ... 217

4.1. A aplicação da teoria quântica na estrutura normativa fiscal ... 218

4.1.1.	Regimes híbridos e interações normativas superpostas	220
	4.1.1.1. Tipologias de Regimes Híbridos e de Superposição Normativa	220
	4.1.1.2. A Lógica de Superposição Normativa: Entre Ambiguidade e Ressonância	226
	4.1.1.3. Implicações para a Conformidade, o Planejamento e o Litígio Tributário	233
	4.1.1.4 Caminhos para a Governança da Superposição Normativa..	236

4.2. Governança digital e a automação da arrecadação tributária ... 241

4.3. A transformação dos fiscos nacionais e a era dos tributos algorítmicos ... 243

4.3.1.	Inteligência fiscal preditiva e modelagem computacional da arrecadação	246

4.4. A justiça fiscal em ambientes tecnológicos e adaptativos ... 249

4.4.1.	Equidade tributária e os desafios do modelo digital	250
4.4.2.	Implicações da quantização fiscal para a progressividade tributária ...	253
4.4.3.	Modelagem computacional da equidade fiscal e do impacto social da tributação	255

CAPÍTULO 5 – O FUTURO DO DIREITO TRIBUTÁRIO EM UM MUNDO QUÂNTICO ... 261

5.1 Tendências e perspectivas para a tributação no século XXI ... 263

5.1.1.	A transição para sistemas tributários baseados em Inteligência Artificial	266
5.1.2.	Modelagem computacional como ferramenta de previsibilidade normativa	268

5.2. Impacto das novas tecnologias no Direito Tributário ... 269

5.2.1. Tributação em um cenário de inteligência artificial generalizada 271

5.2.2. A governança fiscal em tempos de blockchain e contratos inteligentes.... 273

5.2.3. Algoritmos tributários autônomos e a descentralização da arrecadação... 275

5.3. A consolidação do Direito Tributário Quântico como novo paradigma................ 277

5.3.1. O futuro da hermenêutica tributária diante da incerteza 279

5.3.2. A interseção entre Direito, Física e Tecnologia na formulação das normas........ 281

5.3.3. Modelos dinâmicos e adaptativos para um sistema tributário eficiente.... 283

CONCLUSÃO............ 287

1. Síntese das descobertas e implicações para a ciência do Direito 287

2. O impacto da quantização normativa no contencioso e na arrecadação fiscal 288

3. Considerações finais sobre a interseção entre Direito Tributário, Economia, Física e Tecnologia........ 289

REFERÊNCIAS BIBLIOGRÁFICAS 291

Capítulo 1 – Atributos quânticos dos sistemas tributários................ 291

Capítulo 2 – Interconexão fiscal global e a superposição tributária 293

Capítulo 3 – A física da incerteza........ 294

Capítulo 4 – Direito tributário quântico na prática........ 296

Capítulo 5 – O futuro do direito tributário em um mundo quântico............ 297

Capítulo 1
ATRIBUTOS QUÂNTICOS
DOS SISTEMAS TRIBUTÁRIOS

A *tessitura contemporânea do Direito Tributário* encontra-se entrelaçada, de modo inextricável, com as *dinâmicas complexas* que estruturam a *economia digital global*, a *volatilidade dos fluxos financeiros transnacionais*, os *avanços exponenciais da inteligência artificial* e, sobretudo, com a *crescente imprevisibilidade dos sistemas normativos diante da aceleração tecnológica*.

Nesse cenário, torna-se epistemologicamente insuficiente a permanência do *paradigma clássico de interpretação tributária*, fundado em *categorias ontológicas fixas*, *binarismos lógico-formais* e uma pretensa *previsibilidade sistêmica ancorada na estabilidade normativa*.

O presente capítulo inaugura, assim, a proposição de uma *reflexão* e *amplitude de discussão acadêmica* para um *novo referencial teórico*: o *Direito Tributário Quântico*, ancorado em *princípios oriundos da mecânica quântica*, da *teoria da complexidade* e da *modelagem estocástica*, aplicados à tributação em *sociedades hiper tecnológicas* e *instáveis*.

Ao adentrar os *atributos quânticos dos sistemas tributários*, parte-se da premissa de que o ordenamento jurídico-tributário, tal como os *sistemas físicos não lineares* descritos por *Heisenberg*, *Schrödinger* e *Prigogine*, não mais pode ser compreendido a partir de *relações deterministas*, mas como um *sistema probabilístico*, *interconectado*, sujeito a *flutuações* e passível de *colapsos interpretativos*.

Essa reflexão rompe com a *linearidade normativa* e se propõe a introdução de conceitos como *superposição tributária*, *indeterminação fiscal*, *interdependência global*, *respostas adaptativas em tempo real* e *capacidade contributiva dinâmica*, alinhando-se à *lógica da incerteza* e da *complementaridade* entre *norma*, *fato gerador* e *tecnologia*.

Em substituição ao *dogma da legalidade estrita como fundamento de certeza*, propõe-se o estudo da *legalidade responsiva*, em que a norma tributária adquire *contornos flexíveis* e *retroalimentados* por *mecanismos de inteligência artificial*, *blockchain* e *machine learning*.

O próprio conceito de *sujeito passivo do tributo* se reconfigura, incorporando elementos de *identidade digital*, *presença algorítmica* e *nexos virtuais de tributação*, como observado nas proposições mais recentes da *OCDE*, notadamente nas regras do *Pilar Dois* e na busca pela *tributação efetiva das multinacionais digitais* (OECD, 2023).

O capítulo parte de uma incursão filosófica sobre a *mutação da noção de realidade jurídica* e da *ontologia do tributo* em tempos de aceleração, passando por *fundamentos matemáticos da teoria dos sistemas complexos* (Barabási, 2002; Wolfram, 2003) e pelos *aportes da física quântica*, especialmente naquilo que concerne à *imprevisibilidade do comportamento das partículas* – uma *metáfora epistemológica* para a *imprevisibilidade interpretativa do Direito Tributário contemporâneo*.

O tributo, nesse modelo, não é mais um *dado fixo no espaço jurídico*, mas um *vetor probabilístico de incidência fiscal*, cuja manifestação depende de *múltiplas variáveis simultâneas* – jurídicas, econômicas, tecnológicas e sociopolíticas – que se *superpõem* e se *entrelaçam* em camadas de complexidade normativa.

Além disso, discute-se a *inadequação dos instrumentos clássicos de hermenêutica* para lidar com *a volatilidade das normas em ambientes digitais*, propondo-se uma *nova hermenêutica da incerteza*, em que o intérprete assume o papel de *coconstrutor de significados fiscais*, diante de uma *malha normativa em constante mutação*, cujas atualizações ocorrem não apenas por vias legislativas, mas também por meio de *automações regulatórias*, *decisões judiciais dinâmicas* e *algoritmos normativos de aplicação imediata*.

Por fim, destaca-se que o *modelo quântico* não visa *abolir a segurança jurídica*, mas *reconstruí-la sob novas bases: segurança adaptativa, justiça fiscal responsiva* e *eficiência fiscal probabilística*, valores estes compatíveis com a *economia digital globalizada* e com os *desafios da Reforma Tributária brasileira*, conforme delineado na *Emenda Constitucional nº 132/2023*, na *Lei Complementar nº 214/2025* e no *PLP nº 108/2024*, cuja implementação exige não apenas inovação normativa, mas também *reconfiguração ontológica dos próprios fundamentos do tributo*.

A presente introdução, portanto, marca o início de uma *jornada teórico-metodológica* que visa não apenas refletir descritivamente, mas também propõe um *redesenho das bases epistemológicas do Direito Tributário*. Em tempos de *colapso das certezas normativas*, o que se propõe é um *modelo jurídico dinâmico, interdisciplinar* e *quântico*, capaz de enfrentar, com *sofisticação teórica* e *aplicabilidade prática*, os *desafios do século XXI*.

1.1 FUNDAMENTOS DA TEORIA QUÂNTICA APLICADA AO DIREITO TRIBUTÁRIO

A emergência do *paradigma quântico no Direito Tributário* representa uma *revolução epistemológica* na compreensão e regulação das relações fiscais. Tradicionalmente, o *Direito Tributário* tem sido analisado sob um *viés linear e determinístico*, fundamentado em *princípios clássicos da racionalidade econômica* e *jurídica*.

No entanto, a *crescente interconexão dos sistemas econômicos globais*, a *digitalização da economia* e o *avanço da inteligência artificial* impõem a necessidade de uma *nova abordagem teórica* que permita compreender a *dinâmica tributária em cenários de incerteza, complexidade* e *interdependência*.

A *incorporação de conceitos oriundos da física quântica ao Direito Tributário* não se restringe a uma *mera analogia metafórica*. Pelo contrário, busca-se estabelecer uma *metodologia inovadora* que reconheça a existência de *estados superpostos de obrigações fiscais*, a *interação probabilística entre agentes econômicos* e a *indeterminação inerente às normativas tributárias* em um contexto de *governança digital* e *automação fiscal*.

Dentre os principais *conceitos quânticos* que fundamentam essa *nova visão* estão a *dualidade onda-partícula* aplicada à *interpretação da normatividade tributária*, o *entrelaçamento fiscal* que descreve a *interdependência entre jurisdições tributárias* e o *princípio da incerteza tributária*, que impõe limites à *previsibilidade dos efeitos econômicos das políticas fiscais*.

Neste capítulo, será introduzida a *base teórica* que sustenta o *Direito Tributário Quântico*, analisando-se sua *fundamentação filosófica, econômica e matemática*. Ademais, serão exploradas as *aplicações práticas dessa abordagem no cenário contemporâneo*, considerando-se a necessidade de uma *legislação tributária adaptável, flexível* e *responsiva aos desafios impostos pela globalização e pela revolução digital*.

A *evolução dos sistemas tributários* acompanha as *transformações estruturais da economia* e da *sociedade*. Historicamente, o *Direito Tributário Clássico* desenvolveu-se sob *premissas determinísticas* e *hierárquicas*, fundamentando-se em um *modelo racional-cartesiano* que visava *previsibilidade e segurança jurídica*.

Esse paradigma assentava-se em *estruturas normativas fixas*, concebidas para *disciplinar relações fiscais relativamente simples*, em que os *sujeitos tributários*, suas *operações econômicas* e os *impactos fiscais* podiam ser *modelados por meio de regras lógicas e dedutivas*.

Todavia, a *crescente interconexão das economias globais*, o advento das *novas tecnologias* e a *dinamicidade da economia digital* impuseram desafios que tornaram *obsoletos* muitos dos *postulados do Direito Tributário Clássico*.

A *previsibilidade absoluta das obrigações fiscais* foi comprometida pelo *aumento da complexidade das transações econômicas*, a *volatilidade dos mercados financeiros* e a *ascensão de sistemas descentralizados*, como as *criptomoedas* e *contratos inteligentes em blockchain*. A resposta a esse novo contexto exige uma *ruptura epistemológica*, culminando na *emergência do Direito Tributário Quântico*.

O *Direito Tributário Quântico* rompe com o *paradigma determinístico* ao reconhecer que o *sistema tributário não pode ser compreendido como um conjunto estático de normas aplicáveis linearmente*, mas sim, como uma *rede interdependente de relações fiscais* sujeitas a *princípios probabilísticos, sobreposição de estados normativos* e *interações dinâmicas entre agentes econômicos* e *regulações em tempo real*.

A *complexidade do atual ambiente econômico* demanda uma abordagem mais *sofisticada*, capaz de *modelar as interações fiscais* em cenários de *incerteza* e *volatilidade estrutural*.

Dentre os *pilares fundamentais* que caracterizam essa transição, destacam-se:

Indeterminação e Probabilística Fiscal

A *indeterminação* e a *probabilística fiscal* constituem, no contexto da *transição paradigmática para o Direito Tributário Quântico*, um dos pilares teóricos mais *disruptivos* e *sofisticados*.

A partir da *analogia epistemológica* com o *princípio da incerteza de HEISENBERG* – segundo o qual *não é possível determinar, simultaneamente* e com *precisão absoluta*, a *posição* e a *velocidade de uma partícula subatômica* – transfere-se ao campo jurídico-tributário a noção de que *não é mais possível apreender*, de *maneira simultânea*, todos os elementos relevantes que compõem a *relação jurídico-fiscal em contextos complexos, interconectados* e *tecnologicamente mediados*.

No paradigma clássico, o *tributo* é concebido como um *fenômeno de causalidade linear*: do *fato gerador decorre a obrigação tributária*, em um movimento *lógico-dedutivo* amparado pela *legalidade estrita* e pela *estabilidade interpretativa*. No entanto, o advento de *estruturas fiscais dinâmicas*, especialmente em um *ambiente digital globalizado*, desafia esse encadeamento lógico.

O próprio *fato gerador* – tradicionalmente definido como um *evento concreto* e *objetivo* – passa a ser moldado por *camadas de abstração digital, presença algorítmica* e *fluxos transnacionais intangíveis*, tornando-se um *fenômeno elusivo, variável* e, muitas vezes, *estocástico*.

Neste novo modelo, a *probabilística fiscal* emerge como *instrumento metodológico* e *conceitual* para lidar com a *incerteza intrínseca aos sistemas tributários modernos*.

Inspirando-se na *estatística quântica* e nas *modelagens probabilísticas aplicadas às finanças* e à *inteligência artificial*, propõe-se um *deslocamento hermenêutico*: o exegeta, ao invés de buscar *verdades fixas*, trabalha com *distribuições de probabilidade, graus de conformidade* e *vetores de risco fiscal*, atribuindo *significados normativos* dentro de margens de *indeterminação* formalmente reconhecidas.

Essa *indeterminação* não equivale à *arbitrariedade*. Trata-se de uma *incerteza estruturada, modelável, quantificável* e *compatível com instrumentos tecnológicos de análise fiscal preditiva*. Ferramentas como *machine learning, inteligência artificial simbólica* e *blockchain* permitem a construção de *matrizes probabilísticas de incidência tributária*, que não apenas identificam padrões de comportamento fiscal, mas também *anteveem possíveis interpretações, decisões administrativas* e *posicionamentos jurisprudenciais em tempo real*. Em outras palavras, a *indeterminação* passa a ser *governada algoritmicamente*, sem eliminar a fluidez, mas incorporando-a à própria arquitetura da norma tributária.

Na *perspectiva filosófica*, esse deslocamento implica uma *revisão profunda da ontologia do Direito Tributário*. A *norma* não é mais concebida como um *imperativo categórico com pretensão universalizante* (à maneira kantiana), mas como um *campo de possibilidades normativas*, cuja realização empírica dependerá da *interação de múltiplos fatores simultâneos* – econômicos, tecnológicos, políticos e judiciais – em um sistema *sensível às condições iniciais*, tal como descrito na *teoria do caos* de LORENZ (1993).

A figura do intérprete, nesse cenário, deixa de ser *mero aplicador de preceitos previamente definidos* para se tornar um *agente epistêmico* que participa da *construção probabilística da realidade fiscal*, em consonância com a *lógica da complementaridade* de BOHR (1935).

A *indeterminação fiscal*, ademais, impõe uma nova configuração para os conceitos de segurança jurídica e legalidade. Ambos não são descartados, mas ressignificados como dimensões dinâmicas e adaptativas, exigindo transparência algorítmica, auditabilidade de sistemas inteligentes e controle institucional contínuo sobre os parâmetros de decisão automatizada.

Isso é particularmente relevante diante da *automação tributária promovida pela Lei Complementar nº 214/2025*, que incorpora *mecanismos digitais de apuração, arrecadação* e *controle*, como o *Regime Periódico de Apuração* e o *modelo federativo do IBS* (Imposto sobre Bens e Serviços), cuja parametrização técnica interfere diretamente na aferição do quantum devido.

Assim, a *probabilística fiscal* torna-se o instrumento mais adequado para a *governança tributária em tempos de incerteza*, ao permitir a *construção de políticas fiscais* baseadas em *simulações computacionais, cenários de risco e sistemas dinâmicos adaptativos*.

Ao invés de *negar a incerteza*, o *modelo quântico a internaliza como premissa epistemológica* e a utiliza como *motor de inovação regulatória*, coerente com as demandas da *justiça fiscal responsiva*, da *eficiência distributiva* em ambientes voláteis e da *sustentabilidade institucional* diante de choques sistêmicos.

Esse pilar não apenas *reconstrói o edifício dogmático do Direito Tributário*, mas também propõe a *redefinição de sua vocação*: não mais como *garantidor de certezas estáticas*, mas como *gestor de probabilidades justas*, aptas a equilibrar a arrecadação estatal com a *liberdade econômica* e a *dignidade do contribuinte* em cenários imprevisíveis.

⇒ *Superposição Normativa e Conflitos de Jurisdição*

A noção de *superposição normativa*, aplicada ao *Direito Tributário* a partir da *epistemologia quântica*, representa uma *ruptura com a tradicional visão monolítica, linear* e *territorialmente delimitada da incidência tributária*.

Inspirada diretamente no *princípio da superposição de estados*, formulado por SCHRÖDINGER na *física quântica*, essa categoria conceitual permite compreender que, em um *ambiente fiscal hiper complexo*, uma mesma *relação jurídico-tributária* pode ser simultaneamente afetada por *múltiplos ordenamentos normativos*, com *valorações concorrentes, sobrepostas* e, por vezes, *conflitantes*.

Em termos formais, essa *superposição* refere-se à *existência de normas tributárias potencialmente aplicáveis ao mesmo fato gerador*, oriundas de *diferentes jurisdições fiscais* – nacionais, subnacionais e supranacionais – ou mesmo de *diferentes esferas re-*

gulatórias dentro de um mesmo Estado, como ocorre entre legislações federais, estaduais e municipais no Brasil.

Essa simultaneidade de pretensões normativas gera interferência entre normas fiscais concorrentes, configurando um verdadeiro colapso interpretativo, análogo ao colapso da função de onda na mecânica quântica.

No contexto internacional, a superposição normativa manifesta-se de maneira particularmente aguda. O avanço das cadeias produtivas globais, o comércio eletrônico transfronteiriço, a utilização de estruturas de planejamento fiscal agressivo e a crescente desmaterialização das operações econômicas – fenômenos intensificados pela globalização e pela economia digital – tornam frequente a incidência concorrente de duas ou mais jurisdições sobre uma mesma base tributável. Isso configura os chamados conflitos de dupla tributação ou, em sentido inverso, situações de dupla não tributação, ambas disfuncionais sob a ótica da neutralidade e da equidade fiscal.

A superposição normativa, portanto, não é patológica por si, mas expressa uma nova realidade sistêmica em que o espaço fiscal deixa de ser estático e territorializado, passando a operar em camadas normativas sobrepostas, cuja prevalência dependerá de elementos dinâmicos: critérios de conexão digital, presença econômica significativa, estabelecimento virtual e algoritmos de geolocalização fiscal.

A resposta institucional a esse novo paradigma tem sido, no plano internacional, a elaboração de instrumentos multilaterais como a Convenção Multilateral da OCDE (MLI), o Pilar Dois do BEPS, os acordos de troca automática de informações (CRS, FATCA) e os modelos atualizados de convenções para evitar a dupla tributação (Vogel, 2015; Avi-Yonah, 2007).

No plano interno, sobretudo no caso brasileiro, a Reforma Tributária promovida pela EC nº 132/2023 e regulamentada pela LC nº 214/2025 procura endereçar parcialmente essa superposição mediante a criação de um sistema federativo integrado (IBS), com regras de repartição automatizada da receita, critérios de competência objetiva e parametrização digital de alíquotas. Todavia, a coexistência entre tributos residuais, regimes especiais, contribuições setoriais e competências autônomas ainda mantém acesa a possibilidade de conflitos internos de jurisdição fiscal, com consequências diretas para a litigiosidade, a insegurança jurídica e o custo de conformidade tributária.

Importa destacar que, no modelo quântico de tributação, a superposição normativa é assumida como característica ontológica do sistema, e não como exceção a ser eliminada. A governança fiscal, nesse cenário, exige mecanismos sofisticados de resolução de conflitos normativos sobrepostos, como cláusulas de prevalência condicional, dispositivos de arbitragem fiscal internacional, algoritmos de decisão paramétrica e, sobretudo, modelagens preditivas de interferência normativa por meio de inteligência artificial.

A *teoria da superposição normativa* também impõe uma *releitura da hierarquia normativa* e da *territorialidade tributária*, incorporando categorias como *extraterritorialidade digital, jurisdição algorítmica, presença econômica significativa* e *soberania fiscal compartilhada*, tal como defendido por *Devereux* (2021) e *Gadzo* (2018).

Os *conflitos de jurisdição* passam a ser compreendidos não apenas como *choques entre soberanias*, mas também como *manifestações naturais de sistemas normativos entrelaçados*, cujas fronteiras são *fluidas, reticuladas* e dependentes de *variáveis tecnológicas* e *políticas*.

Por fim, a adoção da *superposição normativa* como *atributo estrutural do sistema tributário* exige *novas ferramentas interpretativas*, pautadas pela *lógica da complementaridade* (BOHR, 1935) e pela *incerteza sistêmica*.

O papel do intérprete, nesse modelo, é análogo ao do *observador quântico*: sua escolha sobre qual norma aplicar colapsa o sistema de possibilidades em uma única concretização fática, gerando efeitos jurídicos vinculantes a partir de uma malha de normas coexistentes. A *estabilidade*, nesse contexto, *não decorre da exclusividade normativa*, mas da *capacidade institucional de gerenciar a superposição* e arbitrar com racionalidade a convivência das múltiplas jurisdições tributárias em conflito.

⇒ *Interdependência Fiscal Global*

A *interdependência fiscal global* constitui um dos pilares mais decisivos do *paradigma tributário quântico*. Trata-se de um *fenômeno estrutural* que reflete a crescente conexão entre os *sistemas fiscais nacionais*, resultante não apenas da *intensificação das trocas comerciais*, dos *fluxos financeiros* e da *mobilidade de capitais*, mas sobretudo da *interligação tecnológica, normativa* e *informacional entre Estados, instituições multilaterais* e *atores econômicos transnacionais*.

Em termos sistêmicos, a *interdependência fiscal* representa a *transição de uma ordem tributária* baseada em soberanias isoladas para uma *configuração em rede*, marcada por *coevolução normativa, governança supranacional* e *dependência recíproca de decisões fiscais*.

No *paradigma clássico do Direito Tributário*, cada *Estado* exerce sua *competência tributária de forma autônoma*, fundamentada nos *princípios da territorialidade, legalidade* e *soberania nacional*. Contudo, essa concepção tornou-se *progressivamente disfuncional* diante da emergência de uma *economia digital* e *globalizada*, em que as decisões fiscais de um país repercutem direta e indiretamente sobre os demais, alterando *padrões de investimento, estratégias de elisão fiscal, fluxos de arrecadação* e até o *equilíbrio distributivo internacional*.

A *interdependência fiscal*, nesse contexto, *não é uma simples externalidade econômica*: configura-se um *campo relacional* em que os *sistemas tributários operam como subsistemas acoplados de uma totalidade normativa maior*, exigindo mecanismos de *coordenação, compatibilização* e *retroalimentação*.

Tal perspectiva dialoga com a *teoria dos sistemas complexos adaptativos*, em que as *unidades constitutivas de um sistema global* influenciam mutuamente seus comportamentos, formando *estruturas de coevolução normativa* (*Holland*, 1995; *Barabási*, 2002).

Um exemplo paradigmático dessa interdependência é o *Projeto BEPS* (*Base Erosion and Profit Shifting*) da *OCDE*, cujos pilares – especialmente o *Pilar Dois*, voltado à *tributação mínima global de multinacionais* – refletem a tentativa de estabelecer *regras fiscais multilaterais de alcance planetário*, com *impactos normativos diretos nos ordenamentos internos*.

Países que aderem ao *Pilar Dois* comprometem-se a *tributar lucros de suas multinacionais a uma alíquota efetiva mínima de 15%* (quinze por cento), mesmo quando tais *lucros forem auferidos em jurisdições de baixa tributação*. Essa prática *rompe com a lógica de soberania absoluta* e cria um *espaço fiscal compartilhado*, fundado na *cooperação normativa* e na *reciprocidade informacional*.

Outro exemplo é a criação de *sistemas automatizados de intercâmbio de informações fiscais*, como o *CRS* (*Common Reporting Standard*) da *OCDE* e o *FATCA* dos Estados Unidos. Esses dispositivos configuram *infraestruturas globais de compliance tributário*, em que a *sonegação*, a *evasão* e a *ocultação de patrimônio* passam a ser combatidas por meio de *ações coordenadas* e *interoperáveis entre diferentes administrações fiscais*. A independência nacional, nesse novo contexto, *cede espaço a uma soberania fiscal interdependente*, em que a *eficácia tributária de cada país depende da colaboração normativa dos demais*.

A *interdependência fiscal global* também produz *efeitos distributivos assimétricos*, aprofundando *desigualdades* entre *economias centrais e periféricas*. Como demonstram *Zucman* (2015) e *Saez & Zucman* (2019), a existência de *paraísos fiscais* e *regimes preferenciais de tributação empresarial* promove *concorrência fiscal deletéria, erosão de base e perda de capacidade arrecadatória*, sobretudo em *países em desenvolvimento*. Essa disputa tributária entre Estados constitui o fenômeno da "*corrida para o fundo*" (*race to the bottom*), em que os *países reduzem alíquotas* e *criam incentivos para atrair capital em detrimento da justiça fiscal*.

Nesse sentido, a *interdependência não é apenas funcional*, mas *política e ética*, impondo a *necessidade de reconfiguração dos princípios* que regem a *tributação internacional*, de modo a *incorporar os ideais de equidade global, responsabilidade solidária e redistribuição internacional de riquezas*, por meio de instrumentos como *impostos sobre grandes fortunas globais, regras de alocação justa de lucros e políticas fiscais compensatórias*.

A *Reforma Tributária*, delineada pela EC nº 132/2023 e pela LC nº 214/2025, embora *centrada em aspectos internos*, não pode ser *dissociada* desse contexto de *interdependência fiscal*. A criação do *Imposto sobre Bens e Serviços* (IBS) e do *Imposto Seletivo* (IS), o *alinhamento com práticas internacionais de transparência* e a *adoção de regimes parametrizados por algoritmos de apuração automatizada* são manifestações dessa *nova lógica interdependente*, em que a *racionalidade fiscal interna* se ajusta às pressões e padrões globais.

Por fim, a *interdependência fiscal global* exige *novas formas de governança tributária*, que superem o *bilateralismo tradicional das convenções contra a bitributação*. Propõe-se reflexões sobre a *construção de instituições fiscais multilaterais com capacidade normativa e técnica*, como um *Conselho Fiscal Global*, a *implementação de IA regulatória transnacional* e a *criação de plataformas digitais de harmonização tributária*, baseadas em *blockchain* e *interoperabilidade algorítmica*, como já vem sendo esboçado em iniciativas da *OCDE* e do *G20*.

Em síntese, a *interdependência fiscal global* não é uma contingência transitória, mas um *atributo estrutural e irreversível do sistema tributário contemporâneo*, que demanda um *modelo teórico e prático* fundado na *lógica da interconectividade*, da *adaptabilidade normativa* e da *justiça fiscal transnacional*.

É nesse sentido que o *Direito Tributário Quântico* propõe reflexões e estudos para uma leitura inovadora: não mais a partir de *fronteiras fixas* e *normatividades isoladas*, mas com base em *campos de forças fiscais interdependentes*, sujeitos a *contínua flutuação*, *retroalimentação* e *reorganização adaptativa*.

⇒ *Tributação em Tempo Real e Algoritmos Tributários*

A *migração do modelo clássico de tributação* – fundado em eventos pretéritos, mensuração estática e interpretação jurídica estritamente positivada – para um *modelo quântico, preditivo e dinâmico*, representa uma *ruptura epistemológica profunda* e não meramente uma *inflexão metodológica*.

Enquanto no paradigma tradicional o tributo emerge como resposta normativa a um fato gerador já consumado, processado e delimitado no tempo e no espaço, o *modelo quântico* propõe a *antecipação da ocorrência tributável por meio de inferência estatística*, *correlações comportamentais* e *padrões extraídos de massivos volumes de dados* (*big data*) processados por *algoritmos de inteligência artificial* (IA).

Neste novo arcabouço, a *fiscalização tributária preditiva* não se limita a identificar *ex post* o descumprimento de obrigações, mas atua *ex ante*, modelando a *probabilidade de inadimplemento, evasão ou elisão abusiva*, promovendo *ajustes automáticos nos parâmetros de apuração fiscal*. Trata-se, pois, de um *sistema responsivo, cibernético e autoadaptativo*, no qual a inteligência estatal se materializa em *redes neurais artificiais*, *mecanismos de aprendizado supervisionado* e *não supervisionado* (*machine learning* e *deep learning*) e *bases de dados integradas em tempo real com a atividade econômica digital*.

Tal transformação técnica repercute diretamente no *plano jurídico*, exigindo uma *reformulação ontológica dos próprios princípios estruturantes do Direito Tributário*. O *princípio da legalidade*, por exemplo, deve ser *ressignificado como legalidade parametrizada*, baseada em *normas abertas formalmente positivadas*, mas operadas por *sistemas computacionais* que as atualizam segundo *regras técnicas preestabelecidas*.

A *capacidade contributiva* deixa de ser avaliada por *critérios unicamente declara-tórios* e passa a ser inferida a partir de *padrões de consumo, movimentação financeira, geolocalização* e *comportamento digital*, numa abordagem que exige integração entre *Direito, Estatística, Ciência de Dados* e *Ética Computacional*.

Esse modelo aproxima-se, conceitualmente, da *teoria da complexidade* (PRIGO-GINE, 1996), na medida em que considera o *sistema tributário como um organismo adaptativo, sensível a pequenas variações* e dotado de *propriedades emergentes*.

Ao incorporar elementos da *matemática dos sistemas dinâmicos não lineares*, o *Direito Tributário* passa a reconhecer a *existência de zonas de instabilidade interpretativa, trajetórias múltiplas de aplicação normativa* e *pontos críticos de bifurcação institucional*. Dessa forma, a tributação deixa de ser um *processo linear* e *sequencial* para se tornar um *fenômeno iterativo, probabilístico* e *auto-organizado*, mais próximo da *lógica dos ecossistemas naturais* do que da *racionalidade cartesiana tradicional*.

A implementação plena dessa nova arquitetura tributária requer a *criação de ecossistemas regulatórios digitais*, compostos por *legislação adaptativa* (*adaptive law*), *interfaces de governança algorítmica, mecanismos de auditoria de código* e estruturas institucionais capazes de operar sob *princípios de previsibilidade estocástica*, ou seja, *previsibilidade construída com base em margens de erro controladas, distribuições de probabilidade* e *inferências probabilísticas transparentes*.

Nesse cenário, o *papel do Fisco não é mais o de mero aplicador da norma*, mas o de *curador de sistemas inteligentes de conformidade fiscal*, com *competências analíticas, tecnológicas* e *regulatórias integradas*.

Esse movimento, ao contrário do que poderia sugerir uma leitura apressada, *não compromete a segurança jurídica*. Ao invés disso, *redefine suas bases*: a *segurança jurídica no paradigma quântico* repousa sobre a *transparência dos algoritmos*, a *auditabilidade dos fluxos informacionais* e a *confiabilidade dos sistemas de processamento normativo* e não mais apenas na *fixidez dos textos legais*.

Tal transformação encontra respaldo na própria *Reforma Tributária*, cuja Lei Complementar nº 214/2025 estabelece *mecanismos de apuração eletrônica do IBS e do IS*, alicerçados em *infraestruturas tecnológicas interoperáveis* e em *regimes fiscais parametrizáveis*.

A urgência dessa transição, portanto, *não é meramente teórica*, mas imposta *pela realidade concreta de uma economia digital em constante mutação*. As fronteiras entre o *físico* e o *digital*, entre o *nacional* e o *transnacional*, entre o *contribuinte* e o *algoritmo*, tornaram-se porosas, voláteis e imprevisíveis.

A governança tributária do futuro exige, inevitavelmente, um *modelo normativo que opere com fluidez, adaptabilidade* e *inteligência contínua*, sob pena de *obsolescência institucional, perda de arrecadação* e *deslegitimação do pacto fiscal*.

Diante disso, o *Direito Tributário Quântico* não deve ser compreendido como uma *utopia tecnocrática*, mas como uma *resposta científica, multidisciplinar* e *historicamente situada aos dilemas de uma era marcada pela aceleração*, pela *complexidade* e pela *incerteza*. Seu desenvolvimento implica, simultaneamente, uma *revolução conceitual*, uma *reengenharia institucional* e uma *nova racionalidade fiscal* – probabilística, responsiva e orientada por dados – em plena sintonia com os desafios do século XXI.

1.1.1 O modelo clássico da tributação e suas limitações

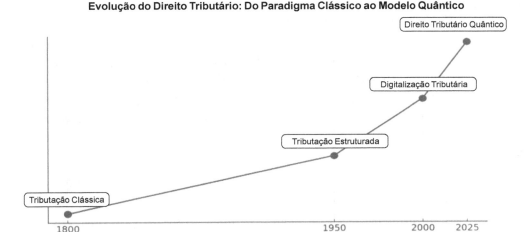

Figura 1 – Evolução do Direito Tributário: Do Paradigma Clássico ao Modelo Quântico[1]

O *modelo clássico da tributação*, estruturado a partir das *bases do direito positivista* e das *teorias econômicas neoclássicas*, consolidou-se como um *instrumento de arrecadação fiscal fundamentado na previsibilidade normativa*, na *neutralidade econômica* e na *estrita legalidade*.

A *racionalidade subjacente* a esse modelo repousa sobre a presunção de que os *agentes econômicos são racionais, maximizadores de utilidade* e que as *relações fiscais podem ser disciplinadas por meio de normas gerais e abstratas, aplicáveis de forma uniforme e equitativa.*

---

1. *Figura 1 – Evolução do Direito Tributário: Do Paradigma Clássico ao Modelo Quântico.*
Representação cronológica da transformação dos modelos fiscais ao longo dos séculos, destacando a transição da tributação clássica, centrada na presença física e legalidade estrita, para a tributação estruturada (meados do século XX), a digitalização tributária (início do século XXI) e, por fim, a ascensão do modelo quântico, caracterizado pela governança algorítmica, pela responsividade institucional e pela aplicação de fundamentos da física, da inteligência artificial e da teoria dos sistemas complexos ao Direito Tributário.
Fonte: Elaborado pelo autor, com base em *Slemrod* (2013), *Devereux* (2021), *OECD* (2020), *Zucman* (2015) e *Gadzo* (2018).

O *arcabouço teórico do modelo clássico da tributação* está alicerçado em *princípios fundamentais*, tais como:

1) Legalidade Estrita

A obrigação tributária só pode ser instituída por meio de lei, em consonância com o *art. 113, § 1º, do CTN*,[2] garantindo *segurança jurídica* e prevenindo *abusos fiscais por parte do Estado*.

Contudo, no contexto do *Direito Tributário Quântico*, a *rigidez do princípio da legalidade* pode entrar em *tensão com a dinamicidade dos sistemas econômicos interconectados*, a *tributação digital* e a *automação fiscal*.

Sob essa perspectiva, a *legalidade estrita* precisa *ser interpretada não apenas de maneira estática e determinista*, mas também dentro de um *paradigma quântico*, onde a *tributação assume características de probabilidade, adaptação e complexidade sistêmica*.

A *legalidade estrita* decorre da *visão clássica do Direito*, baseada no *positivismo jurídico*, onde as *normas tributárias são concebidas* como *determinísticas e imutáveis*. Essa concepção, no entanto, *contrasta com a realidade dos sistemas fiscais modernos*, marcados por:

I – *Economias digitais e descentralizadas*, onde a tributação ocorre em redes transnacionais e sob jurisdições múltiplas.

II – *Tributação algorítmica e inteligência artificial*, que permitem ajustes fiscais automáticos baseados em aprendizado de máquina.

III – *Transações financeiras instantâneas e descentralizadas*, desafiando a rigidez da regulamentação tradicional.

A aplicação da *legalidade estrita* dentro do *Direito Tributário Quântico* exige uma *abordagem compatível com sistemas complexos e dinâmicos*, onde a *rigidez normativa* precisa *coexistir com a adaptabilidade regulatória*.

A *superposição quântica*, conceito fundamental da *mecânica quântica*, estabelece que *um sistema pode existir simultaneamente em múltiplos estados até que seja observado*. Esse fenômeno pode ser aplicado ao *Direito Tributário*, onde *diferentes normas tributárias podem coexistir*, criando um *ambiente normativo de sobreposição regulatória*.

A *Reforma Tributária em curso no Brasil* propõe um *novo desenho normativo*, substituindo *tributos sobre o consumo por um modelo de Imposto sobre Valor Agregado* (IVA) e criando *mecanismos de simplificação para o ambiente de negócios*. No entan-

---

2. *Art. 113*. A obrigação tributária é principal ou acessória.

§ 1º A obrigação principal surge com a ocorrência do fato gerador, tem por objeto o pagamento de tributo ou penalidade pecuniária e extingue-se juntamente com o crédito dela decorrente.

CAPÍTULO 1 • ATRIBUTOS QUÂNTICOS DOS SISTEMAS TRIBUTÁRIOS — 13

to, mesmo com o objetivo de *reduzir distorções*, o sistema reformado *não eliminará completamente um fenômeno inerente à estrutura tributária moderna*: a *superposição normativa*.

Sob a ótica do *Direito Tributário Quântico*, essa superposição deve ser *interpretada dentro de um modelo dinâmico e probabilístico*, onde a *legalidade estrita* precisa *coexistir com a complexidade sistêmica dos tributos*.

Como vimos, o *princípio da legalidade estrita*, conforme previsto no *art. 113, §1º do CTN*, exige que *toda obrigação tributária decorra exclusivamente da lei*, assegurando *previsibilidade e segurança jurídica aos contribuintes*. Porém, a *realidade da reforma tributária impõe desafios práticos*.

A *transição do modelo atual* para o *novo regime* envolverá *períodos de convivência entre diferentes regras, regimes híbridos* e a *necessidade de interpretação simultânea de normas em sobreposição*.

Esse fenômeno pode ser analisado sob a *lógica da superposição quântica*, onde *dois estados normativos podem coexistir até que uma nova estrutura regulatória colapse a incerteza jurídica em um modelo único*. A *experiência internacional* demonstra que *processos de harmonização tributária* não ocorrem de *forma abrupta*: a *coexistência de normas antigas e novas, regimes diferenciados* e *adaptações setoriais* cria um *ambiente de tributação probabilística*, no qual o *impacto exato das normas* depende do *contexto econômico*, da *interpretação administrativa* e da *jurisprudência em construção*.

Além disso, a *introdução do Imposto sobre Bens e Serviços* (IBS) *e da Contribuição de Bens e Serviços* (CBS), em substituição a tributos como *PIS, Cofins, ICMS e ISS, não eliminará automaticamente os conflitos normativos*. A *definição das alíquotas*, a *calibragem dos regimes especiais* e a *transição para o novo modelo* exigirão *modelos avançados de interpretação normativa, compatíveis com um sistema fiscal que opera de maneira interdependente e adaptativa*.

Assim como na *mecânica quântica*, onde a *medição de um sistema altera seu estado*, no *Direito Tributário*, a *definição interpretativa de uma norma pode modificar toda a estrutura fiscal aplicável a determinados setores*.

Nesse cenário, a *aplicação da inteligência artificial na administração tributária* surge como um *mecanismo essencial para reduzir a incerteza jurídica*, utilizando *modelagem computacional para prever os efeitos da transição normativa*. Ferramentas de *"Big Data fiscal"* e *aprendizado de máquina* poderão identificar *padrões de convergência entre normas em superposição*, facilitando a *harmonização tributária* e reduzindo o *impacto da dualidade de regimes*.

A *Reforma Tributária*, portanto, *não pode ser analisada apenas sob a lógica de um sistema fixo e determinístico*, mas como um *modelo de transição em sobreposição*, em que a *legalidade estrita* deve *coexistir com mecanismos de ajuste normativo dinâmico*.

A adoção de *tecnologias emergentes* e a *compatibilização de diferentes regimes fiscais* serão *essenciais para que o novo sistema colapse* a *incerteza* e ofereça um *modelo tributário mais eficiente, previsível* e *adaptado à economia digital.*

2) Capacidade Contributiva

A tributação deve ser *proporcional à riqueza* e à *renda dos contribuintes,* assegurando uma *distribuição equitativa da carga tributária.* Estabelece o *art. 145, § 1º, da CF/1988:*

> Art. 145. A União, os Estados, o Distrito Federal e os Municípios poderão instituir os seguintes tributos:
>
> § 1º Sempre que possível, os impostos terão caráter pessoal e serão graduados segundo a capacidade econômica do contribuinte, facultado à administração tributária, especialmente para conferir efetividade a esses objetivos, identificar, respeitados os direitos individuais e nos termos da lei, o patrimônio, os rendimentos e as atividades econômicas do contribuinte.

O dispositivo constitucional determina que os *impostos devem,* sempre que possível, ser *pessoais,* o que significa que a *tributação deve considerar as particularidades de cada contribuinte,* respeitando sua *capacidade econômica.* No entanto, a *superposição normativa existente no Direito Tributário tradicional dificulta essa aplicação.*

Sob o *enfoque quântico,* a *tributação não pode ser vista de forma binária* (ou é *pessoal* ou *não é*), mas como um *sistema de superposição,* onde *múltiplos regimes de tributação* podem *coexistir* e se *sobrepor de maneira probabilística.*

Assim como uma *partícula* pode estar *simultaneamente em diferentes estados antes da medição,* o *contribuinte* pode estar sujeito a diferentes *formas de tributação,* dependendo da *interpretação normativa* e das *variáveis socioeconômicas.*

Outrossim, a *tecnologia* pode *permitir um sistema tributário dinâmico,* no qual a *pessoalidade fiscal não seja fixada rigidamente,* mas *modelada em tempo real* conforme o *comportamento econômico do contribuinte. In casu,* a tributação poderia adotar um *modelo adaptativo,* onde *algoritmos avaliem probabilidades fiscais com base em dados em tempo real.*

O dispositivo constitucional exige que a *tributação seja ajustada segundo a capacidade econômica do contribuinte.* No entanto, essa *capacidade* é um *conceito dinâmico* e não um *dado estático.*

Sob a ótica do *Direito Tributário Quântico,* a *capacidade econômica* deve ser compreendida dentro da *teoria da incerteza,* onde a *própria medição da riqueza* e do *fluxo de renda do contribuinte interfere no sistema.*

Paralelamente, o *Princípio da Incerteza de HEISENBERG* é um dos *pilares fundamentais da Mecânica Quântica,* estabelecendo *limites fundamentais* para a *precisão com que determinadas pares de grandezas físicas* podem ser *conhecidas simultaneamente.*

Proposto por *Werner Heisenberg* em 1927, esse princípio *refutou a visão determinista da física clássica*, substituindo-a por um *modelo probabilístico* e *estatístico*, em que a *própria medição influencia o sistema observado*.

Ora, assim como na *física quântica*, onde *não é possível medir simultaneamente a posição e o momento linear de uma partícula sem afetar seu estado*, no *Direito Tributário* não é possível determinar com *precisão absoluta tanto a base tributável de um contribuinte* quanto seu *comportamento econômico futuro*.

A *tentativa de mensuração detalhada de renda, ativos* e *operações financeiras altera o comportamento do contribuinte*, levando a *estratégias de elisão fiscal, reestruturações societárias* e *movimentações patrimoniais para minimizar a carga tributária*.

A tributação deve operar dentro de *modelos probabilísticos*, utilizando *redes neurais* e *aprendizado de máquina* para prever *comportamentos fiscais com base em distribuições de incerteza*.

Os *sistemas fiscais* precisam ser *dinâmicos* e *adaptativos*, ajustando-se em tempo real conforme *padrões de comportamento emergentes dos contribuintes* e a *mensuração da capacidade contributiva* não pode ser totalmente *determinística*, devendo considerar *margens de erro, volatilidade econômica* e *estratégias de evasão fiscal emergentes*.

Analisemos que, na *mecânica quântica*, a *presença do observador afeta o estado do sistema*. Esse fenômeno se reflete no *Direito Tributário Quântico*, onde a *ação fiscalizadora da administração tributária* modifica o *comportamento econômico dos contribuintes*, criando um *efeito retroalimentado de adaptação e otimização fiscal*.

No *experimento da dupla fenda*, uma *partícula* pode se *comportar como onda ou como partícula dependendo da observação*. No *sistema tributário*, os *contribuintes modificam suas decisões fiscais* conforme o *nível de fiscalização e a estrutura normativa vigente*.

A mera existência de um *sistema fiscal mais sofisticado* e *preditivo* altera a forma como *empresas e indivíduos estruturam seus negócios e suas declarações fiscais*.

O *Fisco Quântico* deve utilizar *inteligência artificial para monitoramento contínuo*, evitando que *mudanças normativas gerem efeitos não previstos*. A *fiscalização preditiva* deve ser aplicada de *forma estratégica*, analisando *padrões de comportamento antes que a evasão fiscal ocorra*.

O *sistema tributário deve ser autorregulável*, permitindo *ajustes dinâmicos* conforme *respostas econômicas dos contribuintes*.

3) Neutralidade Fiscal

O *princípio da neutralidade tributária*, consagrado no *art. 2º da Lei Complementar nº 214/2025*,[3] estabelece que os *novos tributos criados pela Reforma Tributária – o Imposto*

---

3. *Art. 2º*. O IBS e a CBS são informados pelo princípio da neutralidade, segundo o qual esses tributos devem evitar distorcer as decisões de consumo e de organização da atividade econômica, observadas as exceções previstas na Constituição Federal e nesta Lei Complementar.

sobre Bens e Serviços (IBS) e a *Contribuição Social sobre Bens e Serviços* (CBS) – devem evitar *distorções nas decisões econômicas*, assegurando um ambiente de tributação que *não interfira na escolha de consumo e na organização da atividade produtiva.*

No entanto, a aplicação desse princípio encontra *desafios práticos quando analisada sob a ótica do Direito Tributário Quântico*, que considera a *interconectividade* e a *incerteza dos sistemas fiscais complexos.*

A *transição do modelo tributário brasileiro* para um regime de *IVA dual*, ainda que justificada pela *simplificação*, gera um *fenômeno de superposição normativa*, onde *coexistem simultaneamente regimes antigos e novos durante um período de transição.*

A aplicação do *Direito Tributário Quântico* sugere que a *neutralidade tributária* não deve ser interpretada de forma *estática* e *determinista*, mas dentro de um *modelo dinâmico e probabilístico*, em que a *capacidade de adaptação do sistema tributário às mudanças macroeconômicas deve ser considerada.*

Na *mecânica quântica*, o *princípio da superposição* estabelece que *um sistema pode existir simultaneamente em múltiplos estados até que uma observação colapse a função de onda em um estado específico*, conforme já assinalado. No contexto da *reforma tributária*, observa-se a *superposição de regimes fiscais distintos*, em que o *IBS e a CBS coexistem com tributos antigos* durante o *período de transição* (ex.: ICMS, ISS, PIS e Cofins ainda estarão em vigor em determinados setores)

Ademais, haverá uma *dualidade na aplicação do princípio da neutralidade*, pois *novas regras de não cumulatividade* convivem com *resíduos normativos do sistema anterior.* A tributação em *setores estratégicos*, como *energia, serviços digitais e bens intangíveis*, ainda enfrenta *desafios de harmonização*, criando *áreas de incerteza regulatória.*

Sob uma *abordagem quântica*, o *colapso dessa superposição normativa* não pode ocorrer de *forma abrupta*, devendo se dar através de um *ajuste gradual*, em que a *transição entre sistemas deve ser probabilisticamente modelada* para *minimizar impactos econômicos adversos.*

Na prática, a *neutralidade tributária* sob um *regime em transição não pode ser completamente garantida.* Isto porque a *carga tributária efetiva* sobre *bens e serviços ainda será ajustada conforme a alíquota de referência do IBS e CBS*, o que pode gerar *efeitos inesperados sobre preços e consumo.*

O *uso de regimes diferenciados* e *incentivos setoriais* cria *perturbações na neutralidade*, pois determinados setores terão *tratamentos tributários mais favoráveis do que outros.* A *incerteza regulatória* sobre a *reforma tributária pós-2035* (quando *novas alíquotas podem ser definidas pelo Senado*) compromete a *previsibilidade do impacto econômico de longo prazo.*

A *inteligência artificial* e a *automação fiscal* são fundamentais para garantir que a neutralidade seja aplicada de forma dinâmica. A *Lei Complementar nº 214/2025* prevê mecanismos como o *split payment* e o *Comitê Gestor do IBS*, que podem ser interpretados *sob a ótica do Direito Tributário Quântico* como *elementos de controle probabilístico da tributação*, reduzindo a *volatilidade da arrecadação* e os *impactos da superposição normativa*.

Com base nisso, o *split payment* funciona como um *colapso da função de onda tributária*, garantindo que os *tributos sejam recolhidos no momento da liquidação financeira e minimizando a evasão fiscal*. A *automação tributária* baseada em *blockchain* pode garantir que as *regras de neutralidade sejam aplicadas de forma programática e auditável*, reduzindo *inconsistências na arrecadação*.

O *ajuste dinâmico de alíquotas pelo Senado Federal* (*art. 19 da LC 214/2025*)[4] precisa ser modelado dentro de um *sistema de aprendizado tributário*, onde as *variações são absorvidas por meio de um sistema de governança fiscal* baseada em *inteligência artificial*.

A *nova tributação sobre bens e serviços* deve ser compreendida não apenas como uma *simplificação estrutural*, mas também como um *sistema quântico-adaptativo*, onde a *flexibilidade regulatória* e a *automação fiscal* desempenham um *papel essencial na preservação da neutralidade tributária* em um *ambiente econômico cada vez mais digitalizado e descentralizado*.

4) Certeza e Previsibilidade

O *princípio da certeza e previsibilidade tributária*, expresso na *Lei Complementar nº 214/2025*, estabelece que os *tributos devem ser claros e objetivos*, permitindo que os *agentes econômicos antecipem suas obrigações fiscais sem incerteza excessiva*.

No entanto, sob a ótica do *Direito Tributário Quântico*, essa noção clássica de previsibilidade *entra em tensão com a dinamicidade dos sistemas fiscais modernos*, que operam em um *contexto de interconectividade econômica, inovação digital* e *automação tributária*.

A *previsibilidade tributária*, no *paradigma clássico*, baseia-se em uma *lógica determinista*, onde as *obrigações fiscais são fixadas ex ante e aplicadas de maneira uniforme*. Entretanto, no contexto da *Reforma Tributária*, observa-se um *fenômeno de superposição normativa*, onde as *regras tributárias coexistem e se ajustam gradualmente*, criando *zonas de incerteza regulatória*.

O *Direito Tributário Quântico* propõe que essa *previsibilidade* seja compreendida *não como um dado absoluto*, mas como um *espectro probabilístico*, no qual a *aplicação do tributo se adapta conforme padrões econômicos e tecnológicos emergentes*.

---

4. *Art. 19.* Qualquer alteração na legislação federal que reduza ou eleve a arrecadação do IBS ou da CBS:

    I - deverá ser compensada pela elevação ou redução, pelo Senado Federal, da alíquota de referência da CBS e das alíquotas de referência estadual e municipal do IBS, de modo a preservar a arrecadação das esferas federativas;

    II - somente entrará em vigor com o início da produção de efeitos do ajuste das alíquotas de referência de que trata o inciso I deste caput.

A *mecânica quântica* demonstrou que *não é possível determinar simultaneamente e com precisão absoluta certas grandezas físicas*, como a *posição* e o *momento de uma partícula*. Essa incerteza possui um *paralelo direto no Direito Tributário*, onde *quanto mais se busca rigidez na determinação dos tributos*, mais se *compromete a flexibilidade e adaptabilidade do sistema fiscal*.

Na *Reforma Tributária*, esse princípio se manifesta *na dificuldade de prever com precisão absoluta a carga tributária efetiva sobre determinados setores*, uma vez que as *alíquotas do IBS e CBS ainda estão sujeitas a ajustes futuros pelo Senado Federal*.

De igual modo, teremos um *impacto da reforma na dinâmica de preços e consumo*, já que a *nova tributação pode gerar efeitos secundários imprevistos na economia*.

A *transição entre regimes*, em que *contribuintes podem estar sujeitos simultaneamente ao modelo antigo* (ICMS, ISS) e ao *novo modelo* (IBS, CBS), gerará *superposição normativa* e *incerteza operacional*.

O *princípio da certeza tributária*, portanto, *não pode ser interpretado como um dado absoluto*, mas como uma *função de probabilidade*, na qual *mecanismos de aprendizado fiscal* podem *ajustar dinamicamente as normas conforme novos dados são coletados*. Assim, a *previsibilidade tributária* não deve ser vista como um *estado fixo*, mas como um *modelo estocástico*, onde a *administração tributária precisa trabalhar com níveis de confiança e projeções baseadas em dados dinâmicos*.

De fato, no *contexto da Reforma Tributária*, os seguintes *fatores* introduzem *incerteza na previsão da carga tributária*:

⇒ A *transição gradual entre sistemas fiscais*, onde empresas podem operar *sob regimes híbridos até 2033*;

⇒ A *necessidade de ajustes setoriais nas alíquotas*, especialmente para *setores com regimes diferenciados* (ex.: serviços, combustíveis, transportes).

⇒ O *impacto da elasticidade da demanda* e da *digitalização da economia*, que pode *afetar a arrecadação prevista*.

A *previsibilidade tributária* deve ser *calibrada por inteligência artificial*, utilizando *Big Data* para prever *padrões de arrecadação* e *ajustar políticas fiscais em tempo real*. O *modelo de tributação* deve operar em *faixas probabilísticas*, permitindo *ajustes conforme novos padrões econômicos emergem*, bem como a *automação da arrecadação via blockchain* pode garantir que as *regras tributárias sejam aplicadas de maneira programática e auditável, minimizando incertezas*.

5) Eficiência Administrativa

O *princípio da eficiência administrativa*, conforme previsto *na Lei Complementar nº 214/2025*, estabelece que a *arrecadação* e *fiscalização tributária* devem ser *conduzidas de forma a minimizar custos de conformidade e maximizar a efetividade estatal*.

Sob a ótica do *Direito Tributário Quântico*, a *eficiência não deve ser interpretada como um modelo fixo e determinista*, mas como um *sistema adaptativo*, em que a *arrecadação tributária* ocorre de forma *dinâmica e responsiva* por meio de *tecnologias emergentes, inteligência artificial* e *descentralização regulatória*.

O *conceito de eficiência* na *administração tributária* tradicionalmente se baseia em *reduzir o custo da arrecadação* e *garantir o cumprimento espontâneo das obrigações fiscais*. No entanto, a *Reforma Tributária*, ao estabelecer um *novo sistema baseado no IBS e na CBS*, introduz *desafios operacionais que precisam ser gerenciados sob uma lógica de otimização contínua e governança digital*.

No *Direito Tributário Quântico*, a *eficiência administrativa* deve ser compreendida dentro de um *espectro probabilístico e interconectado*, em que a *arrecadação tributária ocorre de forma fluida e descentralizada*, utilizando *modelagem preditiva, automação fiscal* e *redes distribuídas de compliance*.

A *administração tributária* opera como um *sistema complexo*, sujeito a *perturbações econômicas e regulatórias*. O *Direito Tributário Quântico* propõe que a *eficiência administrativa* deve ser analisada *não de forma determinista*, mas como um *processo de otimização contínua*.

Assim, os *fluxos de arrecadação* devem ser *maximizados com o mínimo impacto sobre os agentes econômicos*, os *custos de conformidade devem ser reduzidos*, utilizando *inteligência artificial para monitoramento e auditoria em tempo real* e a *fiscalização deve ocorrer de maneira descentralizada*, utilizando *blockchain* e *contratos inteligentes* para *evitar redundâncias e gargalos administrativos*.

O *conceito de entropia* na *termodinâmica quântica* pode ser aplicado ao *sistema tributário*, em que a *complexidade regulatória* deve ser *minimizada* para *maximizar a eficiência da arrecadação*. A *administração tributária* deve *reduzir a desorganização informacional* por meio de *"Big Data fiscal"*, garantindo *previsibilidade e confiabilidade dos fluxos financeiros*.

A *implementação do split payment* no *IBS e CBS* representa um *avanço na redução da entropia fiscal*, eliminando a *necessidade de recolhimento por múltiplas entidades* e *minimizando riscos de sonegação*.

A *Reforma Tributária*, ao *consolidar tributos sobre o consumo no IBS e CBS*, visa *minimizar custos administrativos e tornar a arrecadação mais eficiente*. No entanto, essa *transição deve ser acompanhada por ferramentas de automação fiscal*, garantindo que a arrecadação ocorra de *forma programada, descentralizada* e *auditável*.

Mapa Conceitual: Fundamentos da Teoria Quântica Aplicada ao Direito Tributário

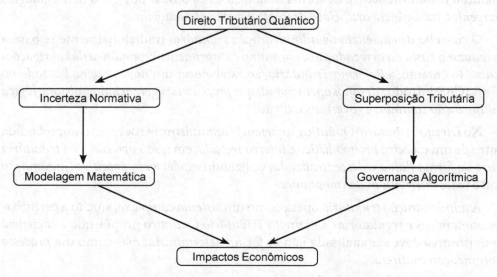

Figura 2 – Mapa Conceitual: Fundamentos da Teoria Quântica Aplicada ao Direito Tributário[5]

1.2. REFLEXÕES EPISTEMOLÓGICAS SOBRE O MAPA CONCEITUAL DOS FUNDAMENTOS DA TEORIA QUÂNTICA APLICADA AO DIREITO TRIBUTÁRIO

O presente *Mapa Conceitual* propõe uma incursão reflexiva acerca das *interconexões* entre *princípios da mecânica quântica* e a *tributação*, buscando delinear um *novo paradigma para a interpretação dos sistemas fiscais*. Longe de apresentar verdades absolutas, a abordagem adotada sugere um *campo de investigação interdisciplinar* que convida à *problematização de questões complexas*, notadamente no que concerne à *imprevisibilidade normativa* e à *interação dinâmica entre normas, contribuintes* e *agentes reguladores*.

O Direito Tributário, tradicionalmente calcado em *premissas de certeza* e *previsibilidade*, tem-se deparado com um *cenário cada vez mais volátil*, em que a *multiplicidade de interpretações* e a *oscilação das normas* impõem a necessidade de *metodologias*

---

5. *Figura 2 – Mapa Conceitual: Fundamentos da Teoria Quântica Aplicada ao Direito Tributário*.
Estrutura gráfica dos eixos teóricos que fundamentam o paradigma do Direito Tributário Quântico. O mapa representa a interação sistêmica entre seis conceitos-chave: incerteza normativa, modelagem matemática, impactos econômicos, governança algorítmica, superposição tributária e o núcleo integrador do modelo quântico aplicado à tributação.
Fonte: Elaborado pelo autor, com base em *Slemrod* (2013), *Wallace* (2012), *Bohm* (1980), *OECD* (2020) e *Greco* (2015).

analíticas mais sofisticadas. Nesse sentido, a *transposição de conceitos quânticos* para a ciência jurídica pode servir como substrato para a *compreensão de fenômenos tributários sob uma nova ótica*, mais alinhada à *realidade caótica* e *interconectada do mundo contemporâneo.*

1.2.1. Direito Tributário Quântico: Um Paradigma Emergente?

A emergência do chamado *Direito Tributário Quântico* não deve ser compreendida como uma *tentativa de positivação dogmática de modelos físico-matemáticos no ordenamento jurídico*, mas como uma *proposta heurística sofisticada*, voltada a *repensar criticamente os limites do paradigma tradicional da tributação.*

Sua função é *essencialmente provocativa*: instaurar uma *nova matriz de inteligibilidade sobre os sistemas fiscais contemporâneos*, marcada pela *abertura epistemológica*, pela *interdisciplinaridade radical* e pela *incorporação de conceitos oriundos da física quântica*, da *teoria da complexidade* e da *lógica não clássica.*

Ao invés de propor uma *nova codificação normativa*, o *Direito Tributário Quântico* opera como um *"diagrama conceitual"* (no sentido *deleuziano* do termo)[6], cuja função é *mapear forças, tensões* e *vetores de transformação* no *campo jurídico-tributário*. O epicentro dessa cartografia é ocupado por *três categorias centrais – indeterminação, superposição* e *interdependência sistêmica* – que, embora inspiradas na mecânica quântica, não se prestam à transposição literalista, mas sim à transdução analógica e funcional para o domínio das ciências jurídicas e econômicas.

Em primeiro lugar, o *conceito de indeterminação* (derivado do *Princípio de HEISENBERG*) propõe uma *nova leitura para a instabilidade interpretativa do Direito Tributário*. Se no modelo clássico buscava-se a *segurança jurídica pela fixação de significados normativos unívocos e exauríveis*, o paradigma quântico reconhece que a *norma tributária*, ao se aplicar a *fatos econômicos mutáveis* e *tecnologicamente mediados*, colapsa múltiplas *possibilidades interpretativas.*

O resultado é um *sistema fiscal sensível às condições de observação*, ao *tempo de aplicação* e às *variáveis externas* – como decisões judiciais, políticas econômicas e até atualizações tecnológicas.

---

6. No *sentido deleuziano*, um diagrama conceitual não é apenas uma representação gráfica ou uma ferramenta didática de organização de ideias, mas sim uma estrutura produtiva de pensamento, um mapa intensivo que faz emergir forças e conexões invisíveis, funcionando como dispositivo criador de realidade conceitual, afetiva e política.

' Na obra de *Gilles Deleuze*, especialmente em *Mil Platôs* (com *Félix Guattari*), o diagrama é uma máquina abstrata, uma cartografia do possível, algo que não representa, mas produz. Ele não reproduz um conceito fixo, mas permite variações, mutações e devir conceitual. Um diagrama, nesse contexto, opera como um plano de imanência no qual os conceitos são elementos móveis, conectados por vetores de força, intensidades e transformações.

Em segundo lugar, a *superposição tributária* – inspirada na sobreposição de estados da física quântica – problematiza a *convivência simultânea de múltiplos regimes de incidência fiscal aplicáveis a um mesmo fato gerador*, seja no *plano interno* (federalismo fiscal, regimes especiais, benefícios condicionados), seja no *plano internacional* (bitributação, conflitos de jurisdição, concorrência fiscal entre países).

Ao contrário da abordagem tradicional, que trata essa multiplicidade como exceção ou anomalia, o *Direito Tributário Quântico* assume a *superposição* como *característica ontológica do sistema*, exigindo ferramentas de *gestão interpretativa* baseadas em *probabilidade, risco jurídico* e *parametrização algorítmica*.

Por fim, a noção de *interdependência sistêmica* desloca o foco do tributo enquanto fenômeno isolado, para o *tributo como nó relacional de uma rede complexa de fluxos econômicos, jurídicos* e *tecnológicos*, que conecta Estados, corporações, plataformas digitais e inteligências artificiais em constante retroalimentação.

A *interdependência fiscal*, nesse sentido, *não é apenas um dado técnico da globalização*, mas um *desafio ontológico à própria ideia de soberania tributária*, exigindo *novos modelos de cooperação, governança compartilhada* e *harmonização regulatória multiescalar* (*Zucman*, 2015; *OECD*, 2023).

A partir dessas *três categorias* – indeterminação, superposição e interdependência – derivam-se *dois eixos analíticos fundamentais* que sustentam a arquitetura do *Direito Tributário Quântico*:

- *Incerteza Normativa*: trata-se do reconhecimento de que, em um ambiente caracterizado por *alta complexidade econômica* e *volatilidade institucional*, a norma tributária *se torna sensível ao tempo*, ao *contexto* e ao *meio de aplicação*, adquirindo *comportamentos não lineares e estocásticos*.

Essa incerteza, longe de representar um déficit de racionalidade, passa a ser assumida como *variável normativa modelável*, apta a ser incorporada em *algoritmos de conformidade fiscal, parametrizações automáticas* e *modelos preditivos de aplicação tributária*.

- *Superposição Tributária*: refere-se à *sobreposição de normatividades concorrentes*, que exigem *mecanismos de escolha, colapso interpretativo* e *atribuição de prevalência condicionada*, tal como o *colapso da função de onda na física quântica*.

Aqui, o papel do intérprete jurídico é análogo ao do *observador quântico*: sua decisão "colapsa" a *multiplicidade de possibilidades normativas em uma aplicação concreta*, com *efeitos retroativos* e *prospectivos*. Essa lógica pode ser *operacionalizada* por meio de *sistemas de inteligência fiscal artificial*, capazes de modelar *cenários normativos simultâneos* e auxiliar na *resolução de conflitos de competência, dupla tributação* e *regimes sobrepostos*.

Portanto, a proposta de um *Direito Tributário Quântico* não é meramente metafórica, tampouco um *exercício de erudição interdisciplinar*, mas uma *proposta metodológica de reconfiguração profunda do pensamento jurídico-tributário*.

Seu objetivo é fornecer *instrumentos teóricos e práticos* para lidar com *sistemas fiscais em ambientes incertos, tecnologicamente mediados* e *interdependentes*. É um convite à *construção de novos regimes de racionalidade fiscal*, nos quais a *legalidade*, a *justiça*, a *capacidade contributiva* e a *eficiência* não são abandonadas, mas reconstruídas sob *novas bases epistêmicas*, inspiradas na *ciência contemporânea* e voltadas à *complexidade real do século XXI*.

1.2.2. Incerteza Normativa e a Modelagem Matemática

A *incerteza normativa* que permeia o ambiente jurídico-tributário contemporâneo não se manifesta de forma episódica. Trata-se de um *atributo estrutural do sistema fiscal*, resultante da *interseção entre mutações legislativas contínuas, volatilidade jurisprudencial, pluralidade interpretativa* e, mais recentemente, da *influência de fatores tecnológicos de difícil parametrização normativa*.

Nesse cenário, o recurso à analogia com o *Princípio da Incerteza de HEISENBERG*, formulado no *contexto da mecânica quântica*, permite uma *transposição epistemológica sofisticada ao domínio jurídico*, especialmente para descrever a *impossibilidade de determinação simultânea* e precisa dos *efeitos normativos* e dos *comportamentos econômicos correlatos*.

De forma análoga ao que ocorre no *plano subatômico* – em que a posição e o momento de uma partícula não podem ser simultaneamente conhecidos com precisão infinita –, a *norma tributária*, em sua *manifestação empírica*, apresenta *comportamentos não lineares* e *frequentemente paradoxais*.

A *interpretação jurídica de um dispositivo fiscal* – afetada por variáveis como o *tempo de vigência*, o *contexto político-econômico*, o *entendimento judicial vigente* e as *práticas de fiscalização* – altera o *comportamento dos agentes econômicos*, os quais, por sua vez, *retroalimentam o sistema*, criando *padrões emergentes* que escapam à *lógica determinista tradicional*.

Esse quadro de *instabilidade interpretativa* e de *incerteza institucional* enseja o seguinte problema científico: *como quantificar, com rigor, o impacto de normas fiscais complexas sobre sistemas econômicos adaptativos?*

A resposta, ainda em construção, aponta para o *desenvolvimento de modelos matemáticos e estatísticos de previsão tributária*, os quais operam sob paradigmas inspirados na *teoria dos sistemas dinâmicos*, na *estocástica bayesiana* e na *inteligência computacional aplicada à análise normativa*.

A *modelagem matemática*, nesse contexto, *não busca eliminar a incerteza* – o que seria epistemologicamente inviável –, mas *estruturá-la, compreendê-la e traduzi-la em distribuições probabilísticas, simulações paramétricas* e *cenários adaptativos*, de forma a *reduzir o grau de entropia normativa* que recai sobre o contribuinte e o Estado.

Em termos técnicos, trata-se da *transição da hermenêutica qualitativa para uma hermenêutica computacional*, capaz de *estimar os efeitos da introdução, alteração* ou *extinção de normas tributárias* com base em *modelos regressivos múltiplos, séries temporais não lineares, redes neurais artificiais* e *inferência bayesiana de segunda ordem*.

Nesse novo domínio de investigação científica e aplicada, destacam-se *duas vertentes fundamentais*:

a) *Algoritmos Tributários Parametrizados*: construídos a partir da codificação de regras legais e de dados históricos de conformidade, esses algoritmos são aptos a *simular o comportamento de diversos perfis de contribuintes* frente a *alterações normativas hipotéticas*, prevendo *impactos sobre arrecadação, litígios e elisão fiscal*.

Tais sistemas podem operar com base em *sistemas Fuzzy*,[7] *lógica difusa* e *algoritmos genéticos*, permitindo a *adaptação contínua dos modelos conforme novas decisões judiciais* ou *alterações na prática administrativa*.

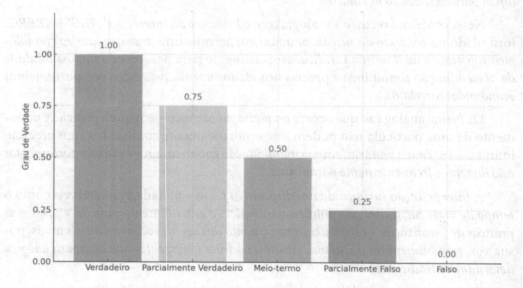

Figura 3 – Sistema Fuzzy: Graus de Verdade na Lógica Tributária[8]

---

7. *Sistema Fuzzy* é uma forma de pensar e calcular que aceita a incerteza e a imprecisão, ideal para modelar sistemas complexos – como o sistema tributário – onde as variáveis não são simplesmente "sim" ou "não", mas "depende".
É amplamente utilizado em modelagens de governança fiscal adaptativa, compliance inteligente, e simulações preditivas com margens de incerteza normativa, como no Direito Tributário Quântico.
8. *Figura 3 – Sistema Fuzzy: Graus de Verdade na Lógica Tributária*.
Representação gráfica do sistema lógico fuzzy aplicado ao Direito Tributário, com gradações contínuas entre os polos de verdadeiro (1) e falso (0). O modelo ilustra a superação da lógica binária tradicional por uma lógica gradual, adequada à interpretação de normas em contextos de incerteza, sobreposição normativa e ambiguidade jurídica.
Fonte: Elaborado pelo autor, com base em ZADEH (1965) e HART (1961).

b) *Simulações Computacionais de Impacto Normativo*: com base em técnicas de *microssimulação fiscal, modelagem de agentes (agent-based modeling) e sistemas multiagentes* (MAS), é possível construir *ambientes virtuais que replicam*, em escala, os *efeitos distributivos, econômicos* e *jurídicos de reformas tributárias específicas*.

Essas ferramentas já vêm sendo utilizadas por instituições como a *OCDE*, o *FMI* e *centros de pesquisa em políticas fiscais* para embasar *decisões estratégicas* e *quantificar a incerteza como variável formal nos modelos fiscais de previsão* (*Slemrod; Gillitzer*, 2013; *Mirrlees* et al., 2010).

No plano teórico, essa transição exige o desenvolvimento de um *novo campo jurídico-científico*, que poderíamos denominar *matemática fiscal aplicada ao Direito*, no qual convergem o *formalismo lógico do direito positivo*, as *propriedades dinâmicas dos sistemas complexos* e as *teorias de decisão* baseadas em *incerteza probabilística*, como defendido por *Savage* (1954) e ampliado, mais recentemente, pelos *modelos de raciocínio sob risco adotados em finanças quantitativas*.

A institucionalização dessa abordagem no Direito Tributário pressupõe, entretanto, não apenas inovação técnica, mas também *reformulação dos próprios princípios interpretativos tradicionais*. A *legalidade tributária* passa a exigir *transparência algorítmica*, a *capacidade contributiva* deve ser reconstruída à luz de *indicadores preditivos de riqueza oculta* e *comportamento fiscal projetado* e a *segurança jurídica* deixa de ser ancorada em *previsibilidade absoluta*, passando a se firmar sobre *parâmetros estocásticos auditáveis*, que expressem *intervalos de confiança jurídica aceitáveis* em vez de *certezas formais absolutas*.

Assim, a *modelagem matemática da incerteza normativa* não é um artifício técnico auxiliar, mas o *próprio núcleo metodológico da racionalidade tributária do século XXI*, cujos fundamentos repousam sobre *epistemologias não deterministas, inferências adaptativas* e *princípios de governança computacional transparente e auditável*.

Nessa direção, o *Direito Tributário Quântico* se configura como uma *teoria de transição* entre a *dogmática tradicional* e uma *nova ciência da tributação*, baseada em *dados, algoritmos* e *probabilidades formalizadas*.

1.2.3. Superposição Tributária: Estados Jurídicos Múltiplos e a Indeterminação Interpretativa

No coração do paradigma tributário quântico reside a noção de *superposição tributária*, uma construção conceitual inspirada no *princípio da superposição da mecânica quântica*, segundo o qual uma *partícula subatômica pode existir simultaneamente em múltiplos estados até que a sua observação* – isto é, a *intervenção de um agente externo* – cause o *colapso dessa multiplicidade em um único estado observável*.

A analogia transposta ao campo jurídico-tributário revela um *fenômeno análogo e recorrente: um mesmo fato jurídico pode ser interpretado de forma concorrente, plural* e até *contraditória*, até que uma *autoridade fiscal* (administrativa ou judicial) *"colapse"* sua *materialização normativa* em uma *decisão específica*, muitas vezes sujeita a *revisões futuras*.

Esse *estado de indeterminação interpretativa* não é, portanto, patológico ou periférico ao Direito Tributário – é, cada vez mais, *estrutural*. Tal como no experimento do *gato de Schrödinger*, que estaria *simultaneamente vivo* e *morto até a abertura da caixa*, o *fato gerador* pode ser, ao mesmo tempo, *receita, ganho de capital, rendimento tributável, fato gerador de contribuição previdenciária* ou *não tributável*, dependendo da *perspectiva hermenêutica adotada pelo intérprete*.

A *pluralidade de regimes jurídicos aplicáveis*, a *coexistência de normas federais, estaduais* e *municipais*, os *diversos tratamentos conferidos a regimes especiais, isenções, imunidades, alíquotas diferenciadas* e *benefícios condicionados* compõem um cenário de *entropia normativa*, em que *estados jurídicos múltiplos* convivem sobre o *mesmo substrato fático*.

A *superposição tributária* é amplificada por *três elementos centrais*:

- Complexidade normativa e redundância legislativa;
- Falta de uniformização interpretativa entre entes federativos e tribunais;
- Assimetrias na fiscalização, motivadas por diferentes objetivos arrecadatórios, capacidades institucionais e interpretações administrativas.

Essa configuração, inevitavelmente, produz *insegurança jurídica, incentiva a judicialização* e *compromete a função econômica estabilizadora do tributo*, ao gerar incertezas quanto aos *ônus fiscais* que incidem sobre a atividade produtiva.

Diante deste cenário, impõe-se a necessidade de investigar mecanismos capazes de mitigar essa indeterminação, sem sacrificar a flexibilidade interpretativa do sistema, mas dotando-o de *instrumentos de consistência normativa* e *previsibilidade parametrizada*. É nesse contexto que a *Governança Algorítmica* se apresenta como um *campo promissor de experimentação*.

A *automação normativa* baseada em *inteligência artificial, sistemas de blockchain* e *contratos inteligentes* (*smart contracts*) oferece uma resposta técnica inovadora à *superposição tributária*.

Ao parametrizar previamente os eventos fiscais e codificar, de forma auditável, os critérios de incidência, os *contratos inteligentes* operam como *mecanismos de execução automática de obrigações tributárias*, reduzindo significativamente a *margem de subjetividade interpretativa* e assegurando a *materialização normativa com maior previsibilidade*.

A *blockchain*, por sua vez, *assegura imutabilidade, rastreabilidade* e *transparência*, condições essenciais para um *ambiente fiscal confiável*, especialmente em *operações transfronteiriças*, de *alta frequência* e *digitalizadas*.

Ao registrar as *transações em tempo real*, com *validação distribuída*, elimina-se ou reduz-se a *ambiguidade quanto ao momento, valor* e *natureza jurídica da operação*, permitindo que os entes tributantes compartilhem, com base consensual, a *estrutura do fato gerador*.

Além disso, o *uso de inteligência artificial simbólica*, combinada com *redes neurais profundas*, possibilita a *construção de sistemas de recomendação interpretativa com base em jurisprudência consolidada, precedentes administrativos* e *lógica normativa probabilística*.

Tais sistemas poderiam sugerir com *elevado grau de precisão* e *consistência*, determinando qual a interpretação majoritária para determinado tipo de operação, colapsando a superposição normativa em um "estado interpretativo mais provável", sem vedar, contudo, o exercício do contraditório ou a contestação pelo contribuinte.

Do *ponto de vista econômico*, essa infraestrutura de automação *reduz o custo de conformidade tributária, melhora a alocação de recursos fiscais* e *aumenta a eficiência sistêmica*, ao permitir que a administração tributária concentre seus esforços nos casos que efetivamente escapam dos padrões previstos pelo sistema.

Ademais, promove a *equidade horizontal*, assegurando que *contribuintes em situações equivalentes sejam tratados de forma isonômica*, independentemente da *localidade*, do *fiscal responsável* ou da *interpretação subjetiva de plantão*.

Contudo, esse modelo exige uma *profunda reestruturação institucional* e *legal*, com a *criação de normas parametrizáveis, padrões abertos de codificação, regulamentação da inteligência artificial decisória* e *sistemas robustos de auditoria algorítmica* e *supervisão democrática*.

O desafio não está *apenas na tecnologia*, mas na *governança transparente dos sistemas automatizados de decisão tributária*, evitando que a *automação* se torne uma *caixa-preta inacessível* e, portanto, *fonte de novos litígios*.

A *superposição tributária*, portanto, *não será integralmente eliminada* – assim como na física, ela é uma propriedade fundamental do sistema em estado de complexidade. O que se propõe, no paradigma quântico, é uma *estrutura de mitigação algorítmica da indeterminação*, que seja *transparente, auditável* e *adaptável*, permitindo a *convivência ordenada entre múltiplos estados jurídicos potenciais* até que a *observação interpretativa se concretize*, com base em *critérios parametrizados* e *tecnicamente fundamentados*.

1.2.4. A intersecção entre Modelagem Computacional e Governança Tributária

A convergência entre *modelagem computacional avançada* e *governança tributária contemporânea* configura uma das mais significativas transformações paradigmáticas do Direito Tributário no século XXI. Trata-se de um processo que vai muito além da simples *digitalização dos procedimentos fiscais*: inaugura-se uma *nova racionalidade institucional*, na qual a *coleta*, o *processamento* e a *aplicação de dados fiscais* passam a ser estruturados por *modelos algorítmicos dinâmicos, autorregulados e potencialmente autônomos*.

A *modelagem computacional*, neste contexto, opera como arcabouço teórico e instrumental capaz de traduzir a complexidade normativa e econômica do sistema tributário em estruturas matemáticas formais, permitindo a construção de simulações, inferências e decisões baseadas em regras parametrizadas e aprendizado estatístico.

Por sua vez, a *governança tributária algorítmica* refere-se à forma como essas decisões são operacionalizadas institucionalmente, isto é, à organização dos processos decisórios fiscais mediados por tecnologia, à gestão dos fluxos de dados e à definição dos limites normativos da atuação automatizada do Estado.

A convergência desses dois domínios – o *técnico-computacional* e o *jurídico-institucional* – conduz a uma configuração inédita: o surgimento de *ecossistemas fiscais auto-adaptativos*, nos quais as decisões sobre apuração, incidência, fiscalização e até mesmo julgamento preliminar de casos passam a ser proferidas com o auxílio (ou diretamente por meio) de inteligência artificial, lógica bayesiana, aprendizado supervisionado e modelagens preditivas não lineares.

Isso pode ser observado na crescente utilização de sistemas de *tax compliance automatizado*, *microssimulações fiscais* e *contratos inteligentes* (*smart contracts*) codificados em *blockchain*, cujos efeitos jurídicos são *autoexecutáveis e parametrizados*.

Todavia, esse avanço tecnológico traz consigo uma *tensão epistemológica e axiológica* profunda: *pode a automação substituir integralmente a hermenêutica humana*? Qual o papel da *ponderação casuística* e da *valoração subjetiva* – elementos intrínsecos ao Direito – quando confrontados com *sistemas que operam segundo inferências estatísticas e lógicas formais impassíveis de nuance contextual*?

A *padronização das decisões tributárias*, embora tecnicamente desejável sob a *ótica da segurança jurídica* e da *eficiência administrativa*, pode ignorar *elementos fundamentais da justiça fiscal*, como a *capacidade contributiva real*, os *fatores socioeconômicos contextuais*, os *regimes diferenciados de tributação para grupos vulneráveis* e os *casos de exceção previstos constitucionalmente*.

O *risco*, portanto, *não é apenas técnico*, mas *ético e institucional*: uma *desumanização do processo decisório fiscal* pode converter o sistema tributário em uma *máquina autônoma de arrecadação*, descolada da *função social do tributo* e das *garantias fundamentais do contribuinte*.

Nesse cenário, impõe-se o desenvolvimento de *modelos híbridos de governança fiscal*, em que a *modelagem computacional* seja utilizada como *instrumento de apoio à decisão*, e não como *substituto do juízo hermenêutico*.

Em termos práticos, isso exige:

⇒ *Transparência algorítmica*: os sistemas de decisão automatizada devem ser auditáveis, explicáveis (*explainable* AI) e parametrizáveis segundo critérios normativos definidos por lei, conforme preconizado pelo *princípio da legalidade tributária* (CF/1988, art. 150, I);[9]

⇒ *Controle constitucional e judicial da automatização fiscal*: decisões algorítmicas que impliquem restrições de direitos fundamentais, sanções ou exigência de tributos devem estar sujeitas a controle jurisdicional pleno e efetivo, preservando o devido processo legal;

⇒ *Estruturação de câmaras técnicas interdisciplinares*: compostas por juristas, cientistas de dados, economistas e filósofos, para a definição dos parâmetros éticos e distributivos dos algoritmos fiscais, garantindo que os sistemas incorporarem os valores constitucionais da justiça, isonomia, capacidade contributiva e progressividade;

⇒ *Avaliação de impacto regulatório (AIR) computacional*: antes de implementar novos modelos algorítmicos, deve-se realizar simulações e projeções dos impactos econômicos, sociais e jurídicos dessas tecnologias sobre os diferentes grupos da sociedade, especialmente sobre os mais vulneráveis;

⇒ *Inclusão da lógica Fuzzy e da modelagem não determinista nos sistemas de decisão fiscal*: em vez de se basear apenas em lógicas binárias (verdadeiro/falso; tributa/não tributa), a nova governança fiscal deve utilizar sistemas que operem com margens de indeterminação, capazes de reconhecer zonas grises, incertezas normativas e multiplicidade de interpretações – tal como preconizado pelo paradigma tributário quântico.

Importante destacar que o *modelo previsto pela LC nº 214/2025*, ao instituir o *Regime Periódico de Apuração do IBS*, já aponta na *direção dessa racionalidade algorítmica*, prevendo a *apuração automática de créditos e débitos tributários*, o *uso intensivo de dados compartilhados* e a *interoperabilidade entre entes federativos*.

Contudo, a ausência de uma *regulamentação clara sobre os limites da automação*, os *direitos dos contribuintes perante sistemas autônomos* e a *governança dos algoritmos empregados* representa uma *lacuna crítica*, que deve ser enfrentada antes que o modelo se torne irreversível.

Assim, a intersecção entre *modelagem computacional* e *governança tributária* não deve ser interpretada como um processo puramente técnico, mas como uma *nova fase*

---

9. *Art. 150*. Sem prejuízo de outras garantias asseguradas ao contribuinte, é vedado à União, aos Estados, ao Distrito Federal e aos Municípios:

I - exigir ou aumentar tributo sem lei que o estabeleça;

da racionalidade fiscal, cujos fundamentos serão disputados entre *visões mecanicistas, legalistas* e *responsivas do Direito.*

O desafio é evitar que o sistema se torne uma *"caixa-preta fiscal", autorreferencial* e *opaca,* e transformá-lo em um *ecossistema de justiça tributária digital, transparente, adaptável* e *democraticamente controlado.*

1.2.5. Impactos Econômicos: Para Onde Caminha a Tributação?

A *incorporação progressiva de técnicas de modelagem matemática, aprendizado de máquina* e *inteligência algorítmica aos sistemas tributários globais* inaugura uma *fase inédita de engenharia fiscal,* cujo impacto sobre *variáveis macroeconômicas* – como crescimento econômico, redistribuição de renda, estabilidade fiscal e eficiência aloca-tiva – ainda está em *processo de construção teórica e validação empírica.*

O questionamento central é pertinente e de alta densidade normativa: em que medida essa transformação técnica será capaz de *promover maior justiça fiscal, reduzir a evasão* e *elevar a eficiência arrecadatória?* Ou, em sentido inverso, será que a sofisticação dos instrumentos apenas cristalizará *estruturas regressivas, privilegiando elites rentistas* e *consolidando a opacidade tributária sob roupagens tecnocráticas?*

De um lado, os *defensores da tributação baseada em evidências* e *inteligência ar-tificial* argumentam que a *automatização fiscal preditiva* e a *análise massiva de dados comportamentais* permitirão identificar *padrões de evasão com mais precisão, alocar recursos da fiscalização de maneira mais eficiente* e *construir sistemas tributários res-ponsivos ao ciclo econômico.*

Modelos computacionais capazes de *antecipar cenários de inadimplência, elisão agressiva* e *planejamento abusivo* podem, em tese, *reduzir significativamente o hiato entre a arrecadação potencial* e a *arrecadação efetiva,* fenômeno conhecido como *TAX GAP.*

Além disso, *algoritmos treinados sobre bancos de dados fiscais, patrimoniais* e *transacionais* teriam a capacidade de estimar a *verdadeira capacidade contributiva dos agentes econômicos,* superando as *limitações declaratórias tradicionais* e possibilitando uma *tributação mais equânime* e *acurada (Slemrod; Gillitzer,* 2013; *OECD,* 2020).

Do *ponto de vista da teoria econômica,* essa estrutura permitiria, ainda, *reduzir distorções na alocação de recursos,* na medida em que o sistema fiscal se tornaria *mais previsível, menos arbitrário* e menos sujeito à *manipulação política ou interpretativa.* Tal previsibilidade normativa – ainda que probabilística – contribuiria para a *redução do custo de conformidade,* a *melhora do ambiente de negócios* e o *fortalecimento da confiança institucional* entre contribuintes e o Estado.

Na linguagem da *teoria dos jogos,* a adoção de *sistemas tributários inteligentes* in-troduz *mecanismos de dissuasão sofisticados,* deslocando o *ponto de equilíbrio estratégico* para o *cumprimento voluntário.*

CAPÍTULO 1 • ATRIBUTOS QUÂNTICOS DOS SISTEMAS TRIBUTÁRIOS

31

Contudo, essa narrativa otimista não pode obscurecer as *implicações distributivas e éticas da automação fiscal*. A mesma tecnologia que permite *identificar sonegadores* também pode – se *mal calibrada* – reproduzir *vieses estruturais*, aprofundar *desigualdades raciais, regionais e de classe*, e consolidar *modelos regressivos de incidência tributária*.

A *literatura crítica da economia política tributária* (Piketty, 2013; Saez & Zucman, 2019) alerta para o fato de que *modelos algorítmicos são tão justos quanto os dados e objetivos que os alimentam*. Em um país com *desigualdade estrutural* e profunda *assimetria na representação política*, é possível que os *sistemas inteligentes* venham a *reforçar estruturas de privilégio*, sobretudo se os *parâmetros forem definidos de maneira opaca* ou *tecnocrática*, à margem do *controle democrático*.

Ademais, é preciso considerar que a *centralização e integração de dados fiscais em sistemas digitais complexos* cria *riscos relevantes de vigilância excessiva, violação de privacidade* e *discricionariedade automatizada*, o que exige a *criação de mecanismos de governança algorítmica*, com *auditorias independentes, accountability pública* e *participação social no desenho regulatório*. A *eficiência fiscal* não pode ser perseguida à *custa da cidadania fiscal*.

Outro ponto sensível é a *heterogeneidade entre países e regiões*. A capacidade de implementar *modelos fiscais baseados em inteligência artificial* depende de *infraestruturas tecnológicas robustas, qualificação técnica de servidores, interoperabilidade de bancos de dados* e *marcos regulatórios sólidos*, elementos ausentes em muitas economias em desenvolvimento.

A *adoção prematura* ou *acrítica de modelos complexos* pode aumentar a *dependência tecnológica de países periféricos* e *acentuar a assimetria* entre *jurisdições na arrecadação de tributos digitais*, como já se observa nas disputas em torno da *tributação de lucros de grandes plataformas globais* (Devereux, 2021; OECD, 2023).

Portanto, a resposta à pergunta inicial – *se a tributação baseada em algoritmos será promotora de justiça fiscal ou vetor de exclusão tecnocrática* – não pode ser dada *a priori*, pois depende de *condições institucionais, escolhas políticas, regulações éticas* e *parâmetros de equidade substantiva*.

O que se delineia é um *vasto campo de pesquisa transdisciplinar*, que exige a *articulação entre economistas, juristas, cientistas de dados, engenheiros de sistemas* e *sociólogos*, para construir *métricas integradas que combinem eficiência arrecadatória* com *justiça redistributiva, neutralidade econômica* com *sensibilidade social*.

Nesse novo paradigma, os *modelos computacionais* não substituem a *política tributária*, mas a informam com *base em simulações, inferências* e *evidências empíricas dinâmicas*. A grande tarefa do século XXI será transformar esse *potencial técnico em instrumento efetivo de equidade fiscal*, sob vigilância institucional rigorosa e com amplo debate democrático, a fim de evitar que a racionalidade algorítmica desloque a função social do tributo para um tecnicismo excludente.

1.2.6. Conclusão: um convite ao debate

A presente estrutura teórico-conceitual – que propõe uma *leitura quântica do Direito Tributário* – não almeja instituir uma *nova dogmática fechada*, nem se apresenta como uma *teoria finalista ou totalizante*. Ao contrário, sua pretensão é *heurística, crítica e aberta*, voltada à *desnaturalização dos paradigmas clássicos* e à *provocação de novas linhas de investigação científica*, a partir da constatação de que os *sistemas tributários modernos* operam sob condições de *crescente complexidade, interdependência global* e *instabilidade normativa*.

A *transposição de conceitos originários da física quântica*, como *indeterminação, superposição* e *colapso de estados*, para o *campo jurídico-tributário*, não deve ser confundida com *analogia simplista* ou *transposição indevida entre campos científicos distintos*.

A proposta aqui delineada baseia-se em uma *transdisciplinaridade metodológica rigorosa*, na qual os *conceitos da mecânica quântica* operam como *estruturas epistemológicas* que ampliam a capacidade de *compreensão dos fenômenos jurídicos contemporâneos*, especialmente quando esses se manifestam de maneira *volátil, fragmentada* e *probabilística*, como ocorre nos *ambientes fiscais digitais, automatizados* e *globalmente conectados*.

Neste cenário, a *tributação do futuro talvez não venha a ser*, literalmente, "*quântica*" no *sentido físico do termo*. Mas o que se torna cada vez mais evidente é que o *Direito Tributário* não pode mais ser interpretado e aplicado com base em um *modelo linear, determinista* e *puramente normativista*, como aquele que vigorou majoritariamente no século XX.

As *novas dinâmicas da economia digital*, os *fluxos financeiros intangíveis*, a *presença econômica virtual*, os *contratos inteligentes* e a *inteligência artificial aplicada à fiscalização* transformam o *tributo* em um fenômeno *fluido, adaptativo* e de *incidência contextual*, exigindo *ferramentas teóricas* e *operacionais* que sejam compatíveis com a *natureza complexa* e *estocástica* da realidade que pretendem regular.

A *proposta de um Direito Tributário Quântico*, nesse sentido, é menos uma *ontologia* e mais uma *hipótese de trabalho*, um *campo experimental* para o desenvolvimento de *novos critérios de racionalidade fiscal*, nos quais convivam, em *tensão produtiva*, os *princípios clássicos do direito* (legalidade, capacidade contributiva, isonomia, segurança jurídica) e *novas exigências normativas*, como a *transparência algorítmica*, a *auditabilidade dos sistemas automatizados* e a *adaptabilidade normativa contínua*.

Se estamos, portanto, em *estado de superposição entre o presente e o futuro*, entre a *tradição* e a *inovação*, entre a *certeza normativa* e a *incerteza sistêmica*, trata-se de reconhecer que o próprio *Direito Tributário*, enquanto *sistema interpretativo*, encontra-se em *colapso de função de onda* – à espera de um *novo observador coletivo*: o *legislador informado*, o *jurista crítico*, o *administrador responsável* e o *contribuinte consciente*.

O *convite* aqui lançado é, portanto, *não apenas acadêmico*, mas também *político* e *institucional*: é necessário abrir espaço para o *debate interdisciplinar*, para a *experimentação teórica*, para a *criação de laboratórios fiscais* que integrem *saberes da física*, da *matemática*, da *ciência da computação*, da *economia* e da *filosofia política*.

Em um mundo regido por *incertezas constitutivas* e *tecnologias de decisão automática*, a *legitimidade do sistema tributário* dependerá não de sua rigidez, mas de sua *capacidade de se reinventar com responsabilidade, equidade e sofisticação técnica*.

Concluímos, assim, não com um ponto final, mas com uma *abertura programática*: o *Direito Tributário Quântico não é um destino*, mas uma *trajetória em construção*, cujas bifurcações dependerão da nossa *coragem de pensar o novo*, da *nossa prudência em aplicá-lo* e, sobretudo, da *nossa disposição em construir um sistema tributário mais justo, inteligente* e *compatível com a complexidade do nosso tempo*.

1.3. MODELAGEM MATEMÁTICA DOS SISTEMAS DINÂMICOS

A incorporação de conceitos oriundos da *física quântica ao Direito Tributário* busca estabelecer uma *metodologia inovadora* que reconheça a *existência de estados superpostos de obrigações fiscais*, a *interação probabilística entre agentes econômicos* e a *indeterminação inerente às normativas tributárias* em um contexto de *governança digital* e *automação fiscal*. A *complexidade do atual ambiente econômico* demanda uma *abordagem mais sofisticada*, capaz de *modelar as interações fiscais em cenários de incerteza* e *volatilidade estrutural*.

Assim como em *mecânica quântica*, em que o *estado de um sistema pode ser otimizado conforme interações sucessivas*, a *arrecadação tributária* pode ser *continuamente ajustada com modelagem estatística e aprendizado adaptativo*. A *previsibilidade fiscal* pode ser *melhorada por redes neurais*, que analisam *padrões de comportamento tributário* para *sugerir ajustes dinâmicos na administração fiscal*.

A *arrecadação* e *fiscalização* devem ser conduzidas de forma a *minimizar custos de conformidade* e *maximizar a efetividade estatal*.

A *fiscalização tributária tradicional* opera com *métodos retrospectivos*, onde a *análise da conformidade* ocorre *após a realização do fato gerador*. No *Direito Tributário Quântico*, a *eficiência administrativa* exige um *modelo de fiscalização proativa e integrada*, partindo de um pressuposto que a *Receita Federal adota algoritmos de detecção preditiva, identificando anomalias fiscais antes que ocorram fraudes ou inconsistências*.

O uso de *blockchain* reduz a necessidade de *auditorias presenciais*, garantindo que as *transações tributárias sejam auditáveis em tempo real* e a *descentralização da fiscalização* permite que *diferentes níveis de governo compartilhem dados fiscais, evitando redundâncias e melhorando a capacidade de arrecadação*.

A *tributação tradicional* trabalha com *alíquotas fixas e regras imutáveis*, o que pode gerar *ineficiências no longo prazo*. O *Direito Tributário Quântico* propõe um *modelo de tributação adaptativa*, na medida que as *alíquotas* podem ser *ajustadas dinamicamente com base na arrecadação projetada* e na *oscilação macroeconômica*, a *carga tributária é calibrada probabilisticamente*, permitindo *ajustes automáticos conforme o comportamento do mercado*.

Outrossim, a *administração tributária* opera como um *sistema de aprendizado contínuo*, em que *novos padrões de arrecadação são incorporados de forma autônoma via inteligência artificial*.

Apesar de sua *coerência teórica* e de sua *aplicabilidade bem-sucedida em períodos de menor complexidade econômica*, o *modelo clássico enfrenta sérias limitações no contexto contemporâneo*, marcado pela *interconectividade econômica global*, pela *digitalização dos mercados* e pela *crescente volatilidade dos fluxos financeiros*. Dentre as *principais limitações*, destacam-se:

I – Incapacidade de Capturar a Complexidade da Economia Digital

A *crise de aplicabilidade do modelo tributário clássico* diante da *ascensão da economia digital* não é um *fenômeno pontual*, mas *estrutural e sistêmico*, revelador da *inadequação epistemológica*, *normativa* e *institucional dos instrumentos tradicionais de tributação* frente à complexidade emergente de uma economia desmaterializada, interconectada e descentralizada.

O *paradigma tributário* que ainda orienta grande parte dos *sistemas fiscais contemporâneos* foi concebido para *captar riqueza em contextos materiais, territorializados* e *dotados de clareza jurídico-fática*, ou seja, para uma *realidade econômica do século XIX e início do século XX*, marcada por *transações presenciais, bens tangíveis e presença física dos agentes econômicos*.

Na *economia digital*, entretanto, as bases que estruturavam esse modelo entram em *colapso conceitual*. A *territorialidade*, por exemplo – princípio fundante da competência tributária clássica – *perde funcionalidade prática quando transações são executadas entre múltiplas jurisdições, sem presença física* ou *representação legal local*.

Ativos intangíveis, como *licenças de software, propriedade intelectual, dados* e *algoritmos*, circulam em velocidade exponencial e são *monetizados* sem qualquer *correspondência geográfica clara*. Isso desafia as *categorias convencionais de estabelecimento permanente, residência fiscal e local do consumo* – todos pilares da incidência tributária tradicional (*Gadzo*, 2018; *Devereux*, 2021).

Além disso, a *proliferação de criptomoedas* e *ativos digitais descentralizados* – que não são emitidos por Estados, *não se vinculam a instituições financeiras tradicionais* e *não estão sujeitos ao controle direto das autoridades monetárias* – coloca em xeque os *mecanismos clássicos de apuração, fiscalização* e *controle fiscal*.

As *transações em blockchain*, realizadas em *redes peer-to-peer, pseudônimas e trans-fronteiriças*, desafiam não apenas a capacidade técnica das administrações tributárias, mas sobretudo, a *lógica jurídica da rastreabilidade fiscal*, criando *zonas de opacidade patrimonial* que dificultam a aplicação dos *princípios da transparência, capacidade contributiva e isonomia*.

A *materialidade da riqueza*, por sua vez – noção fundante de muitos tributos sobre patrimônio, propriedade e renda – se torna *obsoleta* em um contexto em que a *riqueza é* cada vez mais *algorítmica, reputacional e baseada em ativos digitais fluidos e altamente voláteis*, como *tokens não fungíveis* (NFTs), *contratos inteligentes (smart contracts) e direitos econômicos sobre estruturas de governança digital* (DAOs). Como observaram *Saez e Zucman* (2019), a concentração de capital na era digital ocorre *menos por proprie-dade física e mais por controle de plataformas, fluxos de dados e estruturas tecnológicas* difíceis de mensurar e tributar segundo critérios clássicos.

Essa dissonância entre a *arquitetura do sistema tributário* e a *nova lógica econômica* produz *lacunas normativas, ambiguidade interpretativa* e, sobretudo, *erosão da base tributária*. *Multinacionais digitais*, como as *big techs*, conseguem *alocar lucros em juris-dições de baixa tributação*, mesmo quando *geram receitas significativas em países onde não possuem presença física relevante* – fenômeno que o *Projeto BEPS* e o *Pilar Um da OCDE* tentam mitigar com a *introdução de critérios de presença econômica significativa* (*significant economic presence*), *nexos digitais* e *regras de realocação de lucros*.

No entanto, essas soluções *ainda são incipientes e reativas*, atuando *ex post* e com *limitada efetividade diante da inovação exponencial das tecnologias descentralizadas*. A introdução de *modelagens tributárias parametrizadas, infraestruturas digitais interope-ráveis e fiscalizações automatizadas baseadas em inteligência artificial* ainda encontra *resistência jurídica, cultural e operacional*, especialmente em países que *não dispõem de sistemas integrados de dados* ou *marcos normativos claros sobre ativos digitais*.

A *economia digital*, por sua natureza, exige um *novo tipo de racionalidade fiscal*, compatível com a *desmaterialização da riqueza*, a *ubiquidade das transações* e a *lógica probabilística da circulação de valor*. O *Direito Tributário Quântico* propõe exatamente *essa mudança de chave*: abandonar o *determinismo jurídico-normativo*, baseado em *categorias fixas e estáticas*, e adotar um *modelo flexível, adaptativo e baseado em redes*, que seja capaz de *detectar padrões, modelar riscos fiscais* e aplicar a norma tributária de maneira *responsiva*, por meio de *sistemas cibernéticos e governança algorítmica*.

Essa nova abordagem requer a *reformulação de pilares clássicos*: o *local do fato gerador deixa de ser físico* e passa a ser *parametrizado*; a *renda* não é mais mensurada apenas pelo *ingresso monetário*, mas por *vetores digitais de valor agregado*; e a *capa-cidade contributiva* torna-se *modelável* a partir de *inferências probabilísticas*, com base em *dados agregados, perfis de consumo* e *indicadores preditivos de movimentação financeira*.

Portanto, a *incapacidade do modelo clássico* de capturar a *complexidade da economia digital* não é apenas um *problema técnico*, mas um *impasse epistemológico* que exige a construção de uma *nova ciência fiscal – transdisciplinar, computacional* e *orientada por dados* – capaz de lidar com a *fluidez da riqueza na era informacional*.

II – Rigidez Normativa Frente à Dinamicidade dos Mercados

A *rigidez normativa* que caracteriza o modelo clássico de tributação encontra-se em *crescente tensão com a realidade dinâmica, fluida* e *acelerada dos mercados globais contemporâneos*. Fundado em uma *concepção positivista* e *fixista da norma jurídica*, o *Direito Tributário tradicional* opera sob a premissa de que a *segurança jurídica* e a *legalidade tributária* são garantidas pela *estabilidade textual da norma*, pela *codificação exaustiva* e pela *previsibilidade interpretativa*.

No entanto, essa estrutura – funcional em contextos econômicos estáveis e territorialmente definidos – revela-se *estruturalmente incapaz de acompanhar a velocidade das inovações tecnológicas, financeiras* e *organizacionais* que definem os mercados do século XXI.

Esse descompasso entre a *rigidez do direito* e a *dinamicidade dos fatos* não se limita a uma *dificuldade operacional*: trata-se de uma *falha sistêmica de resposta institucional*, que compromete a *eficácia da tributação*, gera *desequilíbrios concorrenciais* e permite o surgimento de *zonas de opacidade fiscal*.

A *lentidão dos processos legislativos* – muitas vezes agravada por entraves políticos, interesses corporativos e limites formais de competência – faz com que a regulação tributária chegue sempre tarde, quando os *modelos de negócios já mudaram*, os *ativos já foram transferidos* e os *arranjos elisivos já foram consolidados* e *validados por pareceres jurídicos sofisticados*.

Essa *defasagem normativa* tem sido explorada, de *forma sistemática*, por *planejamentos tributários agressivos*, que se aproveitam das *lacunas interpretativas* e das *zonas de neutralidade jurídica* para reestruturar operações com o objetivo de *reduzir artificialmente a carga fiscal, transferir lucros para jurisdições de baixa tributação* e *fragmentar a base tributável em entes jurídicos sem substância econômica real*.

A literatura crítica internacional, notadamente os trabalhos de *Gabriel Zucman* (2015), *Emmanuel Saez* (2019) e *Michael Devereux* (2021), tem denunciado como essa rigidez normativa, ao *não acompanhar a inovação dos mercados*, acaba por *institucionalizar privilégios fiscais* e promover a *erosão das bases tributárias nacionais*.

No contexto da *economia digital* e das *finanças descentralizadas*, esse problema se torna ainda mais agudo. *Novos ativos* – como criptomoedas, stablecoins, tokens não fungíveis (NFTs) e produtos derivados sintéticos – são criados em *velocidade exponencial*, muitas vezes em *ambientes regulatórios extraterritoriais*, cujas características *escapam à tipologia legal clássica do Código Tributário Nacional* e das *leis complementares que definem fatos geradores e bases de cálculo*.

A *ausência de normas específicas* ou de *interpretações consolidadas* gera um *ambiente de incerteza calculada*, no qual *operadores sofisticados* atuam com *alto grau de confiança na impunidade fiscal*.

A *rigidez normativa* manifesta-se também na *própria estrutura dogmática do Direito Tributário*, que tende a operar com *categorias analíticas binárias* (tributável/ não tributável, fato gerador presente/inexistente, incidência válida/nula), *pouco aptas a lidar com gradientes de conformidade, zonas cinzentas* e *padrões emergentes de comportamento fiscal*.

Esse formalismo excessivo contribui para a *obsolescência do sistema* e dificulta a *adoção de modelos de tributação responsiva*, orientados por evidências e sensíveis à mudança de contexto.

Para superar esse descompasso, é necessário transitar para uma *racionalidade normativa adaptativa*, inspirada em *modelos dinâmicos, flexíveis* e *probabilísticos*. O *Direito Tributário Quântico*, nesse contexto, propõe uma reflexão sobre uma *nova matriz epistêmica*, em que a *norma deixa de ser um ponto fixo* e passa a ser um *vetor de incidência contextual, parametrizável por algoritmos, ajustável por modelos preditivos* e *auditável por meio de inteligência artificial aplicada*.

A *rigidez* cede espaço a uma *estrutura normativa em rede*, capaz de *aprender com os dados, adaptar-se aos comportamentos dos contribuintes* e *integrar múltiplas camadas de regulação simultânea* (internacional, nacional, subnacional e digital).

A proposta não é a de *substituir a legalidade pela aleatoriedade*, mas de construir uma *legalidade responsiva*, fundamentada em *princípios constitucionais* (isonomia, capacidade contributiva, não confisco), mas operacionalizada por *sistemas de governança fiscal inteligente*, que sejam capazes de *detectar mutações nos mercados* e *ajustar a tributação em tempo quase real*, com *mecanismos automáticos de feedback regulatório*.

O uso de *contratos inteligentes, blockchains programáveis* e *protocolos de conformidade fiscal autoexecutáveis* aponta para essa direção, já sendo experimentado em jurisdições como *Estônia, Emirados Árabes* e *países da OCDE* com elevada maturidade tecnológica.

A *Reforma Tributária*, especialmente após a promulgação da *Emenda Constitucional nº 132/2023* e a edição da *Lei Complementar nº 214/2025*, abre espaço normativo para essa reconfiguração, ao instituir *parâmetros técnicos para o IBS e o IS* que poderão ser *parametrizados digitalmente* e *administrados por entes federativos com integração sistêmica* e *interoperabilidade de dados*. Contudo, ainda falta a *institucionalização de núcleos de inteligência fiscal permanente*, capazes de *interpretar dados em tempo real*, prever *elisão e evasão* e propor *ajustes legislativos com base em simulações e métricas empíricas*.

Em síntese, a *rigidez normativa*, em tempos de mutação acelerada dos mercados, deixa de ser *garantia de segurança jurídica* e passa a ser *obstáculo à justiça fiscal*. O *futuro* do *Direito Tributário* dependerá, em grande medida, da *capacidade de seus operadores* – juristas, legisladores, técnicos e acadêmicos – de conceber um *novo paradigma normativo*: simultaneamente *legal, adaptativo, tecnológico e ético*, que combine *estabilidade institucional* com *plasticidade interpretativa, rigor normativo* com *inteligência contextual*.

III – Incerteza Jurídica e Conflitos de Competência Internacional

A *intensificação da globalização econômica* e a *digitalização das relações produtivas* nas últimas décadas expuseram, com veemência, os *limites estruturais do modelo tributário clássico* – baseado em *soberanias fiscais estanques* e delimitadas por *critérios territoriais rígidos*.

Neste novo contexto *transnacional*, marcado pela *alta mobilidade do capital*, pela *desmaterialização da produção* e pela *financeirização das cadeias de valor*, emergem, de maneira recorrente e crítica, *conflitos de competência tributária internacional*, que se desdobram em *dois efeitos macroeconômicos antagônicos*, mas *igualmente indesejáveis*: a *dupla tributação* e a *dupla não tributação*.

A *dupla tributação internacional* ocorre quando *dois ou mais Estados reclamam simultaneamente o direito de tributar a mesma base econômica*, seja com base no *critério da residência fiscal*, seja com fundamento na *fonte do rendimento*.

Essa *sobreposição normativa*, muitas vezes *não harmonizada por tratados bilaterais ou multilaterais eficazes*, gera *incerteza jurídica*, eleva o *custo de conformidade* e desestimula *investimentos produtivos*, em especial em *países com baixa capacidade de negociação tributária internacional* ou com *sistemas normativos fragmentados*. O efeito, do ponto de vista *sistêmico*, é a *erosão da competitividade global de empresas submetidas a múltiplos regimes simultâneos de tributação*.

Por outro lado, a *dupla não tributação* – fenômeno mais deletério e assimétrico – resulta da *exploração estratégica dessas lacunas e sobreposições normativas*, permitindo que *determinados rendimentos, lucros ou ativos não sejam tributados em nenhuma jurisdição relevante*.

Isso se deve, frequentemente, à *ausência de nexo fiscal claro* com a *realidade econômica*, ao *uso de instrumentos híbridos de planejamento tributário*, à *artificialização de estruturas empresariais* e à *transferência de lucros para paraísos fiscais e jurisdições com regimes favorecidos* (Zucman, 2015; Avi-Yonah, 2007).

Esses *conflitos de competência tributária internacional* são, na essência, manifestações de *incerteza jurídica de segunda ordem* – não apenas uma dúvida sobre a interpretação da norma, mas também uma dúvida sobre a *própria legitimidade da jurisdição* que reivindica a incidência tributária.

A consequência é um *estado de permanente instabilidade normativa*, que prejudica não apenas a *eficiência alocativa dos recursos globais*, mas também a *justiça fiscal entre as nações*, dado que as *maiores perdas arrecadatórias se concentram em países em desenvolvimento, com *menor acesso a instrumentos de governança tributária internacional* (*Saez; Zucman*, 2019).

O *modelo clássico* – estruturado com base em conceitos como *estabelecimento permanente, residência fiscal* e *origem do rendimento* – não é mais suficiente para lidar com *estruturas transnacionais complexas*, como *multinacionais digitais, holdings financeiras* e *redes produtivas globais descentralizadas*.

A *mobilidade dos fatores de produção* e a *dissociação entre o local da geração do valor* e o *local do registro contábil dos lucros* desafiam os pilares tradicionais da competência fiscal, tornando obsoletos muitos *tratados de bitributação* e *convenções internacionais* baseadas em *critérios geoeconômicos estáticos* (*Vogel*, 2015; *Devereux*, 2021).

A resposta institucional a esse fenômeno tem sido a tentativa de construção de um *novo regime de governança fiscal internacional coordenada*, materializada nos esforços da *OCDE/G20* por meio do *projeto Base Erosion and Profit Shifting* (BEPS). O *Pilar Um*, voltado à *alocação de lucros de grandes grupos digitais* conforme a *localização dos consumidores*, e o *Pilar Dois*, que estabelece uma *tributação mínima global*, são manifestações de um paradigma emergente de soberania fiscal compartilhada, que busca superar a *rigidez jurisdicional do modelo clássico* por meio de *mecanismos técnicos* e *jurídicos* de *harmonização tributária transnacional* (*OECD*, 2023).

Contudo, esse novo regime encontra obstáculos relevantes. Em primeiro lugar, a *ausência de um órgão fiscal global com poder normativo vinculante* impede a *consolidação de regras universais obrigatórias*. Em segundo, há *graves assimetrias na capacidade técnica e tecnológica dos países* para implementar tais reformas, o que aprofunda a *desigualdade fiscal entre o Norte e o Sul global*.

Em terceiro, persistem disputas entre modelos de tributação baseados em *origem versus destino, capital versus trabalho, tangível versus digital*, gerando *colisões sistêmicas* entre *fundamentos ideológicos* e *interesses geopolíticos*.

Neste cenário, o *Direito Tributário Quântico* oferece uma reflexão e ponderação um *novo referencial epistemológico*, ao reconhecer que os *sistemas tributários internacionais* operam sob *condições de interdependência complexa, incerteza normativa* e *sobreposição interpretativa*, exigindo instrumentos *modeláveis, adaptativos* e *parametrizados*, capazes de simular *cenários de competência concorrente*, distribuir probabilisticamente os *nexos fiscais* e colapsar *conflitos de jurisdição* com base em critérios dinamicamente ponderados.

Modelos computacionais baseados em *inteligência artificial regulatória, blockchain fiscal* e *contratos inteligentes interjurisdicionais* podem auxiliar na *resolução automatizada de conflitos de competência*, mediante *cláusulas de arbitragem digital* e *protocolos de interoperabilidade normativa*.

A criação de *matrizes multilaterais de jurisdição fiscal*, com pesos atribuídos a fatores como *volume de receita, localização do usuário, substância econômica* e *presen-*

ça digital efetiva, representa uma via promissora de *recomposição da legitimidade da tributação em escala global.*

Por fim, superar a *incerteza jurídica nos conflitos de competência tributária internacional* exige a construção de uma *nova ontologia da soberania fiscal*, baseada não na exclusividade territorial, mas na *cooperação parametrizada* e na *justiça fiscal transnacional.*

O *futuro da tributação global* não está mais na *fronteira física dos Estados*, mas na capacidade de modelar juridicamente as *interações econômicas em redes complexas* e *adaptativas*, com *equidade, transparência* e *accountability compartilhada.*

IV – Inadequabilidade na Regulação de Sistemas Algorítmicos e Inteligência Artificial

A incorporação acelerada de *sistemas algorítmicos* e *inteligência artificial* (IA) nos processos decisórios da administração fiscal e financeira representa um dos maiores desafios contemporâneos à estrutura tradicional do Direito Tributário.

Essa revolução tecnológica rompe com a racionalidade jurídica clássica, que ainda opera, em larga medida, sob um *modelo regulatório reativo*, centrado na *fiscalização ex post* e na *presunção de um contribuinte humano dotado de capacidade de decisão autônoma, individualizada* e *passível de responsabilização direta.*

No entanto, o que se observa na *era da automação fiscal* é um *ambiente cibernético opaco, autorreferencial* e *probabilístico*, no qual decisões com *impacto tributário relevante* são tomadas por *sistemas autônomos*, com *reduzida* ou *inexistente intervenção humana.*

Nesse novo ecossistema, o *modelo regulatório clássico* – baseado em normas exaustivas, sanções pós-fato e dispositivos procedimentais rígidos – revela-se *estruturalmente inadequado*, tanto por sua *lentidão de atualização* frente à mutação tecnológica, quanto por sua *incapacidade de apreender a lógica técnica* que rege os algoritmos de *machine learning, deep learning* e tomada de decisão automatizada.

O *Direito Tributário*, tal como concebido no paradigma moderno, *não foi projetado para interagir com entidades cibernéticas*, nem para operar sob condições de *opacidade algorítmica* (*algorithmic opacity*), *decisões probabilísticas* e *sistemas que aprendem com seus próprios erros* (*Pasquale*, 2015; *Kroll* et al., 2017).

A consequência direta dessa inadequação é a *erosão da transparência*, da *auditabilidade* e da *accountability* nas *decisões fiscais*, especialmente nos *sistemas de scoring de risco, malhas fiscais inteligentes, plataformas de compliance automatizado* e *regimes de apuração algorítmica.*

O contribuinte, ao interagir com esses sistemas, *não tem plena ciência das regras que governam sua classificação*, dos *critérios que motivam a incidência fiscal* ou da *lógica que estrutura a determinação de sua conformidade.* Tal *assimetria informacional* compromete o *direito fundamental à motivação das decisões administrativas* (*CF/1988*, art. 5º, LV)[10] e o *devido processo legal tributário*, criando um ambiente de *insegurança jurídica silenciosa* e tecnicamente sofisticada.

Além disso, há um risco de *amplificação de vieses sistêmicos. Sistemas de IA treinados com bases de dados enviesadas* – histórica ou estruturalmente – tendem a *reproduzir padrões discriminatórios*, perpetuando *desigualdades regionais, setoriais e socioeconômicas*, ainda que sob a *aparência de neutralidade algorítmica*.

Essa problemática se agrava em países com *alta informalidade, assimetria fiscal* e *desproporção na capacidade técnica* entre contribuintes e o Estado, como o *Brasil*, em que a *governança algorítmica fiscal* pode operar como *novo vetor de exclusão fiscal* e *assimetria de poder*, caso não regulada com rigor técnico e normativo.

A Reforma Tributária introduzida pela EC nº 132/2023 e regulamentada pela Lei Complementar nº 214/2025 já sinaliza a *incorporação de sistemas automatizados na apuração e distribuição do IBS*, com *interoperabilidade de dados entre entes federativos* e *parametrização de obrigações tributárias em tempo real*. Contudo, o arcabouço jurídico vigente *não estabelece salvaguardas específicas para o uso de IA e algoritmos no processo fiscal*, nem impõe *deveres de explicabilidade, supervisão humana contínua* ou *revisão jurisdicional ampla das decisões automatizadas*.

Diante dessa lacuna regulatória, impõe-se a reflexão para a construção de um *novo paradigma jurídico*, fundado em princípios como:

a) *Transparência Algorítmica (Algorithmic Transparency)*: exigência de explicabilidade técnica das decisões automatizadas, com abertura do código-fonte quando envolver o exercício de poder coercitivo tributário;

b) *Auditabilidade Regulatória (Algorithmic Accountability)*: desenvolvimento de ferramentas jurídicas para fiscalização ex ante e ex post dos efeitos dos algoritmos, com participação de órgãos de controle e da sociedade civil;

c) *Governança Ética da IA Fiscal*: definição de comitês interdisciplinares (jurídicos, técnicos, sociais e filosóficos) para a formulação de padrões normativos e éticos da automação tributária;

d) *Devido Processo Legal Digital*: construção de um novo estatuto processual fiscal aplicável às decisões automatizadas, com direito à revisão humana, contraditório pleno e acesso aos parâmetros técnicos decisórios; e

e) *Legalidade Parametrizável*: reelaboração do princípio da legalidade tributária para comportar normas de estrutura flexível, capazes de serem traduzidas em linguagem de máquina sem perder sua inteligibilidade e legitimidade democrática.

---

10. *Art. 5º (...)*

   LV - aos litigantes, em processo judicial ou administrativo, e aos acusados em geral são assegurados o contraditório e ampla defesa, com os meios e recursos a ela inerentes;

Esse novo paradigma deve dialogar com a literatura internacional emergente sobre regulação de IA em contextos públicos, como o *AI Act da União Europeia*, os *princípios da OCDE sobre inteligência artificial confiável* (OECD, 2019) e as *diretrizes do Global Partnership on AI* (GPAI), adaptando suas bases à *realidade fiscal dos países em desenvolvimento*, às *peculiaridades da tributação digital* e aos *valores constitucionais que estruturam o sistema tributário brasileiro.*

Portanto, regular a *atuação de sistemas algorítmicos* e *inteligência artificial na esfera tributária* não é mais uma questão de conveniência, mas de *legitimidade do próprio Estado Fiscal.*

O *Direito Tributário do século XXI*, para manter sua *função distributiva, arrecadatória* e *garantidora de justiça*, deve ser capaz de operar sob *lógica probabilística, técnica algorítmica* e *governança em rede*, sem abdicar de sua *função constitucional de limitar o poder de tributar* e *proteger o contribuinte contra arbitrariedades* – humanas ou automatizadas.

V – Dificuldade em Modelar a Incerteza e a Volatilidade Fiscal

A *formulação de políticas fiscais eficazes*, baseadas em modelos de previsão robustos e responsivos, exige a *incorporação de instrumentos teóricos* e *metodológicos* capazes de lidar com *incerteza estrutural* e *volatilidade econômica sistêmica.*

No entanto, o *modelo tributário clássico* – estruturado sob premissas deterministas e equacionado por lógicas lineares e estáticas – mostra-se *crescentemente inadequado para enfrentar os desafios impostos pela complexidade dos sistemas econômicos contemporâneos*, caracterizados por *alta interdependência, não linearidade* e exposição constante a *choques exógenos de natureza política, sanitária, climática, geopolítica* e *tecnológica.*

A *premissa fundamental do paradigma tradicional* repousa sobre a ideia de que as *relações fiscais entre Estado e contribuinte são previsíveis, regulares* e *suscetíveis de controle por meio de regras normativas fixas*. Essa estrutura lógica encontra-se na base do *positivismo jurídico-fiscal* e orienta, por exemplo, a *definição de fatos geradores*, a *previsão de receitas orçamentárias* e a própria *elaboração de leis de diretrizes orçamentárias* (LDO) e de *planos plurianuais* (PPA).

Contudo, à medida que os *fluxos econômicos globais* tornam-se mais *voláteis, descentralizados* e *tecnologicamente mediados*, os *pressupostos de estabilidade* e *continuidade* que sustentam os modelos clássicos entram em *colapso teórico* e *prático.*

A incapacidade de capturar a incerteza não é apenas um problema técnico de previsão, mas um *limite epistemológico da própria lógica normativa clássica*, que tende a *eliminar o erro*, o *ruído* e a *aleatoriedade como anomalias*, ao invés de *reconhecê-los como propriedades intrínsecas dos sistemas tributários complexos.*

Essa *inadequação metodológica* se manifesta, por exemplo, na *incapacidade de estimar com precisão os efeitos fiscais de choques abruptos* (como crises financeiras, pandemias, instabilidades políticas), de prever a *evasão em regimes digitais*, ou de *modelar os impactos distributivos de reformas tributárias* em cenários de *comportamento adaptativo dos agentes econômicos*.

Os *modelos matemáticos tradicionais*, como *regressões lineares simples*, *séries temporais estacionárias* e *inferência* baseada em pressupostos normativos rígidos (tais como *ceteris paribus*), falham ao tentar representar o *comportamento dinâmico* e *emergente de sistemas fiscais interdependentes*.

Em contraposição, ganha relevância a adoção de *modelos não determinísticos*, inspirados na *teoria do caos*, na *matemática dos sistemas dinâmicos* e na *modelagem estocástica bayesiana*, os quais assumem a *incerteza* como *variável estrutural* e incorporam, formalmente, a *aleatoriedade* e a *retroalimentação entre agentes, normas e instituições*.

A *modelagem probabilística* – por meio de *redes bayesianas, algoritmos de Monte Carlo, agentes econômicos simulados* (*agent-based models*) e *lógica FUZZY* – permite que se construam *cenários múltiplos e distribuídos*, com *margens de erro explícitas* e *intervalos de confiança variáveis*.

Essa abordagem é particularmente útil para prever o *comportamento dos contribuintes frente a alterações legislativas*, para *estimar a sensibilidade da arrecadação* a *fatores macroeconômicos voláteis* e para calcular, de maneira mais realista, os *efeitos redistributivos de diferentes regimes fiscais*.

Ao invés de *procurar certezas*, o novo modelo *reconhece* e *modela a incerteza* como *dado fundamental da realidade tributária* (*Slemrod; Gillitzer*, 2013; *Mirrlees* et al., 2010).

Esse deslocamento exige, por sua vez, uma *nova concepção de regulação tributária*, baseada em *adaptação contínua, responsividade normativa* e *flexibilidade institucional*.

A *regulação adaptativa* reconhece que a *norma fiscal não pode ser compreendida como um fim em si*, mas como um *vetor de governança em constante recalibração*, a partir de *dados empíricos, simulações computacionais* e *mecanismos automatizados de correção*.

A *inteligência artificial aplicada à arrecadação*, à *fiscalização* e à *análise de conformidade fiscal* – como já previsto na LC nº 214/2025 no contexto do IBS – pode ser instrumentalizada para *ajustar alíquotas, identificar padrões de evasão emergentes* e *redistribuir riscos fiscais* de forma mais *equitativa* e *responsiva*.

Nesse contexto, o *Direito Tributário Quântico* propõe uma *ruptura ontológica e metodológica com o modelo fixista*, ao incorporar conceitos como *superposição normativa, indeterminação interpretativa* e *interdependência fiscal* como categorias operacionais para compreender sistemas tributários altamente voláteis, em constante mutação e sujeitos a múltiplos estados jurídicos possíveis até sua concretização fática por meio de um ato de observação – seja legislativo, administrativo ou judicial.

In casu, a norma *deixa de ser um ponto fixo* e passa a ser um *campo de possibilidades parametrizadas*, que se materializa a partir da *interação entre algoritmos regulatórios, fluxos de dados* e *decisões políticas*.

Em suma, a dificuldade em modelar a *incerteza* e a *volatilidade fiscal* no paradigma clássico não apenas compromete a *eficácia das políticas tributárias*, como também ameaça a *própria legitimidade do sistema*, ao gerar *expectativas irreais de estabilidade, previsibilidade* e *controle*.

A superação desse impasse impõe, com urgência, o estudo e reflexão para a *construção de uma nova ciência fiscal, transdisciplinar, orientada por dados*, fundamentada em *simulações* e capaz de *operar sob condições de incerteza informada* e *governança complexa*.

1.3.1. A evolução da teoria da tributação e o impacto da globalização

A *tributação*, ao longo da história, tem sido um dos *principais instrumentos de organização social, financiamento estatal* e *regulação econômica*. Desde os primeiros tributos incidentes sobre a *produção agrícola* e *o comércio no mundo antigo* até os *sofisticados sistemas tributários da era digital*, a *tributação evoluiu* em resposta a *transformações estruturais da economia e da sociedade*. Com a *globalização*, essa dinâmica se intensificou, exigindo *modelos tributários mais flexíveis, descentralizados* e *adaptativos*.

A introdução do *Direito Tributário Quântico* marca uma *mudança paradigmática*, onde a *tributação deixa de ser vista como um modelo fixo* e *determinista* e passa a ser *compreendida dentro de um espectro de possibilidades dinâmicas*, em que *redes complexas, inteligência artificial* e *governança descentralizada* desempenham um *papel essencial na arrecadação fiscal global*.

A *teoria da tributação* evoluiu ao longo dos séculos, acompanhando as *transformações políticas e econômicas*:

⇒ No *período mercantilista*, os tributos eram *essencialmente instrumentos de poder*, sendo utilizados para *fortalecer os Estados Nacionais* e *financiar expedições comerciais*.

⇒ Com o *liberalismo econômico* e a *Revolução Industrial*, surgiram os *princípios de tributação justa* e *eficiente*, estabelecendo bases para a *teoria da capacidade contributiva*.

⇒ No *século XX*, a tributação passou a ser um *instrumento de política econômica* e *redistributiva*, com foco na *progressividade* e na *redução das desigualdades sociais*.

No entanto, esse *modelo tradicional* e *determinista* começou a se tornar *insuficiente* diante da *interconexão dos mercados*, do *crescimento das multinacionais* e da *digitalização da economia*, exigindo *novas abordagens baseadas na incerteza e interdependência fiscal*.

A *globalização*, ao *integrar economias* e *facilitar o fluxo internacional de capitais* e *mercadorias*, gerou *desafios inéditos para os sistemas tributários*. Nos deparamos com a *erosão da base tributária* devido à *facilidade de movimentação de lucros* para *jurisdições de baixa tributação* (*Base Erosion and Profit Shifting* – BEPS). De igual modo, temos os *desafios na tributação digital*, pois empresas como *Google*, *Amazon* e *Apple* operam *globalmente sem uma presença física clara*, dificultando a *aplicação dos modelos tradicionais de tributação territorial.*

Não obstante, *sistemas fiscais assimétricos*, onde a *coexistência de paradigmas tributários divergentes* acaba por gerar *insegurança jurídica* e *instabilidade na arrecadação.*

A *crescente interdependência dos mercados* exige uma *nova forma de governança tributária global*, baseada em *modelos que reconheçam a complexidade dos fluxos financeiros* e operem em *redes descentralizadas.*

No contexto global, *empresas multinacionais* utilizam *a incerteza normativa* para *otimizar sua carga tributária*, deslocando *bases de lucros e explorando lacunas regulatórias. Os sistemas fiscais tradicionais* não conseguem *prever com precisão a arrecadação futura*, pois *variáveis como inovação tecnológica* e *mobilidade de capitais* alteram constantemente o *fluxo tributável.*

In casu, o *Direito Tributário Quântico* propõe um *modelo baseado em probabilidades* e *aprendizado adaptativo*, em que a *tributação não é determinada de forma fixa*, mas *ajustada dinamicamente por algoritmos que analisam comportamentos fiscais em tempo real.*

A *tributação clássica* pressupõe que *tributos sejam fixados por lei* com *alíquotas* e *bases tributáveis predefinidas.* No entanto, a *globalização* impõe a necessidade de um *modelo mais flexível e responsivo*, na medida que a *tributação ocorre de forma programática*, sendo *ajustada por inteligência artificial* conforme *variações na atividade econômica.*

No mesmo sentido, a *arrecadação fiscal é descentralizada via blockchain*, garantindo *transparência* e *rastreabilidade em tempo real* e a *previsão de arrecadação é feita com base em Big Data*, permitindo *ajustes instantâneos na política tributária* sem necessidade *de reformas legislativas demoradas.*

Por óbvio, esse modelo *não elimina a legalidade tributária*, mas a transforma em um *sistema auditável* e *autoajustável*, na medida que a *arrecadação se torna fluida e eficiente*, sem *comprometer a segurança jurídica.*

Já analisei que o *conceito de superposição quântica* demonstra que um *sistema pode estar em múltiplos estados simultaneamente até que um evento colapse essa incerteza.* No *Direito Tributário Quântico*, esse fenômeno ocorre quando *diferentes regimes tributários coexistem simultaneamente durante períodos de transição* (exemplo: a implementação do IBS e CBS na Reforma Tributária Brasileira).

As *jurisdições fiscais interagem de maneira interdependente*, gerando um ambiente onde *um mesmo lucro pode ser tributado por diferentes países sob regras conflitantes* passam pela mesma ocorrência, assim como a *tributação global não pode ser prevista de forma absoluta*, pois depende de fatores como *decisões políticas, reconfigurações do comércio internacional* e *inovação tecnológica.*

A solução para esse problema passa por *modelos de governança digital descentralizada*, em que a *arrecadação fiscal* ocorre de *forma sincronizada em múltiplas jurisdições*, eliminando *lacunas regulatórias*.

1.3.2. A necessidade de um novo paradigma para explicar fenômenos tributários complexos

A *evolução dos sistemas tributários* ao longo dos séculos reflete uma tentativa contínua de *adaptar a arrecadação fiscal às transformações econômicas, tecnológicas e sociais.* Contudo, a *globalização*, a *digitalização da economia* e a *interconectividade dos mercados* geraram desafios que *excedem a capacidade explicativa* e *operacional do modelo tributário tradicional*, que ainda se fundamenta em *conceitos determinísticos, territoriais e centralizados*.

O *Direito Tributário Quântico* surge como um *novo paradigma*, inspirado em *modelos de redes complexas, incerteza regulatória* e *inteligência artificial aplicada à governança fiscal*, permitindo uma *compreensão não linear* e *dinâmica dos fenômenos tributários contemporâneos*.

A transição para esse modelo *não é apenas teórica*, mas *essencial para garantir a eficácia da arrecadação tributária* e a *justiça fiscal em um mundo globalizado e descentralizado*.

Historicamente, a *teoria da tributação* foi moldada por *princípios clássicos* e *neoclássicos da economia*, nos quais:

⇒ O tributo é analisado sob um *modelo de incidência fixa*, onde *alíquotas e bases tributárias* são *predefinidas e imutáveis no curto prazo* (*Musgrave*, 1959).

⇒ O *sistema tributário* opera sob uma *lógica causa-efeito*, ignorando a *existência de interações dinâmicas* e *adaptativas entre agentes econômicos* (*Stiglitz*, 1986).

⇒ A *arrecadação* é planejada sob a *premissa de territorialidade*, sendo o *local da tributação diretamente vinculado à jurisdição onde ocorreu o fato gerador* (*Avi--Yonah*, 2007).

Contudo, a *realidade da economia global* desafia essas premissas. Com a *ascensão de transações digitais, moedas descentralizadas, inteligência artificial* e *evasão fiscal estratégica*, a tentativa de encaixar *novos fenômenos tributários em modelos determinísticos* e *inflexíveis se mostra insuficiente e contraproducente*.

A *crise do paradigma tributário clássico* se manifesta em *três desafios fundamentais*:

I – A Fragmentação e Interdependência dos Sistemas Fiscais

O *modelo clássico da tributação* foi concebido sob o pressuposto de que *cada Estado-nação detinha plena soberania para legislar, arrecadar* e *administrar seus próprios tributos*, em consonância com os *limites territoriais de sua jurisdição* e com base na *centralidade da economia doméstica*.

Essa concepção, firmada nos séculos XIX e XX, refletia a *organização do sistema internacional em unidades políticas e fiscais* relativamente *autônomas*, voltadas à *tributação de bens tangíveis, fluxos comerciais previsíveis e cadeias produtivas localizadas*.

O tributo, nesse cenário, operava como *instrumento de política interna*, com *impacto direto*, mas circunscrito, sobre o *orçamento, a redistribuição e o desenvolvimento nacional*. Entretanto, com o advento da *globalização econômica, financeira e digital*, esse modelo de *soberania fiscal unitária* passou a ser, progressivamente, *desconstruído por forças sistêmicas que impuseram fragmentação normativa, sobreposição de competências e interdependência estrutural entre jurisdições tributárias*.

A *economia contemporânea* opera em *redes multinodais e transfronteiriças*, nas quais as *decisões fiscais de um país* repercutem diretamente sobre a *base tributária de outros*, desafiando o *princípio da exclusividade soberana* e exigindo *mecanismos de coordenação, harmonização e cooperação tributária internacional*.

Nesse novo contexto, a *interconectividade econômica* torna-se *fonte de concorrência fiscal entre Estados*, frequentemente degenerando em práticas de *"corrida para o fundo"* (*race to the bottom*). Países, especialmente aqueles com *baixa capacidade arrecadatória* ou *dependentes de capitais voláteis*, passam a *reduzir alíquotas, conceder isenções e criar regimes especiais* para *atrair investimento estrangeiro direto*, com *efeitos deletérios sobre a equidade* e a *eficiência fiscal global*.

Esse processo, amplamente documentado pela *OCDE* (2013) no relatório do *projeto BEPS* (*Base Erosion and Profit Shifting*), gera *erosão da base tributável, deslocamento artificial de lucros para paraísos fiscais e perda de arrecadação nos países* onde o *valor é efetivamente gerado*, sobretudo em *economias em desenvolvimento* (*Zucman*, 2015; *Avi-Yonah*, 2007).

Além disso, a *proliferação de tratados internacionais, acordos bilaterais de bitributação, zonas de livre comércio e regimes tributários preferenciais* acentua a complexidade do sistema global, ao permitir que *um mesmo fato gerador esteja sujeito simultaneamente a múltiplas normatividades concorrentes*.

A *superposição entre normas internas e internacionais*, entre *regimes gerais e especiais*, entre *dispositivos de origem* e de *destino*, gera *zonas de colisão normativa*, em que a aplicação da *regra fiscal* depende de *decisões interpretativas altamente técnicas* e, muitas vezes, *arbitrárias*.

Tal fenômeno exige *modelos regulatórios flexíveis, paramétricos e responsivos*, que consigam *operar com múltiplas jurisdições simultaneamente e tomar decisões baseadas em critérios de prevalência funcional* e não apenas hierárquica (*Vogel*, 2015).

Do ponto de vista *teórico*, esse cenário de fragmentação e interdependência fiscal pode ser interpretado à luz da *teoria dos sistemas complexos adaptativos*, que descreve *estruturas compostas por unidades autônomas interligadas*, cujas interações geram *padrões emergentes* e não linearidade.

Os *sistemas fiscais contemporâneos* comportam-se como tais: *nenhum Estado consegue exercer sua política tributária isoladamente*, sem provocar *repercussões sistêmicas* e as *respostas às externalidades fiscais* exigem *coletividade regulatória, cooperação tecnológica* e *pactuação jurídica multilateral*.

A partir dessa constatação, a *tributação* deixa de ser um *fenômeno puramente nacional* para se tornar um *processo de governança fiscal multiescalar*, que exige *modelos híbridos entre centralização normativa* e *descentralização operacional*, entre *legalidade formal* e *parametrização algorítmica*.

Iniciativas como os *Pilares Um* e *Dois da OCDE* caminham nessa direção, ao propor a *redistribuição coordenada de lucros* e a *imposição de um imposto mínimo global*, mitigando os *efeitos mais perversos da arbitragem fiscal internacional*.

Contudo, a implementação efetiva desses modelos exige a superação de desafios técnicos e políticos relevantes: a *padronização de dados fiscais*, a *interoperabilidade entre administrações tributárias*, a *harmonização de conceitos contábeis* e a *construção de instituições capazes de exercer autoridade fiscal transnacional*, sem romper com os *princípios democráticos* e *constitucionais internos de cada Estado*.

Nesse ponto, o *Direito Tributário Quântico* propõe uma *mudança epistemológica*, ao reconhecer que os *sistemas fiscais operam em estado de superposição normativa*, exigindo *mecanismos de colapso interpretativo* baseados em *probabilidades condicionadas*, *parametrização adaptativa* e *governança algorítmica transparente*.

Em suma, a *fragmentação* e *interdependência dos sistemas fiscais* impõem o *abandono da ilusão de soberania fiscal absoluta*, substituindo-a por uma *concepção mais realista* e *cooperativa de soberania compartilhada* e *responsiva*, compatível com a *natureza interligada das economias* e com a *fluidez dos fluxos financeiros e digitais*.

O *tributo do século XXI* não pode mais ser pensado apenas como *norma interna de incidência*, mas como *expressão de uma arquitetura normativa multinível*, composta por *algoritmos, tratados, decisões administrativas* e *sistemas interdependentes de conformidade* e *fiscalização*.

II – A Incerteza na Previsão da Arrecadação Tributária

A *previsão da arrecadação tributária* tem sido, historicamente, um dos *pilares centrais da racionalidade fiscal moderna*, operando como *fundamento técnico da Lei Orçamentária Anual (LOA)*, dos *Planos Plurianuais (PPA)* e dos *dispositivos constitucionais de responsabilidade fiscal*.

Para tal finalidade, os Estados sempre se valeram de *modelos macroeconômicos* baseados em *elasticidades estáveis, pressupostos ceteris paribus* e *relações de causalidade linear* entre *atividade econômica* e *receitas públicas*. No entanto, com o *avanço da glo-*

balização, da *financeirização* e da *digitalização da economia*, essa *lógica determinista* encontra limites intransponíveis, revelando-se incapaz de capturar a *complexidade*, a *volatilidade* e a *caoticidade dos sistemas tributários contemporâneos*.

No contexto atual, a *arrecadação tributária deixa de ser um fenômeno previsível* e *proporcional*, passando a se comportar como um *sistema complexo adaptativo e sensível às condições iniciais*, cujos resultados são *altamente imprevisíveis* e sujeitos a *efeitos não lineares* e *retroalimentações negativas* ou *positivas*.

A *teoria do caos* e a *ciência das redes complexas* – como demonstrado por autores como *Easley* e *Kleinberg* (2010) e *Barabási* (2016) – oferecem ferramentas conceituais robustas para descrever sistemas nos quais *pequenas perturbações locais* podem desencadear *efeitos globais desproporcionais*, fenômeno conhecido como *efeito borboleta*.

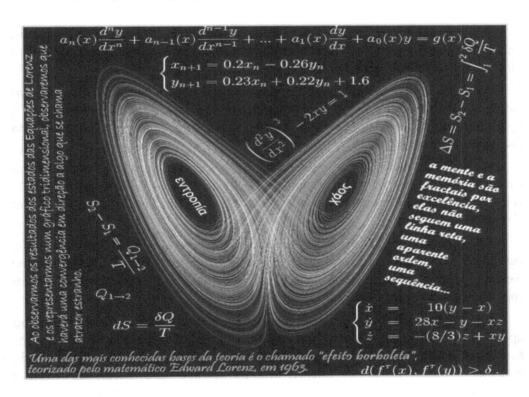

Figura 4 – A Teoria do Caos e o Atractor de Lorenz: Entre Entropia e Ordem Complexa[11]

---

11. *Figura 4 – Atractor de Lorenz e a Teoria do Caos.*
    Representação gráfica do atrator de Lorenz, símbolo da teoria do caos e do chamado "efeito borboleta", com fórmulas associadas à termodinâmica, equações diferenciais e transformações lineares. A imagem sugere a coexistência entre entropia e ordem sensível, com implicações epistemológicas para a compreensão de sistemas dinâmicos e incertos.
    Fonte: Elaborado com base em LORENZ (1963), PRIGOGINE (1997), MANDELBROT (1982) e GLEICK (1987).

A imagem representa o *atrator de Lorenz*, um dos mais emblemáticos símbolos da *teoria do caos*, frequentemente associado ao chamado *"efeito borboleta"* – a ideia de que *pequenas perturbações em sistemas dinâmicos não lineares* podem gerar *grandes consequências ao longo do tempo*.

Essa representação gráfica tridimensional surge a partir das *equações diferenciais* desenvolvidas por *Edward Lorenz*, em 1963, para modelar *sistemas meteorológicos*. A figura exibe o *comportamento dinâmico de um sistema sensível às condições iniciais*, em que a *trajetória nunca se repete*, embora permaneça *confinada dentro de um conjunto delimitado* (atrator estranho).

No centro da figura, há a *justaposição das palavras "entropia" e "caos"*, em *lados opostos do atrator*, sugerindo uma *tensão constante entre ordem e desordem no comportamento dos sistemas complexos*.

A *entropia* aparece aqui como *símbolo da dispersão energética* e da *irreversibilidade*, enquanto o *caos* é interpretado não como *aleatoriedade absoluta*, mas como uma *ordem altamente sensível e difícil de prever*.

As *fórmulas matemáticas* que permeiam a imagem incluem *equações diferenciais clássicas, transformações lineares* e *expressões termodinâmicas* (como a *entropia* $\Delta S = Q/T$), sinalizando a *transversalidade do conceito de caos* nos *campos da matemática*, da *física* e da *termodinâmica*.

A citação em itálico no canto inferior – *"Uma das mais conhecidas bases da teoria é o chamado 'efeito borboleta', teorizado pelo matemático Edward Lorenz, em 1963"* – reforça a ideia de *sensibilidade extrema às condições iniciais*, conceito central da *teoria dos sistemas caóticos*.

Há ainda a inscrição filosófica: *"a mente e a memória são fractais por excelência, elas não seguem uma linha reta, uma aparente ordem, uma sequência..."*, sugerindo que o *caos* e os *fractais* não são meras *curiosidades matemáticas*, mas *reflexos de estruturas cognitivas* e *sociais* profundamente complexas.

Por fim, o uso estético das curvas e espirais, bem como das fórmulas ao redor, não apenas ilustra um *fenômeno físico-matemático*, mas também expressa visualmente os *fundamentos da teoria dos sistemas dinâmicos não lineares*, os quais encontram paralelo na *instabilidade normativa*, na *interpretação tributária* e nos *ambientes de incerteza complexa*, como proposto na reflexão acerca do *Direito Tributário Quântico*.

Observe que essa lógica se aplica diretamente ao *campo tributário*. Uma *mudança pontual em um regime de isenção*, em uma *alíquota de tributo indireto*, ou na *forma de incidência sobre bens digitais* pode gerar *reconfigurações abruptas na arrecadação*, não apenas do país que promoveu a alteração normativa, mas também de *diversas outras jurisdições interligadas*.

Isso ocorre, por exemplo, quando *plataformas digitais reestruturam sua sede fiscal*, alteram *fluxos de faturamento* ou *deslocam ativos intangíveis entre subsidiárias em fun-*

ção de modificações legislativas em países terceiros. O sistema tributário, nesse sentido, funciona como uma *rede interdependente* e não como um conjunto de *compartimentos autônomos*, sendo profundamente *afetado por interações exógenas e endógenas*.

Além disso, os *mercados digitais* e *financeiros* operam sob *volatilidade intrínseca*, marcada por *especulação, alavancagem, precificação assimétrica* e *comportamento adaptativo dos agentes econômicos*. Essas características tornam as *receitas tributárias* derivadas desses mercados altamente sensíveis à *oscilação de ativos digitais*, à *dinâmica de consumo online* e às *mutações tecnológicas*.

A *tributação de criptomoedas, serviços em nuvem, plataformas de streaming* e *contratos inteligentes*, por exemplo, não pode ser estimada com base em *curvas de demanda lineares* ou *crescimento inercial do PIB*, dado que a *base de cálculo* se transforma continuamente e de forma *desproporcional* ao *contexto macroeconômico tradicional*.

A consequência direta dessa complexidade é a *quebra da premissa de previsibilidade fiscal*, que norteava os modelos clássicos. Os governos, ao *estimarem suas receitas com base em séries temporais estacionárias* e *coeficientes fixos, subestimam a instabilidade sistêmica* que caracteriza a arrecadação contemporânea, o que compromete não apenas a eficiência orçamentária, mas também a *credibilidade das metas fiscais*, o *controle da dívida pública* e a *capacidade de formulação de políticas redistributivas de longo prazo*.

Diante desse cenário, torna-se necessário abandonar os *modelos estáticos e lineares de previsão fiscal*, substituindo-os por *abordagens mais sofisticadas*, baseadas em *modelagem estocástica, simulações multivariadas, inferência bayesiana e redes neurais artificiais* capazes de aprender com padrões não lineares e eventos extremos (*black swans*).

Os modelos devem ser capazes de *integrar variáveis comportamentais, fatores geopolíticos, efeitos regulatórios indiretos* e *interações interjurisdicionais complexas*, elevando o *grau de precisão preditiva* e, ao mesmo tempo, *internalizando a incerteza como variável analítica formal*.

A *inteligência artificial aplicada à tributação preditiva* – como preconizado na proposta de *Tributação Quântica* – surge como *alternativa paradigmática*. Nesse modelo, a arrecadação é projetada não como uma função determinística de variáveis macroeconômicas fixas, mas como uma *distribuição probabilística* condicionada à *interação entre contribuinte, norma, ambiente digital* e *estrutura institucional*, permitindo *simulações em tempo real, calibragens automáticas* e *ajustamentos dinâmicos*.

Sob essa ótica, o papel do Estado Fiscal se desloca: de *planejador determinista* a *gestor adaptativo de incertezas estruturadas*, cuja função *não é prever com exatidão*, mas *mapear cenários com graus de confiança estatística, identificar zonas de instabilidade arrecadatória* e *intervir de forma responsiva* por meio de *políticas fiscais flexíveis, escalonáveis* e *inteligentes*.

Portanto, a *incerteza na previsão da arrecadação tributária* não é apenas um *problema técnico contábil*. É um *fenômeno epistêmico* e *institucional*, que exige uma *refundação da lógica de previsão fiscal*, alinhada à *complexidade da economia contemporânea*, às *novas tecnologias de monitoramento* e *análise*, e aos *princípios de justiça fiscal* e *eficiência arrecadatória* em contextos de volatilidade permanente.

III – A Automação Fiscal e a Tributação em Tempo Real

O modelo tradicional de tributação baseia-se em um *paradigma de temporalidade reativa*, segundo o qual a *arrecadação ocorre de forma retrospectiva e pontual*, por meio de *declarações periódicas, escrituração contábil tradicional* e *fiscalização manual ex post*, frequentemente marcada por litígios morosos e decisões administrativas ou judiciais prolatadas anos após a ocorrência do fato gerador. Essa lógica, estruturada para uma *economia industrial*, de *baixa complexidade* e com *limitada circulação de informações*, já não se sustenta diante da nova *morfologia econômica do século XXI*, em que os *fluxos de valor são digitais, desmaterializados, transnacionais* e *altamente voláteis*.

Com a *transformação digital dos sistemas econômicos* e a emergência de *ferramentas avançadas de inteligência artificial* (IA), *aprendizado de máquina (machine learning), tecnologias de razão distribuída* (DLT) como o *blockchain* e *contratos inteligentes (smart contracts)*, torna-se tecnicamente possível – e juridicamente necessário – migrar de um *modelo de apuração reativa* para um *modelo de tributação preditiva* e *responsiva*, no qual a incidência tributária se realiza de *forma automatizada, parametrizada* e em *tempo real*, acompanhando as *mutações instantâneas da realidade econômica* (OECD, 2021).

Neste cenário, a *inteligência artificial aplicada à conformidade tributária* permite a construção de *modelos preditivos dinâmicos*, capazes de *ajustar automaticamente as alíquotas, bases de cálculo* e *regimes de incidência* conforme variações nos *indicadores macroeconômicos, comportamento do contribuinte, evolução das cadeias produtivas* ou *alterações nos padrões de consumo*.

A partir de *dados coletados em tempo real*, algoritmos podem detectar *variações na renda presumida*, na *lucratividade efetiva*, no *valor adicionado* e no *nível de risco fiscal*, oferecendo uma base técnico-estatística sólida para a *incidência probabilística* e *adaptativa do tributo*.

A *aplicação do blockchain* nesse contexto *elimina a necessidade de intermediários verificadores da operação econômica*, substituindo-os por *provas criptográficas imutáveis* e *auditáveis*, com registros distribuídos que permitem às administrações fiscais *acessarem a informação fiscal diretamente na origem da transação, sem depender da declaração do contribuinte*.

Adicionalmente, os *contratos inteligentes* inserem *cláusulas autoexecutáveis nos registros comerciais* – como compras, transferências de ativos e remunerações – de modo que a *própria operação já incorpora o cálculo*, o *recolhimento* e o *repasse do tributo de forma automática*, reduzindo drasticamente os *custos de conformidade* e o *espaço para evasão*.

Esse novo modelo, que já começa a ser testado em *regimes de apuração digital* em países como *Estônia, Emirados Árabes* e *Singapura*, reformula a *própria concepção de tri-*

buto, que passa de obrigação imposta exogenamente a resultado dinâmico de uma matriz parametrizada e continuamente recalibrada pela realidade econômica e institucional.

O *Direito Tributário Quântico*, nesse contexto, propõe que a tributação deve ser compreendida como um *sistema dinâmico, adaptativo e interdependente*, no qual a *previsibilidade absoluta não é possível* – e tampouco desejável —, devendo o sistema jurídico incorporar *mecanismos formais de resposta a flutuações, choques exógenos e variações conjunturais*, a partir de dados atualizados e inteligência institucional distribuída.

Esse modelo inovador se sustenta em *três pilares estruturantes*, que fundamentam a *transição de uma tributação estática e punitiva* para uma *tributação fluida, responsiva e integrada*:

- *Tributação Preditiva e Probabilística*

A *tradicional concepção do Direito Tributário*, calcada em um *modelo determinista, dicotômico e linear*, pressupõe que a incidência tributária se dá a partir da *ocorrência inequívoca de um fato gerador, previamente definido por lei e passível de verificação objetiva*.

Nesse cenário, o *tributo* é concebido como uma *consequência jurídica automática, vinculada a categorias rígidas de legalidade e previsão normativa*, cuja função primordial é assegurar *segurança jurídica, igualdade e previsibilidade* na relação fisco-contribuinte. Contudo, esse paradigma começa a ruir diante da *complexidade dos sistemas econômicos contemporâneos*, da *volatilidade dos mercados digitais* e da *opacidade das estruturas transacionais*.

A partir da consolidação de ferramentas de *análise preditiva, aprendizado de máquina, estatística bayesiana e inferência causal*, emerge um *novo modelo de incidência tributária*, baseado não mais na *certeza da verificação factual*, mas na *probabilidade condicionada da ocorrência de padrões comportamentais associados à capacidade contributiva presumida ou projetada*.

Essa lógica dá origem ao que se denomina *tributação preditiva* e *probabilística*, um campo emergente que *rompe com a rigidez categorial do modelo clássico* e introduz *elementos estatísticos, comportamentais* e *adaptativos* na *definição e aplicação da norma tributária*.

Nesse modelo, a administração fiscal se vale de *modelos algorítmicos* baseados em *perfis de risco*, que *cruzam dados de consumo, declarações fiscais anteriores, movimentações financeiras, registros públicos, comportamento digital e outros indicadores parametrizados*, para estimar a *probabilidade de não conformidade, omissão de receita, planejamento abusivo* ou *simulação patrimonial*.

A *incidência tributária*, nesses casos, pode se *antecipar à declaração formal do contribuinte*, produzindo *recolhimentos automáticos, notificações preemptivas, exigências personalizadas* e *monitoramento contínuo*, com base em funções de *verossimilhança econômica* e *simulações estatísticas não deterministas*.

A *base epistemológica* desse modelo encontra-se em autores como *James Mirrlees* (1971), com sua *teoria da tributação ótima sob informação assimétrica* e em *desenvolvimentos contemporâneos da inteligência fiscal artificial*, tal como proposto pela *OCDE* em seu relatório *Tax Administration 3.0* (2021).

A *lógica de incidência* migra, assim, de um *modelo de compliance passivo* para um *sistema de conformidade ativa e adaptativa*, no qual o próprio comportamento passado e presente do contribuinte alimenta algoritmos capazes de *ajustar alíquotas, identificar inconsistências* e *reconfigurar a base de cálculo em tempo real*.

Nesse novo arranjo, o *princípio da legalidade tributária* – tradicionalmente entendido como *vinculação estrita à norma positivada* – *não é eliminado*, mas *reformulado como legalidade parametrizada*, ou seja, um *conjunto de padrões normativos formalizados em linguagem algorítmica, auditável, transparente e sujeita a controle democrático e jurisdicional*, mas operada de *maneira dinâmica e contextualizada*.

De igual modo, o *princípio da capacidade contributiva* deixa de ser interpretado exclusivamente a partir da *exteriorização material da riqueza* (renda, propriedade, consumo), passando a ser *modelado por variáveis estatísticas complexas*, que expressam o *potencial contributivo com base em inferência, padrão e correlação*.

A *tributação preditiva e probabilística* não implica, portanto, *violação à segurança jurídica*, mas sua reconfiguração sob o *paradigma da incerteza estruturada*: o *contribuinte* tem direito ao conhecimento das *regras de parametrização*, aos *algoritmos utilizados na classificação de risco*, à *revisão das decisões automatizadas* e à *contestação das presunções fiscais*, dentro de um *sistema de accountability algorítmica* e *governança fiscal distribuída*.

Essa nova estrutura exige o desenvolvimento de *arquiteturas legais, institucionais* e *tecnológicas robustas*, capazes de:

- Formalizar regras tributárias em linguagem computacional auditável;
- Estabelecer limites probabilísticos para inferência tributária com margens de erro juridicamente aceitáveis;
- Instituir processos híbridos de decisão, combinando automatização e supervisão humana;
- Assegurar mecanismos eficazes de contestação e revisão de decisões fiscais baseadas em probabilidade; e
- Prevenir discriminação algorítmica e viés estatístico na aplicação da norma tributária.

O Brasil, com a introdução do *Imposto sobre Bens e Serviços* (IBS) pela Lei Complementar nº 214/2025, dá os primeiros passos rumo a esse *novo paradigma*, ao prever a *apuração automática da obrigação tributária*, o *uso de sistemas informatizados de conformidade* e a *interoperabilidade de dados entre entes federativos*. Todavia, ainda é necessária uma *normatização específica para a tributação por inferência*, incluindo os *limites constitucionais do uso de dados pessoais*, os *critérios de transparência algorítmica* e os *direitos do contribuinte frente à predição automatizada.*

Em conclusão, a *tributação preditiva* e *probabilística* inaugura uma *nova racionalidade fiscal*, baseada na *modelagem da incerteza* e na *responsividade sistêmica*, substituindo a *busca por verdades absolutas* por *análises parametrizadas, iterativas e adaptativas da realidade econômica.*

Trata-se de um *deslocamento epistemológico* e *normativo*, necessário para que o *Direito Tributário* possa operar com *eficácia, justiça* e *legitimidade* em um mundo regido por *dados, incertezas* e *padrões emergentes.*

- *Automação Decisória via Contratos Inteligentes*

A segunda vertente central do *paradigma da tributação quântica* – a *automação decisória via contratos inteligentes* (*smart contracts*) – representa uma *reconfiguração estrutural da incidência tributária*, com profundas *implicações normativas, operacionais* e *epistemológicas* para o Direito Tributário contemporâneo.

Trata-se da *substituição progressiva do modelo tradicional de apuração fiscal*, baseado em *declarações voluntárias, auditorias retrospectivas* e *litígios post factum*, por *mecanismos automáticos de incidência* e *recolhimento do tributo*, integrados à própria *lógica das transações econômicas digitais.*

Um *contrato inteligente* é, essencialmente, um *protocolo computacional autoexecutável*, registrado em *blockchains* ou *outras infraestruturas de razão distribuída* (DLT), cujo funcionamento decorre da *codificação de cláusulas contratuais em linguagem de máquina.*

Quando determinadas condições predefinidas são verificadas – como a *concretização de uma venda*, o *recebimento de um pagamento*, a *entrega de um bem* ou a *transferência de um ativo digital* – o *contrato é executado de forma automática, auditável, imutável* e *sem a necessidade de intervenção humana.*

Aplicado ao campo tributário, isso significa que a *obrigação tributária pode ser embutida diretamente na arquitetura da transação*, realizando-se o *fato gerador* e o *recolhimento do tributo simultaneamente à operação econômica digital.*

Esse modelo *desmaterializa a figura do agente arrecadador intermediário*, substituindo-a por *lógicas algorítmicas parametrizadas*, que calculam o *valor devido*, procedem à *retenção em tempo real* e *distribuem automaticamente os montantes aos entes competentes*, conforme os critérios definidos por lei ou regulamentação infralegal codificada.

A Lei Complementar nº 214/2025, ao instituir o *IBS* com base em *documentos fiscais digitais* e *interoperabilidade de sistemas entre União, Estados* e *Municípios*, cria as *bases normativas* para a futura aplicação desse modelo no Brasil, ainda que de forma incipiente.

A *automação decisória por contratos inteligentes* oferece diversas vantagens estruturais:

I – *Redução da evasão fiscal*: ao eliminar a etapa declaratória e operar com execução autônoma, reduz-se o espaço para sonegação, omissão ou fraude, já que o tributo é recolhido no momento da transação, com base em dados imutáveis e compartilhados entre entes.

II – *Eficiência administrativa*: a necessidade de fiscalizações manuais, cruzamento de dados e análises subjetivas é substituída por processos contínuos, auditáveis e tecnicamente parametrizados, otimizando o uso de recursos humanos e tecnológicos da administração tributária.

III – *Segurança jurídica e confiança sistêmica*: a previsibilidade do algoritmo, aliada à imutabilidade da blockchain, reduz litígios, incertezas interpretativas e subjetividades na aplicação da norma, favorecendo um ambiente de negócios mais estável e confiável.

IV – *Transparência e rastreabilidade*: cada operação tributável é registrada de forma criptográfica e distribuída, permitindo auditorias públicas e privadas em tempo real, além de facilitar o combate à corrupção, lavagem de dinheiro e subfaturamento.

Contudo, a adoção desse modelo também exige uma *reconstrução dos fundamentos normativos do Direito Tributário*, especialmente em relação a:

- *Princípio da legalidade tributária*, que deverá ser reinterpretado à luz da *legalidade parametrizada*, ou seja, regras codificadas em *linguagem de máquina*, com base em *leis previamente aprovadas*, mas operadas em *estruturas algorítmicas auditáveis*.

- *Devido processo legal tributário*, que deve assegurar mecanismos de revisão humana das decisões automatizadas, incluindo a possibilidade de contestação, revisão judicial, correção de falhas de código e responsabilização institucional por erros de programação.

- *Governança algorítmica*, que deve ser estruturada sobre os pilares da transparência, auditabilidade, supervisão pública e controle social, evitando que os sistemas se convertam em "caixas-pretas" tecnocráticas, opacas ao controle democrático.

Além disso, é imperativo prever um *marco legal para os contratos inteligentes*, com regras sobre sua *validade*, sua *integração ao ordenamento jurídico nacional*, a *responsabilidade por sua execução* e os *limites éticos e técnicos de sua aplicação à esfera tributária*.

O diálogo com o *Direito Digital*, a *proteção de dados* (Lei Geral de Proteção de Dados – LGPD), o *Direito Administrativo* e o *Direito Financeiro* tornam-se inevitável, exigindo uma *abordagem transversal* e *tecnicamente qualificada*.

Do ponto de vista *filosófico*, a *automação decisória* desafia a *concepção tradicional de autoridade fiscal* fundada na *vontade estatal soberana*, deslocando o *locus* de decisão da autoridade humana para um *protocolo automatizado e auditável*, mas *potencialmente autônomo*.

Isso exige que o *Direito reconcilie a segurança dos sistemas automatizados* com a *flexibilidade interpretativa* e a *ponderação casuística*, sob pena de transformar o *sistema tributário* em um *mecanismo insensível à realidade concreta dos contribuintes*.

Em conclusão, a *automação decisória via contratos inteligentes* inaugura uma *nova era para o Direito Tributário*: a do *tributo programável, responsivo e parametrizado*, no qual a *normatividade fiscal* se materializa diretamente no *ato econômico digital*.

Cabe ao jurista, ao legislador e ao administrador público modelar esse novo arcabouço institucional de forma ética, transparente e juridicamente sustentável, garantindo que os *benefícios da automação* não se convertam em *novos riscos de exclusão, opacidade* ou *autoritarismo tecnocrático*.

- *Governança Algorítmica e Transparência Sistêmica*

A transição para sistemas fiscais automatizados e algoritmicamente parametrizados exige uma *profunda reestruturação da lógica institucional do Direito Tributário*, cujo novo eixo se fundamenta no *princípio da governança algorítmica transparente*.

Esse conceito implica que, à medida que *decisões fiscais passam a ser tomadas* – parcial ou integralmente – por *sistemas de inteligência artificial, aprendizado de máquina* e *contratos inteligentes*, torna-se imperativo estabelecer *mecanismos robustos de supervisão, explicabilidade* e *controle público dessas decisões*, sob pena de comprometer pilares essenciais como a *legalidade*, o *devido processo legal* e a *capacidade contributiva*.

A *governança algorítmica tributária* refere-se à *estrutura normativa, técnica* e *institucional* que regula a *criação, uso, monitoramento* e *contestação dos algoritmos* que operam *funções críticas do sistema fiscal*: desde a *classificação do contribuinte em perfis de risco*, passando pela *definição de alíquotas parametrizadas*, até a *determinação da incidência* e *conformidade em tempo real*.

A *substituição da discricionariedade humana por inferências estatísticas e lógicas computacionais* exige uma *nova forma de accountability*, que vá além da *responsabilidade subjetiva do agente público* e alcance os próprios sistemas técnicos utilizados na tomada de decisão.

Essa nova forma de controle repousa sobre *três princípios fundamentais*:

(i) Transparência Algorítmica e Explicabilidade Técnica (*Explainability*)

A *ascensão de sistemas automatizados na arrecadação, fiscalização e conformidade tributária* representa uma transformação estrutural do aparato estatal. No entanto, essa sofisticação técnica *não exime o Estado do dever de garantir a transparência decisória* e o *respeito aos direitos fundamentais dos contribuintes*, especialmente no que diz respeito ao acesso à lógica que fundamenta a incidência e a aplicação da norma tributária em ambiente algorítmico.

Surge, nesse contexto, a noção de *transparência algorítmica* e de *explicabilidade técnica (explainability)* como *requisitos jurídicos estruturantes da nova governança tributária digital.*

O conceito de *explainability* diz respeito à *capacidade de um sistema baseado em inteligência artificial* (IA) *de fornecer justificativas compreensíveis sobre as decisões que produz*, seja em *tempo real*, seja de *modo retrospectivo.*

Em outras palavras, *não basta que um sistema decida corretamente* – é necessário que sua decisão seja *inteligível, verificável e fundamentada em parâmetros juridicamente válidos e auditáveis por humanos*, conforme apontado por *KROLL* et al. (2017) e pelo relatório da *OECD* (2019) sobre *Trustworthy AI.*

No campo do *Direito Tributário*, isso significa que os *algoritmos utilizados para calcular tributos, classificar contribuintes, identificar inconsistências* ou *atribuir perfis de risco fiscal* devem ser *transparentes em sua lógica estrutural*. O contribuinte deve ter assegurado o direito de saber:

⇒ Quais variáveis foram consideradas no processo decisório (por exemplo: volume de faturamento, localização, tipo de operação, comportamento anterior);

⇒ Qual o peso de cada parâmetro na modelagem da decisão, inclusive em sistemas probabilísticos (score de risco, classificação preditiva);

⇒ Qual a base normativa que autorizou essa inferência algorítmica, garantindo aderência ao princípio da legalidade tributária (art. 150, I, CF/1988);

⇒ Como contestar eventuais erros, viés ou discriminações algorítmicas, garantindo o contraditório substancial e o devido processo legal.

O *fundamento constitucional* dessa exigência está diretamente vinculado a *dois pilares do Estado Democrático de Direito*:

⇒ O *princípio da publicidade* e da *motivação dos atos administrativos* (art. 37, *caput*, CF/1988), que impõe que *toda decisão estatal*, inclusive as *derivadas de lógica automatizada*, seja passível de *compreensão pública* e *justificação racional*, ainda que *fundamentada tecnicamente*;

⇒ O *direito ao contraditório e à ampla defesa* (art. 5º, LV, CF/1988), que só pode ser exercido se o contribuinte tiver acesso aos *fundamentos técnicos que motivaram a ação fiscal automatizada*, sob pena de tornar o *procedimento indevassável e assimétrico.*

Isso se torna especialmente delicado em *contextos de modelos de IA opacos*, como *redes neurais profundas (deep learning), algoritmos não supervisionados* e processos de *decisão* baseados em *inferência estatística não determinística*, que operam com *baixa interpretabilidade* mesmo entre especialistas.

Ainda que tais modelos sejam tecnicamente mais eficazes em termos preditivos, o seu uso em matéria tributária precisa ser *limitado* ou *suplementado por mecanismos de explicabilidade técnica*, como *camadas intermediárias de interpretação, logs de decisão, visualização de variáveis* e *documentação normativa estruturada*.

Adicionalmente, a *Lei Geral de Proteção de Dados* (Lei nº 13.709/2018) já estabelece, em seu *art. 20, §1º*,[12] que o titular de dados tem o direito de solicitar a *revisão de decisões tomadas unicamente com base em tratamento automatizado de dados pessoais*, incluindo decisões que afetam seus *interesses econômicos*.

Tal disposição normativa reforça a *obrigatoriedade da transparência algorítmica em matéria tributária*, especialmente diante da *crescente utilização de dados pessoais* e *fiscais* para definir *obrigações* ou *penalidades*.

Portanto, a *explicabilidade técnica* não é apenas um *requisito ético* ou *técnico*, mas um *imperativo jurídico de natureza constitucional*, que garante a *continuidade da legitimidade democrática do sistema tributário* mesmo em sua *transição para modelos algorítmicos*.

Trata-se de assegurar que, mesmo em um *ambiente regido por inteligência artificial*, a *incidência tributária* continue sendo *compreensível, auditável* e *contestável por seus destinatários*, preservando a *lógica do controle institucional* e a *proteção dos direitos fundamentais*.

(ii) Supervisão Interinstitucional e Controle Democrático

Com a introdução do *Imposto sobre Bens e Serviços* (IBS) e do *Imposto Seletivo* (IS) pela Emenda Constitucional nº 132/2023 – e sua regulamentação pela Lei Complementar nº 214/2025 – inaugura-se no Brasil um *novo regime fiscal* baseado na *interoperabilidade de sistemas* entre os entes federativos, *apuração digital unificada* e *administração tributária automatizada*.

Esse arranjo representa um *rompimento com o modelo anterior, fragmentado* e *ineficiente*, no qual *cada ente subnacional* exercia sua *competência de forma autônoma*, frequentemente *redundante* e *litigiosa*. No entanto, essa transição *não pode se limitar à substituição de procedimentos técnicos*; exige-se também uma *nova arquitetura institucional de supervisão* e *controle*, condizente com o grau de *complexidade tecnológica* e *interdependência federativa* do novo sistema.

---

12. *Art. 20.* O titular dos dados tem direito a solicitar a revisão de decisões tomadas unicamente com base em tratamento automatizado de dados pessoais que afetem seus interesses, incluídas as decisões destinadas a definir o seu perfil pessoal, profissional, de consumo e de crédito ou os aspectos de sua personalidade. (Redação dada pela Lei nº 13.853, de 2019)

§ 1º O controlador deverá fornecer, sempre que solicitadas, informações claras e adequadas a respeito dos critérios e dos procedimentos utilizados para a decisão automatizada, observados os segredos comercial e industrial.

O desafio é, portanto, garantir a *legitimidade democrática* e o *equilíbrio federativo* na *gestão de algoritmos fiscais automatizados*, cujas decisões podem ter *impactos econômicos imediatos* e *distribuições assimétricas de carga tributária entre setores, regiões e perfis de contribuintes*.

A *centralização técnica da administração digital do IBS* no *Comitê Gestor nacional* – prevista no *art. 156-B da CF/1988*[13] —, embora funcional do ponto de vista operacional, *não pode degenerar em um processo decisório opaco* e *tecnocrático*, dominado por *poucos entes federativos* ou *agentes com expertise exclusiva em tecnologia da informação*.

Nesse contexto, torna-se essencial a instituição de *instâncias colegiadas interinstitucionais* e *multidisciplinares*, que sejam capazes de *supervisionar os algoritmos* que operam a arrecadação e a conformidade fiscal, garantir a *aderência desses sistemas aos princípios constitucionais*, como legalidade, isonomia, capacidade contributiva, não confisco e eficiência, *monitorar*, em *tempo real*, os *efeitos distributivos das decisões automatizadas*, especialmente no que se refere ao repasse de receitas aos entes federativos, à *neutralidade tributária* e à *proteção de grupos vulneráveis*, bem como assegurar o *controle democrático da governança algorítmica*, por meio da participação de órgãos de controle, sociedade civil organizada, conselhos consultivos e transparência dos códigos e parâmetros utilizados.

Essa nova instância não deve reproduzir os *moldes tradicionais de comitês administrativos* ou *conselhos de política fiscal*. Trata-se de conceber um *modelo híbrido, transversal* e *tecnicamente qualificado*, que reúna *especialistas em Direito Tributário e Constitucional*, responsáveis por assegurar a integridade normativa dos sistemas automatizados, *cientistas de dados e engenheiros de sistemas*, com competência para auditar e corrigir modelos algorítmicos, *representantes das administrações tributárias* da União, Estados e Municípios, garantindo o equilíbrio federativo da arrecadação, *integrantes de órgãos de controle externo e interno*, como tribunais de contas e corregedorias, com poder de veto técnico e fiscalização de desempenho e *membros da sociedade civil*, inclusive contribuintes, pesquisadores, sindicatos e conselhos sociais, que assegurem a legitimidade pública e o pluralismo da supervisão.

Este tipo de governança pode ser inspirado nas experiências internacionais de "*AI oversight boards*", como os propostos pelo *AI Act da União Europeia* (2023), que categoriza *sistemas de inteligência artificial* com *impacto em direitos fundamentais* como "*sistemas de alto risco*".

---

13. *Art. 156-B*. Os Estados, o Distrito Federal e os Municípios exercerão de forma integrada, exclusivamente por meio do Comitê Gestor do Imposto sobre Bens e Serviços, nos termos e limites estabelecidos nesta Constituição e em lei complementar, as seguintes competências administrativas relativas ao imposto de que trata o art. 156-A: (Incluído pela Emenda Constitucional nº 132, de 2023)

I - editar regulamento único e uniformizar a interpretação e a aplicação da legislação do imposto; (Incluído pela Emenda Constitucional nº 132, de 2023)

II - arrecadar o imposto, efetuar as compensações e distribuir o produto da arrecadação entre Estados, Distrito Federal e Municípios; (Incluído pela Emenda Constitucional nº 132, de 2023)

III - decidir o contencioso administrativo. (Incluído pela Emenda Constitucional nº 132, de 2023)

No caso tributário, os *sistemas* que *classificam contribuintes, calculam tributos, impõem sanções automáticas* ou *afetam a distribuição federativa de receitas* claramente se enquadram nessa tipologia de risco elevado, exigindo supervisão contínua e controle plural.

Além disso, o *modelo federativo brasileiro*, por sua *complexidade*, exige que essa supervisão seja *geograficamente distribuída, institucionalmente escalável* e *normativamente vinculante*, de modo a permitir a replicabilidade de boas práticas entre entes e a correção de assimetrias regionais, como previsto no *art. 156-A, VII, da CF/1988*[14] que determina que a arrecadação do IBS seja partilhada com base no *princípio do destino*, mas parametrizada nacionalmente.

Essa *supervisão interinstitucional* também deve ser *proativa*, com *capacidade de testar algoritmos em ambientes regulatórios experimentais* (*regulatory sandboxes*) antes de sua implementação sistêmica, produzir *relatórios públicos de impacto fiscal* e *distributivo dos modelos automatizados*, conforme diretrizes de governança baseada em dados abertos e *recomendar ajustes legais ou regulamentares* à legislação tributária, com base em evidência empírica extraída da análise algorítmica.

Por fim, cabe lembrar que a *supervisão democrática de sistemas automatizados* não é apenas uma *exigência funcional*, mas uma *exigência constitucional do Estado Democrático de Direito*. A *legitimidade do sistema tributário digital* depende da sua *compreensibilidade*, da *possibilidade de contestação*, da *simetria entre poderes* e da *efetiva participação social* na definição dos critérios que moldam a incidência e a distribuição do ônus fiscal.

(iii) Accountability Digital e Responsabilidade Técnica Estruturada

A *incorporação de inteligência artificial* (IA), *algoritmos de decisão* e *automação nos sistemas fiscais* representa um avanço significativo na eficiência e na responsividade das administrações tributárias. Contudo, também impõe uma *ruptura epistemológica* e *jurídica* com os *tradicionais modelos de responsabilidade administrativa*, que se fundamentam na *culpabilidade subjetiva do agente público* e no *controle ex post de condutas humanas individualizadas*.

Em um cenário no qual *decisões tributárias* são total ou parcialmente produzidas por *sistemas técnicos autônomos* ou *semiautônomos*, a noção de *accountability digital* e de *responsabilidade técnica estruturada* emerge como um novo pilar da governança fiscal constitucional.

---

14. *Art. 156-A.* Lei complementar instituirá imposto sobre bens e serviços de competência compartilhada entre Estados, Distrito Federal e Municípios. (Incluído pela Emenda Constitucional nº 132, de 2023)

§ 1º O imposto previsto no caput será informado pelo princípio da neutralidade e atenderá ao seguinte: (Incluído pela Emenda Constitucional nº 132, de 2023) (...)

VII - será cobrado pelo somatório das alíquotas do Estado e do Município de destino da operação; (Incluído pela Emenda Constitucional nº 132, de 2023)

O desafio central reside no fato de que a *causalidade da decisão tributária* se fragmenta: não decorre mais exclusivamente de uma *ação humana direta*, mas de *modelagens preditivas*, *classificações algorítmicas* e *inferências estatísticas* operadas por *sistemas computacionais complexos*, muitas vezes *opacos em sua lógica interna* (*black boxes*).

Portanto, torna-se *insuficiente* – e até *anacrônico* – imputar *responsabilidade individual ao servidor público* que executa ou valida tais decisões, especialmente quando o *erro*, o *viés* ou o *excesso tributário* derivam do *próprio desenho técnico do algoritmo* ou da *base de dados utilizada no seu treinamento* (*PASQUALE*, 2015; *KROLL* et al., 2017).

Nesse cenário, a *accountability digital* deve ser entendida como um *regime estruturado de rastreabilidade, transparência e responsabilidade coletiva*, que incorpore *dimensões técnicas, jurídicas e institucionais*. Esse novo modelo deve ser ancorado em *cinco instrumentos operacionais fundamentais*, que passam a constituir *requisitos obrigatórios para a legitimidade das decisões fiscais automatizadas*:

I – Log de decisões algorítmicas (algorithmic logs)

No contexto da *automação fiscal* e da crescente *delegação de funções decisórias a sistemas algorítmicos*, o *log de decisões algorítmicas* emerge como um *instrumento essencial de garantia da transparência*, da *auditabilidade* e da *responsabilização institucional*.

Sua relevância é particularmente aguda na seara tributária, em que a *legalidade estrita* e o *devido processo legal* constituem *pilares estruturantes do ordenamento constitucional*. O *log* – entendido como um *registro cronológico, técnico e inviolável* das ações executadas por um *sistema computacional* – transforma-se, nesse cenário, em *verdadeiro documento fiscal-processual de natureza digital*, dotado de *valor jurídico e técnico* para fins de *controle, revisão, contestação e responsabilização*.

Em *termos operacionais*, o *algorithmic log* deve *registrar*, de forma *contínua* e *estruturada*, cada *instância decisória* executada por um sistema automatizado, incluindo:

i) Os *dados de entrada* (*inputs*) que alimentaram o algoritmo: variáveis econômicas, comportamentais, cadastrais e jurídicas envolvidas;

ii) Os *parâmetros ativados*: regras, pesos, coeficientes ou modelos estatísticos utilizados no processo de inferência;

iii) A *versão do algoritmo* ou do *modelo de machine learning aplicado* (incluindo número de iteração e data de atualização);

iv) A *decisão* ou *ação final* gerada pelo sistema (por exemplo: classificação de risco fiscal, atribuição de alíquota, cálculo de imposto devido);

v) O *timestamp* (registro temporal) da *decisão*, com marcação de data e hora em formato UTC;

vi) O *hash criptográfico da operação*, quando inserida em blockchain ou estruturas DLT.

CAPÍTULO 1 • ATRIBUTOS QUÂNTICOS DOS SISTEMAS TRIBUTÁRIOS

Esses registros devem ser armazenados em *infraestruturas seguras, interoperáveis e auditáveis*, com acesso restrito, mas controlado, respeitando os *princípios da Lei Geral de Proteção de Dados* (Lei nº 13.709/2018) e as *exigências de transparência previstas na Constituição Federal* (art. 37, caput) e no *Código Tributário Nacional* (art. 142), que exigem *motivação* e *legalidade* para qualquer ato de lançamento tributário.

No *plano jurídico*, os *algorithmic logs* operam como *ponto de interseção entre o princípio da motivação dos atos administrativos e a tecnicidade dos sistemas de inteligência artificial*, garantindo que *decisões tomadas por algoritmos* – mesmo em *redes neurais profundas* ou *modelos de aprendizado não supervisionado* – possam ser *formalmente reconstruídas, tecnicamente compreendidas* e *juridicamente contestadas*.

Adicionalmente, os *logs* são fundamentais para:

⇒ *Auditorias internas e externas*: possibilitam o rastreamento de decisões suspeitas, inconsistentes ou discriminatórias, servindo como evidência técnica para fins de responsabilização administrativa ou judicial;

⇒ *Revisões administrativas e judiciais*: permitem ao contribuinte ou ao Judiciário acessar o raciocínio computacional que fundamentou a exigência tributária, condição indispensável ao exercício pleno do contraditório e da ampla defesa (CF/1988, art. 5º, LV);

⇒ *Governança interinstitucional*: servem de base para painéis de controle e supervisão colegiada dos algoritmos fiscais, como previsto na proposta de *accountability* digital e governança fiscal algorítmica emergente da EC nº 132/2023 e da LC nº 214/2025;

⇒ *Correção de falhas e rollback*: em caso de erro sistêmico ou alteração de parâmetros indevidos, o log permite a reconstrução exata da decisão, possibilitando sua reversão fundamentada e a reparação de danos eventualmente causados.

Cabe destacar que a *ausência*, a *manipulação* ou a *opacidade* desses registros constitui *falha grave do ponto de vista da legalidade administrativa*, podendo comprometer a *validade da exigência tributária* e a *responsabilização da administração pública*.

É por isso que *marcos regulatórios internacionais*, como o *AI Act da União Europeia* (2023) e as *Diretrizes da OCDE sobre Inteligência Artificial Confiável* (2019), impõem como *condição de legitimidade de sistemas de IA de alto risco* – como os fiscais – a *manutenção obrigatória de logs explicáveis, auditáveis* e *documentados*.

Em síntese, os *algorithmic logs* não são apenas instrumentos técnicos de registro, mas verdadeiros *garantidores da constitucionalidade das decisões fiscais automatizadas*. Sua *implementação* e *gestão eficaz* são condições estruturantes para a existência de um *sistema tributário digital legítimo, eficiente* e *conforme* aos valores do Estado Democrático de Direito.

II – Rastreabilidade de alterações de parâmetros (*traceability*)

No contexto da *automação fiscal* e da *integração de sistemas de inteligência artificial na apuração e fiscalização tributária*, a *rastreabilidade de alterações de parâmetros* – ou *traceability* – constitui um dos *elementos centrais de controle e governança algorítmica*.

Esse mecanismo é responsável por *registrar*, *documentar* e tornar *auditável* toda e qualquer *modificação realizada nos parâmetros técnicos*, *estatísticos* ou *normativos* que compõem a *lógica decisória dos sistemas tributários digitais*, assegurando, assim, a *estabilidade regulatória*, a *conformidade legal* e a *responsabilidade institucional*.

A necessidade de *rastreabilidade* se acentua à medida que os sistemas de tributação contemporâneos *abandonam a rigidez codificada dos modelos tradicionais* e passam a operar sob *estruturas dinâmicas*, *parametrizadas* e *adaptativas*, baseadas em *regras de decisão probabilística*, *classificação de risco por aprendizado supervisionado*, aplicação de *inferência estatística em grandes volumes de dados* (*big data*) e a incorporação de *feedbacks contínuos nos algoritmos* (*reinforcement learning*).

Em tais contextos, a *mínima alteração em um coeficiente*, uma *ponderação estatística* ou uma *regra condicional* pode gerar *efeitos tributários amplos* e *assimétricos*, afetando *milhares de contribuintes simultaneamente* – muitas vezes *sem qualquer visibilidade direta sobre o impacto regulatório imediato*.

Assim, a *rastreabilidade algorítmica* cumpre ao menos *quatro funções estruturais no sistema tributário automatizado*:

(i) Função de Controle Normativo

Permite verificar se os ajustes realizados nos parâmetros do sistema foram *autorizados por norma legal* ou *regulamentar*, evitando que *modificações técnicas substituam a vontade legislativa* – o que violaria o *princípio da legalidade tributária* (art. 150, I, CF/1988).

Isso é particularmente sensível em casos de *alteração de fórmulas de cálculo*, *fatores de correção monetária*, *critérios de incidência* ou *limites de isenção* que impactam a carga tributária efetiva.

(ii) Função de Garantia da Imparcialidade Técnica

Rastrear quem *alterou* um *parâmetro*, *quando*, por *qual motivo* e com base *em qual justificativa técnica* é essencial para *identificar desvios de finalidade*, *manipulações indevidas* ou *conflitos de interesse*.

A *rastreabilidade*, nesse sentido, se converte em *instrumento de compliance algorítmico*, assegurando que as decisões do sistema sejam orientadas por *critérios objetivos*, *auditáveis* e *não discriminatórios*.

(iii) Função de Auditoria Pública e Privada

A *rastreabilidade* fornece a *base documental para auditorias externas independentes* e *revisões administrativas ou judiciais*, permitindo reconstruir a *cadeia causal de uma decisão fiscal* ou de um *comportamento sistêmico anômalo*.

Assim, cumpre papel crucial na *prestação de contas* (*accountability*) e na *defesa do contribuinte*, pois viabiliza a *comprovação de erro sistêmico*, *viés estrutural* ou *abuso regulatório algorítmico*.

(iv) Função de Correção Responsiva e *Rollback*

Em casos de *erros técnicos massificados*, a *rastreabilidade* é o pré-requisito para *execução de rollback* – isto é, *reversão automatizada* e *segura* de *decisões* ou *lançamentos fiscais incorretos*, com base em *logs de alterações* e *versionamento de modelos decisórios*.

Esse processo deve ser *transparente, documentado e juridicamente validável*. Na prática, a *rastreabilidade* exige a *implementação de sistemas integrados de versionamento, documentação técnica* e *controle de alterações* que incorporem os seguintes elementos mínimos:

⇒ Identificador único do parâmetro alterado;

⇒ Registro da versão anterior e da nova versão;

⇒ Data e hora exata da alteração (*timestamp*);

⇒ Responsável técnico ou institucional pela mudança;

⇒ Justificativa técnica e normativa para a modificação;

⇒ Referência cruzada com logs de decisão e histórico de impacto;

⇒ Sistema de notificação aos entes federativos e, quando cabível, ao contribuinte afetado.

No *plano jurídico*, a *rastreabilidade* encontra respaldo direto em *dispositivos constitucionais e legais* que impõem *transparência* e *motivação dos atos estatais*, bem como nas *normas internacionais de regulação da inteligência artificial*, como as *Diretrizes da OCDE para uma Inteligência Artificial Confiável* (OECD, 2019), que recomendam "*traceable decision-making processes in high-risk AI systems*", o *AI Act da União Europeia* (2023), que impõe obrigatoriedade de *logging, documentation* e *versionamento em sistemas algorítmicos de impacto público*, incluindo a *tributação automatizada*.

No Brasil, a *rastreabilidade* é ainda reforçada pela *Lei Geral de Proteção de Dados* (LGPD, Lei nº 13.709/2018), que estabelece o *direito do titular de dados* (inclusive contribuintes) a *obter informações claras* sobre os *critérios utilizados para tratamento automatizado que afete seus interesses* (art. 20, caput).

Assim, a *rastreabilidade de alterações de parâmetros* não é apenas um *requisito técnico*, mas um *imperativo constitucional, ético* e *institucional*. Ela sustenta a *legitimidade da administração tributária em ambiente automatizado*, ao garantir *previsibilidade normativa*, *integridade decisória* e *justiça fiscal responsiva*, mesmo diante da *complexidade* e da *opacidade* inerente aos *sistemas algorítmicos contemporâneos*.

(v) Sistemas de correção e *rollback*

No contexto da *automação tributária* e da *progressiva delegação de decisões fiscais a sistemas algorítmicos*, os *sistemas de correção* e *rollback* tornam-se *componentes indispensáveis da infraestrutura técnica* e *normativa da administração fiscal digital*.

Sua função é assegurar a *reversibilidade controlada, auditável* e *juridicamente válida das decisões automatizadas*, especialmente quando estas se revelam tecnicamente equivocadas, juridicamente indevidas ou economicamente desproporcionais. Trata-se, portanto, de uma *garantia institucional de segurança jurídica, estabilidade arrecadatória* e *integridade sistêmica* frente à inevitável presença de erros, falhas ou ajustes nos modelos computacionais que sustentam o sistema fiscal contemporâneo.

A nomenclatura *rollback*, derivada da *engenharia de software*, refere-se ao *processo estruturado de desfazer operações automatizadas, restaurando um estado anterior do sistema com integridade dos dados* e *rastreabilidade das ações*.

Quando transposto ao campo tributário, esse conceito ganha *densidade jurídica* e deve ser compreendido como um *direito fundamental à reversibilidade fiscal algorítmica*, que se articula diretamente com os *princípios do devido processo legal*, da *ampla defesa*, da *legalidade* e da *eficiência administrativa*.

A *implementação de sistemas de rollback* em ambientes de arrecadação tributária digital deve ser concebida a partir de *três eixos estruturantes*:

a. Arquitetura Técnica de Reversibilidade Automatizada

É necessário desenvolver sistemas capazes de *mapear* e *versionar* em *tempo real* as *decisões fiscais automatizadas*, preservando:

- os *dados de entrada originais* (*inputs*) que deram ensejo à decisão;
- a versão do *modelo algorítmico* utilizado no *momento da inferência*;
- os *parâmetros específicos aplicados* (inclusive pesos, filtros e limites);
- a *decisão resultante* e seus *efeitos fiscais concretos* (valor cobrado, classificação de risco, penalidade aplicada); e
- os *registros dos logs* e da *rastreabilidade paramétrica* (conforme itens anteriormente aprofundados).

Essa estrutura permite que, uma vez *detectada a inconsistência* – por erro técnico, falha estatística, desatualização normativa ou viés indevido —, o *sistema possa executar* automaticamente o *rollback da decisão, restituindo os valores, anulando a exigência* ou *reclassificando o contribuinte*, sempre com documentação formal e validação interinstitucional.

b. Regramento Jurídico-Administrativo do Direito à Retificação Automatizada

Do ponto de vista *jurídico*, o *rollback* deve ser considerado expressão do *princípio da autotutela da Administração Pública*, consagrado pela jurisprudência do STF e do STJ, segundo o qual a *Administração pode – e deve – anular seus próprios atos ilegais e revogar aqueles inconvenientes ou inoportunos.*[15]

No contexto da arrecadação automatizada, esse princípio ganha contornos normativos mais específicos: o *contribuinte* deve ter *acesso ao histórico de decisões que o afetaram*, ao *modelo de decisão utilizado* e ao *mecanismo técnico de reversão*, podendo solicitar – ou, em alguns casos, ver acionado automaticamente – o processo de *rollback* com base em *evidências técnicas* ou *normativas*.

A *Lei nº 13.709/2018* (LGPD) reforça esse direito, ao prever, em seu *art. 20, §1º*, que o *titular de dados pessoais* (inclusive dados fiscais) pode solicitar *revisão de decisões tomadas unicamente com base em tratamento automatizado*, incluindo decisões que afetem seus *interesses econômicos*.

A *legislação europeia*, por meio do *AI Act da União Europeia (2023)*, impõe aos *sistemas de alto risco* – como os *sistemas tributários automatizados* – a obrigatoriedade de *conter mecanismos de correção automatizada* e *reversibilidade documental*.

c. Salvaguardas Institucionais, Controle Externo e Prestação de Contas

Essas salvaguardas asseguram que o *rollback não comprometa a integridade da base de dados fiscal, não gere distorções sistêmicas* e não seja capturado por *interesses político-econômicos parciais*. Além disso, permitem a *calibragem contínua dos modelos algorítmicos*, a partir da *análise das falhas* que ensejaram as reversões, promovendo *melhoria contínua da justiça fiscal automatizada*.

Os *sistemas de correção* e *rollback* não constituem apenas dispositivos técnicos de contingência, mas *elementos centrais de um novo pacto institucional entre contribuinte, Estado e tecnologia*. Sua ausência compromete o *controle democrático da tributação automatizada*, a *legitimidade das decisões fiscais baseadas em algoritmos* e o próprio ideal de *previsibilidade* e *justiça tributária em ambientes digitais*.

Em tempos de *transformação digital do sistema tributário*, garantir a *reversibilidade* significa *preservar a dignidade fiscal do contribuinte* frente à *opacidade algorítmica* e à *complexidade sistêmica do Estado automatizado*.

---

15. *Súmula 473 do STF.* A administração pode anular seus próprios atos, quando eivados de vícios que os tornam ilegais, porque deles não se originam direitos; ou revogá-los, por motivo de conveniência ou oportunidade, respeitados os direitos adquiridos, e ressalvada, em todos os casos, a apreciação judicial.

(vi) Auditorias externas e independentes

A emergência de sistemas tributários automatizados, sustentados por algoritmos de inteligência artificial e aprendizado de máquina, impõe uma nova arquitetura de governança fiscal. Nesse novo arranjo, as decisões fiscais não são apenas tomadas por agentes humanos com discricionariedade administrativa, mas também, e cada vez mais, por sistemas técnicos autônomos ou semiautônomos, que operam com base em inferência estatística, padrões comportamentais e parametrizações normativas convertidas em código computacional.

Diante dessa transformação paradigmática, as auditorias externas e independentes tornam-se um *requisito inegociável de legitimidade institucional*, de *transparência regulatória* e de *conformidade constitucional*.

A *auditoria externa* – aqui entendida como a avaliação técnica, procedimental e normativa de sistemas algorítmicos por entidades alheias à administração fiscal direta – cumpre a função de *verificar*, de forma *isenta*, se os *algoritmos utilizados na arrecadação*, *fiscalização e conformidade tributária* respeitam os *princípios fundamentais do Direito Público*, notadamente a *legalidade*, a *isonomia*, a *capacidade contributiva*, a *motivação dos atos administrativos* e a *proteção de dados pessoais*.

Tais auditorias se justificam por diversos motivos:

⇒ *A assimetria técnico-informacional entre o contribuinte e o sistema de decisão automatizada*

Ao contrário do modelo tradicional, no qual a decisão tributária podia ser compreendida, contestada e rastreada com base em elementos normativos explícitos, os algoritmos de *machine learning* frequentemente operam como "caixas-pretas" (*black boxes*), cujos critérios de decisão *escapam à lógica jurídica tradicional*.

Em tais contextos, apenas *auditorias independentes com acesso privilegiado ao código-fonte*, aos *bancos de dados* e aos *logs de decisão* conseguem avaliar a *estrutura*, a *integridade* e a *neutralidade* dos modelos utilizados.

⇒ *A necessidade de supervisão plural, interdisciplinar e federativa*

Conforme instituído pela Emenda Constitucional nº 132/2023 e regulamentado pela Lei Complementar nº 214/2025, a *gestão do Imposto sobre Bens e Serviços* (IBS) é compartilhada por *Estados, Distrito Federal e Municípios*, por meio de um *Comitê Gestor*. Essa estrutura federativa exige que os sistemas técnicos utilizados na arrecadação sejam *supervisionados por instâncias independentes, plurais e capacitadas*, sob pena de *concentração decisória*, *arbitrariedade técnica* e *comprometimento da equidade arrecadatória entre entes*.

⇒ *A proteção contra vieses estatísticos, discriminações algorítmicas e efeitos regressivos não intencionais*

Algoritmos mal calibrados ou treinados com bases de dados enviesadas podem *reproduzir* ou até *ampliar desigualdades estruturais, classificando injustamente contribuintes de determinados setores, regiões* ou *perfis* como de *maior risco*, ou *direcionando fiscalizações* com base em padrões historicamente discriminatórios.

Auditorias independentes devem testar esses algoritmos quanto a *viés, acurácia, robustez* e *justiça distributiva*, como previsto no *AI Act da União Europeia* (2023), que classifica a *tributação automatizada* como *sistema de alto risco*, sujeito a *certificação externa obrigatória*.

⇒ *A responsabilidade técnica objetiva dos sistemas públicos automatizados*

Nos moldes do que propõem *KROLL* et al. (2017) e *PASQUALE* (2015), os sistemas automatizados devem estar submetidos a um *regime técnico de responsabilização pública*, em que os *próprios modelos* – e não apenas os *agentes humanos* – estejam sujeitos a *escrutínio* e *revisão*.

As auditorias independentes desempenham papel central nesse controle, funcionando como *instâncias de validação algorítmica*, verificação de *aderência normativa* e *recomendação de correções estruturais*.

(vii) Diretrizes para a Auditoria Algorítmica no Campo Tributário

As *auditorias externas e independentes* assumem, no *ambiente tributário digital*, o papel que outrora cabia exclusivamente ao *controle burocrático clássico*: assegurar que a *automação da arrecadação não se transforme em opacidade fiscal*, nem a *inteligência algorítmica em arbítrio tecnocrático*. São, portanto, *instrumentos de proteção institucional do Estado Democrático de Direito* frente à *complexidade técnica dos sistemas fiscais contemporâneos*.

A efetiva implementação de auditorias externas em matéria tributária automatizada requer, como condição essencial, a *concessão de acesso técnico irrestrito aos algoritmos-fonte*, aos *registros de decisão (logs)* e às *bases de dados utilizadas no processo de treinamento dos modelos preditivos e classificatórios*. Tal medida assegura a *rastreabilidade* e a *auditabilidade das decisões fiscais automatizadas*.

Além disso, impõe-se uma *revisão metodológica contínua*, conduzida por *equipes de composição interdisciplinar*, integrando *juristas, cientistas de dados, engenheiros de sistemas, economistas* e *representantes da sociedade civil*, a fim de garantir a *legitimidade democrática* e a *coerência técnica dos sistemas adotados*.

Deve-se, ainda, promover a *publicação periódica de relatórios técnicos explicativos*, dotados de *elevado grau de transparência*, sem prejuízo da observância rigorosa às normas relativas ao *sigilo fiscal* e à *proteção de dados pessoais*, conforme disposto na *Lei nº 13.709/2018* (Lei Geral de Proteção de Dados – LGPD).

Essas auditorias devem também estar alinhadas a *padrões internacionais de certificação algorítmica*, com destaque para os *parâmetros de explicabilidade* (*explainability*), *equidade* (*fairness*), *precisão* (*accuracy*), *confiabilidade* (*reliability*) e *não discriminação* (*non-discrimination*), conforme estabelecido nas *diretrizes da Organização para a Cooperação e Desenvolvimento Econômico* (*OECD*, 2019) e no *Regulamento Europeu sobre Inteligência Artificial* (AI Act).

Por fim, é fundamental a existência de um *canal institucional* que permita a *emissão de recomendações vinculantes*, por meio do qual o *Comitê Gestor do Imposto sobre Bens e Serviços* (IBS) ou os *órgãos competentes* possam deliberar, com base nos *resultados da auditoria*, pela *suspensão temporária*, *revisão obrigatória* ou *substituição de modelos algorítmicos* que apresentem *disfunções*, *inconsistências* ou *riscos inaceitáveis* à legalidade e à justiça fiscal.

Não se trata apenas de verificar erros, mas de garantir a *conformidade sistêmica dos algoritmos com os valores republicanos*, com os *direitos fundamentais* e com a *racionalidade econômica da tributação justa*. Em tempos de *fiscalidade digitalizada* e *responsividade automatizada*, auditar é um ato de defesa da *democracia tributária*.

(viii) Testes periódicos de viés algorítmico e impacto regulatório

À medida que os sistemas tributários *incorporam algoritmos de aprendizado de máquina*, *inferência estatística* e *automação decisória em tempo real*, impõe-se uma nova e urgente exigência: a realização de *testes periódicos de viés algorítmico* e de *impacto regulatório*.

Essas avaliações constituem não apenas uma boa prática de engenharia de dados, mas sobretudo uma *obrigação jurídica* e *ética* fundamental para a *proteção da igualdade fiscal*, da *neutralidade econômica* e da *justiça tributária* em um ambiente regulado por *tecnologias não determinísticas*.

Em termos conceituais, *viés algorítmico* (*algorithmic bias*) refere-se à *presença de padrões discriminatórios*, *distorções sistemáticas* ou *erros de generalização nos resultados produzidos por algoritmos*, seja em função do *modelo estatístico utilizado*, da *base de dados de treinamento* ou da forma como os parâmetros foram calibrados.

No campo fiscal, tais vieses podem se manifestar, por exemplo, quando:

⇒ contribuintes de um determinado setor econômico, grupo regional ou porte empresarial são sistematicamente classificados como de maior risco, independentemente da realidade objetiva de sua conformidade tributária;

⇒ determinadas operações comerciais são submetidas a fiscalização automatizada intensiva, com base em padrões históricos enviesados que refletem escolhas seletivas da administração tributária;

CAPÍTULO 1 • ATRIBUTOS QUÂNTICOS DOS SISTEMAS TRIBUTÁRIOS | **71**

⇒ simulações preditivas de arrecadação favorecem modelos regressivos, impactando desproporcionalmente pequenas empresas, trabalhadores autônomos ou setores não digitalizados.

Esse tipo de viés é particularmente grave quando inserido em sistemas de arrecadação automatizada e *smart contracts*, pois *os efeitos negativos ocorrem em larga escala*, com *baixa transparência* e *sem intervenção humana direta* – comprometendo os *princípios da isonomia tributária* (art. 150, II, CF/1988), da *capacidade contributiva* (art. 145, § 1º, da CF/1988), da *razoabilidade* (art. 5º, CF/1988) e do *devido processo legal* (art. 5º, LIV e LV, da CF/1988).

Diante desse risco estrutural, impõe-se a *implantação obrigatória de testes técnicos, periódicos e auditáveis*, voltados à verificação de *viés algorítmico* e *impacto regulatório distribuído*, com base em *metodologia estatística rigorosa, jurisprudência comparada* e *princípios constitucionais*. Tais testes devem observar os seguintes eixos:

⇒ *Detecção de Viés Estatístico (*Statistical Bias Detection*).*

Utilizando técnicas como *análise de variância,*[16] *regressão logística,*[17] *curvas ROC*[18] e *validação cruzada,*[19] deve-se comparar os resultados produzidos pelo algoritmo entre

---

16. A *Análise de Variância* (ANOVA – *Analysis of Variance*) é uma técnica estatística desenvolvida por *Ronald A. Fisher* que permite comparar as médias de dois ou mais grupos, a fim de verificar se existe diferença estatisticamente significativa entre elas. O método baseia-se na decomposição da variância total observada em diferentes fontes de variação: a variância entre grupos e a variância dentro dos grupos. A razão entre essas variâncias (*F-ratio*) é então avaliada sob a distribuição *F de Snedecor*. Caso o valor-p seja inferior ao nível de significância previamente definido (por exemplo, 0,05), rejeita-se a hipótese nula de que todas as médias são iguais.
    A *ANOVA* é aplicável em contextos unifatoriais (*one-way ANOVA*), bifatoriais (*two-way ANOVA*), com ou sem medidas repetidas, e pode ser generalizada para modelos lineares mistos. Seu uso é comum nas ciências sociais, experimentais e econômicas, permitindo, por exemplo, avaliar o impacto de diferentes políticas públicas sobre indicadores socioeconômicos.
17. A *Regressão Logística* é um modelo estatístico usado para descrever a relação entre uma variável dependente binária (ou dicotômica, como "sim/não", "sucesso/fracasso") e uma ou mais variáveis independentes (explicativas). Ao contrário da regressão linear, que assume uma relação contínua e linear, a regressão logística modela a probabilidade de ocorrência de um evento por meio de uma função logística sigmoide.
    A transformação logit (log da razão de chances) permite linearizar o modelo, possibilitando a estimativa dos parâmetros por métodos de máxima verossimilhança. A regressão logística é amplamente utilizada em epidemiologia, direito, finanças e ciência de dados, especialmente em classificadores binários e inferência causal.
18. As *Curvas ROC* são representações gráficas da performance de um classificador binário à medida que seu limiar de decisão varia. O gráfico é construído com a taxa de verdadeiros positivos (sensibilidade) no eixo y e a taxa de falsos positivos (1 - especificidade) no eixo x. Cada ponto da curva representa um par sensibilidade/especificidade para um dado limiar.
    A *Área Sob a Curva ROC* (*AUC - Area Under the Curve*) fornece uma medida agregada da capacidade discriminante do modelo. Um AUC igual a 0,5 indica performance equivalente ao acaso, enquanto um valor próximo de 1 representa um classificador ideal. As curvas ROC são fundamentais na avaliação comparativa de modelos preditivos, especialmente em contextos com desbalanceamento de classes.
19. *Validação Cruzada* é uma técnica estatística de reamostragem usada para estimar o desempenho preditivo de um modelo sobre dados não observados, mitigando o risco de *overfitting*. O procedimento mais comum é a validação cruzada k-fold, em que o conjunto de dados é particionado em k subconjuntos de tamanhos iguais. O modelo é treinado k vezes, utilizando-se, em cada iteração, k-1 partes para treino e a parte restante para teste.

diferentes grupos de contribuintes, com controle por variáveis como *localização geográfica, regime jurídico, setor econômico, faixa de faturamento* e *estrutura de capital*. O objetivo é identificar *injustificáveis diferenças de tratamento* ou de *resultado*, mesmo quando a lógica interna do algoritmo não explicite tal distinção.

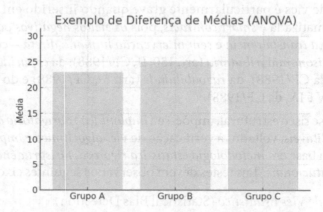

Figura 5 - Diferença de Médias entre Grupos (ANOVA)[20]

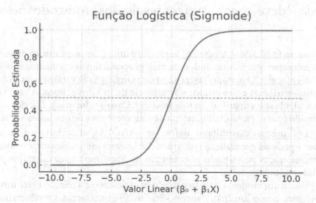

Figura 6 – Função Logística (Sigmoide) na Regressão Logística[21]

A média dos resultados obtidos nos k testes fornece uma estimativa robusta da acurácia do modelo. Existem variações importantes, como *leave-one-out cross-validation* (LOOCV), *stratified k-fold* e *Monte Carlo cross-validation*, adequadas para diferentes contextos amostrais. A validação cruzada é amplamente utilizada em aprendizado de máquina, bioestatística e modelagem preditiva para selecionar modelos, ajustar hiperparâmetros e avaliar generalização.

20. *Figura 5 – Diferença de Médias entre Grupos (ANOVA)*
   Representação esquemática das médias de três grupos distintos (Grupo A, B e C), com vistas à análise da existência de diferenças estatisticamente significativas entre eles. Esta estrutura gráfica ilustra o princípio da Análise de Variância (ANOVA), em que se verifica se as variações observadas entre grupos superam, em magnitude, as variações internas. A técnica é amplamente empregada para testar hipóteses sobre igualdade de médias populacionais.
   Fonte: Elaborado pelo autor.
21. *Figura 6 – Função Logística (Sigmoide) na Regressão Logística*
   Curva sigmoide correspondente à função logística utilizada na modelagem de variáveis dependentes binárias. O eixo horizontal representa a combinação linear das variáveis explicativas ($\beta_0 + \beta_1 X$), enquanto o eixo vertical

CAPÍTULO 1 • ATRIBUTOS QUÂNTICOS DOS SISTEMAS TRIBUTÁRIOS 73

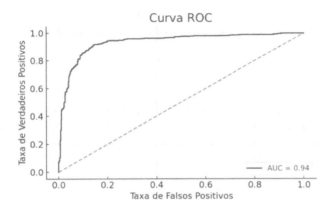

Figura 7 – Curva ROC (Receiver Operating Characteristic)[22]

Figura 8 – Representação Esquemática da Validação Cruzada k-Fold (k = 5)[23]

⇒ *Simulações Contrafactuais e Avaliação de Impacto Regulatório (*Regulatory Impact Assessment – RIA*)*

Devem ser desenvolvidos *modelos contrafactuais* que estimem como seria o *comportamento do sistema* se *determinadas variáveis fossem alteradas*, permitindo *medir o impacto potencial de cada parâmetro normativo* ou *estatístico*. Essa metodologia é

---

expressa a probabilidade estimada de ocorrência de um determinado evento (P[Y=1|X]). A regressão logística é ferramenta central em modelos classificatórios e de inferência causal com variável resposta dicotômica.

Fonte: Elaborado pelo autor.

22. *Figura 7 – Curva ROC (Receiver Operating Characteristic)*

Curva ROC que expressa a performance de um modelo de classificação binária, representando a taxa de verdadeiros positivos (sensibilidade) em função da taxa de falsos positivos (1 – especificidade). A diagonal representa o desempenho aleatório, sendo que curvas acima dessa linha indicam maior poder discriminativo do modelo. A área sob a curva (AUC) é um indicador agregado de desempenho, variando entre 0,5 (modelo aleatório) e 1,0 (classificador perfeito).

Fonte: Elaborado pelo autor com base em simulação computacional.

23. *Figura 8 – Representação Esquemática da Validação Cruzada k-Fold (k = 5)*

Estrutura visual de uma validação cruzada do tipo k-fold com cinco partições. Cada linha representa uma iteração de treino-teste, em que quatro subconjuntos são usados para treinamento e um para validação. Essa técnica é essencial para estimar a capacidade de generalização de modelos preditivos e para evitar o sobreajuste (*overfitting*). A alternância sistemática entre partições confere robustez ao processo de avaliação de desempenho.

Fonte: Elaborado pelo autor.

compatível com o *Decreto nº 10.411/2020* (Análise de Impacto Regulatório no Brasil)[24] e com a prática internacional de *Algorithmic Impact Assessments (AIAs)*, como prevista no *AI Act da União Europeia* (2023).

⇒   *Monitoramento Contínuo com* Feedback Loop.

Os testes não devem ocorrer de forma isolada, mas devem ser incorporados em *ciclos contínuos de aprendizado do sistema*, com mecanismos de *realimentação técnica* e *ajuste automático de parâmetros (recalibration)*, sempre com *supervisão interinstitucional, supervisão de legalidade* e *documentação pública*.

⇒   *Transparência e Prestação de Contas Pública* (Accountability)

Os resultados dos testes devem ser publicados em *relatórios técnicos acessíveis*, com *linguagem compreensível, metodologia detalhada* e *recomendação de melhorias*, servindo como base para *atuação corretiva do Comitê Gestor do IBS* (art. 156-B, §§ 6º e 7º da CF/1988)[25] e das *administrações tributárias estaduais e municipais*. Eventuais correções de curso devem ser documentadas, justificadas e rastreáveis.

⇒   *Participação Social e Interdisciplinaridade*

As *auditorias* e *testes* devem contar com a participação de *universidades, centros de pesquisa, entidades representativas da sociedade civil, especialistas em ética computacional, juristas* e *administradores públicos*, promovendo uma *governança plural, democrática* e *tecnicamente qualificada*.

O dever de realizar *testes de viés* e *impacto regulatório* é uma decorrência direta dos *princípios constitucionais da igualdade, razoabilidade, proporcionalidade* e *eficiência*, alinhando-se a padrões internacionais como:

- *OECD* (2019): recomendação sobre *Inteligência Artificial Confiável*, que exige sistemas transparentes, auditáveis e livres de discriminação;

---

24. Regulamenta a análise de impacto regulatório, de que tratam o art. 5º da Lei nº 13.874, de 20 de setembro de 2019, e o art. 6º da Lei nº 13.848, de 25 de junho de 2019.

25. Art. 156-B. Os Estados, o Distrito Federal e os Municípios exercerão de forma integrada, exclusivamente por meio do Comitê Gestor do Imposto sobre Bens e Serviços, nos termos e limites estabelecidos nesta Constituição e em lei complementar, as seguintes competências administrativas relativas ao imposto de que trata o art. 156-A: (Incluído pela Emenda Constitucional nº 132, de 2023) (...)

   § 6º O Comitê Gestor do Imposto sobre Bens e Serviços, a administração tributária da União e a Procuradoria-Geral da Fazenda Nacional compartilharão informações fiscais relacionadas aos tributos previstos nos arts. 156-A e 195, V, e atuarão com vistas a harmonizar normas, interpretações, obrigações acessórias e procedimentos a eles relativos. (Incluído pela Emenda Constitucional nº 132, de 2023)

   § 7º O Comitê Gestor do Imposto sobre Bens e Serviços e a administração tributária da União poderão implementar soluções integradas para a administração e cobrança dos tributos previstos nos arts. 156-A e 195, V. (Incluído pela Emenda Constitucional nº 132, de 2023).

- *AI Act* (2023): classifica como *"sistemas de alto risco"* todos os algoritmos que operem decisões públicas com efeitos jurídicos diretos, impondo obrigação de realizar avaliações de risco, auditorias de viés e mecanismos de mitigação robustos; e

- *LGPD* (Lei nº 13.709/2018, art. 20): garante o direito do titular a não ser submetido exclusivamente a decisões automatizadas sem possibilidade de explicação e revisão.

A realização de *testes periódicos de viés algorítmico* e *impacto regulatório não é uma opção técnica* – é um *compromisso normativo com a justiça fiscal, a transparência* e a *constitucionalidade das decisões tributárias automatizadas.* Em tempos de *inteligência artificial aplicada à arrecadação, testar é prevenir desigualdades, corrigir distorções* e proteger os *direitos fundamentais do contribuinte* diante da *opacidade matemática do sistema fiscal digitalizado.*

A *governança fiscal algorítmica,* nesse modelo, deixa de ser uma *prerrogativa exclusiva do Poder Executivo* e passa a integrar um *ecossistema institucional mais amplo,* composto por *entes federativos interdependentes, órgãos de controle, operadores jurídicos, desenvolvedores de tecnologia* e *representantes da sociedade civil.*

É nesse sentido que se fala em *governança sistêmica*: um modelo de *decisão distribuída,* baseado em *transparência estrutural, cooperação federativa* e *responsividade institucional* contínua.

Essa abordagem está em plena consonância com os *fundamentos do Direito Tributário Quântico,* que reconhece a *tributação como um sistema dinâmico, incerto* e *adaptativo,* no qual a *normatividade* se manifesta não apenas em textos legais, mas também em *arquiteturas tecnológicas parametrizadas,* sujeitas a *mutações em tempo real.*

Garantir a legitimidade desse novo modelo exige a *transposição dos princípios constitucionais para o plano algorítmico,* assegurando que a *técnica jamais se sobreponha à norma* e que a *automação* seja *instrumento de justiça,* não de *opacidade* ou *arbitrariedade sistêmica.*

1.4. MODELAGEM MATEMÁTICA DOS SISTEMAS TRIBUTÁRIOS DINÂMICOS

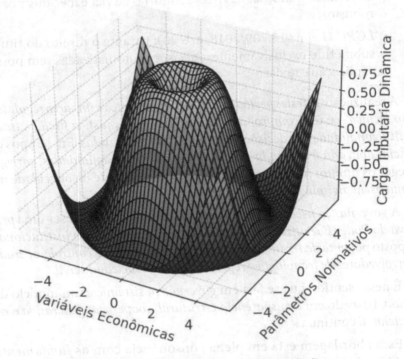

Figura 9 – Modelagem Matemática dos Sistemas Tributários Dinâmicos[26]

O gráfico apresentado ilustra, em um *modelo tridimensional*, uma proposta de representação matemática da dinâmica dos sistemas tributários. Trata-se de uma *superfície que expressa a interação entre variáveis econômicas, parâmetros normativos e a carga tributária resultante*, evidenciando a *complexidade* inerente ao *comportamento fiscal em um ambiente dinâmico e interdependente*.

1.4.1 A Necessidade de Modelagem Matemática no Direito Tributário

A *evolução dos sistemas fiscais* tem demonstrado que a *abordagem tradicional*, baseada em *análises estáticas e determinísticas*, revela-se *insuficiente para captar a multiplicidade de fatores que influenciam a tributação em um mundo globalizado*

---

26. *Figura 9 – Modelagem Matemática dos Sistemas Tributários Dinâmicos*.
    Representação tridimensional de uma função tributária não linear, em que a carga fiscal dinâmica resulta da interação entre variáveis econômicas e parâmetros normativos. A figura ilustra a proposta de um sistema fiscal adaptativo, sensível a flutuações conjunturais e estruturado sobre lógica computacional.
    Fonte: Elaborado pelo autor com base em SLEMROD (2013), STROGATZ (1994), DEVEREUX (2021), BARA-BÁSI (2016) e *princípios da modelagem estocástica aplicada à tributação*.

CAPÍTULO 1 • ATRIBUTOS QUÂNTICOS DOS SISTEMAS TRIBUTÁRIOS

e digital. O presente modelo busca explorar uma alternativa: a *representação da tributação* como um *sistema dinâmico* e *adaptativo*, cujas variações *não seguem um padrão linear*, mas um *comportamento oscilatório*, sujeito a *influências externas* e *retroalimentações internas*.

Nesse contexto, o gráfico assume uma *função heurística*, permitindo visualizar de que maneira *alterações em variáveis macroeconômicas* e *normativas* podem *impactar a carga tributária*. Essa abordagem fundamenta-se em *conceitos oriundos da matemática aplicada*, particularmente na *teoria dos sistemas dinâmicos* e nos *modelos de superfícies diferenciais*.

1.4.2 Estrutura do Modelo Representado

A superfície tridimensional apresentada resulta da *função matemática* $Z = sin(\sqrt{(X^2 + Y^2)})$, que gera um *comportamento ondulatório*, análogo ao que se observa em *certos fenômenos econômicos e fiscais*. No contexto tributário, cada eixo representa um conjunto de variáveis relevantes:

- *Eixo X (Variáveis Econômicas)*: representa elementos como *PIB*, *inflação*, *nível de consumo* e *investimento*, os quais influenciam diretamente a *arrecadação tributária* e a *conformidade fiscal*.

- *Eixo Y (Parâmetros Normativos)*: refere-se às *regras* e *diretrizes* estabelecidas pelo ordenamento jurídico, incluindo *mudanças legislativas, incentivos fiscais* e *decisões judiciais que afetam a interpretação das normas tributárias*.

- *Eixo Z (Carga Tributária Dinâmica)*: reflete o impacto resultante da *interação entre os dois fatores anteriores*, evidenciando *flutuações* que demonstram como *pequenas variações normativas e econômicas* podem provocar *efeitos não triviais na arrecadação e na estrutura fiscal*.

O *formato ondulatório da superfície* indica que o *sistema tributário não segue uma progressão linear e previsível*. Em vez disso, oscila entre estados de *maior e menor estabilidade*, apresentando *pontos de inflexão* em que alterações mínimas nos parâmetros subjacentes podem desencadear mudanças significativas na carga tributária.

1.4.3 Implicações do Modelo: Reflexões sobre a Dinamicidade Tributária

A estrutura representada sugere que os *sistemas fiscais operam em um regime não estacionário*, sujeito a *efeitos de retroalimentação* e *respostas não lineares a estímulos externos*. Esse fenômeno pode ser observado, por exemplo, em *ciclos de arrecadação tributária* que variam de acordo com a *conjuntura econômica*, ou na *incerteza interpretativa* que decorre da introdução de novas legislações e reformas tributárias.

Algumas reflexões emergem a partir dessa modelagem:

- Até que ponto é possível prever a *evolução da carga tributária* diante de *múltiplas variáveis interconectadas*?

- A tributação deve ser concebida como um *sistema dinâmico adaptativo*, em vez de um *conjunto rígido de regras estáticas*?

- Seria viável desenvolver *modelos preditivos mais precisos*, baseados em *inteligência artificial* e *machine learning*, para antecipar o *comportamento tributário sob diferentes cenários normativos e econômicos*?

Essas questões sugerem que a *introdução de técnicas avançadas de modelagem matemática* pode transformar a maneira como analisamos e projetamos *políticas fiscais*, tornando-as mais *responsivas* e *alinhadas à realidade socioeconômica*.

1.4.3.1 Para Onde Caminha a Modelagem Tributária?

A construção de um *arcabouço tributário moderno* requer um afastamento do *determinismo normativo tradicional* e a adoção de *metodologias preditivas e dinâmicas*, capazes de lidar com a *complexidade inerente ao sistema fiscal*. A tributação, longe de ser um *domínio estático*, comporta-se como um *organismo adaptativo*, cuja previsibilidade depende de *ferramentas analíticas sofisticadas*.

O gráfico apresentado *não pretende esgotar as possibilidades de modelagem matemática aplicada à tributação*, mas provocar uma *reflexão* sobre a necessidade de novas abordagens que integrem *Direito, Economia, Matemática* e *Tecnologia* na construção de *sistemas fiscais mais eficientes e resilientes*.

Ao compreender a tributação sob a *ótica da complexidade e da incerteza*, poderíamos caminhar rumo a um *modelo mais ajustado à volatilidade do mundo contemporâneo*? Esse é um questionamento que permanece aberto e que merece investigações aprofundadas.

1.5. RELAÇÕES ENTRE A MECÂNICA QUÂNTICA E TRIBUTAÇÃO: INCERTEZA E SUPERPOSIÇÃO

A *Física Quântica*, desde suas *formulações iniciais no início do século XX*, transformou a maneira como compreendemos a *estrutura fundamental do universo*. A transição do *modelo determinista clássico newtoniano* para uma *visão probabilística e interdependente da realidade* impactou *diversas áreas do conhecimento*, incluindo a *economia*, a *filosofia* e, mais recentemente, a *teoria tributária*.

A proposta do *Direito Tributário Quântico* surge da necessidade de lidar com a *complexidade fiscal moderna*, reconhecendo que a *tributação opera em sistemas dinâmicos, não lineares e interconectados*, pelo qual a *incerteza e a adaptação* são *elementos centrais para a governança fiscal global*.

A *aplicação dos princípios da mecânica quântica ao Direito Tributário* se justifica pelo fato de que os *modelos econômicos clássicos* não são mais capazes de *explicar, prever e estruturar sistemas tributários em um mundo de alta conectividade, digitalização e descentralização financeira.*

A *intersecção entre Física Quântica, Economia e Filosofia* revela que os *sistemas tributários* devem ser compreendidos *não como estruturas fixas e determinísticas,* mas como *redes complexas sujeitas a probabilidades, interdependências e autoajustes.*

A *transição da física clássica para a quântica* pode ser vista como um *paralelo epistemológico da transição do modelo tributário tradicional* para um *modelo dinâmico, descentralizado e baseado em incerteza controlada.*

A *física clássica,* representada por *Isaac Newton* e *Pierre-Simon Laplace,* pressupunha que o *universo era um sistema previsível,* onde *todas as variáveis podiam ser determinadas com precisão absoluta.* Esse modelo foi *replicado na teoria tributária clássica,* baseada em conceitos como:

⇒ *Tributação fixa e previsível,* onde a incidência tributária era definida de *maneira inflexível.*

⇒ *Arrecadação baseada em territorialidade,* assumindo que a *tributação ocorre dentro de fronteiras estáveis e bem definidas.*

⇒ *Previsibilidade absoluta da arrecadação fiscal,* sem levar em conta *volatilidades econômicas e evasão fiscal digital.*

Contudo, essa *visão determinista e mecanicista não reflete a realidade do sistema tributário globalizado* e *digitalizado,* no qual o *fluxo de capitais e transações* ocorre em *redes complexas e descentralizadas.*

1.5.1 O que é a quantização e como ela se manifesta na tributação

A *quantização, princípio fundamental da mecânica quântica,* descreve a ideia de que *certas grandezas físicas,* como *energia* e *momento angular,* não assumem *valores contínuos,* mas sim, *valores discretos e específicos,* definidos por *múltiplos de uma unidade mínima.* Tal conceito foi revolucionário na física, pois *rompeu com o paradigma clássico de continuidade e determinismo absoluto.*

No *Direito Tributário Quântico,* a *quantização* fornece um *arcabouço teórico essencial para compreender a fragmentação normativa,* a *não linearidade da arrecadação* e a *necessidade de um modelo tributário adaptativo.*

A *aplicação da quantização à tributação* revela que os *tributos não operam como fenômenos contínuos e homogêneos,* mas como *estruturas discretas, influenciadas por restrições normativas, tecnologia e comportamento econômico.* Assim como na *física,* onde a *energia é quantizada,* no *sistema tributário,* a *arrecadação* e a *aplicação de normas tributárias* ocorrem em *saltos discretos,* que podem ser *modelados matematicamente* e *ajustados por sistemas inteligentes.*

Na *mecânica quântica*, um *elétron não pode ocupar qualquer nível de energia dentro de um átomo*, mas *níveis discretos e quantizados*, definidos por *múltiplos da constante de Planck*. Esse mesmo princípio pode ser observado na tributação:

⇒ Os tributos não incidem de maneira contínua e proporcional, mas em *estruturas discretas e segmentadas* – como *faixas de alíquotas no Imposto de Renda* ou *regimes tributários diferenciados* como *Simples Nacional* e *Lucro Real*.

⇒ A *arrecadação tributária não cresce de maneira linear*, mas por meio de *saltos causados por mudanças na legislação, alterações macroeconômicas* e *novas estratégias de compliance fiscal*.

⇒ As regras tributárias criam *"barreiras energéticas"* que incentivam os contribuintes a *ajustarem seu comportamento para minimizar sua carga tributária*.

A *tributação tradicional* opera sob a premissa de que *a capacidade contributiva pode ser mensurada de forma contínua e exata*. No entanto, essa suposição *não corresponde à realidade econômica global*. Isso se dá pelo fato de que a *renda dos contribuintes não cresce de maneira linear*, mas de *forma discreta e volátil*, afetada *por flutuações do mercado, crises financeiras e inovações tecnológicas*.

A *estrutura de faixas do Imposto de Renda* representa um *modelo quantizado*, onde *pequenos aumentos na base tributável* podem gerar *saltos súbitos na carga fiscal*, alterando significativamente o *incentivo ao investimento* e à *produção*.

Por fim, a *segmentação entre regimes tributários* (Simples Nacional, Lucro Presumido e Lucro Real) cria *níveis distintos de tributação*, que afetam a *escolha estratégica das empresas na definição de sua estrutura jurídica e operacional*.

A *aplicação da quantização ao Direito Tributário Quântico* sugere que a *tributação deve ser modelada de forma probabilística*, permitindo *ajustes automáticos* que *evitem distorções geradas por saltos abruptos na carga tributária*.

Assim como a *energia em um sistema físico é quantizada*, as *normas tributárias* também são aplicadas de forma *discreta e segmentada*, criando um *fenômeno de superposição regulatória*, pelo qual *diferentes tributos podem incidir sobre um mesmo fato gerador*, gerando *complexidade* e *incerteza para o contribuinte*.

Não obstante, a *coexistência de regimes tributários diferenciados* cria um *ambiente de fragmentação normativa*, no qual a *carga tributária real* depende da *jurisdição*, da *estrutura empresarial* e do *regime fiscal escolhido*.

Os *incentivos tributários são quantizados*, pois as empresas podem ser *tributadas de forma significativamente distinta ao cruzar um limite normativo arbitrário*, como no caso da *exclusão do Simples Nacional* ao ultrapassar R$ 4,8 milhões de faturamento anual.

Esse fenômeno cria *saltos tributários indesejados, incentivando estratégias de elisão fiscal* baseadas na *manipulação artificial do faturamento*, algo que pode ser *mitigado por modelos tributários adaptativos*.

No contexto da *economia digital*, a *quantização da tributação* se manifesta na *dificuldade de definir com precisão a jurisdição tributária aplicável às transações online*. Tradicionalmente, a *tributação* é baseada na *territorialidade* e na *residência fiscal*, mas a *digitalização da economia desafia essa abordagem*.

Empresas como *Google, Amazon* e *Facebook* operam *globalmente*, mas seu *lucro* pode ser *tributado em múltiplas jurisdições*, criando um *ambiente de superposição fiscal e incerteza regulatória*.

A *localização da tributação em serviços digitais* e *bens intangíveis* não é *contínua*, mas *quantizada – um mesmo serviço pode ser tributado de forma drasticamente diferente dependendo da legislação aplicável*.

A solução para essa fragmentação passa pela *implementação de modelos baseados em inteligência artificial* e *blockchain*, permitindo que a tributação seja ajustada de forma *automática* e *transparente*, evitando *conflitos de competência*.

1.5.2 O princípio da incerteza e a volatilidade normativa

A transição para um modelo de *Direito Tributário Quântico* reflete a *necessidade de reinterpretar a dinâmica normativa*, a *volatilidade regulatória* e a *interdependência dos sistemas fiscais globais* sob um *novo paradigma*, que leva em conta a *não linearidade*, a *incerteza estrutural* e a *teoria das redes complexas*.

Os *sistemas tributários modernos* não operam isoladamente, mas em um *ambiente global interdependente*, onde mudanças normativas em uma jurisdição reverberam *em múltiplos níveis de interação fiscal*. Esse fenômeno pode ser descrito pela *noção de emaranhamento fiscal*, um conceito derivado da *mecânica quântica*, no qual *dois sistemas se tornam interdependentes e correlacionados, independentemente da distância entre eles*.

Além disso, a *volatilidade normativa* impõe desafios à *previsibilidade dos tributos*, tornando essencial a adoção de *modelos dinâmicos de regulação fiscal*, onde a *tributação seja ajustável conforme padrões macroeconômicos e respostas estratégicas dos contribuintes*.

O *Princípio da Incerteza de Heisenberg*, originalmente formulado na física, serve como um *arcabouço teórico* para compreender a *impossibilidade de fixar simultaneamente a carga tributária* e o *comportamento dos agentes econômicos*, exigindo um *novo modelo de governança tributária* baseado em *aprendizado adaptativo* e *inteligência artificial*.

No *Direito Tributário Clássico*, pressupõe-se que as *normas tributárias são fixas e previsíveis*, proporcionando *estabilidade aos contribuintes*, que as *bases tributáveis* podem ser *mensuradas com precisão*, permitindo *projeções orçamentárias exatas*, bem como o *comportamento do contribuinte* pode ser *antecipado*, garantindo uma *arrecadação consistente*.

Contudo, a *realidade tributária moderna* revela um *ambiente de constante mutação*, pelo qual *mudanças normativas ocorrem com alta frequência* e geram *incerteza sobre a carga tributária futura*.

A aplicação do *Princípio da Incerteza ao Direito Tributário Quântico* demonstra que quanto mais um *sistema fiscal* busca *fixar com precisão a tributação futura, mais imprevisível se torna a resposta dos agentes econômicos.*

A tributação não pode ser prevista de maneira *determinística*, pois depende de *variáveis como conjuntura macroeconômica, adaptação dos contribuintes* e *mudanças regulatórias.*

A própria *tentativa de regulamentação* altera o *comportamento fiscal*, gerando *novas dinâmicas de elisão e planejamento tributário.*

Esses fatores impõem a necessidade de *modelos normativos probabilísticos*, na medida que a *arrecadação não seja fixada rigidamente*, mas *calibrada de maneira dinâmica*, conforme *padrões comportamentais e inovações tecnológicas.*

O *emaranhamento quântico*, um dos *fenômenos mais intrigantes da física*, descreve como *partículas entrelaçadas mantêm uma correlação instantânea, independentemente da distância entre elas*. Esse conceito pode ser aplicado à *tributação global*, em que *sistemas fiscais de diferentes jurisdições não operam isoladamente*, visto que *interagem constantemente devido à mobilidade do capital*, das *empresas* e da *força de trabalho.*

No contexto *econômico* e *tributário*, o *emaranhamento fiscal* pode ser observado nos seguintes fenômenos:

⇒ *Concorrência fiscal entre países*, em que a *decisão de um Estado em reduzir tributos influencia diretamente a política fiscal de outros.*

⇒ *Planejamento tributário global*, pelo qual *multinacionais deslocam lucros para países com regimes fiscais mais vantajosos*, impactando a *arrecadação de diversas nações.*

Tratados de bitributação e BEPS, que representam esforços para coordenar *políticas fiscais* e *evitar a erosão da base tributária*

Os *sistemas tributários* operam dentro de uma *rede global de interdependência fiscal* onde *alterações normativas em uma jurisdição* desencadeiam *efeitos em cascata em múltiplas economias.*

A *interconectividade fiscal* pode ser *modelada matematicamente* por meio da *teoria dos grafos* e *das redes complexas*. Os *Estados* funcionam como *nós interligados*, compartilhando *fluxos de arrecadação* e *dados fiscais*; as *mudanças regulatórias* podem alterar os *padrões de conformidade*, incentivando a *relocalização de atividades econômicas* para *jurisdições mais favoráveis* e a *digitalização da economia* desafia a *tributação territorial*, exigindo que a *arrecadação fiscal seja distribuída* de forma *equitativa e coordenada.*

Essa *interdependência estrutural* exige que os *sistemas tributários* adotem *modelos descentralizados* e *flexíveis*, permitindo *ajustes em tempo real* por meio de *inteligência artificial* e *aprendizado de máquina.*

A *aplicação da inteligência artificial à tributação* permite prever *mudanças econômicas e ajustar a arrecadação conforme a volatilidade normativa* e as *interações entre sistemas fiscais globais*.

As *redes neurais* podem identificar *padrões de evasão fiscal* e permitir com que os *governos reajam preventivamente*. De igual modo, o *aprendizado de máquina* pode *otimizar alíquotas tributárias*, ajustando automaticamente as regras fiscais conforme a *elasticidade do mercado*.

A utilização do *blockchain na tributação* pode criar um *sistema global interligado* e a *arrecadação* e o *compartilhamento de informações tributárias* ocorrerão de *maneira transparente* e *descentralizada*.

Contratos inteligentes garantem que *tributos sejam cobrados automaticamente*, eliminando *lacunas normativas* e *reduzindo fraudes*, assim como a *descentralização elimina intermediários*, tornando a arrecadação mais *eficiente* e *previsível*.

1.6. INCERTEZA E SUPERPOSIÇÃO NA TRIBUTAÇÃO

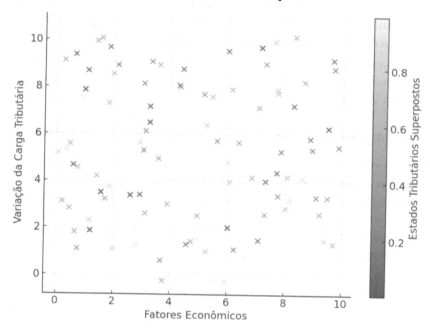

Figura 10 – Incerteza e Superposição na Tributação[27]

---

27. *Figura 10 – Incerteza e Superposição na Tributação.*
    Gráfico de dispersão representando a variação da carga tributária em função de fatores econômicos oscilantes, sob diferentes graus de superposição normativa. Os pontos coloridos indicam a coexistência de múltiplos regimes jurídicos possíveis para uma mesma operação, evidenciando o caráter probabilístico, instável e hermenêutico do sistema tributário contemporâneo.

O gráfico apresentado ilustra, sob uma perspectiva visual, a inter-relação entre os *fenômenos da incerteza normativa* e da *superposição tributária*, ambos inspirados em *princípios da mecânica quântica* e *transpostos ao campo fiscal*. A *dispersão dos pontos*, aliada à *variação cromática*, sugere um ambiente em que os *estados tributários coexistem de maneira fluida*, sendo influenciados por *múltiplos fatores econômicos e jurídicos*.

1.6.1.A Incerteza Tributária: Um Fenômeno Inegável?

A *incerteza no Direito Tributário* manifesta-se de diversas formas, seja na *interpretação normativa*, na *volatilidade legislativa* ou na *dificuldade de antecipar a reação dos agentes econômicos às mudanças na carga fiscal*. A impossibilidade de determinar, com *precisão absoluta*, todos os efeitos tributários de uma norma específica aproxima-se do *Princípio da Incerteza de Heisenberg*, segundo o qual, em *sistemas físicos, certas grandezas não podem ser conhecidas simultaneamente com exatidão*.

Analogamente, no *domínio tributário*, a indeterminação surge quando uma *mesma situação jurídica* pode ensejar *múltiplos enquadramentos normativos*, dependendo da *interpretação adotada pelos órgãos administrativos e judiciais*. A dispersão de pontos no gráfico representa essa *imprevisibilidade*, sugerindo que, *à medida que fatores econômicos variam*, a *carga tributária oscila de maneira não determinística*.

Essa constatação conduz a uma indagação relevante: seria possível desenvolver *ferramentas preditivas mais refinadas*, capazes de *atenuar os impactos da incerteza sobre a segurança jurídica dos contribuintes*?

1.6.2. Superposição Tributária: Múltiplas Possibilidades Simultâneas

O conceito de *superposição tributária* encontra paralelo na *mecânica quântica*, onde *sistemas podem existir em múltiplos estados simultaneamente até que uma observação defina sua configuração definitiva*. No *universo fiscal*, essa ideia sugere que *um mesmo fato gerador pode*, sob *determinadas condições, estar sujeito a mais de uma interpretação normativa antes que um pronunciamento oficial* – seja ele *administrativo* ou *judicial* – defina sua *materialização concreta*.

No gráfico, a *variação cromática dos pontos* reflete essa *multiplicidade de estados*. Cada tonalidade representa uma *possibilidade interpretativa distinta*, evidenciando a *coexistência de diferentes leituras sobre um mesmo evento tributário*. Esse fenômeno se materializa, por exemplo, quando um *contribuinte se depara com uma norma cuja aplicação pode variar conforme a jurisprudência dominante*, a orientação da *administração tributária* ou o *contexto econômico subjacente*.

Fonte: Elaborado pelo autor com base em *Zurek* (2009), *Wallace* (2012), *Slemrod* (2013), e *dados simulados de instabilidade fiscal em sistemas interdependentes*.

Tal cenário levanta um questionamento fundamental: *como mitigar os efeitos adversos da superposição tributária sem comprometer a flexibilidade interpretativa necessária ao desenvolvimento econômico?* A resposta a essa questão pode residir na implementação de mecanismos de governança algorítmica e inteligência fiscal, capazes de *reduzir a margem de incerteza sem engessar excessivamente o sistema.*

1.6.3. Reflexões sobre a Dinâmica Tributária e Possíveis Caminhos

A análise do gráfico permite formular algumas hipóteses sobre a *natureza dos sistemas tributários modernos:*

- A *complexidade normativa* tende a gerar *estados superpostos,* ampliando o *grau de incerteza para contribuintes e reguladores;*
- A *variabilidade da carga tributária* não segue um *padrão linear,* mas um *comportamento sensível a múltiplos fatores externos;*
- A adoção de *modelos computacionais,* como *aprendizado de máquina e blockchain,* pode contribuir para a *construção de um ambiente fiscal mais previsível e transparente.*

Diante desse cenário, impõe-se uma reflexão acerca da viabilidade de desenvolver *modelos preditivos mais robustos,* capazes de oferecer *maior segurança jurídica* sem comprometer a *adaptabilidade necessária à tributação em um mundo dinâmico e globalizado.*

O gráfico não pretende estabelecer um *modelo fixo* ou *determinístico da tributação,* mas *suscitar questionamentos sobre a forma como os sistemas fiscais interagem com a incerteza e a multiplicidade interpretativa.* O *Direito Tributário,* como campo de estudo e prática, exige um *equilíbrio delicado entre previsibilidade e flexibilidade,* e é nesse espaço de tensão que surgem os desafios mais instigantes para acadêmicos, legisladores e operadores do Direito.

A *incerteza* e a *superposição tributária* são fenômenos *inescapáveis,* mas isso não significa que devam ser simplesmente *aceitos sem qualquer tentativa de mitigação.* A *introdução de novas metodologias analíticas,* aliadas ao uso de *tecnologia avançada,* pode ser um caminho promissor para lidar com essa realidade. Resta saber *até que ponto a automatização* e a *inteligência algorítmica* podem coexistir com a *hermenêutica jurídica tradicional,* sem comprometer a *justiça fiscal* e a *equidade do sistema.*

1.7. A EVOLUÇÃO DA TEORIA DA TRIBUTAÇÃO E O IMPACTO DA GLOBALIZAÇÃO

A *evolução da tributação* acompanha a *dinâmica das transformações econômicas e sociais.* No contexto atual, a *globalização* tornou a *tributação um campo de intensa interdependência e disputa entre os Estados.* As *economias integradas, os fluxos financeiros digitais* e o *comércio transnacional* reformularam os fundamentos do Direito Tributário, exigindo uma *nova abordagem para a soberania fiscal*, a *definição de nexos tributários* e os *modelos de governança fiscal*.

A *teoria tributária clássica*, ancorada nos *princípios de territorialidade* e *capacidade contributiva*, encontra-se *tensionada pela mobilidade do capital* e dos *bens intangíveis*. Como argumentam *Avi-Yonah (2007)* e *Devereux (2021)*, o *modelo tradicional de tributação nacional* está cada vez mais *incompatível com as novas estruturas econômicas baseadas na digitalização*, na *descentralização* e na *conectividade global*.

A globalização impulsionou também uma *mudança na governança tributária*, forçando os Estados a adotarem *mecanismos multilaterais para evitar a erosão da base tributária* e a *concorrência fiscal predatória*. Instrumentos como o *BEPS (Base Erosion and Profit Shifting)* da OCDE, o *Pilar Dois* e os *novos regimes de transparência fiscal internacional* mostram que a evolução da tributação está cada vez mais atrelada à *harmonização global*.

Dessa forma, os *sistemas tributários modernos* não podem mais ser analisados isoladamente. A *interdependência fiscal entre os Estados* e a *emergência de novos atores econômicos*, como *big techs* e *criptoativos*, colocam em xeque os *modelos clássicos de arrecadação* e exigem uma *abordagem mais adaptativa, flexível e tecnológica*.

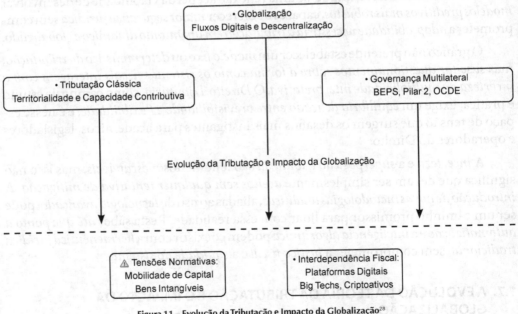

Figura 11 – Evolução da Tributação e Impacto da Globalização[28]

---

28. *Figura 11 – Evolução da Tributação e Impacto da Globalização*
    Diagrama conceitual que representa a transição paradigmática dos modelos clássicos de tributação para novas estruturas fiscais influenciadas pela globalização e pela digitalização econômica. O eixo central, intitulado "Evolução da Tributação e Impacto da Globalização", conecta diferentes vetores de transformação:

1.7.1. A transformação da soberania fiscal em um mundo interconectado

A *soberania fiscal*, tradicionalmente concebida como um *poder absoluto do Estado para instituir e cobrar tributos dentro de seu território*, sofreu profunda transformação diante da *interconectividade global*. No passado, a capacidade de um país tributar sua economia era uma *extensão do monopólio estatal sobre a coerção e a arrecadação*. No entanto, com o *avanço da globalização econômica* e *digital*, esse poder tem sido *progressivamente diluído*.

Autores como *Graetz* (2016) e *Avi-Yonah* (2007) demonstram que a *mobilidade do capital* e a *digitalização das transações* criaram um ambiente no qual as *fronteiras fiscais se tornaram permeáveis*. As *empresas multinacionais* conseguem *deslocar seus lucros para jurisdições de baixa tributação*, desafiando o *modelo clássico de soberania tributária*. O *fenômeno dos paraísos fiscais* e da *concorrência fiscal prejudicial* ilustra esse deslocamento, no qual *Estados competem entre si para atrair investimentos por meio da redução de alíquotas e da concessão de incentivos*.

Outro elemento central é a *ascensão dos regimes supranacionais de governança fiscal*. A *OCDE* e o *G20*, por meio do *projeto Beps*, criaram mecanismos para *coibir a erosão da base tributável* e a *transferência de lucros artificiais entre jurisdições*. O *Pilar Dois*, que estabelece um *imposto mínimo global para grandes corporações*, representa uma *tentativa de restaurar a capacidade dos Estados de tributar efetivamente as empresas digitais e as multinacionais*.

No *contexto tecnológico*, a *tributação da economia digital* se tornou um dos principais desafios à soberania fiscal. Empresas como *Google*, *Amazon* e *Meta* operam em *múltiplos países sem a necessidade de presença física*, gerando receitas sem que haja um estabelecimento permanente tradicional. Isso levou à formulação de *novas regras sobre o conceito de nexo tributário digital*, obrigando os Estados a *redefinirem seus critérios de tributação* baseados não mais na presença física, mas na *geração de valor econômico dentro de suas fronteiras*.

À esquerda, destaca-se o modelo de Tributação Clássica, fundado na territorialidade e na capacidade contributiva como elementos estruturantes;

No topo, a Globalização, com seus fluxos digitais e descentralização de atividades econômicas, atua como vetor de disrupção dos modelos tradicionais;

À direita, a Governança Multilateral, materializada em iniciativas como o BEPS (*Base Erosion and Profit Shifting*), o Pilar Dois da OCDE e ações de coordenação fiscal internacional;

Na base, emergem dois desdobramentos fundamentais:

Tensões Normativas, decorrentes da mobilidade de capitais e da natureza intangível dos bens digitais;

Interdependência Fiscal, evidenciada pelo protagonismo de plataformas digitais, big techs e criptoativos na reconfiguração da base tributável global.

O esquema evidencia a necessidade de revisão dos princípios fundantes do Direito Tributário Internacional à luz de um ambiente interconectado, tecnológico e assimétrico.

Fonte: Elaborado pelo autor, com base em *AVI-YONAH* (2007), *DEVEREUX* (2021), *GRAETZ* (2016) e *OECD* (2020).

A *soberania fiscal moderna*, portanto, deixou de ser um *poder absoluto* e passou a ser um *fenômeno relacional e interdependente*. Nenhum país pode exercer sua política tributária de maneira isolada sem considerar os impactos das cadeias produtivas globais, das regras multilaterais e da tecnologia digital. Como apontam *Kiekebeld* (2004) e *Zucman* (2015), a governança fiscal do futuro será marcada por uma *complexa interação entre soberania nacional* e *normas transnacionais*, onde a *transparência fiscal* e o *combate à elisão* e *evasão tributária* ocuparão o centro do debate.

1.7.2. Tributação e redes complexas: interdependência econômica global

A *tributação no século XXI* não pode mais ser analisada isoladamente dentro de uma única jurisdição. A *globalização* criou um ambiente no qual os *sistemas fiscais* operam como *redes complexas, interconectadas* por *fluxos de capital, cadeias produtivas internacionais* e *regimes jurídicos sobrepostos*.

A *Teoria das Redes*[29] e a *Teoria da Complexidade*,[30] aplicadas ao *Direito Tributário*, ajudam a compreender como os *sistemas fiscais interagem entre si* e como *pequenas alterações normativas em um país* podem gerar *efeitos em cascata em outras economias*. Essa perspectiva é amplamente explorada por *Stjepan Gadzo* (2018), que analisa a necessidade de *reformulação dos requisitos de nexo tributário diante da interdependência econômica global*.

A *interconexão entre os sistemas fiscais* pode ser observada em diversos níveis:

- *Interdependência das Jurisdições Fiscais*

Os Estados não podem mais definir suas políticas tributárias sem considerar as práticas adotadas por outras nações. A *concorrência fiscal entre países* levou à criação de regimes como os *tax rulings europeus*, nos quais empresas *negociam antecipadamente seus tributos com governos locais*, criando *distorções na arrecadação global*.

Além disso, a *ascensão de estruturas híbridas de planejamento tributário*, como a utilização de *holdings em países de tributação favorecida*, tornou-se uma das *principais preocupações da OCDE* e da *União Europeia*. O escândalo dos *Panama Papers* revelou

---

29. A *Teoria das Redes*, derivada da *Teoria dos Grafos de Leonhard Euler*, foi formalizada no século XX por pesquisadores como *Paul Erdős* e *Alfréd Rényi (1959)*, com o modelo de redes aleatórias, *Duncan Watts* e *Steven Strogatz (1998)*, com o conceito de redes *small-world*, e *Albert-László Barabási* e *Réka Albert* (1999), que introduziram o modelo de redes livres de escala. Essa teoria analisa a estrutura e a dinâmica de sistemas interconectados, sendo amplamente aplicada em diversas áreas, incluindo economia, ciência da computação e governança tributária.

30. A *Teoria da Complexidade*, concebida no contexto dos *sistemas dinâmicos não lineares*, tem como expoentes *Ilya Prigogine*, que investigou a auto-organização e a irreversibilidade em sistemas físicos, e os pesquisadores do Santa Fe Institute, como *Stuart Kauffman*, *John Holland* e *Murray Gell-Mann*, que aplicaram esses conceitos a domínios como biologia, economia e inteligência artificial. Fundamentada na interdependência de múltiplos agentes, na emergência de padrões e na imprevisibilidade, a Teoria da Complexidade fornece arcabouço essencial para compreender a governança fiscal global e suas dinâmicas não determinísticas.

como grandes conglomerados utilizam essas estruturas para minimizar sua carga tributária, explorando brechas entre sistemas fiscais distintos.

- *Redes Financeiras e Tributação Internacional*

O *fluxo global de capitais* exige um modelo de tributação que *transcenda as abordagens clássicas baseadas em territorialidade*. As *redes bancárias internacionais, os investimentos offshore* e o *uso de criptomoedas* desafiam os métodos tradicionais de controle fiscal. Como apontam *Devereux* (2021) e *Slemrod* (2013), a crescente digitalização das finanças dificulta a aplicação dos conceitos tradicionais de residência fiscal e de fonte de renda.

A implementação de regimes como o *Common Reporting Standard* (CRS) e o *FATCA* (Foreign Account Tax Compliance Act) demonstra como a *interconectividade financeira demanda um novo nível de transparência fiscal*. Esses *acordos multilaterais* obrigam os bancos a compartilharem informações sobre *contas de estrangeiros com as autoridades fiscais de seus países de origem*.

- *A Ascensão da Tributação Algorítmica*

Com o *avanço do Big Data* e da *inteligência artificial*, a tributação está migrando para *modelos preditivos* e *automatizados. Algoritmos de aprendizado de máquina* já são utilizados para *detectar fraudes fiscais* e *prever padrões de elisão tributária*. O conceito de *tributação algorítmica*, explorado por *Slemrod* e *Gillitzer* (2013), sugere que no futuro os *sistemas fiscais poderão se autoajustar em tempo real*, reduzindo a dependência de auditorias tradicionais.

Essa tendência aponta para um cenário no qual os *sistemas tributários operarão como redes descentralizadas*, nas quais os *contribuintes interagirão diretamente com algoritmos fiscais em um modelo de compliance automatizado*.

A *tributação global* já não pode ser entendida sem considerar a *interdependência econômica e jurídica entre os Estados*. A transformação da *soberania fiscal* e a *emergência de redes fiscais complexas* exigem um *novo modelo de governança tributária*, no qual a *cooperação internacional* e o *uso de tecnologia* terão papel fundamental.

A questão central que se coloca para o Direito Tributário do século XXI é: *como equilibrar a autonomia fiscal dos Estados com a necessidade de uma governança fiscal global?* A resposta passa pela criação de *modelos adaptativos* e pela *reformulação dos conceitos clássicos de tributação*, incorporando elementos da *economia digital*, da *inteligência artificial* e das *redes financeiras descentralizadas*.

1.7.3. Modelos de governança tributária em tempos de globalização

A *governança tributária*, enquanto estrutura normativa e institucional de regulação da tributação em um ambiente econômico cada vez mais interdependente, revela-se um campo de *complexidade crescente* e de *desafios multifacetados*. A *transição do paradigma clássico*, fundado na soberania fiscal dos Estados e na preeminência dos princípios da territorialidade e da residência, para um modelo no qual a tributação assume *contornos transnacionais*, imbricando-se com *regimes supranacionais de harmonização fiscal* e com a ascensão de fenômenos como a *digitalização da economia* e a *descentralização das finanças*, exige um exame meticuloso da evolução dos *modelos de governança tributária* e de sua eficácia na *contenção das externalidades negativas da globalização*.

As *transformações estruturais* que se operam na governança tributária são um reflexo direto da *erosão da autonomia* absoluta dos entes estatais na conformação de suas políticas fiscais. A *concorrência tributária predatória*, o *deslocamento artificial de bases imponíveis* e a crescente *opacidade dos fluxos financeiros transfronteiriços* impuseram a necessidade de cooperação internacional, seja na forma de *acordos bilaterais* e *multilaterais*, seja por meio da incorporação de tecnologias avançadas para fins de monitoramento e *enforcement* tributário. Essa nova tessitura da governança fiscal exige a *revisão dos postulados tradicionais do Direito Tributário* e a *formulação de novos arcabouços normativos* capazes de responder a um cenário de intensa interconectividade econômica e jurídica.

1.7.4. A Superação da Governança Fiscal Tradicional

A concepção clássica de governança tributária repousava sobre a *soberania fiscal dos Estados*, cujo poder de tributar derivava da *jurisdição sobre seu território e sobre seus cidadãos*. Esse modelo encontrava sua base em três princípios estruturantes:

- *Princípio da Territorialidade*: a incidência tributária restringia-se aos fatos geradores ocorridos dentro dos limites geográficos do Estado;

- *Princípio da Residência Fiscal*: o sujeito passivo do tributo era aquele domiciliado dentro da jurisdição nacional, independentemente da origem de sua renda;

- *Princípio da Fonte*: a tributação recaía sobre rendimentos gerados dentro do território do Estado, garantindo-lhe a prerrogativa de arrecadar sobre a atividade econômica ocorrida dentro de suas fronteiras.

Contudo, esse modelo revelou-se *progressivamente obsoleto* diante da *ascensão de economias interconectadas* e da *mobilidade irrestrita de capitais e bens intangíveis*. A *proliferação de estruturas de elisão fiscal*, como *empresas de fachada em paraísos fiscais*, *manipulação de preços de transferência* e *acordos fiscais secretos* (*tax rulings*), desafiou a capacidade dos Estados de exercerem sua soberania tributária de maneira efetiva.

A emergência de um *novo paradigma de governança tributária* deve ser compreendida dentro desse contexto, no qual os *mecanismos tradicionais de tributação foram*

CAPÍTULO 1 • ATRIBUTOS QUÂNTICOS DOS SISTEMAS TRIBUTÁRIOS **91**

tensionados ao extremo, culminando em um *redesenho normativo* e *institucional* que incorpora elementos de *harmonização supranacional, fiscalização automatizada* e *compartilhamento de informações fiscais entre diferentes jurisdições*.

1.7.5. Modelos Contemporâneos de Governança Tributária

O modelo de governança tributária vigente na contemporaneidade não se apresenta como um *sistema monolítico*, mas como uma *estrutura híbrida* que conjuga *diferentes níveis de regulação* e *interação entre Estados, organismos internacionais* e *atores privados*. Essa estrutura pode ser decomposta em três principais categorias: a *governança multilateral*, a *harmonização regional* e a *governança digital e automatizada*.

i. Governança Multilateral: A Regulação Tributária Supranacional

O modelo *multilateral de governança tributária* fundamenta-se na *cooperação entre Estados*, sob a égide de *organismos internacionais*, para mitigar os impactos negativos da concorrência fiscal e da evasão tributária. O principal marco desse modelo é o *Projeto BEPS (Base Erosion and Profit Shifting)*, conduzido pela *OCDE* e pelo *G20*, que estabelece um conjunto de ações destinadas a *evitar a erosão da base tributária por meio de práticas artificiais de deslocamento de lucros*.

Outros *mecanismos supranacionais* relevantes incluem:

- *Pilar 1 e Pilar 2 da OCDE*: propõem, respectivamente, um novo critério para tributação da economia digital e a implementação de um imposto mínimo global para evitar a alocação de lucros em jurisdições de baixa tributação;
- *Common Reporting Standard (CRS)*: introduz um regime de troca automática de informações fiscais entre países, mitigando a ocultação de ativos em contas bancárias estrangeiras;
- *FATCA (Foreign Account Tax Compliance Act, EUA)*: obriga instituições financeiras de outros países a reportarem informações sobre contas de cidadãos e empresas norte-americanas.

A *governança tributária multilateral* representa uma *tentativa de restaurar a eficácia da tributação em um mundo globalizado*. Entretanto, enfrenta *desafios consideráveis*, sobretudo a resistência de determinados países que buscam *preservar sua autonomia fiscal* e a *dificuldade de implementação de regras uniformes em sistemas jurídicos distintos*.

ii. Governança Regional: A Integração Tributária em Blocos Econômicos

Além da regulação supranacional, observa-se um avanço na *harmonização tributária em âmbito regional*, por meio da *atuação de blocos econômicos e acordos intergovernamentais*. A *União Europeia* destaca-se nesse cenário, com iniciativas voltadas à *padronização fiscal entre seus Estados-membros*, como:

- A *Diretiva Antielisão Fiscal* (ATAD), que impõe restrições a práticas fiscais abusivas;

- O *regime harmonizado do Imposto sobre Valor Agregado* (IVA), que assegura uniformidade na tributação do consumo dentro do bloco;

- As *investigações sobre tax rulings abusivos*, que resultaram em processos contra países como Irlanda e Luxemburgo por concederem benefícios fiscais excessivos a gigantes corporativos.

No contexto latino-americano, o *Mercosul* apresenta um nível mais *incipiente de integração tributária*, com normativas voltadas à *tributação do comércio intrabloco*, mas ainda *sem uma estrutura robusta de harmonização fiscal*.

A *governança tributária regional* reflete uma tentativa de adaptar os sistemas fiscais nacionais a um ambiente de crescente integração econômica, reduzindo distorções competitivas dentro dos blocos e promovendo uma distribuição mais equitativa da arrecadação.

iii. Governança Digital e Tributação Algorítmica

O avanço das tecnologias digitais tem transformado a governança tributária, permitindo a implementação de modelos baseados em *automação, inteligência artificial* e *blockchain*. Entre as inovações mais relevantes, destacam-se:

- *Fiscalização automatizada e preditiva* – Algoritmos de *machine learning* identificam padrões de elisão fiscal e direcionam auditorias de forma mais eficiente;

- *Blockchain e contratos inteligentes* – A tecnologia pode ser empregada para rastrear transações financeiras e evitar manipulação de dados contábeis;

- *Tributação em tempo real* – Alguns países já testam sistemas nos quais os tributos são calculados e recolhidos automaticamente no momento de cada transação financeira.

A *governança tributária digital* promete *maior eficiência na arrecadação* e *fiscalização, reduzindo a evasão fiscal* e os *custos administrativos*. No entanto, suscita desafios relacionados à *privacidade dos contribuintes*, à *resistência política à transparência total dos fluxos financeiros* e à própria *reconfiguração do papel dos Estados na administração tributária*.

A *governança tributária contemporânea* encontra-se em um *estágio de transição paradigmática*, no qual a *soberania fiscal dos Estados* cede espaço a um modelo de *regulação compartilhada* e tecnologicamente avançada. O desafio central reside na *harmonização entre eficiência arrecadatória, justiça fiscal e preservação da autonomia estatal*, em um contexto no qual os *fluxos financeiros* transcendem as *fronteiras* e os *mecanismos tradicionais de controle fiscal* se tornam insuficientes.

CAPÍTULO 1 • ATRIBUTOS QUÂNTICOS DOS SISTEMAS TRIBUTÁRIOS **93**

O *futuro da governança tributária* será definido pelo *grau de cooperação internacional* e pela *capacidade dos sistemas jurídicos* de absorverem as transformações da economia digital, garantindo que a tributação continue a desempenhar sua *função primordial de financiamento das atividades estatais* e de *promoção da justiça fiscal* em um mundo em constante mutação.

1.8. O PAPEL DA INTELIGÊNCIA ARTIFICIAL NA QUANTIZAÇÃO DO DIREITO TRIBUTÁRIO

A *inteligência artificial* (IA), enquanto expressão máxima da convergência entre computação, estatística e aprendizado autônomo de máquinas, inaugurou uma *ruptura epistemológica nos sistemas normativos* e *administrativos tributários*. Trata-se de uma transição *não apenas de um modelo fiscal reativo* para um *paradigma preditivo e dinâmico*, mas também de uma *reconfiguração ontológica da própria estrutura da tributação*, cuja normatividade passa a ser permeada pela *lógica algorítmica*, pelo *aprendizado de padrões* e pela *automação da tomada de decisões*.

A *quantização do Direito Tributário*, conceito que transcende a simples informatização da administração fiscal, delineia-se como uma *reformulação paradigmática* na forma como normas, sujeitos passivos e obrigações tributárias interagem dentro de um *ambiente de elevada complexidade sistêmica*. A aplicação da IA no campo tributário implica não apenas na automatização da fiscalização e da arrecadação, mas também na *reformulação dos critérios de interpretação* e *aplicação normativa*, deslocando a *hermenêutica tributária do campo estritamente positivista* para um *modelo estocástico e dinâmico*, pautado na *análise massiva de dados* e na *modelagem probabilística de riscos fiscais*.

Essa nova *estrutura normativa* e *operacional* exige um *exame epistemológico aprofundado*, considerando a IA não como uma *mera ferramenta tecnológica*, mas como um *novo arcabouço de previsibilidade fiscal*, no qual conceitos como *determinismo normativo, incerteza hermenêutica* e *predição de eventos jurídicos* passam a ser mediados por *modelos matemáticos*. Nesse sentido, a introdução da IA na tributação pode ser vista como um *reflexo da transformação da própria teoria do Direito*, que, ao longo das últimas décadas, passou a incorporar *elementos da lógica computacional*, da *estatística bayesiana* e da *modelagem comportamental*.

A interseção entre *Direito, Matemática* e *Filosofia Computacional* tem implicações profundas para a *governança fiscal*, pois a IA substitui a *abordagem normativa* estritamente *ex ante* (*normas positivadas e aplicadas manualmente*) por um *modelo dinâmico*, capaz de *prever, quantificar* e *mitigar* riscos tributários antes que eles se materializem. Esse novo panorama impõe *desafios hermenêuticos, éticos* e *regulatórios*, uma vez que a tributação passa a ser *mediada por decisões algorítmicas*, levantando questionamentos sobre *discricionariedade administrativa, transparência decisória* e *devido processo legal em um ambiente digitalizado*.

Diante desse contexto, o presente capítulo examina as *três principais vertentes* da *inteligência artificial aplicada à tributação*:

(i) *Os algoritmos preditivos na administração fiscal*, analisando como modelos matemáticos podem antecipar infrações fiscais e otimizar a alocação de recursos para fiscalização.

(ii) *A interseção entre Machine Learning e Big Data na governança fiscal*, explorando o impacto da análise massiva de dados e dos modelos preditivos na arrecadação e no compliance tributário.

(iii) *O uso da tecnologia blockchain como mecanismo de transparência e rastreabilidade fiscal*, considerando a descentralização e imutabilidade dos registros tributários.

O desenvolvimento desses tópicos permitirá *não apenas compreender as aplicações concretas da IA na tributação*, mas também *avaliar suas implicações para a soberania fiscal dos Estados*, para a *segurança jurídica dos contribuintes* e para a *estruturação normativa do Direito Tributário* em um ambiente cada vez mais *automatizado* e *preditivo*.

1.8.1. Algoritmos preditivos na administração tributária

A *administração tributária* tradicionalmente operou sob um modelo *ex post facto*, no qual a *fiscalização* e a *arrecadação tributária* ocorriam *após a concretização do fato gerador*, por meio de *auditorias, cruzamentos manuais de dados* e *processos administrativos*. Essa abordagem, embora tenha sido suficiente em um cenário de economia predominantemente analógica e baseada em transações tangíveis, revelou-se *ineficiente e suscetível à manipulação diante da crescente complexidade dos fluxos financeiros globais*, da *digitalização da economia* e da multiplicação de *estruturas sofisticadas de elisão e evasão fiscal*.

A ascensão da *inteligência artificial* e dos *algoritmos preditivos* inaugura um novo paradigma de governança fiscal, no qual a *tributação deixa de ser exclusivamente reativa* para assumir uma *natureza preditiva e probabilística*, permitindo que os fiscos *antecipem infrações, mitiguem riscos e otimizem a alocação de recursos na fiscalização*. Esse deslocamento conceitual insere a tributação dentro do campo da *modelagem computacional avançada*, conectando-se diretamente com a *Teoria do Caos*, a *Estatística Bayesiana* e os *modelos estocásticos de predição*.

1.8.2. A Fundamentação Matemática e Epistemológica da Previsão Tributária

Os *algoritmos preditivos* utilizados na *administração fiscal* baseiam-se em *modelos matemáticos de inferência estatística* e *aprendizado de máquina*, que permitem identificar *padrões de comportamento tributário* e estimar probabilisticamente a *ocorrência de infrações fiscais*. Três fundamentos matemáticos são essenciais para essa abordagem:

A) Modelagem Estocástica e Incerteza Tributária

A *incerteza tributária* – fenômeno resultante da *complexidade normativa*, da *interdependência econômica global* e *da imprevisibilidade do comportamento dos contribuintes* – pode ser modelada a partir de *métodos estocásticos*, ou seja, *modelos probabilísticos que incorporam múltiplas variáveis* e seus *impactos no sistema fiscal*. A *Estatística Bayesiana* desempenha papel central nesse contexto, pois permite que *modelos preditivos atualizem constantemente suas probabilidades à medida que novas informações são incorporadas.*

No âmbito tributário, a *modelagem estocástica* é utilizada para:

⇒ prever o risco de inadimplência e evasão fiscal com base no comportamento histórico dos contribuintes;

⇒ ajustar alíquotas e regimes tributários dinamicamente, de acordo com projeções sobre a arrecadação futura; e

⇒ identificar padrões suspeitos em transações financeiras, mitigando fraudes e inconsistências contábeis.

A *abordagem estocástica* traz consigo um *novo paradigma normativo*, no qual a tributação passa a ser vista não apenas como um *mecanismo estático de incidência legal*, mas também como um *sistema dinâmico* que se adapta e responde a *mudanças econômicas e comportamentais.*

B) Teoria do Caos e a Complexidade Fiscal

A *Teoria do Caos*, formulada a partir dos estudos de *Henri Poincaré*, *Edward Lorenz* e *Benoît Mandelbrot*, demonstra que *sistemas complexos são sensíveis a pequenas variações iniciais*, o que pode gerar *efeitos exponenciais ao longo do tempo*. Esse fenômeno, conhecido como *efeito borboleta*, é particularmente *relevante para a tributação*, uma vez que *mudanças normativas mínimas podem desencadear reações imprevisíveis na arrecadação* e no *comportamento dos contribuintes.*

A aplicação da *Teoria do Caos* na *tributação algorítmica* permite que os fiscos:

⇒ modelem o impacto de alterações legislativas em tempo real, avaliando suas consequências a partir de simulações baseadas em equações dinâmicas;

⇒ antecipem flutuações na arrecadação e ajustem estratégias fiscais de maneira proativa; e

⇒ detectem ciclos de sonegação e elisão fiscal, utilizando fractais para identificar padrões recorrentes de evasão.

Dessa forma, os *algoritmos preditivos* não apenas *automatizam a fiscalização tributária*, mas também inserem *elementos de previsibilidade não linear*, permitindo que os *Estados atuem de maneira preventiva e estratégica na arrecadação.*

1.8.3. Machine Learning e Big Data na governança fiscal

A inserção de tecnologias baseadas em *machine learning* e no *tratamento de big data nos sistemas fiscais* representa um *salto epistemológico e operacional na governança tributária contemporânea*, em especial no contexto da transição de *modelos burocráticos analógicos para arquiteturas digitais automatizadas*. A tradicional *administração fiscal* – assentada em mecanismos centralizados, manuais e reativos – dá lugar a um *ecossistema inteligente, descentralizado e responsivo*, cuja eficiência repousa não mais apenas sobre a legalidade formal das normas, mas sobre a *capacidade preditiva, adaptativa e correlacional dos algoritmos computacionais*.

Neste cenário, a governança tributária transforma-se em um *sistema cibernético de autorregulação informacional*, no qual *padrões comportamentais, transações econômicas e variáveis fiscais* são continuamente processados por *modelos de aprendizado de máquina*, permitindo ao Estado *intervir preventivamente, personalizar o compliance tributário e racionalizar a alocação de recursos fiscais*. Mais do que uma ferramenta tecnológica, trata-se da edificação de um *novo paradigma institucional*, fundado na articulação entre *Direito, Estatística Computacional, Filosofia da Informação e Economia Comportamental*.

A *expansão do big data* – entendido como o *conjunto massivo, dinâmico e não estruturado de informações digitais* – redefine as possibilidades de ação estatal no campo fiscal. As *bases de dados tributários, bancários, contábeis, aduaneiros, previdenciários e comerciais* passam a compor *sistemas integrados de vigilância algorítmica*, cuja finalidade precípua é *antecipar comportamentos desviantes* e *promover conformidade tributária contínua e assistida*.

Essa *base de dados* fundamenta-se em três pilares:

a) *Volume*: armazenamento de grandes quantidades de dados, oriundos de fontes heterogêneas;

b) *Velocidade*: capacidade de processamento em tempo real, com atualização contínua dos modelos de risco; e

c) *Variedade*: inclusão de múltiplos tipos de dados (estruturados, semiestruturados e não estruturados), como texto, imagem, comportamento online, localização etc.

Ao serem submetidos a *algoritmos de machine learning*, esses dados produzem *modelos inferenciais capazes de reconhecer padrões*, detectar *anomalias e predizer condutas com elevado grau de acurácia*, dotando a administração tributária de instrumentos inéditos de antecipação e dissuasão fiscal.

O *machine learning* – ou *aprendizado de máquina* – constitui um *subcampo da inteligência artificial* que permite aos *sistemas computacionais "aprenderem" padrões a partir de dados históricos*, ajustando suas decisões com base em *retroalimentação contínua*. Em outras palavras, os algoritmos não seguem regras codificadas rigidamente, mas *constroem suas próprias inferências estatísticas, ajustando probabilidades e refutando hipóteses* conforme os dados são atualizados.

Arquitetura Comparativa:
Administração Tributária Tradicional vs. Inteligência Fiscal Preditiva

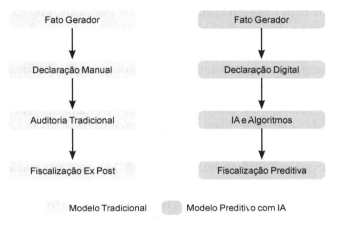

Figura 12 – Arquitetura Comparativa: Administração Tributária Tradicional vs. Inteligência Fiscal Preditiva[31]

Integração entre Big Data, Machine Learning e Economia Comportamental

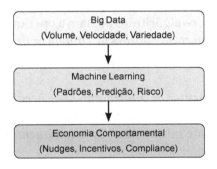

Figura 13 – Integração entre Big Data, Machine Learning e Economia Comportamental[32]

---

31. *Figura 12 – Arquitetura Comparativa: Administração Tributária Tradicional vs. Inteligência Fiscal Preditiva*
    Esquema comparativo entre o modelo tradicional de administração tributária – reativo, manual e centralizado – e o modelo preditivo, orientado por algoritmos de machine learning, análise de big data e inferência em tempo real. A figura ilustra a ruptura estrutural na lógica de fiscalização, evidenciando a transição de um sistema burocrático para uma arquitetura responsiva, descentralizada e inteligente.
    Fonte: Elaborado pelo autor, com base em *Slemrod* (2013), *OECD* (2020), *World Bank* (2021) e *Devereux* (2021).
32. *Figura 13 – Integração entre Big Data, Machine Learning e Economia Comportamental*
    Representação esquemática da arquitetura lógica da governança fiscal baseada em dados. A figura demonstra o fluxo entre o volume de dados brutos (Big Data), a atuação de algoritmos de machine learning (aprendizado, predição, gestão de risco) e a aplicação desses resultados à economia comportamental, por meio de mecanismos de incentivo, conformidade dinâmica (compliance) e reconfiguração institucional.
    Fonte: Elaborado pelo autor, com base em *OECD* (2020), *World Bank* (2021), *Slemrod* e *Gillitzer* (2013) e *Sunstein* (2014).

Na *governança fiscal*, esse mecanismo produz transformações profundas:

(i) *Análise de risco em tempo real* – Perfis de contribuintes são constantemente avaliados com base em comportamentos passados, presentes e projetados, otimizando o direcionamento da fiscalização;

(ii) *Compliance dinâmico e personalizado* – Obrigações fiscais são adaptadas a perfis de risco específicos, mediante alertas automatizados, notificações proativas e recomendações inteligentes;

(iii) *Detecção autônoma de elisão e evasão fiscal* – Modelos não supervisionados são capazes de identificar clusters e outliers tributários que escapariam à análise humana, mesmo especializada.

Conforme argumentam *Slemrod e Gillitzer* (2013), essa automação decisória pode não apenas *reduzir significativamente os custos de arrecadação*, mas também *aumentar a efetividade normativa do sistema tributário*, minimizando a necessidade de *litigância exaustiva* e promovendo maior *estabilidade regulatória*.

A *inteligência fiscal* baseada em *machine learning* permite incorporar *princípios da economia comportamental*, sobretudo a partir das contribuições de *Richard Thaler* e *Cass Sunstein* acerca dos *nudges* (arquiteturas de escolha que influenciam o comportamento sem coação).

No *contexto tributário*, os algoritmos passam a operar como *engenheiros comportamentais invisíveis*, que *detectam padrões de comportamento fiscal não cooperativo* e intervêm *sutilmente*, por meio de *notificações*, *reordenação de opções* ou *propostas de regularização*.

Ademais, podem *segmentar os contribuintes por perfil psicológico, nível de risco* e *padrão histórico*, criando *incentivos fiscais personalizados*, ajustando as *mensagens fiscais automaticamente* e, mediante tais circunstâncias, *aumentando a adesão ao sistema* e *reduzindo a resistência à conformidade*.

Esse modelo inaugura o que se poderia chamar de *governança algorítmica do comportamento tributário*, onde o Estado atua não mais apenas como regulador normativo coercitivo, mas também como *curador digital do comportamento dos contribuintes*, operando em *tempo real com feedbacks sutis, individualizados* e *baseados em predições probabilísticas*.

Apesar de suas potencialidades, o uso intensivo de *machine learning* e *big data* na *governança fiscal* levanta questões delicadas:

1º) *O problema da opacidade algorítmica*: algoritmos complexos, especialmente os baseados em redes neurais profundas (*deep learning*), muitas vezes operam como "caixas-pretas", dificultando a *reconstrução do raciocínio que levou a determinada decisão fiscal*;

CAPÍTULO 1 • ATRIBUTOS QUÂNTICOS DOS SISTEMAS TRIBUTÁRIOS **99**

2º) *O risco de violação à legalidade estrita*: a produção de inferências fiscais preditivas pode ultrapassar os limites do texto legal, invadindo a esfera da liberdade econômica e da autonomia da vontade;

3º) A *seletividade e o viés algorítmico*: sistemas treinados com dados enviesados tendem a reproduzir discriminações sistêmicas, comprometendo o princípio da isonomia tributária; e

4º) A *tensão entre eficiência técnica e garantismo jurídico*: a aceleração da decisão administrativa tributária precisa ser equilibrada com o devido processo legal, o contraditório e a ampla defesa.

Conforme argumenta *Michael Graetz* (2016), a aplicação da IA ao sistema tributário requer um *novo pacto entre Estado e contribuinte*, no qual a *eficiência tecnológica não pode comprometer os valores constitutivos da legalidade*, da *previsibilidade* e da *justiça fiscal*.

1.8.4. *Blockchain* e transparência tributária

A inserção da tecnologia *blockchain* no universo tributário representa não apenas um avanço técnico, mas também uma *reformulação estrutural da arquitetura informacional da arrecadação fiscal*, com profundas implicações sobre os *princípios da transparência, rastreabilidade, imutabilidade e integridade das informações tributárias*. Trata-se de uma tecnologia cuja lógica distribui-se em torno da *descentralização* e da *criptografia algorítmica*, rompendo com a tradicional *centralização documental* e oferecendo um *modelo disruptivo de registro* e *verificação de dados fiscais*.

No âmago dessa inovação está a possibilidade de transformar a governança fiscal em um ecossistema confiável, auditável e antifraude, no qual transações econômicas, obrigações tributárias e fluxos financeiros são registrados em *ledgers digitais distribuídos* – os chamados *livros razão imutáveis* – tornando praticamente *inviável a adulteração de informações contábeis* ou a *omissão de fatos geradores.*

Essa potencialidade coloca a *blockchain* como uma *infraestrutura institucional emergente*, capaz de promover um *novo paradigma de compliance tributário*, de *fiscalização algorítmica* e de *combate à evasão fiscal transfronteiriça*, mas também suscita *dilemas regulatórios, políticos e epistemológicos* que merecem exame detido.

A *blockchain* – ou *cadeia de blocos* – é um sistema distribuído de registro de dados que funciona por meio de:

- *Nodos descentralizados*: múltiplos pontos da rede armazenam simultaneamente a mesma versão do livro razão;

- *Validação por consenso*: as transações são validadas por algoritmos criptográficos, como *Proof-of-Work*, *Proof-of-Stake* ou *Byzantine Fault Tolerance*;

- *Criptografia assimétrica*: cada dado é autenticado e protegido por chaves públicas e privadas, garantindo integridade e sigilo; e

- *Imutabilidade dos registros*: uma vez registrada, a informação não pode ser alterada sem o consenso da rede, tornando a fraude virtualmente impossível.

Tais características transformam a *blockchain* em um *repositório de confiança matemática*, deslocando o *controle sobre a veracidade dos dados de autoridades centralizadas* (como fiscos e cartórios) para *protocolos de validação distribuída*, cuja segurança decorre da *própria estrutura do sistema*.

No *campo tributário*, a *blockchain* apresenta *aplicações múltiplas*, que vão desde o *recolhimento automatizado de tributos em tempo real* até a *monitorização inteligente de cadeias logísticas e transações comerciais*, com total *rastreabilidade e auditabilidade*.

A utilização de *smart contracts* – programas autoexecutáveis que operam dentro da *blockchain* – permite que os *tributos sejam calculados e recolhidos automaticamente no momento da transação*, com base em *regras pré-codificadas no contrato digital*.

Exemplos incluem:

- *Impostos sobre consumo automatizados* em *marketplaces digitais*;
- *Retenções na fonte em tempo real* sobre *rendimentos de serviços* ou *transações financeiras*;
- *Arrecadação instantânea de tributos aduaneiros* com base na leitura automatizada de *certificados de origem* e *manifestos de carga*.

Trata-se de um modelo que *substitui a declaração tributária exógena por arrecadação endógena*, eliminando a necessidade de *ação posterior do contribuinte* e reduzindo drasticamente a margem para *evasão* ou *inadimplemento*.

Ao registrar todas as transações de *forma cronológica, criptografada* e *imutável*, a *blockchain* permite que *cada evento econômico potencialmente tributável* seja *auditado a qualquer tempo*, o que representa um avanço incomensurável no combate à evasão.

Aplicações concretas incluem o *rastreamento da cadeia produtiva de bens tributáveis*, garantindo a correta incidência de tributos sobre cada elo da cadeia, o *monitoramento de transferências internacionais de ativos digitais*, dificultando o uso de criptoativos para ocultação de patrimônio e as *auditorias fiscais em tempo real*, com acesso imediato a registros imutáveis de movimentações comerciais e financeiras.

Esse modelo favorece a construção de um *ambiente fiscal mais íntegro, transparente e resistente a fraudes estruturadas*, inclusive nos casos de *planejamento tributário abusivo* e *transações simuladas*.

Blockchain e Transparência Tributária: Cadeia de Eventos Tributáveis

Figura 14 – Blockchain e Transparência Tributária: Cadeia de Eventos Tributáveis[33]

A adoção da *blockchain na administração fiscal* não apenas aumenta a eficiência e a transparência, como também pode ser entendida como um *instrumento de promoção da justiça fiscal*. Ao *impedir a manipulação de informações* e promover a *rastreabilidade integral das operações*, essa tecnologia atua como um *equalizador normativo* frente às assimetrias que historicamente favoreceram grandes contribuintes com capacidade de estruturar evasões complexas.

Além disso, a *blockchain* permite a *reconquista da soberania informacional por parte do Estado*, reduzindo a *dependência de dados privados fragmentados* e promovendo a *interoperabilidade entre instituições fiscais, aduaneiras e financeiras*. Trata-se de um *reposicionamento do Estado como curador legítimo da memória fiscal da sociedade*, agora alicerçado em *bases tecnológicas* que não se confundem com a opacidade burocrática tradicional.

Apesar de seu *potencial disruptivo*, a adoção da *blockchain* na *governança tributária* impõe sérios desafios. Dentre eles, temos o problema da governança descentralizada: *quem regula a blockchain*? Como compatibilizar sua *lógica distribuída* com os *sistemas jurídicos centralizados e soberanos dos Estados*?

Tal situação acarretará a *assimetria regulatória global*: jurisdições com *legislações frouxas sobre criptoativos podem tornar-se refúgios para evasão tributária digital*. A complexidade jurídica dos *smart contracts* é uma outra reflexão, visto que sua *execução automática* e sem *mediação humana* desafia os *princípios clássicos do Direito Contratual* e do *Direito Tributário*, especialmente no que tange à *legalidade estrita e à reserva de lei*.

Por conseguinte, temos o *risco de ilusão tecnocrática*: a crença de que a tecnologia resolverá por si mesma os problemas da justiça fiscal, o que poderá resultar na *negligência de reformas estruturais mais amplas e necessárias*.

Autores como *Gabriel Zucman* (2015) e *Stjepan Gadzo* (2018) alertam para a necessidade de *coordenação internacional* e *fortalecimento institucional*, a fim de que

---

33. *Figura 14 – Blockchain e Transparência Tributária: Cadeia de Eventos Tributáveis*
   Fluxo esquemático representando a aplicação da tecnologia blockchain à arrecadação fiscal. A sequência inicia com a transação econômica, passa pelo registro inicial criptografado e temporalizado (Bloco 1), segue para a execução automática da obrigação tributária por meio de smart contracts, culmina com novo registro imutável (Bloco 2) e auditoria descentralizada. A figura ilustra a transição do modelo de compliance exógeno para um paradigma de arrecadação endógena e auditável, baseado em lógica algorítmica e descentralização institucional.
   Fonte: Elaborado pelo autor, com base em OECD (2020), *Slemrod* e *Gillitzer* (2013), e *Zucman* (2015).

a *blockchain* não apenas sofisticadamente registre desigualdades já existentes, mas também *reoriente a lógica do sistema fiscal global rumo à equidade,* à *transparência* e à *responsabilidade distributiva.*

A *incorporação da inteligência artificial ao Direito Tributário* representa uma inflexão paradigmática no modo como concebemos a própria estrutura da normatividade fiscal. A *substituição progressiva do modelo tradicional* – reativo, declaratório e manual – por uma *lógica algorítmica, preditiva* e *autônoma* redefine não apenas os mecanismos de arrecadação, mas também a *natureza da relação jurídica entre o contribuinte e o Estado.* A *inteligência artificial,* nesse contexto, não atua como *simples acessório tecnológico,* mas como *instância epistemológica, hermenêutica* e *operacional de reinvenção da governança tributária.*

A análise desenvolvida demonstrou que os *algoritmos preditivos,* ao incorporarem *modelagens estocásticas* e *fundamentos da Teoria do Caos,* conferem à administração tributária uma *capacidade inédita de antecipar comportamentos desviantes, otimizar a fiscalização* e *ajustar dinâmicas arrecadatórias* com base em *dados probabilísticos.* Ao invés de responder a infrações consumadas, o sistema tributário passa a operar em um *regime preventivo, probabilístico* e *iterativo,* transformando o conceito de fiscalização em monitoramento contínuo e modelagem de risco.

No âmbito da *governança fiscal,* o uso integrado de *machine learning* e *big data* permite a construção de um *modelo inteligente, adaptável* e comportamentalmente *sensível.* A tributação deixa de ser um *processo estático de incidência normativa* e passa a ser um *campo de interação dinâmica entre modelos preditivos e sujeitos tributários,* no qual as obrigações são *parametrizadas com base em padrões de risco, comportamento histórico* e *estímulos automatizados.*

A *economia comportamental,* ao ser embutida nos *algoritmos fiscais,* inaugura uma *nova era de engenharia tributária comportamental,* na qual a conformidade *não se impõe por coerção,* mas se *induza por arquitetura decisória digital personalizada.*

A culminância desse processo se materializa com o emprego da *blockchain* como *infraestrutura de rastreabilidade, automação* e *auditabilidade fiscal.* Ao descentralizar o controle das informações e registrar de forma criptograficamente imutável cada evento econômico, a blockchain propicia um *ambiente de transparência radical,* no qual o próprio contribuinte passa a operar em um *sistema de fiscalização imanente,* dissolvendo a *dicotomia entre o sujeito passivo e o ente arrecadador.*

Contudo, essa *revolução algorítmica na tributação* não prescinde de uma reflexão normativa e ética refinada. A substituição da racionalidade jurídica pela racionalidade estatística impõe desafios quanto à *preservação do devido processo legal,* à *neutralidade algorítmica* e à *proteção dos direitos fundamentais dos contribuintes.* Assim, o *Direito Tributário do século XXI* não poderá ser apenas digitalizado; ele deverá ser, sobretudo, *reprogramado sob um novo contrato algorítmico entre liberdade e eficiência,* entre *justiça fiscal e soberania informacional.*

Capítulo 2
INTERCONEXÃO FISCAL GLOBAL
E A SUPERPOSIÇÃO TRIBUTÁRIA

A *arquitetura tributária contemporânea* encontra-se imersa em um ambiente de *interdependência sistêmica crescente*, no qual as fronteiras tradicionais da *soberania fiscal* são *progressivamente tensionadas pelas dinâmicas transnacionais da economia digital*, das *cadeias produtivas globais* e das *redes financeiras descentralizadas*. Nesse contexto, a tributação deixa de operar como uma *função exclusivamente interna ao aparato estatal* e passa a integrar um *sistema tributário interconectado globalmente*, cujos elementos interagem de *maneira não linear, retroalimentada* e, por vezes, *caótica*.

O presente capítulo propõe-se a analisar os *impactos estruturais da interconexão fiscal na formulação, interpretação* e *aplicação das normas tributárias*, à luz de uma abordagem *transdisciplinar que articula Direito, Economia Internacional, Teoria da Complexidade, Física Quântica* e *Modelagem Computacional de Sistemas Jurídicos*. Parte-se da hipótese de que o sistema tributário global já não pode ser compreendido como um conjunto de normas estáticas e isoladas, mas como um *sistema dinâmico de múltiplos níveis*, marcado por *interações simultâneas, sobreposições normativas* e *zonas de incerteza institucional*.

No primeiro segmento, examina-se a *natureza interconectada dos sistemas tributários modernos*, a partir das contribuições da *teoria dos sistemas dinâmicos* e da *matemática das redes complexas*, destacando-se como os nexos de interdependência entre Estados, empresas multinacionais e fluxos financeiros tornaram obsoletas as premissas clássicas da territorialidade e da jurisdição fiscal exclusiva. Nesse cenário, os *modelos de quantização normativa* surgem como *proposta metodológica para lidar com o contencioso tributário em ambientes de superposição legal e incerteza interpretativa*.

O segundo eixo do capítulo volta-se à *superposição tributária na economia digital*, fenômeno caracterizado pela *incidência simultânea de múltiplas ordens jurídicas sobre um mesmo fato gerador*, sobretudo quando este envolve *ativos intangíveis, dados e serviços transfronteiriços*. Analisam-se, nesse ponto, os *conflitos de competência fiscal no ciberespaço*, o *desafio da tributação de intangíveis* e a *emergência de novos paradigmas normativos*, como os *acordos multilaterais sob a égide da OCDE* e o *imposto mínimo global*.

Por fim, a terceira seção propõe um exercício hermenêutico inovador: a análise da *incerteza fiscal sob a ótica da Física Quântica*, especialmente à luz do *princípio da incerteza de Heisenberg*, da *teoria do caos* e da *teoria dos jogos*, como forma de compreender os *comportamentos estratégicos dos entes federativos* e dos *contribuintes em ambientes normativos instáveis e sobrepostos.* A ideia de que a *posição* e a *velocidade* (ou seja, o conteúdo e o alcance) de uma *norma fiscal não podem ser conhecidas simultaneamente com precisão* – analogia direta ao princípio da incerteza – permite repensar os *conceitos clássicos de segurança jurídica, legalidade* e *previsibilidade na tributação.*

A partir dessa articulação teórica e metodológica, busca-se demonstrar que a *quantização do Direito Tributário* não é apenas uma *metáfora técnica*, mas um *recurso epistemológico* e *instrumental* para lidar com a *complexidade*, a *incerteza* e a *interconectividade estrutural do sistema fiscal global contemporâneo.* Em vez de oferecer *soluções unívocas*, o presente capítulo propõe *novos parâmetros de racionalidade jurídica*, ancorados na *ciência dos sistemas complexos*, na *física da instabilidade* e na *governança algorítmica da tributação digital.*

2.1. A NATUREZA INTERCONECTADA DOS SISTEMAS TRIBUTÁRIOS MODERNOS

A *consolidação de um sistema econômico transnacional*, impulsionado pela *intensificação dos fluxos de capitais*, pela *digitalização de ativos* e pela *desmaterialização das cadeias de valor*, promoveu uma reconfiguração estrutural da ordem tributária internacional, dissolvendo os contornos nítidos das jurisdições fiscais clássicas e instaurando um regime de interdependência normativa entre sistemas tributários. A *natureza interconectada da tributação moderna* não constitui mera consequência da globalização, mas expressa a *transformação ontológica do próprio conceito de soberania fiscal*, deslocado de uma *concepção territorial* e *exclusiva* para uma *lógica relacional, sistêmica* e *coevolutiva.*

Essa interconectividade fiscal manifesta-se em diversos níveis: (i) na *concorrência fiscal entre entes soberanos*, que moldam suas estruturas normativas em resposta às políticas de outros países; (ii) na *interação normativa entre legislações domésticas* e *tratados internacionais*, que sobrepõem competências, bases de incidência e critérios de nexo; e (iii) na *interdependência operacional entre administrações fiscais*, que passam a atuar em rede por meio de protocolos multilaterais de cooperação e intercâmbio automático de informações.

O *sistema tributário contemporâneo* é, nesse sentido, um *sistema complexo adaptativo*, conforme definido por autores como *Murray Gell-Mann* e *John Holland*, cujos comportamentos globais emergem de interações locais não linearmente previsíveis.

Sob a perspectiva da *Teoria dos Sistemas Dinâmicos*, a tributação atual pode ser modelada como *um conjunto de subsistemas em constante retroalimentação*, em que *mudanças em um ponto da rede* (por exemplo, alterações legislativas em uma jurisdição de alta atratividade fiscal) produzem *externalidades* e *reações em cascata nas demais jurisdições*, configurando o fenômeno conhecido como *interdependência normativa endógena.*

Tal dinâmica revela-se particularmente intensa no *âmbito da economia digital*, onde a *ausência de presença física* e a *fluidez dos ativos intangíveis* tornam obsoletos os critérios tradicionais de *alocação de competência tributária*, como a *residência*, a *territorialidade* e o *estabelecimento permanente*.

A literatura especializada, notadamente os trabalhos de *Reuven Avi-Yonah* (2007), *Michael Devereux* (2021) e *Stjepan Gadzo* (2018), já aponta para a necessidade de *superação do modelo estático de jurisdição fiscal*, propondo sua substituição por um paradigma que reconheça a *interconectividade funcional dos sistemas tributários*, concebendo-os como elementos integrantes de uma *arquitetura global em rede*.

Essa reconceptualização exige o *abandono da lógica binária* entre *"interior"* e *"exterior"* do Estado e sua substituição por uma *lógica de nós e fluxos*, na qual o tributo *não se associa mais apenas a uma soberania geográfica*, mas à *captura de valor dentro de uma malha global de interações econômicas e tecnológicas*.

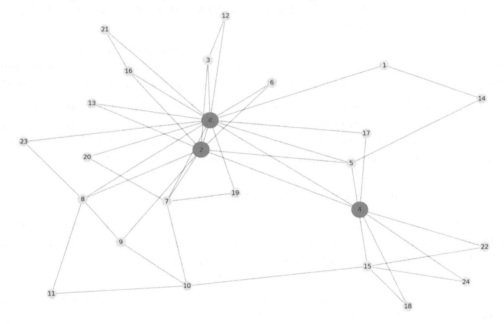

Figura 15 – Arquitetura Interconectada dos Sistemas Tributários Globais[1]

Nesse cenário, os *sistemas tributários* se comportam como *redes complexas*, conforme modeladas por *Albert-László Barabási*, nas quais *poucos nós* (jurisdições com alta concentração de capital e capacidade de regulamentação) *exercem influência desproporcional sobre a estrutura global*, enquanto a *maioria dos demais nós permanecemos conectada de forma periférica ou reativa*.

---

1. *Figura 15 – Arquitetura Interconectada dos Sistemas Tributários Globais.*
   Representação gráfica da rede fiscal global com *nós* centrais (vermelhos) influenciando jurisdições periféricas. As conexões representam tratados multilaterais, fluxos de capitais e regimes jurídicos sobrepostos.
   Fonte: Elaborado pelo autor, com base em *Slemrod* (2013), *Devereux* (2021), *Avi-Yonah* (2007) e *OECD* (2020).

Essa *assimetria estrutural* intensifica os *problemas de justiça fiscal internacional*, como a *transferência artificial de lucros*, a *erosão das bases tributáveis* e a *arbitrariedade nos regimes de preços de transferência*. A complexidade da rede fiscal global, por conseguinte, não é apenas técnica, mas *essencialmente política e distributiva*, envolvendo *disputas por poder normativo*, por *capacidade arrecadatória* e por *legitimidade redistributiva*.

Diante desse contexto, torna-se imperioso pensar o *Direito Tributário* em *chave sistêmica*, reconhecendo que as *normas tributárias nacionais* são cada vez mais *permeáveis às decisões tomadas em outras jurisdições* e que *a governança fiscal global* exige *modelos cooperativos, multiescalonados* e *algoritmicamente assistidos*.

A *interconectividade dos sistemas tributários* não apenas desafia a autonomia normativa dos Estados, mas também requer uma *reconceptualização da racionalidade fiscal*, apta a lidar com a *instabilidade*, a *retroalimentação* e a *coevolução entre múltiplos sistemas jurídicos interligados*.

Portanto, a *natureza interconectada dos sistemas tributários modernos* não deve ser compreendida como um *acidente histórico* ou uma *contingência institucional*, mas como uma *propriedade estrutural da ordem fiscal em tempos de globalização e economia digital*.

Compreendê-la em profundidade é condição essencial para pensar uma *nova engenharia fiscal* baseada *não mais em modelos fixos* e *hierárquicos*, mas em *estruturas adaptativas, distribuídas* e *quânticas*, capazes de operar em um *ambiente de sobreposição normativa, interdependência institucional* e *complexidade regulatória*.

2.1.1. Complexidade fiscal e teoria dos sistemas dinâmicos

A análise da tributação à luz da *Teoria dos Sistemas Dinâmicos* revela que os ordenamentos fiscais *não são estruturas normativas estanques*, mas *sistemas vivos*, inseridos em *ambientes interativos* e sensíveis a *variações contínuas de seus múltiplos componentes*.

Tal perspectiva rompe com o *modelo tradicional de análise normativa*, calcado em *esquemas lineares de causalidade e estabilidade*, e propõe uma *visão não linear, recursiva* e *adaptativa da normatividade fiscal*, na qual os elementos interagem em *retroalimentação*, em *ciclos de reforço* ou *atenuação*, muitas vezes imprevisíveis.

A *complexidade fiscal contemporânea* não decorre exclusivamente da *profusão de normas*, da *multiplicidade de tributos* ou da *sobreposição de competências*. Ela emerge, sobretudo, da *interação sistêmica entre normas internas, acordos internacionais, práticas empresariais transnacionais, decisões administrativas e jurisprudência tributária*, formando um ambiente que se assemelha, na linguagem da física, a um *sistema dinâmico de múltiplas variáveis acopladas*, dotado de *comportamento caótico em determinadas condições limítrofes*.

A *Teoria dos Sistemas Dinâmicos*, conforme desenvolvida por *Henri Poincaré, Edward Lorenz* e posteriormente aplicada por *Ilya Prigogine* à *termodinâmica de sis-*

temas complexos, oferece um aparato teórico de extrema utilidade para compreender os *padrões não triviais da governança tributária*. Entre os elementos centrais dessa abordagem, destacam-se:

- *Sensibilidade às condições iniciais*: pequenas alterações em variáveis normativas (como alíquotas, regimes especiais ou conceitos jurídicos indeterminados) podem gerar desdobramentos fiscais desproporcionais, efeito análogo ao "*efeito borboleta*";

- *Retroalimentação positiva e negativa*: decisões fiscais geram incentivos que retroagem sobre o comportamento dos contribuintes e das administrações tributárias, modificando as condições futuras do próprio sistema;

- *Atração por órbitas fiscais instáveis*: o sistema tende a convergir para padrões de comportamento que não necessariamente são os mais eficientes ou justos, mas os que oferecem maior previsibilidade estratégica aos agentes econômicos; e

- *Emergência e auto-organização*: novas estruturas fiscais, como regimes digitais, criptotributação ou compliance algorítmico, emergem espontaneamente da interação entre os agentes, independentemente de planejamento centralizado.

Esses aspectos tornam a tributação moderna um campo particularmente propício à aplicação de *modelagens dinâmicas, equações diferenciais não lineares, simulações computacionais e lógica FUZZY*, recursos que se mostram mais eficazes do que o *formalismo jurídico clássico* para descrever e projetar o comportamento do sistema.

Nesse sentido, o *Direito Tributário contemporâneo* deve ser repensado como um *sistema complexo adaptativo*, expressão cunhada por *John Holland*, no qual *cada agente* – seja Estado, contribuinte, jurisdição internacional ou tecnologia – *aprende com o ambiente, modifica seu comportamento e interage estrategicamente com os demais elementos do sistema*.

As *regras tributárias*, portanto, *não são apenas comandos de incidência*, mas *mecanismos de retroalimentação regulatória*, que configuram o *sistema de forma dinâmica*.

Autores como *Joel Slemrod* (2013) e *Michael Graetz* (2016) já reconhecem que a *complexidade fiscal não é um desvio a ser corrigido pela simplificação normativa*, mas uma *característica estrutural da tributação em ambientes digitais e transnacionais*.

A tentativa de *eliminar a complexidade por meio da linearidade normativa*, embora louvável em abstrato, muitas vezes resulta em *soluções ineficazes*, pois ignora a *natureza adaptativa e sensível do sistema*.

Portanto, *compreender a complexidade fiscal por meio da Teoria dos Sistemas Dinâmicos* não implica a *renúncia ao rigor dogmático*, mas a necessidade de *integrar novas linguagens analíticas*, inspiradas na *matemática*, na *física* e na *ciência dos sistemas*, para lidar com os *fenômenos de instabilidade, sobreposição, incerteza e emergência* que caracterizam o ordenamento tributário do século XXI.

2.1.2. Modelos de quantização normativa e impactos no contencioso tributário

A crescente instabilidade e fragmentação do ordenamento fiscal em contextos interconectados e sobrepostos impôs uma crise ao modelo clássico de interpretação e aplicação da norma tributária. Nesse cenário, a ideia de uma *quantização normativa* emerge como proposta teórico-instrumental para modelar a *aplicação da norma tributária em ambientes de complexidade, incerteza e retroalimentação sistêmica*, incorporando elementos da *física quântica*, da *lógica fuzzy* e da *computação algorítmica* ao campo da dogmática jurídica.

A *noção de quantização*, originada na *física moderna*, refere-se à *substituição de grandezas contínuas por valores discretos e probabilísticos*, conforme observado nas transições energéticas dos elétrons em torno do núcleo atômico.

Transposta ao *plano jurídico-tributário*, tal concepção propõe a *construção de modelos normativos* que reconheçam *múltiplos estados interpretativos possíveis, simultaneamente coexistentes*, que apenas se definem com precisão no momento da *decisão administrativa* ou *jurisdicional concreta* – isto é, no ato de "*medição normativa*".

Esse *deslocamento epistemológico* rompe com a *lógica binária e determinista tradicional* – em que a norma possui um *único sentido objetivamente determinável* – e reconhece a *existência de zonas de superposição interpretativa, estados instáveis de validade* e *colapsos hermenêuticos*, analogamente ao *colapso da função de onda na mecânica quântica*.

Modelo de Quantização Normativa: Superposição e Colapso Hermenêutico

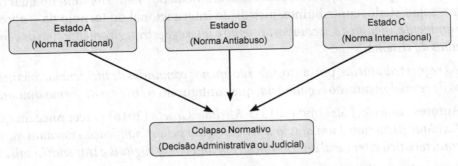

Figura 16 – Modelo de Quantização Normativa: Superposição e Colapso Hermenêutico[2]

---

2. *Figura 16 – Modelo de Quantização Normativa: Superposição e Colapso Hermenêutico*
Representação lúdica e esquemática da coexistência de múltiplos estados normativos possíveis — como normas tradicionais, normas antiabuso e diretrizes internacionais — antes da decisão final. Esses "estados jurídicos" permanecem em superposição até que um colapso hermenêutico ocorra, isto é, até que a autoridade administrativa ou judicial defina qual interpretação prevalecerá. O modelo é inspirado no colapso da função de onda na mecânica quântica, aplicado à instabilidade interpretativa em sistemas tributários complexos.
Fonte: Elaborado pelo autor, com base em *Gadzo* (2018), *Slemrod* (2013) e *Graetz* (2016).

A *quantização normativa* não deve ser compreendida como um *relativismo normativo*, mas como um *modelo de formalização da incerteza jurídica*, que permite *incorporar fatores contextuais, históricos, algorítmicos* e *econômicos* à leitura da norma tributária.

A aplicação dessa abordagem no campo do *contencioso tributário* implica profundas transformações:

I – Reconhecimento da Superposição Hermenêutica

Situações fiscais complexas – como as que envolvem *regimes híbridos, bitributação internacional* ou *interpretação de normas antiabuso* – frequentemente apresentam *mais de uma norma ou interpretação possível simultaneamente aplicável*, sem que haja *critério hierárquico claro de prevalência*.

A *quantização normativa* reconhece essa coexistência, permitindo que as *decisões sejam modeladas como colapsos de estado normativo*, resultantes de *forças sistêmicas externas: jurisprudência, precedentes administrativos, algoritmos de risco, comportamento do contribuinte* etc.

II – Impacto no Processo de Decisão Administrativa e Judicial

A adoção de modelos quantizados permite o desenvolvimento de *sistemas de apoio à decisão tributária baseados em inferência probabilística*, nos quais as hipóteses normativas são ponderadas com base em *modelos de aprendizado de máquina e histórico decisório*.

O resultado não é uma *"verdade normativa absoluta"*, mas um *vetor de probabilidade jurídica*, que confere *maior racionalidade, previsibilidade* e *adaptabilidade ao processo decisório*.

III – Redução da Entropia Jurídico-Normativa

A *quantização*, ao formalizar a *instabilidade semântica da norma*, oferece mecanismos para reduzir a *entropia do sistema jurídico*, ou seja, a *imprevisibilidade decorrente da multiplicidade de interpretações descoordenadas*.

Com base em *modelos computacionais baseados em lógica Fuzzy* ou *árvores de decisão*, é possível estabelecer *zonas de maior ou menor densidade hermenêutica*, orientando a atuação dos contribuintes e da administração pública de maneira mais previsível e responsiva.

IV – Racionalização do Contencioso por Mapeamento de Estados Normativos

O *contencioso tributário*, especialmente em matérias envolvendo *grandes contribuintes* e *planejamentos sofisticados*, pode ser mapeado por meio de *cartografias normativas quantizadas*, que indicam as *probabilidades de êxito de diferentes estratégias*, os *graus de aderência a precedentes* e os *vetores jurisprudenciais dominantes*.

Tal mapeamento substitui o *empirismo jurídico* por uma *modelagem científica do risco tributário contencioso*, permitindo *decisões mais eficientes e tecnicamente fundamentadas*.

A *quantização normativa* representa uma *proposta inovadora de reconceituação da aplicação do Direito Tributário* em tempos de *complexidade estrutural* e *sobreposição regulatória*. Ao incorporar *elementos da física quântica*, da *lógica imprecisa* e da *análise estatística ao núcleo da interpretação tributária*, esse modelo reconhece que o ordenamento não é uma *estrutura de comandos unívocos*, mas um *campo probabilístico de possibilidades hermenêuticas*, que colapsa sob *condições específicas de contexto, tecnologia e decisão*.

Em vez de *negar a incerteza*, a *quantização tributária* propõe *assumi-la, formalizá-la* e *controlá-la por métodos científicos* e *algoritmos inteligentes*, conferindo *maior racionalidade* e *adaptabilidade ao sistema fiscal*.

Seu impacto no *contencioso tributário* é profundo: transforma *disputas normativas em campos de modelagem, decisões em colapsos de interpretação, e litígios em sistemas complexos de escolha institucional condicionada.*

2.2. A SUPERPOSIÇÃO TRIBUTÁRIA NA ECONOMIA DIGITAL

A *emergência da economia digital* – caracterizada pela *ubiquidade dos dados*, pela *intangibilidade dos ativos*, pela *desintermediação das relações econômicas* e pela *simultaneidade de múltiplas jurisdições normativas* – provocou um abalo profundo nos alicerces do sistema tributário internacional.

O *modelo tradicional de incidência fiscal*, fundado em conceitos como *residência, territorialidade* e *estabelecimento permanente*, mostra-se estruturalmente inadequado para capturar os fenômenos econômicos que transcendem as fronteiras físicas e operam em *ambientes transjurisdicionais, fluidos* e *tecnicamente desmaterializados*.

Nesse cenário, manifesta-se com intensidade crescente o fenômeno da *superposição tributária*, entendido como a *incidência concomitante* e, por vezes, *conflitante de múltiplas ordens normativas sobre uma mesma operação econômica*.

A superposição *não decorre de mera omissão legislativa* ou *lacuna dogmática*, mas de uma *transformação estrutural na forma como valor é gerado, capturado e atribuído em escala global*. Assim, a economia digital opera como um *espaço de tensão normativa permanente*, no qual as *soberanias fiscais colidem, sobrepõem-se e disputam competências em tempo real*, por meio de *interpretações divergentes e regimes de exceção concorrentes*.

Tal *sobreposição* pode assumir diversas configurações, entre as quais se destacam:

(i) *A dupla ou múltipla tributação internacional*, na qual diferentes jurisdições reclamam competência tributária sobre a mesma base econômica (por exemplo, lucros oriundos de plataformas digitais com usuários em diversos países);

(ii) *A dupla não tributação*, fenômeno correlato e ainda mais perverso, em que a ausência de nexo jurídico claro ou a manipulação de estruturas societárias leva à evasão sistêmica de tributos.

(iii) *A competição normativa via regimes de exceção*, como os *patent boxes*, os *incentivos à exportação de serviços digitais* ou os *acordos bilaterais de tax rulings*.

Do ponto de vista teórico, a *superposição tributária* na economia digital evidencia a *insuficiência da arquitetura normativa westfaliana*, que presume a *exclusividade das jurisdições nacionais sobre fatos geradores localizados e claramente identificáveis*.

Em contraposição, a realidade atual exige um modelo normativo capaz de lidar com *zonas de interferência fiscal*, isto é, com situações em que *múltiplas ordens jurídicas reivindicam competência sobre externalidades econômicas comuns*.

Nesse sentido, a *teoria tributária contemporânea* tem buscado articular-se com os *aportes da teoria dos jogos, da lógica de redes complexas e da governança transnacional*, como forma de *propor mecanismos de coordenação e resolução desses conflitos de competência*.

Autores como *Michael Devereux, Stjepan Gadzo, Gabriel Zucman* e *Reuven Avi-Yonah* já apontam para a *urgência de um paradigma fiscal de base multilateral, colaborativo* e *tecnologicamente assistido*, no qual a *definição da competência tributária* leve em conta não apenas o local da sede formal da empresa, mas a *distribuição real do valor agregado entre as jurisdições envolvidas*.

A *superposição tributária* também exige uma redefinição dos *critérios de nexo fiscal*, especialmente no que se refere à *presença digital significativa* (*significant economic presence*), aos dados como *fatores de produção* e à *nova lógica de consumo em rede*.

Trata-se de reconhecer que a *geração de riqueza* não está mais *circunscrita a localizações geográficas fixas*, mas se dá por meio de *interações contínuas entre usuários, algoritmos, plataformas* e *fluxos digitais*, muitas vezes *simultaneamente hospedados e operados em diversas jurisdições*.

Figura 17 – Superposição Tributária na Economia Digital: Incidência Simultânea e Conflitiva de Jurisdições[3]

---

3. *Figura 17 – Superposição Tributária na Economia Digital: Incidência Simultânea e Conflitiva de Jurisdições*
Representação esquemática dos principais critérios concorrentes de conexão fiscal aplicáveis às operações digitais, evidenciando o campo de interseção normativa no qual ocorre a superposição tributária. No centro,

Nesse contexto, o *Direito Tributário* encontra-se *desafiado a abandonar modelos hierárquicos e territoriais*, e a adotar uma *estrutura normativa em rede*, mais apta a lidar com a *natureza interligada, modular* e *descentralizada da economia digital*.

O uso de tecnologias como *blockchain, inteligência artificial e computação em nuvem* altera radicalmente os pontos de controle tradicionais do Estado, deslocando a fiscalização da materialidade física para a *lógica dos registros digitais auditáveis*, dos *contratos inteligentes* e da *rastreabilidade algorítmica*.

Por fim, deve-se reconhecer que a *superposição tributária*, se não for enfrentada por meio de *modelos normativos cooperativos*, tende a aprofundar as *desigualdades fiscais globais*, ao permitir que *grandes conglomerados transnacionais* arbitrem, em seu favor, entre *diferentes regimes concorrentes*, enquanto *pequenas e médias empresas permanecem sujeitas à rigidez dos sistemas tributários domésticos*.

A *superposição*, nesse sentido, *não é apenas um problema técnico*, mas um *fenômeno estrutural com implicações diretas sobre a justiça fiscal*, a *soberania informacional dos Estados* e a *legitimidade distributiva do sistema tributário global*.

2.2.1. Conflitos de competência fiscal no ambiente digital

No âmago da economia digital reside uma *transformação ontológica do próprio espaço tributável*. A *desmaterialização dos fatores de produção*, a *mobilidade transjurisdicional dos ativos intangíveis* e a *virtualidade das operações econômicas* romperam as balizas tradicionais de atribuição de competência fiscal, instaurando uma nova era de *disputas normativas sobre bases econômicas compartilhadas*, nas quais a *presença física*, o *domicílio jurídico* e a *territorialidade geográfica* deixaram de ser parâmetros suficientes para definir o *locus* da tributação.

Esse deslocamento gerou uma *proliferação de conflitos de competência fiscal*, definidos como a *reivindicação simultânea*, por *diferentes ordens jurídicas*, do *direito de tributar um mesmo fato econômico*, com base em *critérios de conexão heterogêneos* e frequentemente incompatíveis.

O *ambiente digital* potencializa esses conflitos ao operar em uma *lógica desterritorializada, automatizada* e *descentralizada*, na qual os fluxos de valor não obedecem às delimitações convencionais dos Estados soberanos.

Entre os *principais eixos de conflito*, destacam-se:

---

destacam-se os ativos intangíveis, os fluxos de dados e os serviços digitais como objetos simultaneamente reivindicados por múltiplas jurisdições: residência, fonte, consumo, dados e nexo digital. A zona de sobreposição pode gerar tanto bitributação quanto dupla não tributação, exigindo soluções cooperativas, fórmulas globais de partilha ou estruturas normativas quantizadas.

Fonte: Elaborado pelo autor, com base em *Avi-Yonah* (2007), *Devereux* (2021), *Gadzo* (2018), *Zucman* (2015) e *OCDE* (2023).

- *A colisão entre o critério da residência e o critério da fonte*

A tensão entre o *critério da residência fiscal* e o *critério da fonte dos rendimentos* constitui um dos *pontos nevrálgicos da estrutura do Direito Tributário Internacional*. Este conflito, que já era latente em contextos de *comércio tradicional*, intensificou-se exponencialmente com a *ascensão da economia digital*, na qual os *fluxos de valor* escapam à *rigidez das fronteiras territoriais* e a *geração de riqueza* torna-se *crescentemente desmaterializada, dispersa* e *globalmente interativa*.

Do ponto de vista teórico, o *critério da residência fiscal* funda-se na concepção de que o contribuinte (pessoa física ou jurídica) deve contribuir para o financiamento do Estado em cuja jurisdição mantém seu centro de interesse econômico e pessoal. É a *lógica da capacidade contributiva global*, pela qual a jurisdição de residência *tributa a totalidade dos rendimentos auferidos pelo sujeito, independentemente da sua origem*.

Já o *critério da fonte* opera sob uma lógica diversa: o *Estado adquire competência para tributar os rendimentos produzidos dentro de seu território*, ainda que o *beneficiário final esteja domiciliado em outro país*. Aqui se valoriza o *princípio da territorialidade da riqueza*, segundo o qual a jurisdição em que o rendimento foi gerado deve *participar de sua apropriação fiscal*.

Em um ambiente de *transações convencionais*, essas duas lógicas eram *relativamente conciliáveis mediante a celebração de acordos para evitar a dupla tributação internacional* (CDTs), que distribuem a competência entre os Estados com base em *cláusulas de alocação*.

Entretanto, no *universo digitalizado* – em que uma *plataforma pode gerar renda em múltiplos países sem qualquer presença física ou representação formal* —, essa conciliação torna-se cada vez mais *precária*, quando não, *estruturalmente inviável*.

Considere-se, por exemplo, o caso de uma *empresa de tecnologia sediada na Irlanda* (residência fiscal), que oferece *serviços digitais a milhões de usuários no Brasil*, gerando *faturamento expressivo com base em dados de navegação, publicidade direcionada e microtransações*.

Sob a ótica do *critério da residência*, apenas a *Irlanda* teria competência para *tributar os lucros*. Já sob a *perspectiva da fonte*, o *Brasil*, como território em que se encontra a *base econômica e os usuários*, teria direito à arrecadação correspondente ao valor gerado localmente.

Esse tipo de *conflito* produz consequências profundas:

I – *Deslocamento artificial de lucros* para jurisdições de baixa tributação, mediante estratégias de planejamento agressivo (ex.: Double Irish, Single Malt).

II – *Perda de arrecadação dos Estados de consumo*, que não conseguem capturar a riqueza gerada localmente por ausência de nexo jurídico reconhecido.

III – *Erosão da base tributária global*, à medida que empresas globais arbitram entre regimes concorrentes.

A ausência de um conceito funcionalmente eficaz de *"fonte"* em *ambientes digitais* torna a sua *aplicação instável, politicamente controversa* e *economicamente ineficiente*, exigindo *novos critérios de conexão*, como o da *presença econômica significativa* (PES), atualmente debatido na *OCDE no âmbito do Pilar Um do BEPS 2.0*.

No *plano convencional*, o *critério da residência* tem tradicionalmente prevalecido. As convenções modelo da OCDE são estruturadas com ênfase na *alocação de rendimentos à jurisdição de residência*, reservando à fonte uma *competência residual*, condicionada à *existência de estabelecimento permanente*. Todavia, essa estrutura – pensada no século XX – *não resiste à realidade da economia de dados*, pois ignora o *papel econômico dos usuários*, dos *dados* e da *infraestrutura digital local* na geração de valor.

Em contrapartida, diversos países passaram a adotar *medidas unilaterais de tributação na fonte sobre serviços digitais*. O exemplo mais emblemático é o *Digital Services Tax* (DST) implementado por *França, Itália, Índia, Reino Unido*, entre outros, que *tributa empresas estrangeiras com base na receita bruta gerada junto a usuários locais*.

Embora tais medidas busquem *restaurar a justiça fiscal interna*, elas criam *conflitos internacionais*, uma vez que *colidem com os princípios tradicionais dos tratados de bitributação*, gerando *tensões diplomáticas* e *comerciais*.

A *comunidade internacional* tem buscado formas de mitigar esses conflitos por meio de *acordos multilaterais*, como o Pilar Um da OCDE, que propõe realocar parte dos lucros das multinacionais digitais aos países onde estão localizados os consumidores e usuários, independentemente da presença física, a *modelagem algorítmica da alocação de receitas*, baseada em fórmulas que distribuem o lucro residual entre jurisdições com base em critérios como número de usuários, tráfego de dados e volume de transações, bem como as *propostas de imposto unitário global*, como a defendida por *Gabriel Zucman* e *Thomas Piketty*, que propõem tratar grandes *grupos empresariais* como uma *unidade econômica global*, com *repartição de lucros conforme indicadores reais de presença econômica*.

No entanto, a viabilidade dessas soluções depende da *superação da lógica dualista residência-fonte*, que deve ceder lugar a uma *lógica funcional, adaptativa* e *distributiva da tributação internacional*, capaz de refletir a *complexidade da criação de valor em ambientes digitais*.

- *A indefinição do conceito de "estabelecimento permanente"*

O conceito de *estabelecimento permanente – permanent establishment* (PE), na terminologia consagrada pelos *Modelos de Convenção da OCDE* e da *ONU* – historicamente desempenhou papel central na delimitação da competência tributária internacional.

Em sua formulação clássica, o PE refere-se a uma *instalação fixa de negócios* através da qual a *empresa estrangeira* realiza *total* ou *parcialmente* sua atividade econômica *em outro Estado*. Essa definição, consagrada no *artigo 5º do Modelo da OCDE*,[4] parte da pressuposição de que a geração de valor exige uma *presença física durável, tangível* e *economicamente ativa*, o que refletia adequadamente a estrutura industrial do século XX.

Contudo, à luz das transformações econômicas contemporâneas – especialmente o *avanço da economia digital*, da *automação*, da *prestação de serviços em nuvem*, da *inteligência artificial* e dos *modelos baseados em dados como ativos centrais* – essa definição tornou-se *insuficiente, anacrônica* e *ineficaz*.

Empresas digitais, por definição, *geram valor sem a necessidade de presença física, prestando serviços, vendendo produtos* e *explorando dados* em múltiplas jurisdições sem qualquer *"instalação fixa"*.

---

4. *Artigo 5.º Estabelecimento estável*

1. Para efeitos da presente Convenção, a expressão "estabelecimento estável" significa uma instalação fixa, através da qual a empresa exerça toda ou parte da sua actividade.

2. A expressão "estabelecimento estável" compreende, nomeadamente:

a) Um local de direcção;

b) Uma sucursal;

c) Um escritório;

d) Uma fábrica;

e) Uma oficina;

f) Uma mina, um poço de petróleo ou gás, uma pedreira ou qualqu er local de extração de recursos naturais.

3. Um estaleiro de construção ou de montagem só constitui um "estabelecimento estável" se a sua duração exceder doze meses.

4. Não obstante as disposições anteriores deste artigo, a expressão "estabelecimento estável" não compreende:

a) As instalações utilizadas unicamente para armazenar, expor ou entregar mercadorias pertencentes à empresa;

b) Um depósito de mercadorias pertencentes à empresa, mantido unicamente para armazenar, expor ou entregar;

c) Um depósito de mercadorias pertencentes à empresa, mantido unicamente para serem transformadas por outra empresa;

d) Uma instalação fixa, mantida unicamente para comprar mercadorias ou reunir informações para a empresa;

e) Uma instalação fixa, mantida unicamente para exercer, para a empresa, qualquer outra actividade de carácter preparatório ou auxiliar;

f) Uma instalação fixa, mantida unicamente para o exercício de qualquer combinação das actividades referidas nas alíneas a) a e), desde que a actividade de conjunto da instalação fixa desta combinação seja de carácter preparatório ou auxiliar.

5. Não obstante o disposto nos n.ºs 1 e 2, quando uma pessoa – que não seja um agente independente, a quem é aplicável o n.º 6 – actue por conta de uma empresa e tenha e habitualmente exerça num Estado contratante poderes para concluir contratos em nome da empresa do outro Estado contratante será considerado que esta empresa tem um estabelecimento estável no primeiro Estado mencionado relativamente a qualquer actividade que essa pessoa exerça, a não ser que as actividades de tal pessoa se limitem às indicadas no n.º4, as quais, se fossem exercidas através de uma instalação fixa, não permitiriam considerar que esta instalação fixa como um estabelecimento estável, de acordo com as disposições desse número.

6. Não se considera que uma empresa tem um "estabelecimento estável" num Estado contratante pelo simples facto de exercer a sua actividade nesse Estado por intermédio de um corretor, de um comissário-geral ou de qualquer outro agente independente, desde que essa pessoa actue no âmbito normal da sua actividade.

7. O facto de uma sociedade residente de um Estado contratante controlar ou ser controlada por uma sociedade residente do outro Estado contratante ou que exerça a sua actividade nesse outro Estado (quer seja através de um estabelecimento estável, quer de outro modo) não é, por si só, bastante para fazer de qualquer dessas sociedades estabelecimento estável da outra.

Essa desconexão entre o *conceito jurídico tradicional de PE* e a *realidade econômica das empresas digitais* gera *lacunas normativas, incertezas interpretativas* e *espaço para estratégias de erosão da base tributária* (BEPS). Tal defasagem normativa tem consequências graves:

(i) *Inaplicabilidade dos critérios convencionais de alocação de lucros,* já que a ausência de PE inviabiliza a tributação na jurisdição da fonte;

(ii) *Desigualdade fiscal,* pois empresas que atuam por meios digitais escapam de obrigações tributárias que são impostas a empresas físicas locais.

(iii) *Concorrência fiscal desleal,* na medida em que empresas digitais, sem presença física, competem em condições fiscais vantajosas com agentes locais plenamente tributados.

A *crítica contemporânea ao conceito de PE* não se limita à sua obsolescência técnica, mas atinge seu próprio fundamento teórico: a *equiparação entre presença física* e *geração de valor econômico.* Em ambientes digitais, valor é criado a partir da *interação de usuários em plataformas digitais* (como redes sociais, motores de busca e marketplaces), por meio do *processamento de dados pessoais, comportamentais e transacionais* e mediante *algoritmos e inteligência artificial operando de forma autônoma,* sem intervenção humana localizada.

Tais dinâmicas desafiam a *lógica material do PE* e demandam uma *reorientação da categoria jurídica para além da presença física.* A *presença econômica significativa* (PES) surge nesse contexto como *conceito alternativo,* já adotado por países como a *Índia* e discutido no âmbito do *Plano de Ação 1 do BEPS.* Trata-se de reconhecer como suficiente para a *constituição de nexo tributário:*

⇒ a existência de usuários relevantes em determinado território;

⇒ o volume de transações digitais locais;

⇒ a coleta sistemática de dados de residentes;

⇒ a personalização de serviços ou publicidade com base em informações locais.

Essa concepção aponta para uma *transição do critério material para o critério funcional,* em que o PE *deixa de ser um espaço* para tornar-se uma *relação econômica significativa,* mesmo que desmaterializada.

A *automatização de processos produtivos* e a *difusão da inteligência artificial* reforçam a *inutilidade da definição clássica de PE.* Empresas baseadas em *smart contracts, blockchain, agentes digitais autônomos* e *servidores descentralizados* operam *sem qualquer ponto físico identificável.* A pergunta jurídica que se impõe é: *pode uma inteligência algorítmica representar um estabelecimento permanente?*

Embora a resposta ainda seja objeto de intenso debate, as soluções começam a emergir. Alguns autores defendem a tese do *"PE virtual",* com base na analogia entre a estabilidade do código-fonte e a fixação territorial; outros propõem a criação de critérios alternativos, como *"tempo de exposição digital"*, *"penetração de mercado"*, ou *"captação de dados sensíveis"*, como formas de quantificar a presença digital relevante.

Sob a perspectiva da *teoria dos sistemas complexos*, o PE deve ser reconfigurado como *nó de convergência informacional e valorativo*, e não mais como *unidade produtiva ou representação física*. Isso implica revisar as *convenções internacionais* sob a ótica da *função econômica da presença* e não de sua *forma material*.

A resistência à reforma do conceito de PE decorre em grande parte da *assimetria de interesses entre países desenvolvidos*, que sediam as *big techs*, e *países em desenvolvimento*, que *concentram os usuários* e os *mercados consumidores*.

A insistência em manter a *definição tradicional de PE* nos *tratados de bitributação* impede que os países de mercado exerçam plenamente sua *capacidade de tributar a riqueza gerada por plataformas digitais em seus territórios*.

A *Convenção Multilateral da OCDE* (MLI), embora represente um avanço institucional, ainda *preserva a base física do conceito de PE*, limitando sua *efetividade na economia digital*. A alternativa que tem ganhado tração é a adoção de *critérios suplementares de conexão digital*, de *natureza unilaterais*, ou mesmo a *redefinição do critério de alocação de lucros* por meio de *fórmulas globais de partilha*, como propõe o *Pilar Um da OCDE*.

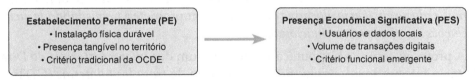

Figura 18 – Transição do Conceito Clássico de Estabelecimento Permanente (PE) para Presença Econômica Significativa (PES)[5]

- **As colisões decorrentes da bitributação e da dupla não tributação**

A colisão entre *ordenamentos jurídicos fiscais distintos* pode gerar *dois efeitos antagônicos*, mas *igualmente disfuncionais para o sistema tributário internacional*: a *bitributação*, na qual duas ou mais jurisdições tributam o mesmo fato gerador, e a *dupla não tributação*, situação em que, por lacunas, falhas de conexão normativa ou manipulação estruturada, uma mesma base econômica escapa completamente à tributação em todas as jurisdições envolvidas.

---

5. *Figura 18 – Transição do Conceito Clássico de Estabelecimento Permanente (PE) para Presença Econômica Significativa (PES).*
Representação gráfica da transformação do critério físico e territorial de tributação – baseado em instalações duráveis – para uma lógica funcional e digital, centrada na relevância econômica da presença de usuários e transações em rede. A figura evidencia o deslocamento normativo da materialidade para a significância digital no contexto da economia algorítmica.
Fonte: Elaborado pelo autor, com base em *OCDE* (2020), *GADZO* (2018), *DEVEREUX* (2021) e *ZUCMAN* (2015).

Ambos os fenômenos resultam da *incapacidade dos sistemas tributários nacionais* – construídos com base em lógicas soberanas, territoriais e autônomas – de lidar com a *natureza descentralizada, fluida* e *multijurisdicional da economia digital* e dos *fluxos financeiros globais.*

Em um mundo em que valor é criado por meio de *interações em rede, algoritmos* e *movimentações digitais transfronteiriças,* os instrumentos clássicos de coordenação normativa revelam-se não apenas insuficientes, mas *estruturalmente incompatíveis com a nova topologia econômica.*

A *bitributação* ocorre quando dois ou mais Estados exercem, simultaneamente, *competência tributária sobre o mesmo rendimento, contribuinte* ou *operação econômica,* com base em *critérios legítimos, mas conflitantes de conexão.* As hipóteses mais comuns envolvem o *critério da residência fiscal* (domicílio do contribuinte) em um Estado e o critério da fonte (origem da renda) em outro, a *existência de divergências conceituais ou interpretativas,* como no caso da qualificação jurídica de rendimentos híbridos, bem como a *duplicação de sujeitos passivos* em razão da existência de estabelecimentos permanentes mal delineados ou filiais economicamente integradas.

Embora a *bitributação* seja um fenômeno que, à primeira vista, pode parecer *benéfico ao aumentar a arrecadação global,* na prática ela *desestimula o comércio internacional, reduz a eficiência alocativa do capital* e compromete a *previsibilidade jurídica das relações econômicas transnacionais.*

A proteção contra a bitributação é, por isso, um dos *pilares históricos do Direito Tributário Internacional,* orientando a celebração de *tratados bilaterais* (CDTs) e a *elaboração de Modelos de Convenção da OCDE e da ONU.*

Contudo, como alertam *Graetz* (2016) e *Devereux* (2021), esses mecanismos convencionais são frequentemente inefetivos diante de *estruturas econômicas digitais,* em que a definição de *nexo, residência, fonte* e *valor tributável* torna-se objeto de *disputa hermenêutica* e *política.* Além disso, a *complexidade das cadeias produtivas globais* e a *multiplicidade de jurisdições envolvidas* em uma *única operação* tornam a bitributação um fenômeno *difícil de detectar, mensurar* e *resolver ex ante.*

Se a *bitributação* representa um *excesso de competência fiscal,* a *dupla não tributação* é sua *sombra silenciosa*: a *ausência de tributação decorrente da sobreposição ineficiente* ou da *desconexão entre os sistemas jurídicos.* Em geral, esse fenômeno ocorre quando *nenhum dos Estados envolvidos reconhece o nexo necessário para tributar determinada renda,* quando a *renda é qualificada de modo diferente por cada jurisdição,* levando a sua exclusão cumulativa do campo de incidência tributária ou ainda, quando o *contribuinte estrutura suas operações de forma a explorar lacunas, assimetrias* e *arbitragens normativas* – como no caso dos instrumentos híbridos, entidades *disregarded, royalties* intangíveis ou jurisdições com opacidade fiscal deliberada.

A *dupla não tributação,* longe de ser um fenômeno aleatório, tornou-se uma *estratégia institucionalizada por grandes conglomerados transnacionais,* que empregam *planejamentos tributários agressivos* para *deslocar lucros artificialmente a jurisdições de baixa ou nula tributação*, sem correspondência com a *atividade econômica real*.

O *Projeto BEPS (Base Erosion and Profit Shifting)* da *OCDE* nasceu precisamente para combater esse tipo de prática, que gera *perda bilionária de receitas fiscais* e mina a *legitimidade dos sistemas tributários nacionais*. A prática da *"transferência de lucros sem substância econômica"* foi objeto de medidas corretivas nos *Acordos Multilaterais BEPS*, incluindo:

⇒ *Ação 2* – Neutralização dos efeitos de instrumentos híbridos;

⇒ *Ação 6* – Prevenção do abuso de tratados;

⇒ *Ação 7* – Redefinição do conceito de estabelecimento permanente.

No entanto, o sucesso dessas medidas depende da adesão coordenada dos países, da reformulação de tratados bilaterais e da superação de interesses geopolíticos assimétricos. Como observa *Gabriel Zucman* (2015), enquanto países desenvolvidos mantiverem *redes de paraísos fiscais vinculadas às suas estruturas financeiras*, qualquer tentativa de universalização do combate à dupla não tributação será incompleta.

O mais paradoxal, contudo, é que a *bitributação e a dupla não tributação não se anulam mutuamente* – elas coexistem, *reforçando-se reciprocamente*. Em um mesmo arranjo tributário internacional, é possível observar *países de renda média penalizando empresas locais com bitributação agressiva, multinacionais digitais* utilizando estruturas híbridas para escapar da tributação em todas as jurisdições relevantes e *contribuintes sem capacidade técnica* ou *financeira* para contestar autuações múltiplas, enquanto grandes conglomerados arbitram entre regimes concorrentes.

Essa contradição evidencia o *esgotamento do paradigma westfaliano de soberania fiscal* e a *necessidade de uma arquitetura normativa transnacional, equitativa e funcional*, baseada na *colaboração entre Estados*, na *transparência fiscal algorítmica* e em *critérios objetivos de alocação de receitas*.

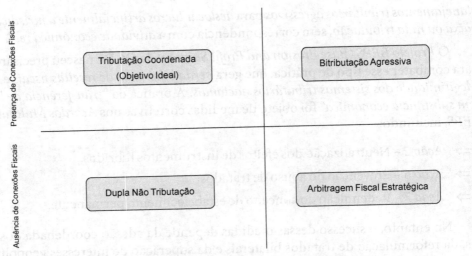

Figura 19 – Efeitos da Superposição Fiscal: Bitributação vs. Dupla Não Tributação[6]

A emergência de soluções unilaterais e a escalada de tensões fiscais

A *fragmentação normativa* provocada pela *economia digital* e a incapacidade das instituições multilaterais de promover uma coordenação eficaz e justa entre as jurisdições fiscais culminaram na *proliferação de medidas unilaterais por parte dos Estados*, como resposta soberana à *erosão da base tributável* e à *captura do valor econômico por plataformas digitais sem presença física relevante em seus territórios*.

Essas medidas refletem uma *reação assimétrica* à ausência de consenso internacional, sobretudo em relação à *redefinição do nexo tributário* e à *distribuição dos direitos de arrecadação entre os países de origem da renda* e os *países de consumo*. Na ausência de um *novo pacto fiscal multilateral*, alguns Estados passaram a adotar *estratégias normativas autônomas*, frequentemente em *dissonância com os tratados bilaterais de bitributação*, com os *modelos da OCDE* e com os *princípios clássicos de legalidade e segurança jurídica*.

A expressão mais contundente dessas soluções unilaterais é a criação dos chamados *Digital Services Taxes* (DSTs), tributos incidentes sobre a *receita bruta gerada por empresas digitais transnacionais em razão da interação econômica com usuários locais*, independentemente da *existência de estabelecimento permanente*.

---

6. *Figura 19 – Efeitos da Superposição Fiscal: Bitributação vs. Dupla Não Tributação* Matriz conceitual dos resultados estruturais da ausência de coordenação tributária em contextos digitais. A figura ilustra como a falta de conectividade entre jurisdições e a adoção de soluções unilaterais resultam em bitributação, dupla não tributação e arbitragem fiscal estratégica. Em contraposição, o quadrante ideal (superior esquerdo) representa a tributação coordenada em ambiente multilateral.
Fonte: Elaborado pelo autor, com base em *GRAETZ* (2016), *SLEMROD* (2013), *ZUCMAN* (2015), *KIEKEBELD* (2004) e *OCDE* (2023).

Estados como *França, Reino Unido, Itália, Espanha, Hungria, Índia, Turquia* e *Indonésia* já adotaram versões distintas desse tributo, cujas características comuns incluem a aplicação a empresas com *faturamento global e local acima de determinado limiar* (ex.: €750 milhões globalmente, €25 milhões na França), a incidência sobre *receitas provenientes de publicidade digital, serviços de intermediação online* e *monetização de dados de usuários* e a *desconsideração da presença física* como critério de incidência, valorizando a *"presença digital significativa".*

Embora tecnicamente eficazes na captura de receita e na correção de assimetrias fiscais, os DSTs produziram *reações diplomáticas e comerciais intensas*, sobretudo por parte dos *Estados Unidos*, que acusaram essas medidas de serem *discriminatórias contra empresas americanas*, uma vez que as maiores *plataformas digitais* (Google, Amazon, Facebook, Apple, Microsoft) são *sediadas nos EUA.*

A adoção dos DSTs desencadeou uma *escalada de tensões fiscais internacionais*, marcada por *ameaças de sanções comerciais unilaterais* por parte dos EUA, inclusive com imposição de tarifas a produtos exportados por países europeus, *retaliações simbólicas e institucionais*, como o congelamento de negociações comerciais multilaterais e *acordos ad hoc de suspensão temporária*, como os firmados entre os EUA e países europeus em 2021, com vistas à espera da implementação dos pilares do BEPS 2.0.

Esse contexto de conflito revela a *fragilidade do regime fiscal internacional* e a *necessidade urgente de um novo pacto global*, que seja capaz de preservar a *soberania fiscal dos Estados* sem recorrer ao *isolamento normativo* ou à *fragmentação institucional*.

A *proliferação de soluções unilaterais* – embora legítima sob a perspectiva da autonomia constitucional dos Estados – compromete a *integridade do sistema tributário internacional* ao gerar multiplicidade de regimes concorrentes, com *sobreposição de incidências* e multiplicação dos custos de conformidade tributária, *insegurança jurídica para empresas multinacionais*, que se veem sujeitas a regimes diversos, instáveis e potencialmente conflitantes e a *desestabilização dos tratados bilaterais de bitributação*, na medida em que os novos critérios unilaterais violam suas cláusulas de definição de competência.

Como advertem *Slemrod* (2013) e *Kiekebeld* (2004), o risco de um *"balcanização fiscal global"* – no qual cada Estado busca tributar unilateralmente a parcela do valor que lhe parece justa – é a *antítese da coordenação internacional* que fundamentou a construção da arquitetura fiscal do pós-guerra.

O impasse decorrente da emergência de soluções unilaterais levou a OCDE a acelerar a elaboração de seus *dois pilares para a reforma do sistema tributário internacional*:

- *Pilar Um*: alocação parcial dos lucros de grandes empresas multinacionais aos países de mercado, com base em critérios digitais e funcionais;

- *Pilar Dois*: introdução de um imposto mínimo global de 15%, para evitar a corrida ao fundo na concorrência tributária internacional.

Esses pilares representam uma tentativa de restaurar a *ordem tributária global* por via *multilateral*, mas enfrentam *dificuldades técnicas, políticas e operacionais significativas*. Sua implementação depende da *cooperação entre países com interesses fiscais divergentes*, da *superação de barreiras internas* (como a aprovação pelo Congresso dos EUA) e da *harmonização com os tratados existentes*.

Paralelamente, começa a emergir a proposta de uma *governança tributária algorítmica*, na qual *modelos computacionais baseados em inteligência artificial* possam coordenar, simular e alocar a tributação transnacional com maior precisão e neutralidade técnica, servindo como instrumento de mediação entre jurisdições concorrentes.

Sob a ótica da *teoria dos sistemas jurídicos interdependentes*, esses conflitos são compreendidos como *manifestações de um sistema tributário global ainda não dotado de mecanismos estáveis de resolução de sobreposição normativa*. Como propõem *Teubner* e *Luhmann*, a *proliferação de ordens jurídicas parciais, especializadas e concorrentes* gera *zonas de interferência sem autoridade central de decisão*, exigindo a construção de *interfaces normativas capazes de mitigar a colisão de racionalidades jurídicas*.

No *campo tributário*, essas interfaces tomam a forma de:

⇒ *Convenções para evitar a dupla tributação* (CDTs), que funcionam como mecanismos bilaterais de alocação de competência;

⇒ *Instrumentos multilaterais*, como a Convenção BEPS da OCDE, que busca estabelecer cláusulas-tipo de harmonização; e

⇒ *Acordos de arbitragem fiscal*, que procuram resolver litígios entre administrações tributárias por meios consensuais e tecnicamente parametrizados.

Contudo, como destaca *Ben Kiekebeld* (2004), tais mecanismos são ainda *insuficientes para lidar com a velocidade*, o *volume* e a *volatilidade das transações digitais*. A ausência de um *consenso normativo global* sobre a *tributação da economia digital* reforça a necessidade de *mecanismos algorítmicos, preditivos* e *cooperativos*, que superem a lógica adversarial das disputas por competência e operem em uma chave de governança fiscal distribuída e adaptativa.

Os *conflitos de competência fiscal no ambiente digital* não são apenas sintomas de um sistema jurídico obsoleto, mas expressões de um *modelo de soberania tributária em crise*, que ainda resiste à *reconfiguração de seu espaço normativo* e à *adoção de mecanismos de cogestão global*.

Superar tais conflitos requer não apenas ajustes conceituais, mas uma *mudança de paradigma institucional*, na qual o *Direito Tributário* abandone a *pretensão de exclusividade* e *incorpore estruturas em rede, critérios funcionais de alocação de receitas* e *dispositivos inteligentes de harmonização fiscal*.

Em suma, a *economia digital exige do Direito Tributário* uma *arquitetura normativa* que reflita a sua topologia: *distribuída, interativa, probabilística* e em *constante mutação*.

2.2.2. O desafio da tributação de intangíveis e fluxos financeiros globais

A *estrutura clássica do Direito Tributário* foi concebida para incidir sobre *fenômenos econômicos materialmente localizáveis*, tais como *propriedades, rendas, mercadorias* e *transações* realizadas entre *entes fisicamente presentes em determinada jurisdição*.

Essa arquitetura – tributariamente fundada na *noção de tangibilidade, presença física* e *territorialidade normativa* – vem sendo progressivamente desafiada pelo avanço *da economia digital* e da *financeirização global*, que deslocam a criação de valor para o *domínio dos intangíveis* e dos *fluxos financeiros desterritorializados*.

Na economia contemporânea, *o valor não está mais ancorado*, prioritariamente, em *bens corpóreos*, mas em *ativos intangíveis*, como *algoritmos, marcas, know-how, propriedade intelectual, dados comportamentais, influência de rede* e *capital informacional*.

Tais ativos são, por definição, *imateriais, replicáveis, juridicamente nebulosos* e *economicamente concentrados* em grupos transnacionais altamente sofisticados, cujas estruturas organizacionais são desenhadas para otimizar a localização fiscal de tais intangíveis, independentemente de sua origem ou uso.

Simultaneamente, os *fluxos financeiros globais* tornaram-se *fluidos, digitais, instantâneos* e cada vez *menos rastreáveis*, sendo intermediados por *plataformas algorítmicas, sistemas automatizados de trading* e *operações off-chain em redes blockchain*, muitas vezes *dissociadas dos sistemas bancários formais*. Esses fluxos escapam às *malhas clássicas de fiscalização tributária* e desafiam as categorias tradicionais de incidência, como "remessa ao exterior", "pagamento" ou "rendimento".

Diante desse cenário, o *desafio da tributação contemporânea* não é apenas *localizar o sujeito passivo* ou *identificar a materialidade do fato gerador*, mas redefinir a própria *ontologia do que deve ser considerado tributável*, em um ambiente onde o *valor é criado por interações em rede, inteligência computacional* e *ativos que existem simultaneamente em múltiplas jurisdições*.

Os *ativos intangíveis* tornaram-se a base mais fértil para o *planejamento tributário internacional agressivo*, especialmente porque são de *difícil valoração*, podendo ser sub ou superavaliados conforme convenha à estrutura do grupo econômico, podem ser *transferidos entre empresas do mesmo grupo com base em contratos de licenciamento, royalties* e *direitos autorais*, sem movimentação física ou necessidade de justificar economicamente sua alocação e são *frequentemente registrados em jurisdições com regimes fiscais privilegiados*, como Irlanda, Luxemburgo, Holanda, Ilhas Cayman, Singapura e Suíça.

O caso dos *"patent boxes"* é ilustrativo: muitos países oferecem *regimes fiscais ultrarreduzidos para rendimentos derivados de propriedade intelectual registrada localmente*, o que estimula empresas a deslocarem seus ativos intangíveis para tais jurisdições, mesmo que o desenvolvimento e a exploração dos mesmos ocorram em países distintos. O resultado é uma *erosão sistêmica da base tributária dos países de origem do valor*, gerando *injustiça fiscal* e *competição prejudicial entre Estados*.

Como observa *Stjepan Gadzo* (2018), o *intangível* opera como *"um vetor de disrupção ontológica do sistema tributário"*, pois sua própria definição escapa aos *critérios tradicionais de conexão* e *valoração*, permitindo que os grupos transnacionais *manipulem sua localização jurídica com base em conveniências fiscais* e não em *substância econômica real*.

Os *fluxos financeiros internacionais*, por sua vez, tornaram-se mais *opacos, complexos* e *voláteis* com a ascensão de *sistemas de pagamento digital descentralizados* (como criptomoedas, stablecoins e tokens), *veículos financeiros estruturados* (derivativos, *trusts*, entidades de propósito específico, fundos opacos) e *ambientes regulatórios assimétricos*, que permitem que recursos sejam movimentados em tempo real sem a devida retenção na fonte ou rastreamento contábil eficaz.

A *financeirização global* enfraquece os mecanismos clássicos de tributação na fonte e de controle de capitais, especialmente porque os *fluxos* são pulverizados, fracionados e frequentemente desmaterializados. Isso torna a *identificação do beneficiário efetivo incerta*, em razão da intermediação de camadas sucessivas de entidades jurídicas. Outrossim, o *deslocamento das operações financeiras* para *plataformas descentralizadas* (DeFi) inviabiliza a atuação fiscalizadora dos entes estatais.

Como destaca *Gabriel Zucman* (2015), essa opacidade financeira é estruturada deliberadamente para subtrair as transações do alcance dos fiscos nacionais, e não se trata de um desvio, mas de um *modelo sistemático de evasão fiscal globalmente institucionalizada*.

Diante da impossibilidade de localizar fisicamente os intangíveis e os fluxos financeiros, duas abordagens vêm sendo propostas na literatura e na prática institucional:

a) *A Valoração Algorítmica de Intangíveis*

Utilizando ferramentas de *inteligência artificial* e *machine learning*, os fiscos podem estimar o valor econômico de ativos intangíveis com base em:

⇒ Comparações entre transações semelhantes (método comparável);

⇒ Estimativas baseadas em fluxos de caixa futuros descontados;

⇒ Modelos probabilísticos de risco e retorno com base em dados históricos e projeções de mercado.

Essa abordagem busca *neutralizar a manipulação artificial de preços de transferência* e introduzir *objetividade estatística na valoração tributária de ativos imateriais*.

b) *A Tributação por Alocação Funcional (Formulary Apportionment)*

Neste modelo, propõe-se que os *lucros globais de um grupo multinacional* sejam consolidados e, posteriormente, atribuídos a cada jurisdição com base em fatores objetivos, como:

⇒ Volume de vendas locais;
⇒ Número de usuários ou dados coletados;
⇒ Empregos e ativos localizados;
⇒ Infraestrutura digital empregada.

Essa proposta, associada ao *Pilar Um da OCDE* e às teses de *THOMAS PIKETTY* e *ZUCMAN*, objetiva *restaurar a justiça fiscal em escala planetária*, alocando o *valor tributável à função econômica real* e não à *formalidade jurídica da titularidade dos ativos*.

A *tributação de intangíveis* e *fluxos financeiros globais* é o campo mais desafiador da tributação contemporânea, pois exige *revisão ontológica do fato gerador*, *redefinição dos critérios de conexão jurídica* e reconstrução dos *métodos de valoração econômica*.

Trata-se de um domínio em que a *dogmática clássica do Direito Tributário* precisa ser enriquecida com as *contribuições da ciência da computação*, da *economia da informação* e da *modelagem matemática da geração de valor*.

A superação desse desafio não se dará por *soluções pontuais*, mas por uma *reconversão paradigmática*: da tributação baseada em presença física para uma tributação baseada em *presença funcional, algorítmica e distributiva*, em que o Estado atua *não como fiscal do passado*, mas como *curador sistêmico dos fluxos de valor em redes globais interdependentes*.

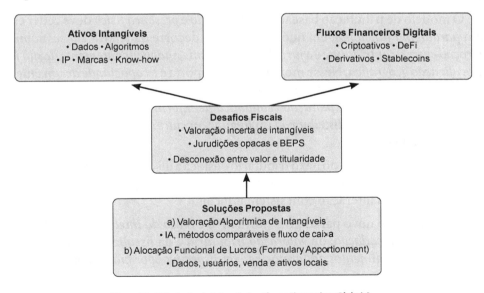

Figura 20 – Tributação de Intangíveis e Fluxos Financeiros Globais[7]

---

7. *Figura 20 – Tributação de Intangíveis e Fluxos Financeiros Globais.*
Representação gráfica dos principais desafios enfrentados pelo Direito Tributário na era digital: a imaterialidade dos ativos intangíveis e a opacidade dos fluxos financeiros transnacionais. A figura propõe uma estrutura de

2.2.3. Novos paradigmas normativos para a tributação digital

A crise do modelo clássico de tributação frente à economia digital *transcende o plano operacional da arrecadação e da fiscalização*. Ela revela uma crise paradigmática no interior da racionalidade jurídica tributária, cuja superação exige *novos referenciais teóricos, normativos* e *institucionais*, compatíveis com a *natureza desterritorializada, intangível* e *automatizada da criação contemporânea de valor*.

A emergência de *novas arquiteturas econômicas* – redes digitais, plataformas de intermediação algorítmica, sistemas de pagamento descentralizados, fluxos de dados e propriedade intelectual de alta complexidade – *deslocou os vetores fundamentais da incidência tributária*.

Os conceitos clássicos como *"fato gerador", "estabelecimento permanente", "rendimento tributável"* e *"relação jurídica tributária"*, moldados para realidades industriais e localizadas, mostram-se *estruturalmente inadequados* para capturar a *nova materialidade econômica*.

A resposta a esse colapso estrutural não pode ser a simples *adaptação técnica do velho paradigma*, mas sim a *construção de um novo regime normativo, interdisciplinar* e *sistêmico*, que compreenda a *tributação como fenômeno complexo, informacional e distribuído, sensível à dinâmica dos sistemas interconectados* e à *lógica emergente dos algoritmos*.

O modelo de tributação baseado em *território* e *presença física* deve ceder espaço a um *paradigma funcional*, em que o nexo fiscal decorre da *relevância econômica da interação entre o contribuinte* e a *jurisdição tributante, independentemente de sua forma* ou *localização geográfica*. Nesse modelo, o que importa é a *capacidade de um ente gerar receita* a partir de *usuários* ou *mercados* situados em determinada jurisdição, a *coleta sistemática de dados* e a *exploração econômica de informações locais* e o *uso de infraestrutura digital, rede de distribuição* ou *linguagem cultural* inserida em um contexto jurídico específico.

Essa funcionalização do nexo tributário desloca a discussão da *presença física* para a *presença econômica significativa*, reconhecendo que valor é gerado não pela ocupação do espaço, mas pela interação com sistemas locais.

Outro pilar do novo paradigma normativo é o *uso da inteligência artificial como mediadora da arrecadação*, da *valoração tributária* e da *fiscalização*, em um sistema que substitui *procedimentos declaratórios e retrospectivos por modelos preditivos, automatizados e iterativos*.

---

resposta técnica baseada na valoração algorítmica e na alocação funcional de lucros, sinalizando a necessidade de uma governança tributária distribuída e tecnologicamente assistida.

Fonte: Elaborado pelo autor, com base em *Gadzo* (2018), *Zucman* (2015), *OECD* (2023), *Piketty* (2013) e *Slemrod* (2013).

Nesse contexto, o Direito Tributário deixa de ser apenas um campo normativo e passa a operar como sistema algorítmico, regulado por *sistemas de compliance preditivo*, nos quais obrigações tributárias são calculadas em tempo real por inteligência artificial, *plataformas descentralizadas de liquidação tributária*, que operam via *smart contracts* e blockchain e *modelos estatísticos de alocação funcional de lucros*, como os embutidos nos pilares da OCDE e em propostas de *apportionment* fiscal global.

A consequência é uma *reconfiguração radical da governança fiscal*, que exige não apenas *inovação tecnológica*, mas também uma *nova gramática jurídica*, capaz de *traduzir algoritmos em normas e normas em instruções programáveis*.

A *terceira dimensão* desse novo paradigma diz respeito à *reconstrução institucional da tributação internacional*, mediante instrumentos multilaterais que vão além da *lógica bilateralista dos tratados tradicionais*.

A experiência recente da OCDE com o *Pilar Um* e o *Pilar Dois*, ainda que imperfeita, sinaliza o caminho para a *criação de um sistema global de alocação de lucros*, baseado em fatores objetivos como usuários, dados e receita local, a introdução de um *imposto mínimo global efetivo*, que funcione como limite inferior à concorrência fiscal predatória, resultando na *harmonização de conceitos fundamentais*, como intangível, lucro residual, e jurisdição de mercado.

Para que isso se consolide, será necessário superar a fragmentação normativa atual, integrando normas jurídicas com modelos computacionais e estatísticos, dentro de um ecossistema fiscal interoperável e responsivo.

Por fim, o *novo paradigma normativo* exige uma *compreensão sistêmica da tributação*, como *estrutura adaptativa* e não como código fechado. O *sistema tributário* deve ser pensado como um *organismo vivo*, que *reage a estímulos, processa informações em tempo real* e se *reconfigura em função das mutações econômicas e tecnológicas*.

Essa perspectiva, inspirada na *teoria dos sistemas dinâmicos* e *complexos*, permite pensar o Direito Tributário como um *sistema aberto*, em permanente diálogo com outras ordens jurídicas e com a realidade factual, como um *sistema distribuído*, no qual múltiplas jurisdições cooperam na arrecadação e partilha de receitas, assim como em um *sistema inteligente*, dotado de mecanismos de autoajuste e resposta algorítmica a riscos e comportamentos desviantes.

A *construção de novos paradigmas normativos para a tributação digital* não é um ato de reforma incremental, mas uma *revolução epistemológica, tecnológica e jurídica*, que exige a *fusão entre Direito, Ciência da Computação, Economia da Informação e Teoria da Complexidade*.

A superação do paradigma tradicional *não significa o abandono dos princípios jurídicos fundamentais*, mas a sua *reconstrução em uma linguagem compatível com a lógica algorítmica*, a *ubiquidade digital* e a *velocidade dos fluxos econômicos globais*.

Este novo modelo deverá ser, ao mesmo tempo, *estruturalmente adaptativo, normativamente sólido* e *tecnicamente auditável*, capaz de garantir *equidade, transparência* e *funcionalidade fiscal* em um mundo governado por sistemas em rede.

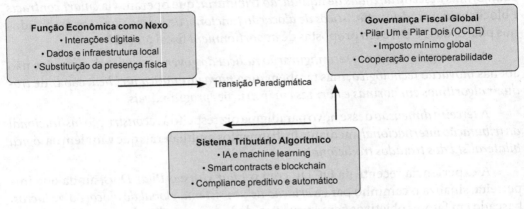

Figura 21 – Novos Paradigmas Normativos para a Tributação Digital[8]

2.3. A INTERSEÇÃO ENTRE FÍSICA QUÂNTICA E A INCERTEZA FISCAL

A crescente *complexidade do sistema tributário global*, somada à *fragmentação normativa decorrente da digitalização da economia*, da *sobreposição de jurisdições* e da *volatilidade dos fluxos financeiros*, impõe um desafio que excede os instrumentos analíticos tradicionais do Direito.

Os *paradigmas dogmáticos fundados na certeza*, na *linearidade* e na *completude interpretativa* revelam-se incapazes de dar conta de uma *realidade dinâmica, interconectada, indeterminada* e *probabilística*. Nesse cenário, torna-se imperativo recorrer a *novas linguagens conceituais*, capazes de modelar a *instabilidade* e a *incerteza* inerentes à *experiência tributária contemporânea*.

É nesse ponto que se estabelece o diálogo fecundo entre *Direito Tributário e Física Quântica*. Longe de se tratar de uma *analogia superficial*, o que se propõe é uma *transposição epistemológica estruturada*, que reconhece a *pertinência dos princípios fundamentais da física dos sistemas microestruturais para a compreensão dos comportamentos jurídicos complexos*, especialmente nos campos da *interpretação normativa*, da *governança fiscal* e da *modelagem da arrecadação*.

---

8. *Figura 21 – Novos Paradigmas Normativos para a Tributação Digital.*
Infográfico que sintetiza os três pilares estruturantes da nova arquitetura fiscal para a economia digital: (i) funcionalização do nexo tributário; (ii) automação algorítmica do sistema arrecadatório; e (iii) governança fiscal global cooperativa. A figura expressa a superação do paradigma territorial por um modelo adaptativo, técnico e distribuído.
Fonte: Elaborado pelo autor, com base em *OCDE* (2023), *Gadzo* (2018), *Zucman* (2015), *Avi-Yonah* (2007) e *Deveraux* (2021).

O *mundo quântico*, descrito pelas formulações de *Werner Heisenberg, Niels Bohr* e *Erwin Schrödinger*, opera sob uma lógica radicalmente distinta do paradigma clássico: nele, a *causalidade* é substituída pela *probabilidade*; a *objetividade*, pela *interdependência da observação*; a *estabilidade*, pela *superposição de estados*; e a *previsibilidade*, por *estruturas de incerteza controlada*.

Tais características encontram surpreendente correspondência com o *funcionamento atual dos sistemas tributários*, que se comportam como *sistemas abertos, dinâmicos, não lineares* e fortemente sensíveis a condições contextuais.

A interseção entre *Direito* e *Física*, portanto, *não é metafórica*, mas *epistemológica* e *operacional*: exige que a *teoria jurídica* abandone a obsessão pela rigidez e abrace *modelos interpretativos* capazes de lidar com a *ambiguidade normativa*, a *simultaneidade de regimes*, a *imprevisibilidade do contencioso* e a *instabilidade institucional*.

Isso implica o reconhecimento de que, assim como *não se pode determinar simultaneamente a posição e o momento de uma partícula quântica*, não se pode pretender *extrair da norma tributária um significado único, fixo e previsível*, especialmente em *contextos de superposição jurídica e incerteza factual*.

Esta seção se estrutura *em três subitens*:

I – O primeiro (2.3.1) explora a *aplicação do princípio da incerteza de HEISENBERG* à *tributação*, propondo um *modelo hermenêutico* no qual a *instabilidade semântica da norma* é modelada como *função da relação entre precisão normativa e impacto econômico*.

II – O segundo (2.3.2) analisa o *caos tributário como manifestação da imprevisibilidade estrutural do sistema*, abordando a *sensibilidade às condições iniciais*, os *ciclos de retroalimentação* e os *comportamentos não lineares nos regimes fiscais contemporâneos*.

III – O terceiro (2.3.3) articula a *teoria dos jogos* e *estratégias fiscais*, propondo uma *abordagem interativa* e *adaptativa do comportamento de contribuintes* e *administrações tributárias*, sob a lógica de *sistemas estratégicos em ambiente de incerteza*.

A proposta, em suma, é construir uma *hermenêutica quântica da tributação*, na qual o *Direito deixa de ser pensado como um sistema de comando rígido* e se torna um *espaço dinâmico de interação entre norma, tecnologia, comportamento* e *probabilidade*, adequado para operar em ambientes de *superposição, instabilidade* e *complexidade funcional*.

2.3.1. Aplicação do princípio da incerteza de Heisenberg na tributação

Formulado por *Werner Heisenberg* em *1927*, o *princípio da incerteza* – também conhecido como *princípio da indeterminação* – estabelece que *não é possível conhecer simultaneamente, com precisão absoluta,* a *posição* e o *momento linear* de *uma partícula subatômica.*

Em outras palavras: *quanto maior a precisão com que se determina a posição de uma partícula, menor a precisão com que se pode conhecer sua velocidade,* e *vice-versa.* Esse *limite epistemológico* não decorre de *deficiência técnica,* mas da *própria natureza da realidade quântica,* na qual a *observação* afeta o *estado do sistema observado.*

Transportado com cautela e rigor para o campo jurídico, e em particular ao Direito Tributário, esse princípio adquire *potência hermenêutica transformadora,* ao evidenciar que o *conhecimento normativo* e *fático no domínio tributário* também está sujeito a *limitações constitutivas,* derivadas da *complexidade do sistema,* da *ambiguidade da linguagem* e da *interatividade dos agentes.*

A analogia não deve ser compreendida como uma *transposição literal de categorias da física à dogmática tributária,* mas como uma *ferramenta epistemológica que permite modelar a instabilidade inerente à interpretação,* à *aplicação* e à *normatividade fiscal* em contextos de elevada complexidade, volatilidade e superposição regulatória.

2.3.1.1. *A incerteza jurídico-normativa como estrutura de limite*

A experiência jurídica tributária contemporânea evidencia, com intensidade crescente, que a *interpretação* e *aplicação das normas fiscais* não ocorrem em um *ambiente de certeza* e *linearidade,* mas em um campo marcado por *ambiguidades semânticas, sobreposições regulatórias* e *instabilidades econômicas* que desafiam as premissas clássicas da *legalidade estrita* e da *segurança jurídica.* Essa realidade não é contingente, mas estrutural, e deve ser compreendida como tal.

Nesse sentido, propõe-se compreender a *incerteza jurídico-normativa* como uma *estrutura de limite,* ou seja, como um *horizonte epistemológico intrínseco ao funcionamento do sistema jurídico,* que *não pode ser eliminado por maior precisão legislativa* ou por *incremento da capacidade administrativa.*

Trata-se de reconhecer que, em *ambientes complexos,* o *conhecimento jurídico* – e, em especial, *tributário* – está sujeito a *limites constitutivos,* decorrentes da própria natureza do direito como *linguagem,* da *instabilidade dos fatos econômicos* e *da multiplicidade de sistemas normativos interagentes.*

O *primeiro vetor dessa limitação epistemológica* encontra-se na *estrutura linguística da norma tributária.* A linguagem jurídica – sobretudo em matéria tributária – opera com *categorias abertas, polissêmicas* e *contextualmente determinadas,* tais como:

⇒ "atividade econômica";

⇒ "fato gerador";

⇒ "preço de mercado";

⇒ "lucro real";

⇒ "ganho de capital";

⇒ "intenção de planejamento".

Tais termos, embora *juridicamente definidos*, não possuem um *núcleo semântico estável*, especialmente quando confrontados com *realidades econômicas novas, complexas* e *tecnologicamente mediadas*.

Como observou *Herbert Hart*, a *textura aberta da linguagem jurídica* é um dado *ontológico do sistema normativo*. No *campo tributário*, essa textura é amplificada pela necessidade de o Direito se adaptar a fenômenos que mudam com extraordinária velocidade, como os *serviços digitais*, os *ativos intangíveis* e os *modelos algorítmicos de criação de valor*.

Nesse ambiente, a *incerteza hermenêutica* não é um "erro" a ser corrigido por mais técnica legislativa, mas um *horizonte intransponível*, que deve ser *reconhecido, formalizado* e *administrado racionalmente*.

A *segunda dimensão da incerteza jurídico-normativa* decorre da *instabilidade dos fatos econômicos* aos quais se aplica a norma tributária. Como o Direito Tributário incide sobre fluxos econômicos, ele depende de *contabilidade empresarial*, que é construída com base em estimativas, projeções e critérios muitas vezes convencionais, de *precificação de ativos*, que se altera com a dinâmica do mercado e a volatilidade das expectativas e de *modelos de negócio dinâmicos*, como os que operam com plataformas digitais, inteligência artificial e contratos automatizados.

Essa natureza fluida do objeto tributável provoca uma *oscilação contínua na aplicação das normas*. A *mesma regra*, aplicada a *dois contextos fáticos semelhantes*, pode produzir *resultados diversos*, por força da *interpretação do que é "substância econômica", "nexo com a jurisdição"* ou *"valor de transferência"*. Isso gera uma *entropia normativa*, que dificulta o *cumprimento voluntário* e eleva o grau de *litigiosidade do sistema*.

A *terceira dimensão da incerteza normativa* como estrutura de limite é de *natureza sistêmica*: refere-se à *coexistência de múltiplas ordens normativas*, que se *sobrepõem e interagem de forma não coordenada*. No campo tributário, essa sobreposição pode envolver *normas internas e tratados internacionais de bitributação*, os *regulamentos infralegais e jurisprudência administrativa e judicial*, bem como as *orientações da OCDE, decisões arbitrais e práticas interpretativas divergentes* entre Estados soberanos.

A presença dessas camadas normativas interdependentes cria *zonas de colapso hermenêutico*, nas quais *não há um critério inequívoco de resolução de conflitos*, e a *decisão fiscal dependerá de elementos como*:

- O precedente dominante do Carf;

- A leitura prevalente em determinado tribunal regional;

- O comportamento da Receita Federal em casos anteriores;
- A opinião de peritos em precificação de intangíveis.

Essa multiplicidade revela que o *Direito Tributário* não opera como um *código lógico fechado*, mas como uma *rede de interpretações em competição contínua*, cujo equilíbrio é *instável* e *contingente*.

Reconhecer a *incerteza jurídico-normativa* como *estrutura de limite* não implica *renúncia à racionalidade jurídica*, mas uma *reformulação epistemológica do sistema*, com consequências relevantes para a *dogmática tributária* – que implica abandonar a obsessão pela completude normativa para adoção metodologias abertas, probabilísticas e orientadas por contextos – para a *administração fiscal* – implicando em substituir a lógica de comando-coerção por modelos de compliance cooperativo, análise preditiva e gerenciamento de riscos – para o *contribuinte* – implicando na atuação em um sistema de incerteza institucionalmente reconhecida, no qual as decisões estratégicas são tomadas com base em cenários, probabilidades e inferência jurídica – e para o *Poder Judiciário* – impondo-se a necessidade de fundamentação densa, contextual e justificada, que reconheça a complexidade normativa e a ambiguidade inevitável dos casos tributários contemporâneos.

A *incerteza jurídico-normativa no Direito Tributário* não é um *desvio* nem uma *falha a ser corrigida*, mas um *limite constitutivo da racionalidade jurídica* em *ambientes complexos, digitalizados* e *interdependentes*. Compreendê-la como tal permite desenvolver *modelos mais sofisticados de interpretação, planejamento, fiscalização* e *decisão*, baseados não na eliminação da ambiguidade, mas em sua *governança racional, transparente* e *tecnicamente assistida*.

A *normatividade tributária do século XXI* será menos uma *engenharia de comandos* do que um *campo de forças probabilísticas*, em que a autoridade se exerce por simulação, inferência e inteligência adaptativa – e não mais apenas por *subsunção mecânica*.

2.3.1.2. *Medição jurídica e o colapso interpretativo*

Na *mecânica quântica*, a chamada *medição* não é um *ato passivo de revelação da realidade*, mas um *evento ativo e transformador*, que *altera o estado do sistema observado* e *colapsa a superposição de estados em um único resultado empírico observável*.

Enquanto uma *partícula quântica* existe *simultaneamente em múltiplas possibilidades* (função de onda), é apenas no *momento da observação* que *um dos estados potenciais se realiza* – um processo não determinado com antecedência, mas estatisticamente modelado.

No *campo jurídico* – e em particular na *seara tributária* – o ato de *interpretação* e *aplicação da norma* pode ser compreendido, *mutatis mutandis*, sob o mesmo prisma: a *norma, antes de sua concretização decisória*, não possui um *significado unívoco*, mas uma *amplitude de interpretações possíveis*, em estado de *"superposição hermenêutica"*.

É o ato de *decisão administrativa, judicial* ou mesmo *comportamental* (por parte do contribuinte) que *colapsa essa pluralidade potencial*, gerando um sentido *normativo efetivo*, com *consequências jurídicas vinculantes*.

Assim como a *medição na física quântica interrompe a função de onda e fixa o estado da partícula*, a *decisão fiscal* ou *judicial fixa o significado da norma em determinado caso concreto*, encerrando a *zona de ambiguidade interpretativa*. Essa decisão, contudo, *não decorre de uma descoberta objetiva de sentido*, mas de um *ato performativo*, no qual o *decisor*, ao selecionar um *critério interpretativo, constitui a realidade normativa daquele contexto*.

A *jurisprudência administrativa* e *judicial* exemplifica esse fenômeno com nitidez: até que *determinado tema seja pacificado por uma súmula*, um *acórdão vinculante* ou uma *decisão reiterada*, o sistema convive com uma *função de possibilidade interpretativa*, que oscila entre distintos sentidos. O *colapso interpretativo* ocorre, portanto:

- No *momento da lavratura do auto de infração*, quando o auditor escolhe um critério para qualificar uma operação (remessa internacional, distribuição disfarçada de lucros, preço de transferência etc.);

- No *julgamento administrativo*, quando o colegiado opta por determinado entendimento frente à literalidade legal e à orientação da jurisprudência;

- Na *decisão judicial*, quando o magistrado – ainda que por equidade, analogia ou ponderação – atribui sentido normativo ao enunciado legal em disputa.

Tal como o *observador quântico*, o *intérprete jurídico* não descobre um sentido puro, mas *constrói um sentido que passa a produzir efeitos reais*, muitas vezes *retroativos, vinculantes* e *distributivamente significativos*.

Uma das contribuições mais disruptivas da física quântica foi reconhecer que o *observador faz parte do experimento*: a *realidade observada é modificada pela própria observação*. No *Direito Tributário*, o mesmo ocorre: a *atuação da administração fiscal*, ao *selecionar determinada conduta como objeto de fiscalização* ou de *autuação, modifica o comportamento dos contribuintes, redefine as estratégias de planejamento, provoca reações institucionais* e *influencia a jurisprudência futura*.

A *fiscalização baseada em inteligência artificial*, por exemplo, reforça esse *caráter performativo*. Ao treinar *algoritmos com dados históricos de autuações e êxito fiscal*, cria-se um *sistema* que *retroalimenta determinadas interpretações e comportamentos*, produzindo *colapsos hermenêuticos automatizados*, muitas vezes *sem espaço para contestação prévia*.

Esse *ciclo de retroalimentação normativa* revela que o *sistema jurídico tributário* opera em *camadas de instabilidade controlada*, nas quais cada decisão cria um *padrão de observação, novo critério de interpretação* e *nova estrutura de comportamento institucional.*

O *colapso interpretativo* não é apenas *semântico*, mas também *temporal*. Ele ocorre em *momentos específicos* – o *lançamento tributário*, a *sentença*, a *manifestação da autoridade fiscal* – que interrompem o *fluxo contínuo de disputas interpretativas* e cristalizam um *sentido normativo local, temporal* e *contingente*.

Essa noção é crucial para compreendermos a *importância dos precedentes fiscais* como eventos de estabilização interpretativa, a *fragilidade da segurança jurídica* em contextos de alta litigiosidade e a *inevitável variabilidade decisória*, mesmo diante de normas formalmente idênticas.

Como na *física*, em que o *colapso define uma nova condição do sistema para os experimentos subsequentes*, a *decisão fiscal* cria um *precedente que reconfigura o campo normativo* e *comportamental*, influenciando futuras *interpretações*, *novas operações econômicas* e *estratégias de planejamento.*

Se o *colapso hermenêutico* é, em última instância, produzido pela *atuação do intérprete*, então este deixa de ser *mero aplicador da norma* e torna-se *coautor da realidade normativa*. Isso impõe uma *profunda responsabilidade técnica, ética* e *distributiva*, especialmente no campo tributário, onde a decisão afeta a *arrecadação do Estado*, a *capacidade contributiva do sujeito passivo*, a *competitividade das empresas* e a *conformidade sistêmica do ordenamento jurídico.*

A perspectiva quântica exige que o intérprete se compreenda não como operador de um código, mas como *condutor de colapsos interpretativos socialmente relevantes*, cujas escolhas *definem trajetórias institucionais, orientações de conduta* e *fluxos de valor.*

A *medição jurídica* e o *colapso interpretativo* constituem *elementos centrais da hermenêutica quântica tributária*. Eles revelam que a *norma não preexiste à decisão como sentido fixo*, mas se *atualiza em processos dinâmicos de interpretação condicionada*, nos quais o *observador* (jurídico, administrativo ou judicial) *desempenha papel ativo e criativo.*

A *analogia com a mecânica quântica* não apenas ilumina esse processo, como também oferece uma *estrutura epistemológica* capaz de lidar com a *incerteza como fenômeno estrutural*, e não como *defeito a ser eliminado.*

Compreender a tributação como *campo de colapsos interpretativos* é um passo decisivo para desenvolver *modelos jurídicos mais responsivos, algoritmicamente auditáveis* e *eticamente comprometidos*, aptos a operar em um *mundo de complexidade, mutação* e *pluralidade semântica permanente.*

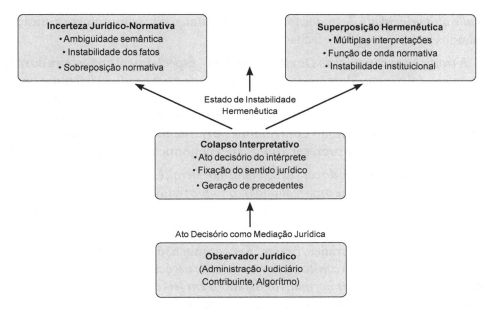

Figura 22 – Hermenêutica Quântica da Tributação: Incerteza, Superposição e Colapso Interpretativo[9]

2.3.1.3. O paradoxo da previsibilidade: precisão legal x eficácia econômica

O *Direito Tributário*, enquanto *ramo jurídico de alta densidade normativa e elevado grau de impacto distributivo*, exige, por sua própria natureza, um delicado equilíbrio entre *segurança jurídica* e *efetividade arrecadatória*.

Tal equilíbrio, entretanto, é profundamente *tensionado pelo paradoxo da previsibilidade*, que se expressa na seguinte *antinomia estrutural*: quanto mais se busca *precisão normativa absoluta, menos eficaz se torna o sistema fiscal diante da volatilidade econômica contemporânea*; por outro lado, *quanto mais adaptável e flexível se torna a norma*, maior é a *insegurança interpretativa*, a *litigiosidade* e a *assimetria decisória*.

Esse paradoxo é particularmente agudo no contexto da *economia digital*, da *desmaterialização dos ativos*, da *proliferação de modelos de negócio baseados em algoritmos* e *da expansão dos fluxos financeiros internacionais automatizados*. O sistema fiscal, nesse cenário, passa a operar em *ambiente de incerteza endógena, retroalimentação informa-*

---

9. *Figura 22 – Hermenêutica Quântica da Tributação: Incerteza, Superposição e Colapso Interpretativo.*
Fluxograma conceitual que ilustra a aplicação de princípios da mecânica quântica à interpretação tributária contemporânea. A figura representa a transição entre a incerteza jurídico-normativa (derivada da ambiguidade semântica, da instabilidade fática e da sobreposição normativa), a superposição hermenêutica (estado de múltiplas interpretações possíveis) e o colapso interpretativo, que ocorre no ato decisório do intérprete – seja este a administração fiscal, o contribuinte, o Poder Judiciário ou sistemas algorítmicos.
Fonte: Elaborado pelo autor, com base em *HEISENBERG* (1927), *ZUCMAN* (2015), *GADZO* (2018), *SLEMROD* (2013) e *OCDE* (2023).

cional e *alta velocidade de mutação comportamental*, o que compromete a eficácia de comandos jurídicos rígidos e fechados.

A *tradição continental do Direito Tributário* – especialmente na esteira da matriz germânica – foi construída sob o *dogma da legalidade estrita*: *nullum tributum sine lege*. A norma tributária, nesse modelo, deve ser *precisamente redigida*, com definição clara de fato gerador, base de cálculo, alíquota e sujeito passivo, *estável ao longo do tempo*, garantindo previsibilidade aos contribuintes e *resistente à discricionariedade administrativa*, como forma de proteger a liberdade econômica e os direitos fundamentais.

Esse modelo, *herdeiro do constitucionalismo liberal*, é legítimo e historicamente necessário. Contudo, ele supõe uma *realidade econômica estável, tangível e territorialmente circunscrita*, na qual a *relação fisco-contribuinte é linear* e os comportamentos podem ser modelados por *normas ex ante de aplicação mecânica*.

Na prática contemporânea, porém, a economia não opera sob tais premissas. O que se observa é a *mutação constante dos modelos de negócio*, que tornam obsoletos, em poucos meses, os *conceitos normativos definidos em lei* (ex.: marketplaces descentralizados, contratos inteligentes, monetização de dados); a *complexidade das estruturas jurídicas e financeiras*, que envolvem entidades híbridas, fluxos triangulares e jurisdições múltiplas e a *volatilidade do valor* e da *base de cálculo*, sujeita a algoritmos, redes e percepções intangíveis de mercado.

Nesse contexto, a *norma excessivamente precisa torna-se ineficaz*, pois não é capaz de *capturar os fenômenos aos quais deveria se aplicar*. A *rigidez normativa* cria *zonas de evasão legal, incentiva o planejamento tributário agressivo* e *aumenta a distância entre a forma legal e a substância econômica*.

Diante desse cenário, o sistema tributário é impulsionado à flexibilização normativa, o que inclui o *uso de cláusulas gerais antiabuso*, a adoção de conceitos como *"propósito negocial", "substância econômica"* e *"presença significativa"* e a *incorporação de modelos funcionais* e *algoritmos de avaliação preditiva*.

Essa flexibilização aumenta a *eficácia econômica da norma*, ao permitir sua aplicação adaptativa a novas realidades, mas também acentua a *incerteza hermenêutica*, na medida em que *multiplica as interpretações possíveis*, eleva a *discricionariedade fiscal*, compromete o *planejamento tributário legítimo* e fomenta o *contencioso judicial* e *administrativo*.

Tem-se, assim, a *face invertida do paradoxo*: a *norma eficaz do ponto de vista arrecadatório* torna-se *perigosa do ponto de vista da previsibilidade* e da *justiça fiscal*, especialmente para *pequenos e médios contribuintes*, que não dispõem de *estruturas sofisticadas para interpretar, antecipar* ou *negociar* entendimentos com o fisco.

A *superação do paradoxo da previsibilidade* não virá da negação de um dos polos, mas da construção de *modelos normativos* capazes de *formalizar* e *administrar* a *incerteza*, substituindo a *lógica binária* pela *lógica probabilística*.

Nesse sentido, a *hermenêutica tributária quântica* oferece uma proposta episte-mológica viável:

- Assume a incerteza como dado estrutural do sistema;
- Modela os significados normativos como estados possíveis, passíveis de colapso interpretativo sob determinadas condições; e
- Emprega algoritmos de inferência probabilística e aprendizado de máquina para simular cenários e orientar a tomada de decisão fiscal.

Combinada à tecnologia, essa abordagem permite que a precisão e a eficácia sejam moduladas em função do contexto, mediante *sistemas de compliance parametrizado por grau de risco*, a *interpretação probabilística* assistida por dados históricos e perfis comportamentais, bem como a *roteirização inteligente de fiscalização*, com base em densidade normativa e zona de incerteza jurídica.

O *paradoxo da previsibilidade* – entre a precisão legal e a eficácia econômica – é uma das expressões mais sofisticadas do conflito entre tradição normativa e realidade sistêmica. Superá-lo exige um *novo modelo de racionalidade jurídica*, que reconheça os *limites da linguagem*, a *instabilidade do objeto tributável* e a *complexidade da decisão interpretativa*.

O Direito Tributário do século XXI *não será um código fechado*, mas um *sistema de equilíbrio dinâmico* entre *estrutura* e *adaptação*, entre *legalidade* e *inferência*, entre *forma* e *função*.

- *A Formalização da Incerteza: Probabilidade Jurídica e Inferência Algorítmica*

Ao longo da tradição jurídica, a *incerteza* foi tratada, na maior parte das vezes, como um *déficit epistemológico*, a ser *eliminado pela técnica legislativa*, pela *evolução jurisprudencial* ou pela *estabilização institucional*.

Contudo, no *contexto contemporâneo* – marcado por *complexidade econômica, instabilidade normativa, mutabilidade tecnológica* e *pluralidade interpretativa* – essa abordagem torna-se insuficiente. A *incerteza* não pode mais ser *ignorada* ou *reprimida*; ela precisa ser *formalizada, parametrizada* e *administrada*.

A *formalização da incerteza* consiste em reconhecer que o *Direito não opera em categorias lógicas puras* (verdade/falsidade, legal/ilegal), mas em *zonas de ambiguidade regulada*, nas quais a *decisão jurídica* deve se basear não em *certezas*, mas em *inferências plausíveis, probabilísticas* e *comparativas*. No caso do *Direito Tributário*, essa formali-zação é particularmente urgente, dada a *volatilidade do objeto tributável* (intangíveis, fluxos financeiros, dados), a *multiplicidade de interpretações legais*, a *assimetria infor-macional* entre fisco e contribuinte e o *volume exponencial de litígios* e *dificuldade de uniformização de entendimento*.

A solução passa, portanto, pela *integração de modelos matemáticos, estatísticos e computacionais à prática interpretativa e fiscalizadora*, convertendo a *incerteza* em *estrutura cognitiva operável* por máquinas, auditorias e decisões humanas assistidas por dados.

A noção de *probabilidade jurídica* rompe com o *paradigma clássico da subsunção binária* e propõe que, diante da coexistência de múltiplas interpretações plausíveis, é possível atribuir a cada uma delas um peso de credibilidade relativa, com base em:

⇒ Frequência de aplicação jurisprudencial;

⇒ Grau de aderência à doutrina dominante;

⇒ Conformidade com precedentes vinculantes ou com a linha institucional da administração fiscal;

⇒ Risco de controvérsia ou de autuação administrativa.

Esse modelo permite construir *mapas probabilísticos da interpretação normativa*, nos quais cada enunciado legal é associado a uma *distribuição de estados possíveis de significado*, cada um com *determinada chance de prevalecer em um cenário decisório*.

Trata-se de uma *inferência epistêmica sobre a norma*, que pode ser representada por *modelos gráficos*, *matrizes de decisão* ou *simulações computacionais*.

A *segunda etapa da formalização da incerteza* consiste em empregar *algoritmos de inferência lógica e estatística*, capazes de identificar *padrões de interpretação fiscal* com base em decisões históricas, simular o *colapso de significados normativos* sob diferentes condições (jurisdição, setor econômico, perfil do contribuinte) e estimar, com base em *aprendizado de máquina*, a *probabilidade de êxito de determinada interpretação tributária* em um cenário judicial ou administrativo.

Ferramentas como *árvores de decisão*, *redes bayesianas*, *modelos de classificação supervisionada* e *deep learning jurídico* já estão sendo utilizadas por fiscos avançados e escritórios de advocacia especializados em contencioso tributário estratégico. Essas ferramentas transformam o *caos da jurisprudência* e a *fluidez das normas em estruturas de decisão quantificáveis*, com *impacto direto na eficiência do sistema fiscal*.

Por exemplo, ao modelar o *risco de autuação para um contrato de licenciamento internacional de intangíveis*, um *algoritmo* pode considerar:

⇒ O histórico de autuações da Receita Federal;

⇒ A jurisprudência recente do CARF sobre contratos entre partes vinculadas;

⇒ A existência de precedentes do STJ sobre preço de transferência.

O resultado não será uma resposta categórica (sim ou não), mas uma *estimativa probabilística de conformidade ou risco*, expressa em *linguagem jurídica computável*.

A *formalização da incerteza* por meio da *probabilidade* e da *inferência algorítmica* produz efeitos estruturantes: (i) aumenta a *previsibilidade do sistema*, ao permitir que contribuintes, fiscais e juízes tenham acesso a modelos quantificados de risco e de interpretação; (ii) *melhora a eficiência administrativa*, ao racionalizar os recursos da fiscalização e priorizar os casos com maior probabilidade de desvio relevante; (iii) *reduz o contencioso*, ao oferecer aos contribuintes informações mais precisas sobre o grau de aceitabilidade de determinada estrutura fiscal e (iv) *favorece a justiça fiscal*, ao combater a assimetria entre grandes agentes econômicos (com acesso a pareceres, consultorias e estruturas de blindagem) e pequenos contribuintes, que passam a contar com ferramentas públicas de apoio à decisão.

Ademais, a *formalização da incerteza* fortalece a *legitimidade do próprio Direito*, ao abandonar o *mito da certeza* e assumir uma *racionalidade adaptativa, transparente* e *metodologicamente justificável*.

É fundamental, contudo, reconhecer os *limites estruturais e epistemológicos* da abordagem baseada na *probabilidade jurídica* e *na inferência algorítmica*. Embora representem instrumentos sofisticados de *racionalização da decisão fiscal* em *contextos complexos* e *incertos*, essas ferramentas *não substituem o juízo ético* nem o *discernimento jurídico*, que devem permanecer como *elementos centrais* e *insubstituíveis no processo de deliberação normativa*. Ademais, há o risco concreto de que *algoritmos*, se treinados com *conjuntos de dados historicamente enviesados ou distorcidos*, venham a *reproduzir*, em *escala automatizada*, as *mesmas assimetrias e injustiças que se pretende superar*.

Por fim, sua *legitimidade institucional* depende da capacidade de serem *auditáveis, explicáveis e transparentes*. Caso contrário, tais sistemas podem *degenerar em estruturas opacas* – verdadeiras *caixas-pretas tecnocráticas* —, imunes ao *controle democrático*, à *crítica científica* e à *accountability jurídica*.

Por isso, o uso de *modelos probabilísticos no Direito* exige uma *governança epistêmica responsável*, com *validação cruzada por humanos, controle institucional* e *delimitação clara de sua função como instrumento de apoio*, e não de substituição, da função interpretativa soberana do Estado.

A *formalização da incerteza normativa* por meio de *probabilidade jurídica* e *inferência algorítmica* representa uma das transformações mais radicais do pensamento jurídico tributário contemporâneo. Ela rompe com a *lógica binária*, acolhe a *complexidade interpretativa* e transforma a *indeterminação em dado cognitivo modelável*. Ao fazer isso, ela *reconstrói o Direito Tributário* como *sistema dinâmico*, orientado por *evidências, responsivo* à realidade e ancorado em uma *racionalidade epistemicamente sofisticada*.

Trata-se, em última instância, da *transição do Direito como enunciação dogmática para o Direito como campo de análise probabilística e engenharia institucional da incerteza normativa* – paradigma indispensável para enfrentar os *desafios fiscais do século XXI*.

2.3.2. Caos tributário: a imprevisibilidade normativa e suas consequências

A *instabilidade do Direito Tributário contemporâneo* não pode mais ser explicada apenas por *deficiências legislativas, insegurança jurisprudencial* ou *lacunas doutriná-rias*. Ela expressa uma *condição estrutural de caoticidade sistêmica*, típica de *sistemas complexos* em que *múltiplas variáveis interagem de maneira não linear, retroalimentada* e *altamente sensível a perturbações mínimas*.

O sistema fiscal moderno, ao operar em um ambiente de interconexão econômica global, assimetria normativa, mutação tecnológica constante e sobreposição de regimes jurídicos, comporta-se como um sistema caótico no sentido técnico do termo.

A *teoria do caos*, desenvolvida a partir dos trabalhos de *Henri Poincaré, Edward Lorenz* e *Benoît Mandelbrot*, mostra que em *determinados sistemas dinâmicos, variações ínfimas nas condições iniciais* podem produzir *consequências exponenciais no comportamento do sistema* – o conhecido *efeito borboleta*. No *Direito Tributário*, essa sensibilidade estrutural manifesta-se em diversas dimensões: *normativas, interpretativas, comportamentais, institucionais* e *distributivas*.

A caracterização do sistema tributário como um *sistema dinâmico não linear* rompe definitivamente com a *imagem tradicional da tributação como um campo regulado por relações fixas, previsíveis* e *estáveis*. Em sua arquitetura normativa, institucional e econômica, o *sistema fiscal moderno* comporta-se mais adequadamente como um *sistema adaptativo complexo*, sensível às condições iniciais, *retroalimentado por decisões políticas, econômicas* e *judiciais*, e permeado por *variáveis interdependentes* que não evoluem de forma proporcional ou linear.

Essa estrutura pode ser compreendida a partir da *Teoria dos Sistemas Dinâmicos*, ramo da *matemática* e da *física* que estuda a *evolução temporal de sistemas que se transformam continuamente*, regidos por *equações diferenciais* e *trajetórias sensíveis à interação de múltiplos parâmetros internos*.

No plano prático, o *sistema tributário* é um *sistema de múltiplas entradas* (*inputs*) e *múltiplas saídas* (*outputs*), cujos componentes interagem de forma não linear:

⇒ *Entradas*: normas jurídicas, jurisprudência, política fiscal, comportamento dos contribuintes, decisões econômicas internacionais, tecnologia.

⇒ *Saídas*: arrecadação efetiva, litígios, evasão, percepção de justiça fiscal, capacidade redistributiva do Estado.

Esses elementos *não estão ligados por relações diretas de causa e efeito*, mas por *redes de interdependência*. Pequenas alterações em um dos pontos – como uma *mudança em um dispositivo legal* ou uma *decisão judicial em matéria de créditos de PIS/Cofins* – podem gerar *reações desproporcionais* e *difusas* no restante do sistema.

A *dogmática jurídica clássica* parte da pressuposição de que há *linearidade entre norma, fato gerador* e *arrecadação*: um *fato determinado* gera um *tributo definido*, com

CAPÍTULO 2 • INTERCONEXÃO FISCAL GLOBAL E A SUPERPOSIÇÃO TRIBUTÁRIA

base em critérios previamente positivados. Essa *linearidade*, no entanto, *colapsa diante da complexidade dos fluxos econômicos digitais*, dos *planejamentos tributários híbridos* e das *práticas interpretativas concorrentes entre Estados e entes federativos.*

Exemplos da *não linearidade jurídica* incluem:

- A edição de uma norma aparentemente neutra que, devido à sua interação com regimes especiais e decisões pretéritas, gera arrecadação negativa em determinados setores.

- A adoção de uma jurisprudência pontual que desencadeia milhares de litígios retroativos, alterando previsões orçamentárias de entes federativos.

- A mudança de um critério contábil internacional (ex. IFRS ou BEPS 2.0) que reverbera em múltiplas bases de cálculo sem alteração normativa formal.

Nesses contextos, o Direito Tributário se comporta como *sistema sensível a perturbações marginais*, cuja evolução é melhor compreendida *por modelos não deterministas* e *simulações de múltiplos estados possíveis.*

Os *sistemas dinâmicos não lineares* são caracterizados por *mecanismos de feedback*, isto é, a *realimentação do sistema a partir das suas próprias saídas.* O sistema tributário exibe múltiplas formas de feedback:

⇒ *Feedback normativo*: uma interpretação judicial dominante influencia a redação de uma nova lei, que por sua vez será interpretada com base no precedente anterior.

⇒ *Feedback comportamental*: a resposta de grandes grupos econômicos à publicação de uma norma orienta a atuação do fisco, que ajusta sua fiscalização, alterando a conduta do contribuinte.

⇒ *Feedback institucional*: a percepção de excesso ou leniência por parte dos tribunais influencia o comportamento da Receita Federal e dos órgãos julgadores.

Esse tipo de comportamento instabiliza o sistema, pois o resultado de uma variável altera as condições de sua próxima ocorrência. A consequência é a *não previsibilidade dos efeitos jurídicos* a partir de *condições iniciais semelhantes*, uma característica definidora de *sistemas caóticos.*

A aplicação mais refinada da *Teoria do Caos ao Direito Tributário* permite identificar *estruturas orbitais de instabilidade*, como os chamados "*atratores estranhos*", que correspondem a *padrões de comportamento jurídico-fiscal* que se *repetem com variações caóticas.*

Exemplos de *atratores fiscais*:

⇒ O *comportamento de grandes contribuintes* diante de novas jurisprudências do STJ: ora avançam com *planejamentos agressivos*, ora retraem, dependendo da *estabilidade da tese*.

⇒ A *resposta do fisco a decisões do CARF em temas controversos*, oscilando entre autuações massivas e reinterpretações normativas.

⇒ A *instabilidade cíclica de regimes de incentivos fiscais*, que seguem padrões de expansão, contestação judicial, cancelamento e reinstauração.

Além disso, ocorrem *bifurcações* – pontos em que *pequenas mudanças normativas geram divergência permanente nas trajetórias dos sistemas*, como a criação de *regimes dualistas* (Simples Nacional × Lucro Presumido × Lucro Real), cuja coexistência produz *comportamentos fiscais emergentes* e *zonas de ineficiência normativa*.

Compreender o *sistema tributário* como *dinâmico* e *não linear* impõe transformações profundas na teoria e na prática:

I – *Na legislação*: rejeição da hiperpositivação como solução para a complexidade, e adoção de marcos normativos flexíveis, responsivos e calibráveis.

II – *Na jurisprudência*: reconhecimento da instabilidade interpretativa como estrutura e valorização da construção de precedentes com robustez sistêmica.

III – *Na administração tributária*: substituição da repressão reativa por modelagem preditiva, compliance adaptativo e inteligência fiscal baseada em simulação de cenários.

IV – *Na dogmática jurídica*: transição do formalismo fechado para uma racionalidade contextual, paramétrica e comportamental, fundada na análise dos impactos sistêmicos das decisões.

O *sistema tributário*, enquanto *sistema dinâmico não linear*, não se presta a *modelos dogmáticos rígidos, previsões deterministas* ou *comandos normativos isolados*. Sua governança exige *abordagens multivariadas, flexíveis* e *capazes de operar em um ambiente de instabilidade controlada*, onde *pequenas decisões* podem desencadear *efeitos amplificados* e *padrões emergentes inesperados*.

A compreensão e administração desse sistema requerem *integração entre Direito, teoria dos sistemas, matemática aplicada, economia comportamental* e *modelagem computacional*, constituindo um *novo paradigma fiscal* – o paradigma da *complexidade tributária como dado* e não como exceção.

2.3.2.1. *Sensibilidade às Condições Iniciais: Efeitos Sistêmicos de Decisões Pontuais*

Na *dinâmica dos sistemas caóticos*, um dos traços definidores é a *sensibilidade extrema às condições iniciais*, também conhecida como *efeito borboleta*, segundo o qual *pequenas variações no ponto de partida* podem gerar *consequências exponencialmente divergentes no comportamento global do sistema ao longo do tempo.*

Em *sistemas jurídicos*, especialmente no *campo tributário*, esse fenômeno manifesta-se de *forma paradigmática*: *decisões aparentemente localizadas* – como um dispositivo legal, uma interpretação judicial, uma norma infralegal ou mesmo um parecer fiscal – podem desencadear *desdobramentos sistêmicos profundos, extensos e duradouros.*

Essa sensibilidade resulta da *interdependência entre as variáveis jurídicas, econômicas, institucionais* e *comportamentais* que compõem o ecossistema fiscal. O *Direito Tributário,* longe de ser um conjunto de regras estanques, é um *sistema de retroalimentação múltipla,* em que *normas, agentes econômicos* e *instituições interagem permanentemente,* e no qual uma *pequena alteração* pode *reorganizar os incentivos* e *expectativas de toda a estrutura.*

As *decisões judiciais* – especialmente de *cortes superiores* – funcionam como *eventos de colapso normativo,* nos termos da *hermenêutica quântica tributária.* Quando um *tribunal,* por exemplo, *interpreta a base de cálculo de uma contribuição,* define o *alcance de uma isenção* ou *delimita o conceito de insumo,* ele não apenas resolve um caso, mas *reconfigura todo o campo de expectativas jurídicas* e *comportamentos econômicos associados àquela norma.*

Casos emblemáticos no Brasil ilustram com nitidez esse fenômeno:

(i) A decisão do STF na *exclusão do ICMS da base de cálculo do PIS/Cofins* (Tema 69 da Repercussão Geral) gerou impactos bilionários na arrecadação, reestruturações contábeis em massa, ações retroativas, instabilidade na jurisprudência infraconstitucional e redirecionamento de planejamentos tributários em todo o país;

(ii) A mudança de entendimento do STF sobre a *tributação de software* (Tema 590) reconfigurou os *critérios de incidência de ISS e ICMS sobre tecnologia,* com reflexos sobre *contratos, cadeias de valor* e *obrigações acessórias.*

Essas decisões não tinham, isoladamente, a pretensão de *redesenhar o sistema tributário nacional,* mas suas consequências demonstram a *amplificação sistêmica que decorre da sensibilidade às condições iniciais, típica de estruturas caóticas.*

A edição de normas aparentemente pontuais – como *incentivos fiscais para determinados setores, regimes aduaneiros especiais* ou *alterações em créditos de tributos indiretos* – também pode produzir efeitos colaterais imprevisíveis, como *distorções concorrenciais entre empresas* que passam a migrar entre regimes para maximizar benefícios, mudanças na *estrutura de preços e repasses tributários ao consumidor final* e geração de *litigiosidade em cadeia,* à medida que normas abertas produzem interpretações conflitantes sobre o alcance dos benefícios.

Esses efeitos *não decorrem da norma isoladamente*, mas de *como ela interage com o restante do sistema jurídico* e *econômico*, gerando *desvios, adaptações comportamentais* e *novos padrões de evasão ou elisão fiscal*.

Em *sistemas caóticos*, os agentes internos reagem às alterações do ambiente, ajustando sua conduta em função de novas condições. No caso tributário, um *planejamento tributário* bem-sucedido adotado por um grande contribuinte, ao ser replicado em massa, *modifica o padrão de arrecadação* e *induz a resposta do fisco*, que pode *editar norma corretiva*, realizar *fiscalização setorial* ou propor *ação de inconstitucionalidade*.

A divulgação de um *parecer jurídico autorizando determinada conduta contábil* ou *reorganização societária* estimula *comportamentos imitativos*, que se *propagam em ondas*, impactando a *conformidade fiscal em diversos setores* e *elevando o grau de entropia do sistema*.

Esses comportamentos mostram que a *racionalidade fiscal é interativa, adaptativa* e *não linear*, o que exige, para sua governança, modelos que reconheçam a *complexidade do campo jurídico-comportamental*.

A sensibilidade às condições iniciais também opera no tempo. *Decisões normativas ou judiciais podem não produzir efeitos imediatos*, mas gerar *acúmulo de instabilidades que se manifestam apenas em momentos críticos* – como em julgamentos de modulação, alterações de regime ou períodos de crise fiscal.

A *ausência de previsibilidade temporal* desses efeitos torna o sistema ainda mais instável:

I – A *promulgação de uma norma que não gera impacto imediato*, mas passa a ser litigada em massa após mudança de orientação da fiscalização;

II – A *decisão judicial que abre um precedente "neutro"*, mas é amplamente reinterpretada como legitimadora de condutas agressivas;

III – A *postergação de uma tese tributária* que explode em número de processos, passivos contingentes e revisões orçamentárias após um ciclo de amadurecimento institucional.

A *sensibilidade do sistema tributário* às condições iniciais demonstra que as *decisões pontuais* – legislativas, administrativas ou judiciais – devem ser compreendidas *não em sua materialidade imediata*, mas em *sua potencialidade sistêmica*. A governança fiscal, nesse modelo, exige *simulação de cenários, análise de impactos, inferência comportamental* e *racionalidade adaptativa*, rompendo com a *lógica de comando rígido* e abraçando a *lógica dos sistemas complexos e instáveis*.

O gestor público, o intérprete jurídico e o formulador de políticas tributárias devem atuar como *engenheiros da instabilidade*, capazes de *prever efeitos exponenciais* a partir de *pequenas alterações normativas*, e de construir, não estruturas fixas, mas *mecanismos de amortecimento, adaptação* e *resiliência normativa*, próprios de *sistemas caóticos controláveis*.

CAPÍTULO 2 • INTERCONEXÃO FISCAL GLOBAL E A SUPERPOSIÇÃO TRIBUTÁRIA **145**

2.3.2.2. *Retroalimentação, Complexidade e Efeito de Ressonância*

Nos *sistemas dinâmicos complexos*, o conceito de *retroalimentação (feedback)* refere-se ao fenômeno pelo qual *as saídas de um sistema são redirecionadas como entradas, realimentando o próprio sistema e afetando seus estados futuros.* Essa lógica produz *comportamentos não lineares, cumulativos, bifurcantes* e, por vezes, *caóticos*, especialmente quando o sistema *não possui mecanismos robustos de equilíbrio ou amortecimento.*

No *sistema tributário*, a *retroalimentação* se manifesta em *ciclos interpretativos, institucionais* e *comportamentais*, nos quais as ações de contribuintes, órgãos fiscais, tribunais e legisladores se entrelaçam em uma *rede de reações* e *contrarreações* que redefinem os *contornos da normatividade* e da *conduta fiscalmente aceitável.*

Essa dinâmica gera, além da retroalimentação simples, o que a teoria da complexidade denomina *efeito de ressonância*, isto é, a *amplificação recursiva de determinado padrão*, a partir de sua *reverberação sincrônica entre múltiplos subsistemas interconectados.*

Um dos principais vetores da retroalimentação no Direito Tributário ocorre na *relação entre a norma legal*, o *comportamento do contribuinte* e a *interpretação administrativa/judicial.* Considere-se o seguinte ciclo:

1) Um contribuinte interpreta determinada norma de forma expansiva (por exemplo, alarga o conceito de insumo);

2) A administração tributária autua com base em interpretação restritiva;

3) O contencioso se forma, gerando decisões divergentes nos tribunais;

4) Surge um precedente que valida a interpretação do contribuinte;

5) Outros agentes replicam o comportamento inicial, criando uma onda de condutas inspiradas na jurisprudência dominante; e

6) O fisco, ao perceber a perda arrecadatória, revisa suas diretrizes ou promove alteração legislativa.

Outro plano de retroalimentação ocorre entre os poderes Judiciário, Legislativo e Executivo, em torno da normatividade *fiscal*. Um exemplo recorrente:

⇒ O STF declara inconstitucional determinada exação tributária.

⇒ O Congresso Nacional, para recompor a arrecadação, cria uma figura tributária com características análogas, mas sob nova nomenclatura.

⇒ O contribuinte judicializa a nova exigência, com base em fundamentos similares ao anterior.

⇒ O Judiciário, agora pressionado pela função fiscal do tributo, decide em sentido divergente, alterando a jurisprudência sob o argumento de modulação, mudança do contexto ou evolução institucional.

Esse tipo de circuito revela a *ressonância entre as esferas do poder*, com implicações que reverberam na *prática empresarial*, nos *orçamentos públicos* e na *percepção de legitimidade da tributação*.

Esse ciclo, se não contido, pode produzir um *efeito ressonante*, no qual uma *interpretação pontual desencadeia uma transformação profunda no padrão normativo de determinado instituto* – sem que tenha havido qualquer alteração legal formal.

O *comportamento estratégico dos grandes contribuintes* também atua como vetor de realimentação:

(i) Uma estrutura de planejamento fiscal é concebida com base em zonas cinzentas da legislação.

(ii) Ela é replicada por grupos econômicos similares, ganhando escala e relevância sistêmica.

(iii) A Receita Federal responde com intensificação de fiscalização e produção de soluções de consulta ou atos declaratórios interpretativos.

(iv) O Judiciário intervém, ora reforçando a ofensiva fiscal, ora impondo limites à interpretação extensiva da norma.

Esse movimento cria um *loop de tensão permanente* entre *inovação tributária* e *controle institucional*, no qual o *Direito* se torna *campo de experimentação estratégica*, com *alto grau de instabilidade* e *retroalimentação de litigiosidade*.

A *ressonância*, na *teoria dos sistemas*, é o fenômeno em que uma *perturbação*, mesmo *pequena*, *é amplificada quando encontra frequência compatível com a estrutura do sistema*. No *Direito Tributário*, isso ocorre quando:

a) Uma *tese tributária* inicialmente marginal passa a ser aceita por um tribunal;

b) Esse *precedente é citado por outras cortes*, mesmo em contextos normativos distintos;

c) A *jurisprudência*, por *efeito de reverberação*, ganha *status* de *princípio implícito ou jurisprudência consolidada*, alterando o padrão de interpretação do sistema como um todo.

Esse efeito pode ser *construtivo* – como na consolidação da tese do aproveitamento amplo de créditos de PIS/COFINS – ou *destrutivo* – como na generalização de planejamentos abusivos com base em brechas normativas ou decisões isoladas e descontextualizadas.

A *ressonância*, portanto, *não é um efeito quantitativo*, mas *qualitativo* e *estrutural*, pois *redefine o campo de inteligibilidade do sistema jurídico-tributário*, impactando sua *estabilidade*, *previsibilidade* e *função distributiva*.

Compreender o *sistema tributário sob o prisma da retroalimentação* e da *ressonância* impõe transformações significativas:

CAPÍTULO 2 • INTERCONEXÃO FISCAL GLOBAL E A SUPERPOSIÇÃO TRIBUTÁRIA **147**

I – Do *ponto de vista jurídico*, impõe-se uma hermenêutica sistêmica, capaz de considerar os efeitos indiretos e acumulativos das decisões normativas e judiciais.

II – Do *ponto de vista institucional*, exige uma arquitetura de governança fiscal responsiva, baseada em monitoramento contínuo de impactos, simulações de comportamento e antecipação de padrões emergentes.

III – Do *ponto de vista legislativo*, reclama a elaboração de normas calibradas, com dispositivos de adaptação e revisão baseados em avaliação de desempenho normativo (*normative feedback loops*).

IV – Do *ponto de vista tecnológico*, demanda o desenvolvimento de sistemas inteligentes de compliance, que alertem para os efeitos ressonantes de determinadas condutas e decisões, prevenindo disfunções massivas.

A *lógica da retroalimentação* e da *ressonância* transforma o Direito Tributário de um *conjunto de normas acumuladas em sistema vivo, sensível, não linear* e em *constante reorganização*. Reconhecer essa natureza é o primeiro passo para sair do *paradigma do controle absoluto* e ingressar no *paradigma da governança inteligente da complexidade fiscal*, fundada em *modelagem, simulação, adaptabilidade normativa* e *prudência sistêmica*.

Trata-se de *reconstruir o Direito* não como um *sistema de imposição*, mas como uma *rede de fluxos interpretativos, comportamentais* e *institucionais* que, para funcionar com justiça e eficiência, precisa ser gerido como o que efetivamente é: um *sistema complexo adaptativo em estado permanente de ressonância regulatória*.

2.3.2.3. *Imprevisibilidade como Risco Sistêmico: A Crise da Segurança Jurídica*

A *imprevisibilidade*, quando internalizada estruturalmente no sistema tributário, deixa de ser uma *contingência pontual* ou um *"efeito colateral"* da evolução normativa e jurisprudencial. Ela se converte em *risco sistêmico*, isto é, em *fator de instabilidade que se propaga por todo o ecossistema fiscal*, afetando o *comportamento dos contribuintes*, a *arrecadação do Estado*, o *equilíbrio federativo* e a *própria legitimidade da tributação* como expressão jurídica do pacto social.

O *sistema tributário moderno* opera em *ambiente de volatilidade institucional*, de *sobreposição interpretativa* e de *retroalimentação jurisprudencial*, o que *compromete a capacidade do ordenamento de gerar expectativas normativas estáveis*. Quando a previsibilidade da norma colapsa, o *sistema perde sua função estruturante da conduta*, transformando-se em *espaço de risco arbitrário* e, portanto, de *deslegitimação*.

Na *tradição do Direito Público*, a *segurança jurídica* constitui não apenas um *princípio constitucional* (art. 5º, caput e incisos XXXVI e LV da CF/1988), [10] mas um *vetor de racionalidade do próprio sistema jurídico*. Conforme afirma *KARL LARENZ,*

---

10. *Art. 5º* Todos são iguais perante a lei, sem distinção de qualquer natureza, garantindo-se aos brasileiros e aos estrangeiros residentes no País a inviolabilidade do direito à vida, à liberdade, à igualdade, à segurança e à propriedade, nos termos seguintes:

> O Direito perde sua função reguladora se não for previsível.

No âmbito tributário, essa previsibilidade reveste-se de especial importância. Como demonstram *Slemrod* e *Gillitzer* (2013, p. 104), *sistemas tributários imprevisíveis reduzem o investimento produtivo*, especialmente de longo prazo, *incentivam a elisão e a evasão fiscal*, como respostas defensivas e geram *distorções alocativas*, pois decisões econômicas passam a ser motivadas por considerações fiscais e não de eficiência.

A *previsibilidade* não se limita à *clareza da lei*. Ela envolve também a *estabilidade jurisprudencial*, a *uniformidade na aplicação administrativa*, a *transparência nas interpretações e atos normativos infralegais* e a *coerência nas decisões que modulam efeitos*, *retroagem interpretações* ou *reinterpretam conceitos consolidados*.

A *imprevisibilidade normativa, interpretativa* e *institucional* colapsa os mecanismos de coordenação entre agentes econômicos e entre estes e o Estado. Suas manifestações incluem a *multiplicação de litígios sobre normas instáveis*, como se vê no contencioso envolvendo conceitos indeterminados como "insumo essencial", "atividade-fim", "subsunção do ICMS", na *adoção de estratégias defensivas* ou de *hiperconservadorismo tributário*, nas quais contribuintes adotam *posturas restritivas por receio de interpretações retroativas* ou *autuações inovadoras* e no *aumento do custo de conformidade fiscal*, que recai de maneira desproporcional sobre pequenas e médias empresas, aprofundando desigualdades econômicas e jurídicas.

Como observam *Joel Slemrod* (2007) e *Joseph Stiglitz* (2000), a *incerteza tributária* opera como uma *externalidade negativa sistêmica*, gerando *ineficiências de segunda ordem* (evasão, judicialização, desconfiança institucional) e comprometendo a *função estabilizadora da tributação*.

O *sistema tributário contemporâneo* é estruturalmente instável por operar sob múltiplos vetores conflitantes:

⇒ Uma legislação altamente detalhada, mas tecnicamente frágil;

⇒ Um sistema de precedentes fragmentado e oscilante;

⇒ Um volume extraordinário de atos normativos infralegais;

⇒ A coexistência de múltiplas jurisdições (federal, estadual, municipal) com interpretações díspares.

Essa *instabilidade* não é patológica, mas sintoma de um *sistema em transição paradigmática*, como mostram *Bauman* (2000), ao tratar da *liquidez normativa* e *TEUBNER* (1993), ao discutir os *sistemas jurídicos policêntricos e interdependentes*.

XXXVI – a lei não prejudicará o direito adquirido, o ato jurídico perfeito e a coisa julgada;

LV – aos litigantes, em processo judicial ou administrativo, e aos acusados em geral são assegurados o contraditório e ampla defesa, com os meios e recursos a ela inerentes;

Por isso, a *segurança jurídica* não pode mais ser entendida como *previsibilidade absoluta*, mas como *governança da incerteza*, nos moldes da *racionalidade adaptativa* proposta por *Gunther Teubner* e da *"certeza calibrada"* postulada por *Luigi Ferrajoli*.

A *imprevisibilidade normativa* tem *efeitos regressivos* e *concentradores*:

> I – *Grandes contribuintes* ajustam suas estruturas, contratam pareceristas, antecipam litígios e influenciam o desenho de normas.
>
> II – *Pequenos e médios empresários*, por sua vez, enfrentam a imprevisibilidade com insegurança jurídica passiva, muitas vezes apenas percebendo seus efeitos na fase de execução fiscal ou após autuação retroativa.

Essa assimetria gera *injustiça fiscal estrutural*, pois o mesmo *sistema normativo* gera graus distintos de risco, de acordo com o *capital informacional* e *financeiro* de *cada agente econômico*. A consequência última é o *enfraquecimento da legitimidade tributária*, pois os contribuintes passam a perceber o sistema como *arbitrário, assimétrico* e *vulnerável à manipulação institucional*.

Como advertiu *Thomas Piketty* (2013, p. 514),

 "a injustiça tributária não decorre apenas da carga imposta, mas da percepção de que o sistema premia a opacidade e penaliza a previsibilidade".

2.3.2.4. Da Entropia à Governança: Administrando o Caos com Modelagem e Inteligência Sistêmica

O *caos tributário*, compreendido tecnicamente como *imprevisibilidade sistêmica*, não é disfunção a ser corrigida por *rigidez normativa*, mas característica inerente de *sistemas abertos, interativos* e *complexos*, como o *sistema fiscal contemporâneo*.

Reconhecê-lo e modelá-lo é o primeiro passo para desenvolver *políticas fiscais adaptativas, instituições juridicamente resilientes* e *tecnologias regulatórias responsivas*.

O Direito Tributário do futuro exigirá, mais do que dogmas, *métodos de gestão do imprevisível*, capazes de lidar com os *paradoxos da estabilidade instável* e da *racionalidade em ambientes de incerteza*.

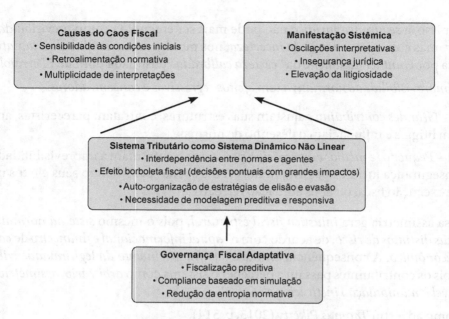

Figura 23 – Caos Tributário e Dinâmica dos Sistemas Fiscais Instáveis[11]

2.3.3. Teoria dos jogos e estratégias fiscais em cenários de incerteza

O *sistema tributário contemporâneo* não pode mais ser compreendido apenas como um *espaço de incidência normativa* e *cumprimento obrigatório*. Ele configura um *ambiente estratégico*, no qual contribuintes e Estado interagem racionalmente sob *condições de informação imperfeita, riscos assimétricos, incentivos cruzados* e *incerteza sistêmica*.

Nesse contexto, o *Direito Tributário* deve ser reinterpretado à luz das categorias da *Teoria dos Jogos*, que oferece um *aparato técnico poderoso para modelar comportamentos estratégicos, dinâmicas de decisão interativa* e *equilíbrios fiscais em cenários complexos*.

A *teoria dos jogos*, desenvolvida a partir dos trabalhos de *John Von Neumann* e *Oskar Morgenstern* e posteriormente ampliada por autores como *John Nash* e *Robert Aumann*, estuda *interações entre agentes racionais*, cujas *escolhas influenciam*, e são *influenciadas*, pelas *escolhas dos outros*.

---

11. *Figura 23 – Caos Tributário e Dinâmica dos Sistemas Fiscais Instáveis.*
    Infográfico representativo das causas, manifestações e implicações da instabilidade estrutural dos sistemas fiscais modernos, inspirada na teoria dos sistemas dinâmicos e na teoria do caos. A figura demonstra como pequenas decisões normativas ou interpretativas podem gerar impactos amplificados, instabilidade jurisprudencial, elevação da litigiosidade e comportamento estratégico de evasão. Indica, ainda, a necessidade de governança fiscal adaptativa, baseada em simulações, auditoria algorítmica e inteligência normativa preditiva.
    Fonte: Elaborado pelo autor, com base em *Slemrod* (2013), *Prigogine* (1997), *Strogatz* (1994), *Deveraux* (2021), *OCDE* (2023).

CAPÍTULO 2 • INTERCONEXÃO FISCAL GLOBAL E A SUPERPOSIÇÃO TRIBUTÁRIA — 151

Quando aplicada ao campo tributário, essa teoria permite compreender o *comportamento do contribuinte como agente estratégico*, que *avalia riscos, interpreta normas, estima a probabilidade de fiscalização* e atua com base em *incentivos econômicos, jurídicos* e *institucionais*.

Em *sistemas tributários marcados por incerteza normativa, volatilidade jurisprudencial, retroalimentação institucional* e *assimetria de informação*, a aplicação da *teoria dos jogos* torna-se particularmente fecunda, pois permite *modelar a tributação como um jogo iterativo, assimétrico* e *imperfeito* entre o Fisco e o contribuinte.

2.3.3.1. O Sistema Fiscal como Jogo Estratégico Assimétrico

A *estrutura contemporânea do sistema fiscal* pode ser modelada como *um jogo estratégico assimétrico*, no qual *dois jogadores* – o *Fisco* (representando o Estado e a administração tributária) e o *contribuinte* – interagem sob *regras formais*, mas em *condições de incerteza, assimetria informacional* e *interdependência estratégica*.

Trata-se de um *jogo iterativo*, com *múltiplas rodadas*, em que as *decisões passadas* influenciam *comportamentos futuros*, e onde *cada jogador ajusta sua conduta de acordo com os movimentos observáveis ou esperados do outro*.

A *assimetria* está presente em várias camadas:

⇒ *Assimetria normativa*: o Estado cria, interpreta, aplica e altera a norma; o contribuinte apenas reage.

⇒ *Assimetria de poder institucional*: o Estado dispõe de ferramentas de fiscalização, presunções legais, prazos privilegiados e capacidade coercitiva.

⇒ *Assimetria de informação*: o contribuinte conhece melhor sua situação fática, mas o Estado detém poder de acesso ampliado por meio de declarações, cruzamentos eletrônicos, blockchain e inteligência artificial.

⇒ *Assimetria de risco*: a incerteza normativa recai mais intensamente sobre o contribuinte, que assume os custos do erro, enquanto o Estado goza de presunção de legitimidade.

Dessa forma, o *sistema tributário moderno não é neutro nem equilibrado*, mas configura um *jogo institucional assimétrico*, no qual os jogadores *otimizam suas estratégias sob incerteza*, com base em *incentivos, sanções, expectativas de comportamento recíproco* e *aprendizado histórico*.

Sob a ótica da *microeconomia comportamental* e da *teoria dos jogos*, o contribuinte é modelado como um *agente racional*, mas com *racionalidade limitada* (*bounded rationality*, segundo *Herbert Simon*), que:

- Avalia o *custo de conformidade* (*compliance cost*) e o risco de sanção;
- Estima a *probabilidade de fiscalização* com base em padrões históricos, reputação setorial e valor da operação;
- Reage à *jurisprudência*, à *atuação administrativa* e à *orientação consultiva* como sinais para ajustar sua conduta futura;
- Internaliza a *litigância como custo previsível*, integrando-a ao *fluxo de caixa* como "componente de risco normativo".

Esse comportamento é bem modelado pelos *jogos de informação imperfeita* com *estratégias mistas*, em que a *decisão de sonegar, planejar* ou *cumprir a obrigação tributária* depende da *percepção de risco esperada* e da *estrutura de penalidades efetivas*.

Conforme demonstrado por *Allingham & Sandmo* (1972), a evasão tende a ocorrer quando o *retorno da evasão excede o custo esperado da punição*, quando o *grau de arbitrariedade interpretativa é elevado* e quando a *efetividade da fiscalização é percebida como baixa*.

O Estado, por meio da administração tributária, atua como *jogador com múltiplos instrumentos estratégicos*: *ameaça de sanção* (multa, juros, penalidades administrativas), se utiliza da *capacidade de interpretação criativa* ou *extensiva da norma*, utilizando *presunções legais, conceitos abertos* ou *cláusulas antielisivas*, realiza a *seleção estratégica de alvos de fiscalização*, baseada em *análise de risco, modelos preditivos* e *cruzamento de dados*, determina a *indução de conformidade por via de reputação*, promovendo *programas de conformidade cooperativa* ou *classificações públicas de risco fiscal* (*compliance rating*), bem como *negocia estrategicamente via transações tributárias*, adesões a *programas de regularização* (como REFIS), e *ajustes retroativos de crédito tributário*.

Dessa forma, o *Fisco* não é apenas um *executor mecânico da norma*, mas um *jogador dinâmico e adaptativo*, que *ajusta sua conduta a partir das respostas do contribuinte*, criando *equilíbrios interativos* e, por vezes, *instáveis*, especialmente em *contextos de insegurança jurídica*.

O *sistema tributário é iterativo*: contribuintes e Estado interagem continuamente ao longo do tempo, em *ciclos de autuação, impugnação, julgamento, alteração legislativa* e *resposta comportamental*.

Com o tempo, os *jogadores* acumulam *reputação*:

⇒ *Contribuintes* passam a ser classificados como de *alto*, *médio* ou *baixo risco*, com base em sua conduta passada.

⇒ O *Fisco*, por sua vez, constrói *reputação institucional* quanto à sua *imparcialidade, coerência interpretativa* e *previsibilidade* na aplicação da norma.

Essa reputação *altera a percepção de risco* e o *comportamento estratégico dos agentes*, influenciando, por exemplo, na *disposição para litigar ou transacionar*, no *grau de agressividade no planejamento tributário* e *no interesse em aderir a regimes cooperativos de conformidade*.

A *teoria dos jogos reputacionais*, como discutida por *Fudenberg* e *Tirole* (1991), mostra que *reputações são ativos estratégicos fundamentais em jogos iterativos*, especialmente quando *os jogos são jogados sob informação incompleta e com alto custo de erro*.

Em muitos contextos, o *jogo fiscal assimétrico* leva a *equilíbrios de Nash subótimos*, em que *contribuintes se mantêm em níveis de conformidade mínima*, a *administração* concentra-se em *sanções reativas e autuações pontuais*, a *litigância* se institucionaliza como *custo estratégico* e a *segurança jurídica* é sacrificada em nome da *arrecadação* ou da *sobrevivência econômica do contribuinte*.

Nesses casos, o *jogo permanece estável*, mas *ineficiente* e *regressivo*, pois *grandes agentes* exploram zonas cinzentas com risco calculado, assim, como os *pequenos agentes* são pressionados pela opacidade e pela assimetria interpretativa e o *Estado* arca com perda de arrecadação e perda de legitimidade normativa.

Esse padrão reflete um *ciclo vicioso sistêmico*, caracterizado por *baixa confiança, mutualismo defensivo* e *colapso de previsibilidade*.

Compreender o *sistema fiscal* como *jogo estratégico assimétrico* é essencial para a *reconstrução das ferramentas de interpretação, fiscalização, conformidade* e *desenho institucional*.

Ao reconhecer os *contribuintes* e o *Estado* como *jogadores racionais, adaptativos* e *interativos*, a *teoria dos jogos* fornece instrumentos valiosos para repensar a *eficiência*, a *justiça* e a *previsibilidade do sistema tributário*, especialmente em contextos de *incerteza, litigiosidade* e *desconfiança institucional*.

O desafio está em *modelar equilíbrios fiscalmente eficientes, juridicamente legítimos* e *socialmente justos*, por meio de mecanismos que equilibrem *incentivos*, reduzam *assimetrias* e promovam um *jogo tributário* em que a *racionalidade estratégica* caminhe lado a lado com a *função pública do tributo*.

2.3.3.2. *Jogos com Informação Imperfeita e Modelagem Probabilística de Risco*

No campo tributário, a *interação entre o Estado e os contribuintes* ocorre sob *condições de informação assimétrica* e *incerteza estrutural*. Diferentemente dos *jogos de informação completa*, onde *todos os jogadores conhecem as estratégias e os resultados possíveis*, a *realidade fiscal* opera sob o *regime de informação imperfeita*, no qual *cada jogador possui apenas uma visão parcial do ambiente*, dos *incentivos do outro* e dos *desfechos esperados*.

Em termos técnicos, trata-se de *jogos bayesianos de informação incompleta*, nos quais os *agentes formulam crenças probabilísticas sobre as estratégias do outro jogador*, com base em *sinais, histórico de comportamento, reputação institucional* e *inferências racionais*. No Direito Tributário, isso se traduz da seguinte forma:

⇒ O *contribuinte* não conhece *ex ante* a *probabilidade real de fiscalização*, nem a interpretação que prevalecerá no *momento do julgamento* de eventual litígio.

⇒ O *Estado*, por sua vez, *não conhece com precisão a intenção do contribuinte*, sua *estrutura interna* ou o *grau de aderência da conduta* à legalidade formal e material.

Esse *ambiente de opacidade* e *múltiplas possibilidades de comportamento* exige que os agentes modelam seus riscos de forma *probabilística*, internalizando em suas decisões fatores como: *grau de litigiosidade da matéria, perfil do setor, histórico de jurisprudência, sofisticação do planejamento adotado* e *comportamento do fisco nos últimos ciclos de fiscalização*.

A *teoria bayesiana*, formulada inicialmente por *Thomas Bayes* e aplicada à economia por autores como *Harsanyi* (1967–1968), permite aos jogadores formar *crenças racionais atualizadas* com base em *novas evidências observáveis*. Em um cenário tributário, isso se traduz em:

• O *contribuinte* atualiza sua *estimativa sobre o risco de autuação* com base no *aumento da fiscalização setorial*, decisões recentes do Carf ou operações especiais divulgadas pelo fisco.

• A *administração tributária* ajusta seus *critérios de seleção de contribuintes* com base em *algoritmos treinados por aprendizado de máquina*, utilizando *dados de declarações, inconsistências fiscais, comportamento de empresas análogas* e *indicadores de risco*.

Esse processo dá origem a um jogo com *aprendizado* e *feedback*, no qual *cada nova jogada* (interpretação, decisão ou política fiscal) alimenta as *crenças dos agentes* e ajusta suas *probabilidades internas de ação futura*.

Como aponta *Joel Slemrod* (2013, p. 109),

"o risco fiscal é, para o contribuinte racional, uma variável de cálculo comparável à alíquota, à base de cálculo e à elasticidade da arrecadação".

A *modelagem probabilística de risco no campo tributário* pressupõe um *conjunto de variáveis observáveis* (por exemplo: tipo de operação, setor econômico, faixa de faturamento, histórico de autuação, complexidade contratual), um *modelo estatístico de inferência*, como regressão logística, árvores de decisão, redes bayesianas ou classificação supervisionada e um *algoritmo de previsão de risco fiscal*, capaz de estimar a probabilidade de autuação, litígio ou insucesso em determinado planejamento.

Esses modelos são utilizados tanto pelo *fisco* quanto por *grandes contribuintes*. A *Receita Federal do Brasil*, por exemplo, já utiliza *algoritmos de inteligência fiscal* com

CAPÍTULO 2 • INTERCONEXÃO FISCAL GLOBAL E A SUPERPOSIÇÃO TRIBUTÁRIA | **155**

base em *aprendizado de máquina* para *priorização de auditorias*, por meio do *sistema Harpia* e do *programa T-Rex* (Tributação com Risco Estimado).

Do lado do *contribuinte*, grandes escritórios e departamentos jurídicos adotam *modelos internos de scoring tributário*, que orientam a *escolha de estratégias de compliance, elisão, litigância* e *compensação*.

Nos *jogos com informação incompleta*, os agentes possuem *tipos ocultos* (*private types*). No *contexto fiscal*, isso significa que o *contribuinte sabe se sua operação é regular ou artificial*, mas o *fisco não*, assim como o *fisco* precisa *inferir*, com base em *sinais*, no *grau de risco de determinada conduta*, selecionando os *alvos da fiscalização*.

Isso gera *jogos de sinalização* (*signaling games*), nos quais o contribuinte envia *sinais de conformidade* ou *não conformidade*, tais como:

⇒ O uso de pareceres jurídicos renomados;

⇒ A adesão a programas de conformidade;

⇒ A transparência em contratos e escrituração;

⇒ O comportamento contencioso reiterado.

Em contrapartida, o fisco responde com *estratégias de screening*, como:

⇒ Solicitação de esclarecimentos e documentos;

⇒ Cruzamento de dados entre plataformas;

⇒ Uso de mecanismos de ranqueamento de risco;

⇒ Monitoramento de setores com histórico de evasão.

Como argumenta *Drew Fudenberg* (1991), *a lógica da sinalização* é especialmente relevante quando o *erro de fiscalização tem custo elevado*, pois compromete a *confiança institucional* e afeta o *comportamento dos demais agentes observadores*.

A *Teoria dos Jogos com informação imperfeita* permite identificar *equilíbrios mistos*, nos quais *os jogadores não escolhem uma única estratégia*, mas um *conjunto de ações com distribuição de probabilidade*. Essa lógica traduz perfeitamente a conduta fiscal sob incerteza:

I – Um *contribuinte* pode optar por declarar determinado item em *80% dos casos*, e *omitir em 20%*, com base em sua *estimativa de risco*;

II – O *fisco*, por sua vez, pode fiscalizar um tipo de operação *apenas quando o valor ultrapassa determinado limiar de risco estimado*, definindo uma *política algo-rítmica de fiscalização com critérios não binários*.

Esse modelo é especialmente útil em *ambientes de ambiguidade normativa*, como:

a) *Conceitos indeterminados* ("atividade preponderante", "subsunção de insumo", "finalidade empresarial legítima");

b) Áreas com *jurisprudência instável* ou *conflituosa*; e

c) Operações com *elementos internacionais* ou *digitais* com *ausência de tipificação clara*.

A *incerteza*, nesse cenário, é formalizada em *modelos de decisão probabilística*, e não ignorada ou suprimida por dogmatismos hermenêuticos.

A *aplicação de jogos com informação imperfeita* e *modelagem probabilística de risco ao Direito Tributário* permite compreender que a *racionalidade fiscal não opera sob certeza nem completude*, mas sob *inferência estratégica, simulação de cenários* e *cálculo de riscos adaptativos*.

O *contribuinte* e o *Estado* agem com base em *crenças racionais* formadas a partir de *dados incompletos*, em um *jogo de sinais, reputações* e *estratégias mistas*.

A construção de *sistemas tributários justos* e *eficientes no século XXI* exigirá não a *negação da incerteza*, mas sua *formalização, modelagem* e *auditabilidade*, por meio de *algoritmos transparentes, decisões parametrizadas* e *inferências institucionalmente legitimadas*.

2.3.3.3. *Estratégias Dominantes, Equilíbrios e Compliance Algorítmico*

No interior de um *sistema tributário* caracterizado por *ambiente estratégico, informação imperfeita* e *incerteza normativa*, os agentes – especialmente o contribuinte e o Estado – tomam decisões com base em *modelos racionais adaptativos*, avaliando *riscos, custos esperados, respostas institucionais* e os *comportamentos observáveis de seus pares*.

A *Teoria dos Jogos* oferece, nesse cenário, *instrumentos analíticos para identificar estratégias dominantes, equilíbrios de Nash* e *comportamentos iterativos de conformidade fiscal*, que se tornam ainda mais complexos e refinados com a *ascensão da inteligência fiscal preditiva* e dos mecanismos de *compliance algorítmico*.

Em termos formais, uma *estratégia dominante* é aquela que *traz o melhor resultado possível para um jogador, independentemente da estratégia adotada pelo outro*. No contexto tributário, considera-se *dominante*, por exemplo, uma estratégia de *planejamento fiscal moderado*, dentro de limites seguros, quando a jurisprudência é volátil e de *conformidade voluntária assistida*, em cenários com fiscalização intensiva, cruzamento de dados em tempo real e penalidades elevadas.

Por outro lado, há contextos em que a *evasão parcial* ou o *contencioso sistemático* se tornam *estratégias dominantes* para grandes players. Isso ocorre quando o *custo da litigância é menor do que a vantagem obtida com a postergação da obrigação*, quando o fisco atua com *baixo grau de coordenação* ou com *jurisprudência oscilante* ou ainda, quando há *programas reiterados de anistia ou parcelamentos incentivados* (ex.: Refis), que induzem à *espera estratégica pela regularização futura*.

Essas *estratégias geram equilíbrios institucionais*, entendidos como situações em que *nenhum dos jogadores tem incentivo a alterar sua conduta unilateralmente* (Equilíbrio de NASH). No *campo tributário*, tais equilíbrios podem ser:

(i) *Eficientes e estáveis* (compliance cooperativo, conformidade assistida); ou

(ii) *Instáveis ou regressivos* (evasão generalizada, litigância permanente, relação adversarial entre Fisco e contribuinte).

Como observam *Fudenberg* e *Tirole* (1991), tais equilíbrios podem ser *subótimos* e persistirem por *longos períodos* se não houver *mecanismos de indução, ruptura* ou *transformação do padrão estratégico dominante*.

Com a *transformação digital das administrações tributárias, o cenário dos jogos fiscais* é radicalmente alterado. Os *fiscos nacionais* – como demonstrado no relatório OECD (2020), *Tax Administration 3.0* – passam a operar com *análise de dados em tempo real, comunicação interjurisdicional automatizada, compliance parametrizado por risco, modelos de machine learning* para identificação de padrões anômalos e *execução preditiva de obrigações fiscais*.

Nesse novo ambiente, a *estratégia dominante do contribuinte* tende a migrar do *planejamento opaco* para a *conformidade assistida e rastreável*, uma vez que o *custo da detecção cai drasticamente*, a *probabilidade de autuação cresce exponencialmente* com base em sinais e *clusters* comportamentais e a *fiscalização torna-se ex ante*, operando por riscos inferidos estatisticamente e não por auditorias aleatórias.

Como destaca *Slemrod* (2013, p. 113),

 "em um sistema tributário baseado em IA, a evasão não é um risco calculado, mas um comportamento monitorado em tempo real".

O conceito de *compliance algorítmico* refere-se à estrutura em que a *conformidade tributária é induzida, parametrizada* e, em parte, *automatizada por sistemas computacionais*, que *reduzem a margem de interpretação normativa unilateral*, a *assimetria informacional* entre contribuinte e Fisco e a *arbitrariedade na aplicação das penalidades*.

Os *elementos do compliance algorítmico* incluem o *preenchimento automático de declarações com dados pré-coletados* (*pré-populated tax returns*), os *sistemas de autoavaliação assistida por inteligência artificial*, com alertas de inconsistência, as *simulações de risco fiscal em tempo real*, com base em benchmarks de comportamento e as *notificações proativas e preventivas*, ao invés de autuações punitivas.

Essa lógica inaugura um *novo tipo de jogo*: o *jogo de conformidade iterativa em rede*, no qual a *conduta de cada contribuinte é observada, comparada* e *ajustada conforme padrões coletivos* – o que transfere o *eixo da conformidade da esfera individual para a racionalidade estatística coletiva*, como propõe *Zamir & Fudenberg* (2019).

O *compliance algorítmico* permite que o Estado opere como *"engenheiro comportamental"*, utilizando *conceitos da economia comportamental* (*Thaler & Sunstein*, 2008) para *induzir a conformidade* por meio de arquiteturas de escolha favoráveis ao cumprimento, como default de adesão, *nudges digitais*, como alertas, comparações com pares, reputação fiscal e *gamificação do cumprimento tributário*, com rankings, premiações simbólicas, e selos de boa conduta fiscal.

O resultado é uma *mudança do equilíbrio estratégico tradicional* – de *resistência e litigância* – para um *equilíbrio de conformidade assistida*, em que os jogadores reconhecem que *agir dentro dos parâmetros do sistema algorítmico é mais vantajoso do que tentar burlá-lo*.

2.3.3.4. Jogos de Reputação, Equilíbrios Instáveis e Litigância Estratégica

Em contextos de *incerteza normativa, instabilidade jurisprudencial* e *assimetria informacional*, os *agentes fiscais* e os *contribuintes* não operam apenas com base na *leitura formal da norma* ou na *racionalidade estrita dos custos imediatos*, mas também em *regras implícitas de confiança, reputação e expectativa recíproca*. A reputação funciona, nesses jogos, como *ativo estratégico institucional*, influenciando os *comportamentos futuros*, os *equilíbrios possíveis* e a *própria arquitetura da conformidade fiscal*.

Nesse cenário, o sistema tributário se estrutura como um *jogo iterativo com memória institucional*, em que os *jogadores* – Fisco e contribuinte – avaliam não apenas as decisões do presente, mas os *padrões de conduta acumulados ao longo do tempo*, formando *crenças sobre o que esperar do outro* e quais *estratégias otimizar*.

Como mostram *Fudenberg* e *Tirole* (1991), *reputações* desempenham *papel decisivo na construção de equilíbrios em jogos de repetição com informação incompleta*, especialmente em *sistemas altamente litigiosos* e com *baixo grau de previsibilidade legal*.

Os *contribuintes*, especialmente os de *grande porte*, constroem ativamente sua *reputação fiscal* perante a administração e o Poder Judiciário, com o objetivo de *obter maior previsibilidade na aplicação da norma*, ser incluído em *programas de conformidade cooperativa*, negociar *regimes especiais* ou *acordos fiscais* com menor resistência institucional ou *reduzir a incidência de fiscalizações intempestivas e autuações arbitrárias*.

Essa reputação é formada com base em:

⇒ Histórico de contencioso e grau de litigância;

⇒ Participação voluntária em programas como o *Confia* (Programa de Conformidade Cooperativa da Receita Federal);

⇒ Transparência contábil, adesão a boas práticas de governança tributária e regularidade declaratória;

⇒ Perfil setorial e padrões de conduta comparados com empresas similares.

Na lógica dos *jogos de reputação bayesianos*, cada nova interação – declaração fiscal, contestação, transação ou não adesão a programas – alimenta o *modelo de crença do Fisco sobre o tipo do contribuinte*, influenciando os *próximos movimentos do jogo*.

A *administração tributária* também possui *reputação institucional*, que afeta a *decisão do contribuinte* de cumprir espontaneamente ou de planejar condutas agressivas, a *propensão à litigância*, a *credibilidade de atos normativos infralegais*, soluções de consulta e orientações administrativas e a *confiança em programas de regularização* e *conformidade*.

Uma *administração* com *reputação de previsibilidade, consistência* e *respeito a precedentes vinculantes* tende a *induzir mais conformidade* e *menos litígios*. Por outro lado, administrações com *histórico de autuações massivas com baixa taxa de êxito judicial, desrespeito sistemático a decisões judiciais e administrativas superiores* e *mudanças abruptas de interpretação* ou *revisão retroativa de entendimentos* acabam por gerar *ambiente de instabilidade, oportunismo defensivo* e *multiplicação do contencioso*.

Como alerta *Joel Slemrod* (2013, p. 124), a *confiança na administração fiscal é variável endógena ao sistema*: ela não se exige – constrói-se ao longo de *múltiplos ciclos iterativos de interação transparente* e não arbitrária.

Nos *jogos tributários iterativos*, surgem *equilíbrios instáveis*, nos quais o *contribuinte* opta por *litigar sistematicamente*, como *estratégia racional de postergação* ou como forma de *selecionar jurisprudência favorável* e o *Fisco*, por sua vez, *insiste em autuar*, mesmo com *baixa taxa de êxito*, na expectativa de *induzir acordos, arrecadação residual* ou *dissuasão marginal*.

Esse *equilíbrio*, ainda que funcional sob certos critérios, é *disfuncional* para o sistema como um todo, pois *aumenta exponencialmente o passivo contencioso, drena os recursos administrativos e judiciais, eleva o custo de conformidade* e de operação do sistema e *reforça a percepção de que a litigância é* componente necessário da racionalidade tributária, e não exceção.

Como nota *Pereira* (2020, p. 205), o *uso da litigância como estratégia de gestão de caixa* ou como *forma de pressão institucional* altera a *função clássica do contencioso*, transformando-o em *instrumento de barganha assimétrica* e *deterioração da confiança normativa*.

O enfrentamento dessa dinâmica exige *intervenções institucionais e tecnológicas*, como a *implementação de sistemas de reputação fiscal algorítmica* com *critérios objetivos e auditáveis (compliance scoring)*, a *vinculação de programas de conformidade a métricas reais de comportamento cooperativo*, a *criação de zonas seguras de interpretação (safe harbors)* com *estabilidade normativa* e *controle jurisdicional* e a *promoção de transparência nos critérios de fiscalização* e nos *parâmetros de seleção de casos para autuação ou transação tributária*.

Tais medidas permitirão romper equilíbrios instáveis, substituindo a *lógica de defesa agressiva* por *equilíbrios de confiança, transparência* e *previsibilidade estratégica mútua*.

Nos *jogos tributários complexos*, a *reputação* constitui *variável central de estratégia, confiança* e *indução de comportamento*. Em contextos de incerteza, o sistema se estrutura em torno de *padrões repetidos de conduta*, que formam *equilíbrios institucionais* – estáveis ou não – de *conformidade, evasão* ou *litigância*.

Reconhecer a importância dos *jogos de reputação* permite construir uma *governança fiscal baseada não apenas em coerção*, mas em *credibilidade normativa, previsibilidade interpretativa* e *indução racional de condutas*, por meio de instrumentos de *compliance avançado, algoritmos de risco* e *pactos interativos de boa-fé regulatória*.

A travessia teórica empreendida nesta seção permitiu demonstrar que o *Direito Tributário*, especialmente em sua *dimensão contemporânea*, não pode mais ser compreendido como um *sistema linear, determinístico* ou *ontologicamente estável*. Ao contrário: sua natureza atual exige uma abordagem capaz de lidar com a *incerteza normativa*, a *volatilidade jurisprudencial*, a *retroalimentação institucional* e os *comportamentos estratégicos* em contextos assimétricos e imprevisíveis.

Inspirando-se nos *fundamentos da física quântica*, particularmente no *princípio da incerteza de HEISENBERG*, na *teoria do caos*, nas *estruturas de retroalimentação não linear* e nos *jogos de interação probabilística*, esta seção propôs uma *reconstrução epistemológica* e *metodológica do sistema fiscal*, em consonância com as exigências de um mundo interconectado, automatizado e cognitivamente denso.

A *norma jurídica tributária* foi aqui reconceituada não como um *comando fixo e unívoco*, mas como uma *função de possibilidade hermenêutica*, que colapsa em significado apenas no *momento da decisão* (seja ela administrativa, judicial ou comportamental). Esse colapso – semelhante ao que ocorre na *medição quântica* – revela que a *interpretação jurídica* é um *ato performativo, contextual* e *estrategicamente influenciado pelo observador* e pelas *condições do sistema*.

Com base na *teoria dos sistemas dinâmicos não lineares*, demonstrou-se que o sistema tributário se comporta como *estrutura caótica* em diversos domínios, *sensível a pequenas perturbações, suscetível à retroalimentação comportamental* e propenso a *ressonâncias institucionais amplificadas*.

A *imprevisibilidade*, portanto, *não é exceção ou falha*, mas *propriedade emergente do sistema*, cuja governança requer *modelagem matemática, monitoramento inteligente* e *mecanismos de amortecimento normativo*.

A incorporação da *Teoria dos Jogos*, especialmente sob condições de *informação imperfeita* e *aprendizado bayesiano*, permitiu compreender o Direito Tributário como *jogo estratégico iterativo*, no qual o contribuinte e o Estado atuam racionalmente, mas com base em *crenças, estimativas de risco, reputações institucionais* e *estratégias mistas de conformidade ou litigância*.

Por fim, discutiu-se o papel crescente do *compliance algorítmica como nova arquitetura da tributação digital*, no qual a *racionalidade da norma* é codificada em *estruturas probabilísticas*, parametrizadas por *algoritmos* e moduladas por *inteligência artificial*, promovendo uma *conformidade assistida, responsiva* e *automatizável* – mas que também impõe *desafios éticos* e *institucionais* de *alta complexidade*.

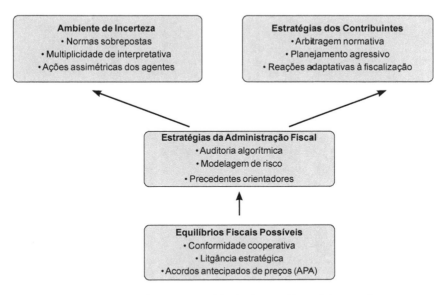

Figura 24 – Teoria dos Jogos e Estratégias Fiscais em Ambientes de Incerteza[12]

---

12. *Figura 24 – Teoria dos Jogos e Estratégias Fiscais em Ambientes de Incerteza.*
    Representação gráfica das interações estratégicas entre contribuintes e administrações fiscais em contextos marcados por sobreposição normativa, incerteza jurídica e assimetrias de informação. A figura demonstra a estrutura típica de um jogo fiscal dinâmico, no qual decisões são tomadas com base em inferências probabilísticas e simulações comportamentais. Modelos como auditoria algorítmica, planejamento fiscal adaptativo e precedentes influenciam os equilíbrios possíveis entre conformidade cooperativa, litigância e acordos antecipados.
    Fonte: Elaborado pelo autor, com base em *Gadzo* (2018), *Avi-Yonah* (2007), *Slemrod* (2013), *Deveraux* (2021) e *Teoria dos Jogos aplicada ao Direito e à Economia*.

CAPÍTULO 3
A FÍSICA DA INCERTEZA TRIBUTÁRIA

O *século XXI* inaugura uma *nova fase do Direito Tributário*: não mais pautada exclusivamente pela *rigidez da legalidade*, pela *estabilidade hermenêutica* e pela *linearidade da incidência normativa*, mas estruturada sob os *signos da instabilidade*, da *ambiguidade interpretativa* e da *complexidade comportamental dos sistemas jurídicos em contextos digitais, dinâmicos* e *descentralizados*.

Nesse cenário, emerge a necessidade de *reconfigurar o próprio fundamento epistemológico do Direito Tributário*, substituindo o *paradigma da previsibilidade absoluta* por uma *racionalidade sistêmica* que admita, modele e governe a *incerteza* como *fenômeno constitutivo da normatividade fiscal*.

Inspirado pelas *transformações paradigmáticas da física moderna* – da *mecânica clássica* à *física quântica*, da *termodinâmica* ao *caos determinístico*, da *geometria euclidiana aos fractais dinâmicos* – o presente capítulo propõe a reflexão sobre a construção de uma *"física da incerteza tributária"*, isto é, um corpo teórico e metodológico que permita *compreender, simular* e *administrar* a *instabilidade jurídica nos sistemas fiscais contemporâneos*, com base em ferramentas interdisciplinares de altíssimo rigor: *modelagem matemática, lógica Fuzzy, inteligência artificial, teoria da informação* e *estatística bayesiana*.

A premissa central aqui adotada é a de que o *sistema tributário moderno* não deve ser interpretado como um *campo normativo estático*, mas como *sistema dinâmico, aberto* e *retroalimentado*, sensível a condições iniciais, fortemente interdependente e marcado por fenômenos de *bifurcação, colapso semântico* e *imprevisibilidade estrutural*.

O *tributo*, nesse contexto, *deixa de ser uma variável puramente legal* e passa a ser também uma *função probabilística*, modulada por *critérios econômicos, lógicos, institucionais* e *computacionais*, cujas manifestações práticas exigem novos arranjos institucionais e epistemológicos.

Este capítulo está estruturado em *três grandes eixos de análise*:

- Na *primeira seção*, investigamos o *princípio da incerteza aplicado à interpretação fiscal*, abordando os *limites da previsibilidade jurídica*, a *subjetividade hermenêutica* e a *modelagem computacional da instabilidade normativa*.

Trata-se de compreender como a *ambiguidade estrutural das normas tributárias* – especialmente em contextos de pluralidade legislativa e conflito jurisprudencial – pode ser formalizada em *modelos inferenciais* e *simulativos*, com potencial de *reduzir a arbitrariedade institucional*.

- Na *segunda seção*, trataremos da *analogia* entre a *dualidade onda-partícula da física quântica* e os *fenômenos jurídicos de simultaneidade normativa, sobreposição de regimes* e *bifurcação interpretativa*, que afetam diretamente a *segurança jurídica*, a *estrutura dos litígios* e a *racionalidade dos planejamentos tributários*.

Propõe-se aqui uma *ontologia fiscal* baseada na coexistência de *múltiplos estados jurídicos*, que *colapsam* em uma *única interpretação* apenas no *momento da decisão*.

- Na *terceira seção*, abordaremos os aspectos técnico-formais da *previsão fiscal em ambientes instáveis*, explorando o uso de *cálculo probabilístico, modelos estocásticos* e *algoritmos de aprendizado de máquina* para estimar a arrecadação tributária, identificar padrões de evasão, modelar o risco contencioso e otimizar a fiscalização.

Esta parte articula *Direito, Estatística, Engenharia de Sistemas* e *Inteligência Artificial*, demonstrando que a *governança da arrecadação no século XXI* exige uma *infraestrutura computacional de quantização fiscal preditiva*.

O objetivo último deste capítulo *não é suprimir a incerteza*, mas *modelá-la racionalmente*, tratá-la como *dado técnico* e transformá-la em *vetor de governança tributária responsiva, transparente* e *auditável*, abrindo caminho para uma justiça fiscal compatível com os desafios da economia digital, da complexidade normativa e da volatilidade institucional.

3.1. O PRINCÍPIO DA INCERTEZA APLICADO À INTERPRETAÇÃO FISCAL

A interpretação jurídica, tradicionalmente, foi concebida como um *processo racional de descoberta do sentido objetivo da norma*, guiado por *métodos sistemáticos, teleológicos, gramaticais* e *históricos*. Essa concepção, no entanto, repousa sobre uma *epistemologia estática*, inspirada na *lógica clássica* e na *física newtoniana*, segundo a qual a *norma possui um conteúdo definido*, que pode ser *desvelado com exatidão* por um *intérprete imparcial* e *bem-informado*.

No *campo tributário*, essa lógica foi elevada à máxima expressão: o *dogma da legalidade estrita* e o *imperativo da tipicidade fechada* exigiram que a *interpretação fosse exata, objetiva* e *não extensiva*, em nome da *segurança jurídica*, da *previsibilidade da obrigação tributária* e da *proteção da liberdade econômica*.

Todavia, a experiência prática – especialmente nas últimas décadas – demonstra que esse modelo entrou em *colapso epistemológico*. A *proliferação normativa*, a *sobreposição de regimes*, a *crescente complexidade dos fatos econômicos* e a *mutação jurisprudencial permanente* tornaram a interpretação tributária um *processo de permanente incerteza*, no qual coexistem *múltiplas possibilidades hermenêuticas*, disputas sobre o *sentido da norma* e *comportamentos estratégicos diante da ambiguidade*.

A analogia com o *princípio da incerteza de HEISENBERG*, formulado no âmbito da *mecânica quântica em 1927*, oferece um *modelo alternativo à epistemologia jurídica clássica*. Segundo esse princípio, *não é possível conhecer simultaneamente*, com *precisão absoluta*, determinadas *propriedades de uma partícula* (como sua posição e seu momento). O *ato de observar modifica o sistema observado*; a *medição* não revela, mas *colapsa* o *estado quântico em uma única possibilidade*, dentre *muitas superpostas*.

Transportada com critério ao *campo jurídico*, essa estrutura permite compreender que:

I – A *norma não possui um único sentido pré-existente*, mas um *conjunto de interpretações possíveis*, cuja definição depende do *contexto*, do *observador*, da *situação econômica* e das *práticas institucionais dominantes*;

II – A *decisão interpretativa não revela a norma, mas a realiza, a constitui e a colapsa* em um *único significado possível naquele momento histórico e institucional*;

III – Quanto *maior a precisão que se tenta atribuir à interpretação da norma*, maior será a *indeterminação dos seus efeitos práticos futuros* – e vice-versa.

Como bem observa *Luigi Ferrajoli* (2007),

"o Direito não pode ser reduzido à norma: ele é também o conjunto das práticas institucionais que dão existência a essa norma".

Em *matéria tributária*, essa prática é *volátil, estratégica e frequentemente conflituosa*. Assim como o *ato de medição colapsa a função de onda na mecânica quântica*, o *ato de decisão* – seja do auditor, do juiz, do contribuinte ou do parecerista – *colapsa a ambiguidade interpretativa da norma tributária* em um *sentido operativo*.

Este colapso, no entanto, *não é neutro*: ele é *afetado* por fatores como a *orientação institucional vigente*, o *histórico de jurisprudência* e de *decisões administrativas*, a *estrutura do setor regulado* e a própria *percepção do risco normativo*.

O *intérprete jurídico*, nesse modelo, *não é um operador externo à norma*, mas *parte do sistema normativo*, responsável por *construir, selecionar* e *estabilizar*, mesmo que provisoriamente, o *significado da lei tributária*.

Como já antecipava *Niklas Luhmann* (1984),

"o sistema jurídico é operado pelo próprio processo de autopoiese interpretativa: sua função não é garantir certezas, mas reduzir complexidades por meio de decisões observáveis".

Diante da *impossibilidade de eliminar a incerteza*, propõe-se refletir e estudar sua *formalização hermenêutica*, com base em modelos que permitam *mapear os espaços interpretativos possíveis de uma norma*, atribuir *pesos probabilísticos a cada interpretação*, com base em critérios históricos, econômicos e institucionais e *simular cenários de risco fiscal* associados a diferentes estratégias interpretativas.

Tais modelos podem ser construídos com ferramentas como:

⇒ Redes semânticas com apoio de processamento de linguagem natural (PLN);
⇒ Sistemas de inferência probabilística, com base em jurisprudência histórica;
⇒ Modelagem Fuzzy Logic, que permite trabalhar com zonas de significados ambíguos e não binários.

Como destaca *Slemrod* e *Gillitzer* (2013), a *incerteza tributária* não deve ser combatida com *mais rigidez normativa*, mas com instrumentos que permitam *transformá-la em dado técnico, auditável* e *gerenciável*.

O *reconhecimento da incerteza como estrutura interpretativa* impacta diretamente:

a) o *planejamento tributário*, que deixa de ser estruturado apenas pela literalidade da norma e passa a incorporar modelos de risco hermenêutico;

b) a *fiscalização*, que se torna mais sofisticada, baseada em inconsistências contextuais e não apenas em infrações formais; e

c) o *contencioso tributário*, que se desloca da subsunção pura para a disputa de cenários interpretativos probabilísticos, exigindo do julgador não apenas fidelidade ao texto legal, mas capacidade de reconhecer padrões, precedentes e racionalidade econômica.

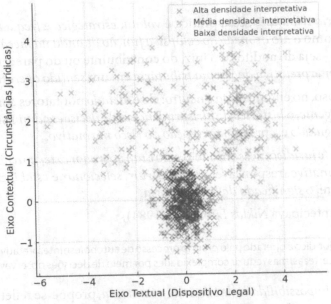

Figura 25 – Nuvem de Probabilidade Interpretativa[1]

---

1. *Figura 25 – Nuvem de Probabilidade Interpretativa.*
Representação gráfica da multiplicidade interpretativa de dispositivos legais complexos, com diferentes níveis de densidade probabilística. As zonas mais densas indicam interpretações mais recorrentes ou institucionalmente

CAPÍTULO 3 • A FÍSICA DA INCERTEZA TRIBUTÁRIA **167**

3.1.1. A subjetividade hermenêutica e os limites da previsibilidade normativa

A *interpretação jurídica*, longe de ser um *processo técnico de aplicação automática de significados previamente estabilizados*, constitui um *ato hermenêutico complexo, condicionado por fatores linguísticos, históricos, institucionais, culturais* e *cognitivos*.

No *campo tributário*, essa complexidade é amplificada pela própria natureza da matéria: a *linguagem fiscal é altamente especializada*, a *normatividade é fragmentada e instável* e os *impactos econômicos das interpretações* são *imediatos e potencialmente assimétricos*.

A *tradição jurídica de matriz positivista*, influenciada pela *lógica dedutiva* e pela *sistematicidade formal do Direito Continental europeu*, sustentou por muito tempo a ideia de que a *norma jurídica* detém um *conteúdo de sentido pré-existente*, a ser revelado pelo intérprete a partir de *métodos objetivos* – sobretudo nos campos da *legalidade estrita*, como o *Direito Tributário*.

No entanto, essa *epistemologia interpretativa* ignora a *natureza contingente da linguagem*, a *historicidade do processo hermenêutico* e a *pluralidade de racionalidades* que disputam o sentido da norma, especialmente em contextos de *pluralismo institucional* e *mutabilidade jurisprudencial*.

3.1.1.1. A Linguagem Tributária e a Ambiguidade Semântica Estrutural

A *linguagem tributária* é, por sua própria natureza, uma *linguagem técnico-normativa de elevada densidade semântica*, mas dotada de *baixa estabilidade interpretativa*, especialmente em contextos de *volatilidade econômica, inovação tecnológica* e *pluralidade institucional*.

Trata-se de uma linguagem que simultaneamente busca *rigor conceitual* e *flexibilidade funcional*, resultando, inevitavelmente, em *ambiguidade estrutural* e *multiplicidade de sentidos possíveis*.

Essa *ambiguidade* não é um "ruído" que pode ser eliminado por maior precisão legislativa. *Ao contrário*: é *constitutiva da experiência jurídica tributária contemporânea*, refletindo o fato de que o *Direito Tributário* opera sobre *realidades complexas, dinâmicas* e *mutáveis*, nas quais a *linguagem normativa* deve equilibrar *estabilidade formal* e *adaptabilidade econômica*.

---

estabilizadas, enquanto as regiões mais rarefeitas sugerem interpretações marginais ou instáveis. Inspirado no modelo quântico da nuvem eletrônica atômica, o gráfico transita a ideia de que as interpretações normativas coexistem em estado de superposição até o momento do colapso decisório institucional, rompendo com a lógica binária da literalidade e incorporando a incerteza como elemento estruturante da hermenêutica tributária.

Fonte: Elaborado pelo autor, com base em analogia ao modelo quântico do átomo e princípios da Teoria da Incerteza Hermenêutica.

Conforme ensinam *Hans-Georg Gadamer* (2004) e *Robert Alexy* (1989), a *linguagem jurídica é um sistema semiótico denso*, no qual os *signos* não remetem a *objetos empíricos fixos*, mas a *construções normativas* e *contextuais*.

No caso do *Direito Tributário*, esse fenômeno é agravado por:

⇒ A *coexistência de termos jurídicos tradicionais* e *conceitos técnico-contábeis* ou *econômico-financeiros* (ex.: "lucro real", "valor de mercado", "preço de transferência", dentre outros);

⇒ A necessidade de conciliar *abstração normativa* e *aplicabilidade concreta*, o que exige o *uso de categorias abertas* e *cláusulas elásticas*;

⇒ A presença de *zonas conceituais híbridas*, como "atividade econômica", "planejamento lícito", "empresa preponderante" ou "presença digital significativa".

A *consequência* é que a *linguagem tributária nunca é autoevidente*, mas sempre requer *mediação hermenêutica, institucional* e *técnica*, abrindo espaço para *disputa interpretativa legítima* e, por vezes, *estratégica*.

Ao contrário da visão tradicional, segundo a qual a *ambiguidade da norma é um defeito redacional a ser corrigido pela técnica legislativa*, a *teoria contemporânea da linguagem jurídica* – especialmente em *Lenio Streck* (2011) e *Luigi Ferrajoli* (2007) – reconhece que a *ambiguidade é inerente à função da linguagem jurídica em sociedades complexas*.

Isso se acentua no *Direito Tributário* por *duas razões fundamentais*:

• A impossibilidade de antecipar todos os modelos de negócio, formas contratuais e estruturas de geração de valor nas atividades econômicas contemporâneas;

• A necessidade de que o sistema normativo seja suficientemente flexível para abranger novas formas de tributação sem a necessidade constante de reforma legislativa, o que leva ao uso de termos abertos e interpretáveis.

Como exemplos recorrentes, destacamos:

⇒ A disputa semântica em torno do conceito de "insumo" para fins de crédito de PIS/Cofins (REsp 1.221.170/STJ);

⇒ A flutuação conceitual do termo "estabelecimento permanente" em cenários digitais;

⇒ A discussão sobre o significado prático de "atividade preponderante" na caracterização de operações de *leasing* ou *factoring*.

Em todos esses casos, a *ambiguidade não decorre de falha legislativa*, mas da *tensão estrutural entre generalidade da norma* e *especificidade do caso concreto*.

Em *ambientes instáveis e sobrecarregados por múltiplas fontes normativas* (leis ordinárias, leis complementares, atos infralegais, jurisprudência administrativa e judicial, tratados internacionais), a *norma jurídica* não possui um *centro de gravidade semântico fixo*, mas opera como *campo de forças interpretativas em disputa*.

Essa *multivocalidade da norma tributária* decorre de:

a. Conflito entre diferentes instituições intérpretes (ex.: Receita Federal, Carf, STJ, STF, Tribunais Regionais);
b. Temporalidade divergente dos entendimentos normativos (efeito retroativo de jurisprudência, modulações); e
c. Competência legislativa concorrente e disputa entre entes federativos.

Essa estrutura interpretativa "instável" *alimenta a litigância, compromete a previsibilidade* e transfere para o contribuinte o *ônus da decodificação estratégica do sistema*.

A *ambiguidade semântica da linguagem tributária*, quando não reconhecida e gerida, produz *efeitos sistêmicos relevantes*, tais como:

- A judicialização recorrente e massiva, em especial em matérias com alta indeterminação conceitual;
- Os comportamentos defensivos e hiperburocratização da contabilidade fiscal;
- A assimetria interpretativa entre grandes contribuintes (com acesso a pareceres, simulações e modelagem de risco) e pequenos contribuintes (sem suporte técnico-jurídico adequado); e
- A Evasão pela via da elisão estruturada, com base em lacunas semânticas exploradas racionalmente.

Como destaca *Joel Slemrod* (2013, p. 104), a *complexidade e ambiguidade do sistema fiscal*

 "produzem uma externalidade negativa: distorcem o comportamento econômico, incentivam o planejamento estratégico e reduzem a confiança na administração pública".

3.1.1.2. Hermenêutica, Subjetividade e Complexidade Institucional

A *interpretação jurídica*, sobretudo em *matéria tributária*, é um fenômeno que *transcende os limites do texto normativo* e adentra o *domínio das práticas institucionais*, das *racionalidades políticas e econômicas* e das *dinâmicas intersubjetivas* que moldam o sentido da norma ao longo do tempo.

Nesse cenário, a *hermenêutica* não é apenas um *método de extração de significados*, mas um *campo de disputa epistêmica e institucional*, em que o *sujeito-intérprete*, suas *crenças*, sua *posição no aparato* estatal e sua *racionalidade de origem* influenciam decisivamente o produto interpretativo.

Essa abordagem *rompe com o modelo tradicional da dogmática tributária*, que via na aplicação da norma um *exercício objetivo, neutro e logicamente dedutivo*, guiado por *métodos formais* e supostamente *imunes à contaminação valorativa* ou à *ambiguidade institucional*.

Em seu lugar, propõe-se reflexões sobre uma *hermenêutica tributária complexa*, fundada em três premissas centrais:

1. A *subjetividade do intérprete* é constitutiva do *processo hermenêutico*, e não um desvio;
2. As *decisões interpretativas* são condicionadas pelas estruturas institucionais em que se inserem;
3. O *sistema jurídico tributário* é dinâmico, instável e interdependente, exigindo uma lógica de interpretação que reconheça e modele a complexidade.

A partir da *filosofia hermenêutica contemporânea* – especialmente em *Gadamer* (2004), *Habermas* (1996) e *Streck* (2011) – a interpretação deixa de ser concebida como um *ato de reprodução do texto* e passa a ser compreendida como um *processo dialógico e situado*, no qual o intérprete traz consigo seu *horizonte de expectativas*, sua *formação histórica* e sua *vinculação institucional*.

No caso do *Direito Tributário*, essa *subjetividade* é amplificada:

⇒ O auditor fiscal atua sob pressões institucionais (metas de arrecadação, planos de fiscalização);

⇒ O julgador administrativo é vinculado à estrutura do próprio Fisco;

⇒ O contribuinte formula sua interpretação com base em interesse empresarial, proteção patrimonial e gestão de risco;

⇒ O juiz opera sob os limites processuais, jurisprudenciais e de política fiscal da corte.

Nesse sentido, *não existe interpretação neutra*, mas *interpretações institucionalizadas*, cada qual com *racionalidade própria*, ainda que sob o *manto da legalidade*.

A *estrutura decisória do sistema tributário brasileiro* – marcada pela coexistência de *múltiplos órgãos interpretativos* (Receita Federal, CARF, STJ, STF, Tribunais Estaduais e Municipais, Tribunais de Contas) – gera um *campo institucional policêntrico e competitivo*, no qual *decisões divergentes podem coexistir por longos períodos*, a norma é interpretada em *chave distinta conforme o órgão julgador*, a *jurisprudência* é construída por meio de *ciclos hermenêuticos instáveis* e *retroalimentados* e a *oscilação de entendimentos* transforma-se em *padrão*, e não *exceção*.

Como observa *Niklas Luhmann* (2004), os *sistemas jurídicos modernos são autopoiéticos*, operando em *circuito fechado*, mas em *constante interação com os subsistemas político, econômico* e *administrativo*.

No *Direito Tributário*, essa autopoiese se manifesta na criação de *"zonas de sentido tributário"*, que não são determinadas pela *norma isoladamente*, mas pela forma como os diversos subsistemas normativos e institucionais *convergem* – ou *colidem* – em determinado contexto fático.

A *complexidade institucional do sistema tributário brasileiro* produz um *paradoxo hermenêutico*: ao mesmo tempo em que se *exige segurança jurídica*, a *estrutura decisória* promove:

I. Mudanças abruptas de jurisprudência, muitas vezes sem modulação ou respeito à confiança legítima;

II. Multiplicidade de entendimentos sobre o mesmo dispositivo normativo, a depender do foro, do ente federativo ou do órgão julgador; e

III. Criação de teses vinculantes com baixa adesão prática, em razão da resistência institucional de órgãos administrativos ou da estrutura normativa infraconstitucional.

Essa *incoerência sistêmica* gera um *ambiente de incerteza interpretativa crônica*, no qual o *contribuinte é compelido a fazer interpretações estratégicas*, assistido por pareceres e análises de risco jurídico-fiscal, o *Fisco atua de forma reativa*, por vezes contradizendo entendimentos anteriores e o P*oder Judiciário oscila entre rigorismo técnico e pragmatismo político*, gerando fraturas hermenêuticas.

Como adverte *Marco Aurélio Greco* (2015),

 "a segurança jurídica não decorre da letra da lei, mas da coerência institucional no modo como essa letra é interpretada e aplicada no tempo".

Diante do cenário delineado, propõe-se a consolidação de uma *hermenêutica tributária quântica* fundada em pressupostos compatíveis com a *indeterminação* e a *complexidade próprias do ambiente jurídico contemporâneo*. Essa abordagem reconhece que as *interpretações normativas* não se apresentam como *entidades estáticas* ou *singulares*, mas coexistem em *estado de superposição até o momento de sua resolução institucional*, caracterizado como *colapso decisório*. Tal colapso, longe de representar a revelação de um sentido único e absoluto, deve ser compreendido como um *evento institucionalmente condicionado*, fruto de *procedimentos normativos* e *contingências sistêmicas*.

Nessa perspectiva, abandona-se a busca por uma *interpretação única* e *definitiva*, substituindo-a por uma *racionalidade de natureza probabilística, iterativa* e *auditável*, orientada por *parâmetros de coerência sistêmica* e *responsabilidade institucional*.

Essa racionalidade permite que a *hermenêutica tributária* seja concebida não mais como a simples *decodificação de significados latentes*, mas como um *processo adaptativo, dinâmico* e sujeito a *mecanismos de validação intersubjetiva*.

Ademais, propõe-se a *formalização do risco hermenêutico* como uma *variável normativa relevante*, cuja mensuração e gerenciamento devem integrar as *práticas de planejamento tributário*, de *fiscalização administrativa* e de *formação jurisprudencial*.

Essa concepção *amplia o espectro de legitimidade interpretativa*, ao passo que exige o cumprimento de *requisitos mínimos de racionalidade comunicativa, auditabilidade dos fundamentos* e *integridade procedimental*, legitimando a inclusão da *subjetividade do intérprete* e da *complexidade institucional* como *componentes legítimos do processo de construção do Direito*.

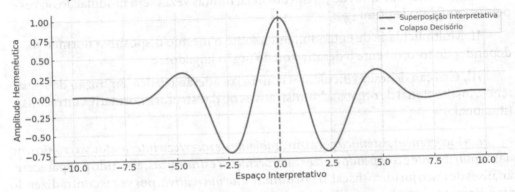

Figura 26 – Colapso Hermenêutico na Interpretação Tributária[2]

3.1.1.3. Limites da Previsibilidade e a Ilusão da Determinação Ex Ante

A noção de *previsibilidade normativa*, frequentemente associada ao *princípio da legalidade* e à *segurança jurídica*, ocupa *posição central na estrutura do Direito Tributário*.

O *dogma da legalidade estrita*, consagrado no art. 150, I, da CF/1988, pressupõe que o contribuinte deve ter *conhecimento exato* e *antecipado das normas que regulam sua obrigação tributária*, permitindo-lhe *calcular o tributo devido, organizar sua atividade econômica* e exercer sua liberdade com *racionalidade jurídica*.

---

2. *Figura 26 – Colapso Hermenêutico na Interpretação Tributária.*
Ilustração da analogia entre a superposição de estados interpretativos no Direito Tributário e a função de onda na mecânica quântica. A curva azul representa o estado de superposição hermenêutica, no qual diversas interpretações normativas coexistem antes da manifestação decisória. A linha tracejada vermelha assinala o ponto de colapso decisório – momento em que uma decisão institucional (judicial, administrativa ou legislativa) reduz o espaço interpretativo a uma solução específica. O gráfico reflete a estrutura probabilística da interpretação jurídica em contextos complexos e a função institucional do decisor como agente de colapso da ambiguidade normativa.
Fonte: Elaborado pelo autor com base nos princípios da mecânica quântica e sua aplicação metafórica à hermenêutica jurídica.

CAPÍTULO 3 • A FÍSICA DA INCERTEZA TRIBUTÁRIA **173**

Esse ideal de previsibilidade normativa se fundamenta em uma *ontologia jurídica racionalista*, segundo a qual a *norma* seria dotada de um *sentido estável, inteligível e logicamente acessível*, e sua aplicação, passível de ser *deduzida por qualquer agente jurídico* a partir de *técnicas hermenêuticas tradicionais*.

Em outras palavras, postula-se que a *legalidade tributária* seria *determinável ex ante*, isto é, *antes mesmo da incidência prática da norma* ou da *manifestação interpretativa dos órgãos aplicadores*.

Tal concepção – embora funcional em contextos de baixa complexidade – *colapsa* diante das *estruturas contemporâneas de normatividade fiscal*, nas quais:

⇒ a *linguagem normativa é polissêmica, indeterminada* e frequentemente *híbrida* (jurídico-contábil-econômica);

⇒ o *sistema normativo é fragmentado* e sobreposto por camadas interpretativas administrativas e judiciais;

⇒ a *jurisprudência* opera com *modulações retroativas, redefinições de conceitos e inversões de precedentes*; e

⇒ o comportamento dos *agentes econômicos* é *estratégico, racional e adaptativo*, reagindo à instabilidade como variável de gestão.

Neste cenário, a *previsibilidade* deixa de ser um *dado lógico* e passa a ser uma *construção probabilística*, condicionada por *variáveis institucionais, comportamentais e temporais*. Surge, assim, o que denominamos de *"ilusão da determinação ex ante"*: a *crença* de que *é possível extrair da norma*, de forma *objetiva* e *antecipada*, um *único sentido normativo aplicável, previsível* e *imune* às vicissitudes do sistema.

Na prática, o *contribuinte* não se orienta apenas pela *literalidade da norma*, mas por um *conjunto de fatores*, como:

a) O *entendimento da Receita Federal*, expresso em *soluções de consulta e orientações normativas*;

b) O *posicionamento do CARF* e a *jurisprudência dos tribunais superiores*;

c) A *reputação institucional da administração* e sua coerência histórica; e

d) A relação entre o *setor econômico e o grau de exposição à fiscalização e litigância*.

Essa *multiplicidade de vetores interpretativos* demonstra que a norma não possui um significado "pronto" a ser extraído pelo intérprete com base na exegese textual, mas um *campo de significados possíveis, hierarquizáveis* conforme o contexto institucional.

Como propõe *Ronald Dworkin* (1986), o processo de aplicação do direito é sempre um *exercício de escolha* entre *princípios concorrentes*, e não mera *aplicação de regras*.

Em *matéria tributária*, é recorrente a prática institucional de *modificar a interpretação de um dispositivo legal* (ex.: conceito de insumo, abrangência do ICMS na base de cálculo, circulação de mercadorias, dentre outros), aplicar *retroativamente o novo entendimento*, em processos administrativos ou judiciais em curso ou *modificar os critérios de interpretação sem modulação de efeitos* ou comunicação prévia.

Tais práticas *comprometem a confiança legítima dos contribuintes* e demonstram que a *previsibilidade jurídica*, quando baseada apenas na *literalidade da norma*, é absolutamente insuficiente. O verdadeiro sentido da norma, em *matéria tributária*, só se estabiliza – se é que se estabiliza – após o *colapso hermenêutico promovido por decisão institucional vinculante e reiterada*.

Como bem observa *Ferrajoli* (2007), a *segurança jurídica* não decorre da *clareza do texto legal*, mas da *estabilidade institucional na aplicação da norma*. Sem essa *estabilidade*, a *legalidade se converte em elemento formal de legitimidade aparente*, sem capacidade de gerar *expectativa comportamental racional*.

Diante da *falência do ideal de determinação ex ante*, os contribuintes – sobretudo os grandes agentes econômicos – adotam *condutas defensivas e estratégicas*, tais como a *solicitação de pareceres* para simular cenários interpretativos, a *internalização da litigância* como estratégia de postergação de passivos fiscais, o uso da imprevisibilidade como *justificativa para estruturas de planejamento agressivo* e a adoção de *regimes alternativos* ou *compensações em massa*, com base em *brechas jurisprudenciais*.

Tal comportamento é *racional*, do ponto de vista da *gestão de risco*. No entanto, seus *efeitos macroeconômicos são altamente deletérios*:

⇒ Aumenta o custo de conformidade tributária;

⇒ Penaliza desproporcionalmente os pequenos e médios contribuintes, sem estrutura jurídica para modelar riscos; e

⇒ Concentra o contencioso fiscal nas mãos de grandes grupos, promovendo desigualdade estrutural.

Como nota *Slemrod* (2013, p. 121),

 a imprevisibilidade do sistema tributário opera como externalidade regressiva, pois amplia a vantagem de quem pode manipular a norma a seu favor e reforça a desigualdade no cumprimento da obrigação tributária.

Superar a *ilusão da determinação ex ante* não implica *renunciar à segurança jurídica*, mas reconstruí-la com base em *novos fundamentos epistêmicos* mais *compatíveis com a complexidade dos sistemas normativos contemporâneos*.

Isso exige, em primeiro lugar, o reconhecimento de que a *previsibilidade não decorre da literalidade normativa*, mas da *estabilidade das instituições que sustentam a coerência do ordenamento jurídico*. Nesse sentido, torna-se necessário abandonar o *dogma da certeza textual* e adotar mecanismos de *inferência interpretativa*, com apoio em *precedentes auditáveis e ferramentas de simulação de risco normativo* que possibilitem a *antecipação das zonas de incerteza decisória*.

A *segurança jurídica*, reformulada sob tais premissas, passa a incorporar explicitamente a *formalização da incerteza como componente estrutural da arquitetura jurídica*, valendo-se de práticas como o *compliance probabilístico*, a *análise preditiva* e o *uso de inteligências hermenêuticas adaptativas*. Trata-se de *deslocar o eixo da confiança jurídica do plano da rigidez textual* para o da *consistência institucional* e da *capacidade responsiva dos sistemas normativos*.

Essa reconceituação também impõe o *fortalecimento da transparência decisória*, da *modulação responsável dos efeitos jurídicos* e do *compromisso institucional com a integridade hermenêutica*, entendida como fidelidade ao processo interpretativo racionalmente justificado e publicamente auditável.

A *previsibilidade jurídica*, assim concebida, *não é binária nem determinística*, mas *probabilística*, *parametrizada* e *sustentada por garantias institucionais*, em linha com as *melhores práticas de governança fiscal algorítmica delineadas pela OCDE* (2020) e *progressivamente implementadas* em *sistemas fiscais digitalizados ao redor do mundo*.

3.1.1.4. Consequências para o Sistema Tributário: Conflito, Risco e Desigualdade

A *presença estrutural de incerteza hermenêutica no sistema tributário contemporâneo* – derivada da *ambiguidade normativa*, da *fragmentação institucional*, da *oscilação jurisprudencial* e da *ausência de critérios consistentes de previsibilidade* – não afeta apenas a estabilidade do ordenamento jurídico: ela transforma profundamente o *comportamento dos agentes econômicos*, a *eficácia da arrecadação* e a *legitimidade da justiça fiscal*.

A *incerteza interpretativa*, quando não reconhecida e gerida, atua como *vetor multiplicador de conflitos, distorções de risco* e *aprofundamento de desigualdades institucionais e materiais*, gerando *efeitos sistêmicos de alta gravidade*. Esse cenário compromete o *equilíbrio do pacto federativo*, a *confiança no sistema jurídico* e a *função distributiva do tributo*, tornando o *sistema fiscal mais opaco, regressivo* e *disfuncional*.

Um dos efeitos mais visíveis da *incerteza interpretativa* é o *crescimento exponencial do contencioso tributário*. Segundo dados do *Instituto Brasileiro de Planejamento e Tributação* (IBPT) e da *PGFN*, o *contencioso tributário brasileiro* supera *75% do PIB nacional*, incluindo *processos administrativos, judiciais* e *passivos tributários inscritos ou em discussão*.

Esse cenário é alimentado por *conceitos normativos abertos* ("insumo", "atividade preponderante", "lucro real", "subsunção econômica"), por *conflitos normativos não resolvidos* entre leis ordinárias, complementares e atos infralegais, pela *oscilação de jurisprudência*, inclusive em tribunais superiores, com reversões súbitas e ausência de modulação de efeitos e pelo *desalinhamento entre a interpretação administrativa* (Receita Federal, CARF) e o *Poder Judiciário*.

A *litigância* deixa, assim, de ser uma *exceção* e converte-se em *estratégia de gestão do risco tributário*, com *impactos gravíssimos para o equilíbrio fiscal*, a *previsibilidade empresarial* e a *eficiência econômica do Estado*.

A *incerteza hermenêutica* não afeta todos os contribuintes de forma igual. Há uma *assimetria estrutural* entre os *grandes contribuintes* – com acesso a pareceres de alto nível, modelagem jurídica e análise estatística de risco – e as *pequenas e médias empresas* – que operam sob *desconhecimento técnico, dependência de contadores e fragilidade institucional* para contestar interpretações arbitrárias.

Enquanto os *primeiros internalizam a litigância como custo estratégico*, os *segundos* optam pelo *pagamento conservador* ou *enfrentam autuações sem recursos técnicos para defesa qualificada*.

Essa *assimetria* gera *desigualdade material na imposição tributária*, violando os *princípios constitucionais da capacidade contributiva*, da *isonomia* e da *justiça fiscal* (art. 150, II e § 1º, da CF/1988). Como observa *Thomas Piketty* (2013, p. 496),

 a injustiça fiscal contemporânea não se dá apenas na alíquota, mas na assimetria de acesso à previsibilidade e à proteção jurídica.

Nos *ambientes institucionais marcados pela incerteza*, o "*risco normativo*" transforma-se em *variável de cálculo racional*, utilizada para *precificar a vantagem da elisão fiscal* ou do *planejamento agressivo, postergar o recolhimento do tributo por meio de litigância defensiva*, com chances estatisticamente calculadas de êxito ou prescrição e *arbitrar entre regimes jurídicos*, simulando enquadramentos que melhor se adaptem a zonas interpretativas favoráveis.

Esse uso estratégico do risco *altera a racionalidade fiscal*, deslocando-a da *legalidade* para o *cálculo de conveniência institucional*, fenômeno que *compromete a legitimidade do sistema* como *instrumento de política pública*.

Como aponta *Joel Slemrod* (2013), em *regimes instáveis*, o tributo deixa de ser "*um fato jurídico objetivo*" e passa a ser "*uma aposta estatística baseada na imprevisibilidade interpretativa e na seletividade institucional da fiscalização*".

Quando sistematicamente não tratada, a *incerteza interpretativa desestimula o investimento produtivo em setores com alta exposição ao risco fiscal*, favorece *práticas de evasão e elisão sofisticadas*, com baixa rastreabilidade e alto custo de repressão, *reduz a capacidade arrecadatória do Estado*, pois desincentiva o cumprimento espontâneo e sobrecarrega o contencioso e *deslegitima o tributo como instrumento de justiça distributiva*, pois a percepção de arbitrariedade reduz a adesão voluntária ao sistema.

Como adverte *Marco Aurélio Greco* (2015, p. 73),

"a legalidade tributária só se converte em fator de estabilidade quando conjugada com coerência institucional, consistência jurisprudencial e responsabilização hermenêutica".

3.1.2. Modelagem computacional da incerteza tributária

A *incerteza*, enquanto *fenômeno normativo, interpretativo e institucional*, não deve ser compreendida como um *obstáculo epistemológico intransponível*, mas como um *dado estruturante do sistema jurídico moderno*, especialmente no domínio tributário.

Reconhecida essa natureza, impõe-se à *dogmática fiscal contemporânea* a transição *do paradigma da negação da incerteza* para sua *formalização, parametrização e tratamento computacional*, valendo-se dos avanços da *ciência dos dados*, da *lógica matemática* e da *inteligência artificial*.

A *modelagem computacional da incerteza tributária* consiste, portanto, em *converter a ambiguidade interpretativa em estrutura analítica*, capaz de *alimentar sistemas decisórios mais transparentes, responsivos e auditáveis*. Essa abordagem marca a passagem de um *modelo hermenêutico exclusivamente argumentativo* para um *modelo hermenêutico-inferencial*, baseado em *dados, padrões, simulações e previsibilidade estatística*.

A *modelagem computacional da incerteza* parte de *três fundamentos interligados*:

1. *A lógica da imprecisão*: por meio de ferramentas como *Fuzzy Logic*, é possível trabalhar com categorias jurídicas que não são binárias (legal/ilegal; devido/indevido), mas operam em graus de aderência e plausibilidade, como ocorre em termos como "atividade econômica preponderante", "presença digital significativa" ou "valor de mercado razoável".

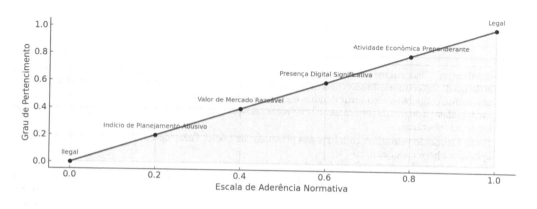

Figura 27 – Gradiente Fuzzy de Aderência Jurídica[3]

---

3. *Figura 27 – Gradiente FUZZY de Aderência Jurídica.*
   Representação gráfica da lógica da imprecisão aplicada ao Direito Tributário, com base na Fuzzy Logic. A figura ilustra como certas categorias normativas – tais como "atividade econômica preponderante", "presença digital

2. *A inferência bayesiana*: a teoria estatística desenvolvida a partir do teorema de Bayes permite que agentes (administradores fiscais, contribuintes ou algoritmos) atualizem suas probabilidades sobre o estado de uma variável jurídica (ex.: risco de autuação) com base em novas evidências observadas.

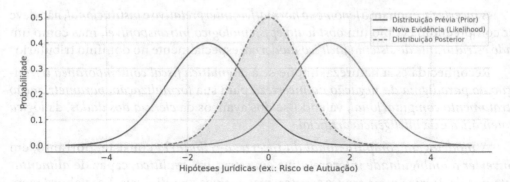

Figura 28 – Atualização Bayesiana de Probabilidade Jurídica[4]

3. *A teoria da decisão sob incerteza*: com base na racionalidade limitada (*Herbert Simon*), é possível construir modelos de decisão fiscal que considerem não apenas o conteúdo normativo, mas também a estrutura de incentivos, o histórico institucional e os custos esperados da escolha.

---

significativa" e "valor de mercado razoável" – não operam em regimes binários (legal/ilegal), mas distribuem-se ao longo de um contínuo de aderência interpretativa. O eixo horizontal representa a escala de plausibilidade normativa, enquanto o eixo vertical indica o grau de pertencimento a determinada qualificação jurídica. O modelo afasta o dogma da certeza textual e favorece decisões mais coerentes com a natureza gradual de muitas hipóteses tributárias.

Fonte: Elaborado pelo autor, com base nos princípios da Lógica Fuzzy desenvolvidos por *Lotfi A. Zadeh* e aplicados à hermenêutica fiscal.

4. *Figura 28 – Atualização Bayesiana de Probabilidade Jurídica*.

Representação gráfica da aplicação do teorema de *Bayes* ao processo de tomada de decisão jurídica em contextos de incerteza. A curva azul representa a distribuição prévia (*prior*), isto é, a estimativa inicial de um agente sobre determinada hipótese jurídica – como o risco de autuação fiscal. A curva verde simboliza a nova evidência observada (*likelihood*), como uma decisão administrativa ou mudança legislativa. A curva tracejada vermelha indica a distribuição posterior (*posterior*), resultante da atualização racional da crença à luz da nova informação. O modelo expressa como administradores fiscais, contribuintes ou algoritmos ajustam dinamicamente suas expectativas em face de evidências emergentes.

Fonte: Elaborado pelo autor com base no teorema de Bayes e nos princípios de inferência probabilística aplicados ao Direito Tributário.

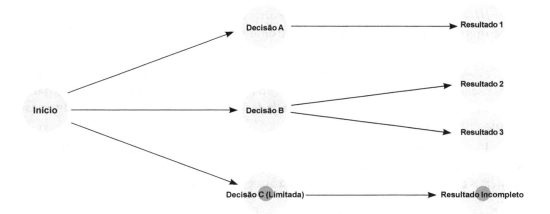

Figura 29 – Espaço de Escolha sob Racionalidade Limitada[5]

Como bem observa *Gigerenzer* (2002),

> "em ambientes incertos, decisões eficazes exigem heurísticas refinadas, capazes de operar com dados incompletos e padrões assimétricos".

A aplicação dessas premissas ao contexto tributário pode ser operacionalizada por diferentes *técnicas de modelagem computacional*:

I – Redes Bayesianas: estruturas probabilísticas que permitem modelar as relações condicionais entre múltiplas variáveis jurídicas, econômicas e comportamentais (ex.: vínculo entre tipo de operação, setor econômico, histórico de autuação e decisão administrativa provável);

II – Árvores de decisão e random forests: algoritmos supervisionados capazes de identificar padrões de risco fiscal e recomendar estratégias com base em decisões anteriores e características do contribuinte.

---

5. *Figura 29 – Espaço de Escolha sob Racionalidade Limitada.*
Diagrama decisório que representa o processo de tomada de decisão fiscal sob condições de incerteza e restrições cognitivas, informacionais ou institucionais. Inspirado na teoria da racionalidade limitada de Herbert Simon, o gráfico destaca as trajetórias possíveis entre a situação inicial e diferentes desfechos, considerando o acesso imperfeito à informação e a complexidade das consequências. As alternativas marcadas em vermelho ilustram caminhos cuja análise é prejudicada por limitações decisórias ou assimetrias informativas, resultando em decisões subótimas ou incompletas. O modelo enfatiza a importância da estrutura de incentivos, da memória institucional e do custo esperável na arquitetura decisória tributária.
Fonte: Elaborado pelo autor com base na teoria da decisão de *Herbert A. Simon* e suas aplicações à governança fiscal.

III – Lógica Fuzzy aplicada à normatividade: utilizada para definir zonas de "risco hermenêutico", mensurando o grau de ambiguidade de determinadas cláusulas ou dispositivos.

IV – Machine learning (aprendizado de máquina): empregado por administrações fiscais como a Receita Federal do Brasil (com os sistemas Harpia e T-Rex) para prever comportamentos evasivos, cruzar dados em tempo real e direcionar auditorias de maneira otimizada.

V – Processamento de linguagem natural (PLN): utilizado para análise massiva de jurisprudência, identificação de clusters argumentativos e previsão de desfechos judiciais com base em linguagem normativa e precedentes.

Essas ferramentas *não substituem o juízo jurídico*, mas o *apoiam com dados parametrizados, inferências transparentes e simulações auditáveis*, aprimorando a *qualidade decisória* e *reduzindo a arbitrariedade*.

A *modelagem computacional da incerteza tributária* possui *aplicações práticas em todas as fases do ciclo tributário*:

a) Planejamento Fiscal

- Simulações de risco jurídico com base em jurisprudência;
- Modelos preditivos para estimar probabilidades de autuação ou êxito em eventual contencioso;
- Construção de estruturas contratuais com análise de aderência normativa probabilística.

b) Fiscalização e Arrecadação

- Definição de perfis de risco com base em variáveis como setor, faturamento, estrutura societária e padrão de declarações;
- Seleção automatizada de contribuintes com base em algoritmos de detecção de anomalias (*anomaly detection*);
- Identificação de redes evasivas por análise de redes complexas e grafos relacionais.

c) Julgamento Administrativo e Judicial

- Ferramentas de apoio à decisão baseadas em PLN e análise de precedentes;
- Modelos de ranqueamento de teses segundo grau de aderência histórica a jurisprudência dominante;
- Avaliação quantitativa de modulações de efeito com base em impactos fiscais simulados.

O uso de *modelagem computacional no Direito Tributário* deve observar limites fundamentais:

1. *Transparência algorítmica*: os critérios e variáveis utilizados nos modelos devem ser auditáveis, acessíveis e controláveis, conforme princípios de *accountability* e *due process*;

2. *Não substituição da motivação jurídica*: a inferência probabilística não pode se converter em fundamento exclusivo da decisão fiscal ou judicial, sob pena de regressão tecnocrática;

3. *Mitigação de vieses históricos*: algoritmos treinados com dados enviesados (ex.: decisões discriminatórias, padrões de autuação seletiva) podem reproduzir e automatizar injustiças sistêmicas.

Como advertem *Barocas* et al. (2017), os *sistemas decisórios algorítmicos* devem ser tratados como *infraestruturas normativas híbridas*, e não como *entidades neutras*.

A *modelagem computacional da incerteza tributária* representa uma *virada metodológica no campo jurídico-fiscal*: permite a transição de uma *hermenêutica voluntarista* e *reativa* para uma *governança responsiva, preditiva* e *parametrizada da instabilidade normativa*.

O futuro da *segurança jurídica tributária* não está na *eliminação da incerteza*, mas na sua *formalização técnica, auditável* e *compatível* com os *princípios da legalidade*, da *transparência* e da *justiça fiscal*.

Ao lado da *reflexão filosófica*, da *integridade hermenêutica* e da *racionalidade institucional*, a *modelagem computacional* se torna pilar de um *Direito Tributário* apto a funcionar em *ambientes de complexidade dinâmica* e *volatilidade decisória*, promovendo *equidade, eficiência* e *legitimidade sistêmica*.

O desenvolvimento da seção 3.1 demonstrou, com base em *argumentos transdisciplinares*, que a *interpretação tributária contemporânea* opera sob *limites estruturais de previsibilidade*, que *não decorrem de falhas técnicas pontuais*, mas da própria *constituição da linguagem normativa*, da *fragmentação institucional* e da *complexidade econômica da realidade tributável*.

A analogia com o *princípio da incerteza de Heisenberg*, longe de ser apenas metafórica – conforme exaustivamente demonstrado – revela-se *epistemologicamente precisa*: assim como *não se pode conhecer com exatidão*, de *forma simultânea*, a *posição* e o *momento de uma partícula quântica*, *não se pode determinar ex ante*, com *certeza absoluta*, o *sentido normativo aplicável a um caso tributário complexo*, sobretudo diante da *pluralidade de fontes normativas*, da *volatilidade jurisprudencial* e da *natureza adaptativa dos agentes econômicos*.

A *interpretação fiscal*, nesse modelo, é um *processo dinâmico, interativo e situado*, marcado por *subjetividade institucional, estratégias comportamentais* e *regimes de significação concorrentes*.

O *colapso do sentido normativo* – isto é, a decisão que estabiliza provisoriamente uma interpretação – *não é resultado de mera exegese textual*, mas produto de *ciclos argumentativos, constrangimentos institucionais* e *racionalidades comunicativas historicamente situadas*.

A seção também demonstrou que a *superação da incerteza interpretativa* não se dá pela *promessa ilusória de determinação ex ante*, mas por sua *formalização como dado técnico*, que *pode* e *deve ser modelado computacionalmente*.

Ferramentas como *lógica Fuzzy, inferência bayesiana, machine learning* e *redes semânticas aplicadas à jurisprudência* permitem *quantificar zonas de ambiguidade, simular riscos normativos* e *apoiar a tomada de decisão fiscal* com base em parâmetros auditáveis e tecnicamente justificáveis.

A proposta que emerge é a de uma *hermenêutica tributária quântica* e *computacional*, fundada em *três pilares interdependentes*:

1. Reconhecimento da incerteza como estrutura epistemológica do Direito Tributário;

2. Gestão institucional da ambiguidade por meio de coerência jurisprudencial, precedentes vinculantes e responsabilização hermenêutica; e

3. Operacionalização da instabilidade interpretativa por sistemas computacionais, que traduzam o risco jurídico em estrutura preditiva de decisão, fiscalização e planejamento fiscal justo.

Trata-se de uma virada metodológica que *não abandona os princípios clássicos do Direito*, como legalidade, isonomia e segurança jurídica, mas os *reconstrói sobre fundamentos contemporâneos de racionalidade limitada, previsibilidade paramétrica* e *integridade adaptativa*.

Em tempos de *instabilidade econômica, hipercomplexidade normativa* e *automação fiscal*, o *Direito Tributário* precisa deixar de ser apenas um *discurso de comandos* e tornar-se também um *sistema de observação* e *decisão* orientado por *dados, algoritmos* e *racionalidade distributiva*, sem abandonar o compromisso com a justiça fiscal e com o pacto democrático que o legitima.

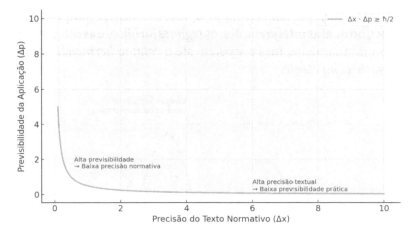

Figura 30 – Diagrama de Incerteza Hermenêutica ($\Delta x \cdot \Delta p \geq \hbar/2$)[6]

3.2. A DUALIDADE ONDA-PARTÍCULA NA TRIBUTAÇÃO

No cerne da física quântica reside um dos fenômenos mais disruptivos do pensamento científico moderno: a *dualidade onda-partícula*. Observada inicialmente nos experimentos de *Young* (1801) e formalizada por *Niels Bohr* e *Louis de Broglie*, essa dualidade estabelece que a *matéria* – especialmente no *nível subatômico* – pode se comportar tanto como *partícula* (localizada e determinável) quanto como *onda* (dispersa, interferente e probabilística), a *depender do método de observação* e do *aparato experimental utilizado*.

Transposta com precisão conceitual ao *campo jurídico-tributário*, essa *dualidade* permite descrever *a maneira como a norma fiscal*, o *regime jurídico* e o *próprio comportamento do contribuinte* podem se manifestar *simultaneamente em estados jurídicos diversos*, os quais *não são fixos* ou *unívocos*, mas *colapsam* em *um único estado* apenas no *momento da decisão institucional* (interpretação, fiscalização ou julgamento). A *norma*, nesse modelo, *coexiste como onda* (potencialidade múltipla de sentidos) e *como partícula* (interpretação positivada no caso concreto).

---

6. *Figura 30 – Diagrama de Incerteza Hermenêutica ($\Delta x \cdot \Delta p \geq \hbar/2$).*
   Representação gráfica inspirada no Princípio da Incerteza de HEISENBERG, aplicada à relação entre a precisão normativa (Δx) e a previsibilidade interpretativa (Δp) no Direito Tributário. O gráfico evidencia que há um limite teórico à simultânea maximização desses dois parâmetros: quanto mais preciso e específico for o texto normativo, maior tende a ser a volatilidade ou imprevisibilidade de sua aplicação prática; e quanto mais previsível o resultado interpretativo, maior é o grau de abstração ou generalidade textual requerido. A zona sombreada representa o espaço de incerteza hermenêutica, onde se inscrevem os dilemas da legalidade em tempos de complexidade normativa.
   Fonte: Elaborado pelo autor com base na analogia entre o Princípio de HEISENBERG e a instabilidade decisória no Direito Tributário contemporâneo.

O *sistema tributário*, portanto, comporta-se como um *sistema quântico de sobreposição normativa*, no qual as *interpretações*, os *regimes jurídicos* e as *categorias dogmáticas* não se excluem mutuamente, mas *coexistem* até o *colapso hermenêutico imposto pela instância decisória competente*.

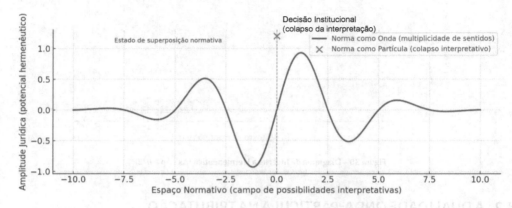

Figura 31 – Dualidade Onda-Partícula da Norma Tributária[7]

3.2.1. A Simultaneidade de Regimes Jurídicos: Tributos sobrepostos e colapsos normativos

Em *sistemas jurídicos tributários de alta densidade normativa* e com *estrutura federativa fragmentada* – como o brasileiro —, a *coexistência simultânea de múltiplos regimes jurídicos* sobre o *mesmo fato econômico* é um *fenômeno recorrente e estrutural*.

Essa simultaneidade *não decorre apenas da complexidade setorial* ou da *sofisticação das operações empresariais*, mas é também resultado da *superposição legislativa*, da *sobreposição de competências tributárias* e da *multiplicidade interpretativa entre entes federados* e *esferas administrativas e judiciais*.

Essa realidade produz aquilo que, à luz da *analogia com a física quântica*, pode ser qualificado como um *estado de superposição normativa*: o *mesmo fato jurídico encontra-se, simultaneamente,* em *múltiplos estados jurídicos potenciais*, os quais *só se colapsam*

---

7. *Figura 31 – Dualidade Onda-Partícula da Norma Tributária*.
Representação gráfica da analogia entre o princípio quântico da dualidade onda-partícula e a estrutura funcional da norma jurídica tributária. Inspirada nos experimentos de Thomas Young (1801) e nas formulações teóricas de Niels Bohr e Louis de Broglie, a figura ilustra a coexistência de dois estados possíveis da norma: como onda, expressa pela multiplicidade de sentidos interpretativos em superposição, e como partícula, materializada na decisão institucional concreta. O ponto de colapso representa o instante em que a potencialidade hermenêutica da norma é reduzida a uma interpretação singular por meio de um ato decisório, seja ele administrativo, jurisdicional ou legislativo. O gráfico reflete a não fixidez da norma até sua positivação e sua dependência do contexto interpretativo para assumir um valor jurídico específico.
Fonte: Elaborado pelo autor com base no princípio da dualidade quântica de *Young, Bohr* e *de Broglie*, aplicado ao campo da hermenêutica jurídica tributária.

CAPÍTULO 3 • A FÍSICA DA INCERTEZA TRIBUTÁRIA **185**

– isto é, *se atualizam de forma vinculante* – no *momento da decisão fiscal, judicial* ou *comportamental do contribuinte.*

O primeiro *elemento estruturante da simultaneidade jurídica* é a *possibilidade,* reconhecida pelo próprio ordenamento, de que *um mesmo contribuinte esteja simultaneamente submetido a diferentes regimes tributários, ainda que excludentes* ou com *racionalidades dogmáticas distintas.*

Como exemplos recorrentes, citamos:

⇒ A opção entre *Lucro Real, Lucro Presumido* e *Simples Nacional,* com efeitos distintos sobre a mesma receita;

⇒ A possibilidade de um *prestador de serviço ser simultaneamente enquadrado pelo ISS e pelo ICMS,* como ocorre nos *setores de software, streaming* e *telecomunicações*;

⇒ A incidência concorrente de *PIS/Cofins* sobre *receitas operacionais, financeiras* e de *reavaliação patrimonial,* cuja natureza jurídica diverge conforme o órgão julgador ou a época da apuração.

Essa multiplicidade de enquadramentos possíveis cria um *ambiente de pluralidade subsuntiva,* no qual o *fato econômico não possui um único estatuto jurídico a priori,* mas uma *constelação de significados tributários potenciais,* que *coexistem até serem colapsados em uma realidade normativa operacional.*

O *colapso normativo* ocorre no momento em que:

⇒ O contribuinte *declara sua opção* ou *enquadramento tributário* (por exemplo, opta pelo Lucro Presumido);

⇒ A *administração tributária interpreta* ou *autua a operação* sob determinado *regime* ou *conceito jurídico* (ex.: requalificação de receita como ganho de capital ou distribuição disfarçada de lucros);

⇒ O *Poder Judiciário* proclama um *entendimento vinculante* ou *pacifica uma tese repetitiva* (ex.: ICMS fora da base do PIS/Cofins, conceito de insumo, exclusão de receitas não operacionais).

Assim como na *mecânica quântica,* em que o *ato de observação define o estado da partícula,* no *Direito Tributário* o *ato decisório define o estado normativo da obrigação, encerrando a superposição,* mas, por vezes, com *efeitos retroativos, contraditórios* ou *assimétricos.*

Esse *modelo colapsal* impõe um *problema:* o *contribuinte não possui, ex ante, garantias quanto à estabilidade do regime ao qual sua conduta será associada,* tampouco sabe se sua *escolha será considerada válida, abusiva, elisiva* ou *simplesmente revogada por decisão administrativa* ou *judicial superveniente.*

A *simultaneidade de regimes* não apenas *gera insegurança*, mas estrutura o comportamento estratégico dos agentes, tanto do *lado do contribuinte* quanto da *administração*.

Os *contribuintes utilizam a pluralidade de regimes* para estruturar *planejamentos fiscais, arbitrar entre modelos e simular conformidade* a determinados enquadramentos. D'outro lado, o *Fisco* responde com *requalificação de operações, presunções de fraude* ou *aplicação retroativa de entendimentos normativos internos* e, por fim, os *tribunais*, ao decidir sobre essas disputas, criam *precedentes parciais*, que *alimentam a interpretação futura de normas*, mas que *frequentemente são superados, modulados* ou *ignorados por decisões posteriores*.

Esse processo produz um *circuito de retroalimentação jurisprudencial e normativa*, no qual a *simultaneidade não é solucionada*, mas *reconfigurada continuamente*, gerando *zonas de instabilidade jurídica crônica* e *contencioso institucionalizado*.

Diante da *inevitabilidade da simultaneidade de regimes* e da *sobreposição normativa*, propõem-se alguns mecanismos para governar, e não suprimir, esse fenômeno:

1º) *Estabelecimento de safe harbors* (portos seguros) *interpretativos*, que permitam ao contribuinte agir dentro de faixas aceitáveis de interpretação, com presunção de boa-fé e vedação de requalificação arbitrária;

2º) *Modelagem computacional de cenários fiscais*, com base em *machine learning, análise de clusters* e *simulações probabilísticas*, capazes de prever o grau de risco da adoção de determinado regime jurídico diante de determinada operação;

3º) Criação de *instrumentos normativos compatibilizadores entre regimes concorrentes*, especialmente nos campos de *competência compartilhada* (ISS x ICMS; IRPJ x CSLL);

4º) *Integração dos sistemas decisórios administrativos e judiciais* (ex.: Carf e STJ), com compartilhamento de dados, uniformização de linguagem e mecanismos de precedentes interoperáveis.

Essas medidas devem ser articuladas com uma epistemologia fiscal que aceite a *indeterminação* como *dado da realidade* e não como *defeito a ser ocultado*, promovendo uma *racionalidade adaptativa, transparente* e *orientada por padrões auditáveis*.

A *simultaneidade de regimes jurídicos no sistema tributário* não é *falha*, mas *manifestação inevitável da tentativa do Direito* de *capturar a complexidade do real econômico em estruturas normativas finitas*. Ela impõe *colapsos interpretativos constantes*, que geram *litigância, instabilidade* e *assimetria*.

A resposta institucional não pode ser o retorno a um *ideal de univocidade normativa*, mas a *construção de mecanismos de governança da simultaneidade*, baseados em *modelagem de risco, precedentes interoperáveis, compliance parametrizado* e *hermenêutica adaptativa*.

Em um sistema tributário quântico, cada *regime jurídico coexistente* é uma *possibilidade legítima*, cuja legitimidade dependerá da *integridade do processo de observação, decisão* e *responsabilização interpretativa*.

3.2.2. A Superposição Hermenêutica: Coexistência de Teses e Zonas de Instabilidade Interpretativa

No *interior do sistema jurídico-tributário contemporâneo*, a *norma* raramente possui um *significado jurídico unívoco, pacificado* e *eficazmente aplicável ex ante*.

Em vez disso, circula em meio a diferentes interpretações sustentadas por *múltiplos órgãos decisórios* – administrativos, judiciais e doutrinários – que *produzem simultaneamente sentidos normativos divergentes para o mesmo enunciado legal*. Esse fenômeno dá origem a um *estado de superposição hermenêutica*, no qual *coexistem diversas teses jurídicas concorrentes*, todas *juridicamente plausíveis, institucionalmente sustentadas* e *potencialmente aplicáveis*.

Essa *superposição* não deve ser interpretada como um *desvio* ou *falha do sistema*, mas como uma *manifestação estrutural da complexidade normativa* e da *fragmentação institucional do Estado contemporâneo*, especialmente em *matéria tributária*, em que a *multiplicidade de fontes*, a *indeterminação semântica* e a *variação jurisprudencial* são traços constitutivos do ordenamento.

A *superposição hermenêutica* ocorre quando a *mesma norma é interpretada de forma divergente por órgãos distintos*, como a Receita Federal, o Carf, os Tribunais Regionais Federais, o STJ e o STF, quando a *jurisprudência não é vinculante ou ainda não pacificada*, permitindo a sustentação simultânea de teses opostas (ex.: exclusão ou inclusão de tributos na base de cálculo de outros), quando a *doutrina diverge sobre o alcance semântico da norma*, e essas divergências influenciam os julgados de forma fragmentada ou ainda, quando o *contribuinte atua com base em pareceres divergentes*, que operam como colapsos parciais dentro de zonas cinzentas da interpretação normativa.

Esse estado é *análogo ao conceito quântico de superposição*: até que a *norma seja aplicada em um caso concreto por autoridade competente*, ela "existe" em *múltiplos estados de significado*. A *decisão*, ao ser proferida, *colapsa essa ambiguidade*, escolhendo *uma das teses como aplicável naquele contexto*. No entanto, como o *sistema não é unitário, colapsos distintos podem ocorrer simultaneamente para casos análogos*, perpetuando a *instabilidade*.

Diversos temas tributários ilustram o fenômeno de *superposição hermenêutica* com precisão:

- *Conceito de insumo no regime de PIS/Cofins*: interpretado de forma restritiva pela Receita Federal, ampliado pelo Carf em alguns julgados, redefinido pelo STJ (*REsp 1.221.170*), mas com aplicação não homogênea mesmo após a decisão;

- *Exclusão do ICMS da base de cálculo do PIS/Cofins (Tema 69/STF)*: a superposição se deu entre *inclusão, exclusão do ICMS-ST, modulação de efeitos, incerteza sobre qual ICMS excluir* (destacado ou recolhido), e disputas posteriores sobre reflexos nos créditos da não cumulatividade.

- *Natureza jurídica de receitas financeiras*: ora qualificadas como *receitas operacionais* para fins de apuração de lucro presumido; ora tratadas como *receitas extraordinárias*; ora como *base de cálculo para CSLL* – sem unificação entre esferas administrativas e judiciais.

Esses exemplos revelam que a *instabilidade interpretativa não é episódica*, mas *recorrente*, e que o *contribuinte opera permanentemente em zonas de risco jurídico*, cujo *grau de incerteza* varia *conforme o órgão julgador*, o *momento histórico* e o *padrão decisório setorial*.

A *existência permanente de zonas de superposição interpretativa* produz *efeitos profundos* e *deletérios* no *sistema tributário*:

(i) *Aumento exponencial do contencioso*, com disputas reiteradas sobre teses já enfrentadas, mas não uniformemente consolidadas;

(ii) *Comportamentos estratégicos e assimétricos*, em que contribuintes com maior estrutura jurídica operam na ambiguidade com segurança técnica, enquanto pequenos contribuintes aderem a posições conservadoras por medo da penalidade;

(iii) *Erosão da confiança institucional*, pois a ausência de previsibilidade alimenta a percepção de arbitrariedade e desproteção;

(iv) *Dificuldade de planejamento fiscal e orçamentário*, tanto para o setor privado quanto para o próprio Estado, que projeta arrecadações com base em normas instáveis.

Como adverte *Greco* (2015, p. 66),

"a multiplicidade de sentidos atribuídos a um mesmo texto normativo, sem critério institucional de estabilização, produz entropia normativa, que mina a legitimidade da tributação e sua função distributiva".

A *superposição hermenêutica* não pode ser eliminada por *decreto legislativo* ou *decisão judicial isolada*. O que se propõe é a *construção de estruturas de colapso normativo legítimo*, *auditável* e *previsível*, tais como:

I – Sistema de *precedentes vinculantes com controle de modulação de efeitos* e coerência interpretativa interinstitucional (*CF/1988, art. 103-A*);[8]

II – *Modelos de inferência probabilística aplicados à jurisprudência*, capazes de estimar o grau de adesão de determinada tese à linha dominante;

III – *Compliance interpretativo assistido por inteligência artificial*, com base em algoritmos de leitura de acórdãos, análise de cluster semântico e avaliação de risco jurídico; e

IV – *Criação de espaços de deliberação interpretativa cooperativa*, com participação de Fisco, contribuintes, academia e instâncias julgadoras – como fóruns permanentes de pacificação hermenêutica.

Essas medidas visam permitir que o *sistema jurídico não negue a superposição*, mas a *governe com racionalidade epistêmica, prudência institucional* e *compromisso com a justiça fiscal*.

A *superposição hermenêutica* é um *dado estrutural da normatividade tributária contemporânea*. Sua existência revela a *complexidade do Direito em sociedades plurais, tecnologizadas* e marcadas por *racionalidades concorrentes*.

O desafio não está em negar essa superposição, mas em construir *mecanismos legítimos de colapso interpretativo*, que permitam *estabilizar sentidos, reduzir riscos assimétricos* e promover um *sistema fiscal mais justo, previsível* e *auditável*.

A *hermenêutica tributária quântica* aqui proposta fornece as bases para esse novo paradigma: uma forma de *pensar o Direito* que assume a *complexidade*, formaliza a *incerteza* e governa a *instabilidade* com inteligência institucional, epistemologia sofisticada e compromisso democrático.

---

8. *Art. 103-A.* O Supremo Tribunal Federal poderá, de ofício ou por provocação, mediante decisão de dois terços dos seus membros, após reiteradas decisões sobre matéria constitucional, aprovar súmula que, a partir de sua publicação na imprensa oficial, terá efeito vinculante em relação aos demais órgãos do Poder Judiciário e à administração pública direta e indireta, nas esferas federal, estadual e municipal, bem como proceder à sua revisão ou cancelamento, na forma estabelecida em lei. (Incluído pela Emenda Constitucional nº 45, de 2004)

§ 1º A súmula terá por objetivo a validade, a interpretação e a eficácia de normas determinadas, acerca das quais haja controvérsia atual entre órgãos judiciários ou entre esses e a administração pública que acarrete grave insegurança jurídica e relevante multiplicação de processos sobre questão idêntica.

§ 2º Sem prejuízo do que vier a ser estabelecido em lei, a aprovação, revisão ou cancelamento de súmula poderá ser provocada por aqueles que podem propor a ação direta de inconstitucionalidade.

§ 3º Do ato administrativo ou decisão judicial que contrariar a súmula aplicável ou que indevidamente a aplicar, caberá reclamação ao Supremo Tribunal Federal que, julgando-a procedente, anulará o ato administrativo ou cassará a decisão judicial reclamada, e determinará que outra seja proferida com ou sem a aplicação da súmula, conforme o caso."

3.2.3. A Teoria do Colapso Fiscal: Da Indeterminação à Individualização da Obrigação

No paradigma clássico da dogmática tributária, a *obrigação fiscal* é concebida como *consequência direta e objetiva da ocorrência de um fato gerador previamente descrito em lei*: ocorre o *fato* aplica-se a *norma* nasce a *obrigação*.

Esse modelo pressupõe a existência de um *vínculo determinístico, estável* e *unívoco* entre *fato* e *norma*, fundado na *literalidade do texto legal* e na *clareza dos critérios de subsunção*.

Contudo, na *realidade dos sistemas tributários contemporâneos* – marcados por *complexidade normativa, instabilidade jurisprudencial, inovação tecnológica* e *racionalidade estratégica* – tal modelo torna-se insuficiente para descrever o *processo de emergência* e *formalização da obrigação tributária*. Isso porque, em tais contextos, o *vínculo entre o fato e a norma não é mecânico*, mas *interpretativo, institucional* e, por vezes, *contestado*.

É nesse ponto que se justifica a *analogia com a mecânica quântica*: assim como na *física quântica* uma partícula existe simultaneamente em diversos estados potenciais até que o ato de medição colapse sua função de onda em um único estado observável, no *Direito Tributário* a norma jurídica e o fato tributável existem em *estado de indeterminação interpretativa* até que um *ato institucional* (declaração, autuação, decisão judicial) colapse o sistema e individualize a obrigação.

Antes do *colapso institucional*, a obrigação tributária pode ser entendida como um *estado jurídico latente*, no qual coexistem *múltiplas possibilidades* de:

⇒ *Enquadramento normativo* (ex: ICMS ou ISS; receita financeira ou ganho de capital);

⇒ *Regime jurídico aplicável* (Lucro Real ou Presumido; cumulativo ou não cumulativo);

⇒ *Interpretação de conceitos indeterminados* ("insumo", "atividade preponderante", "presença econômica significativa");

⇒ *Qualificação do sujeito passivo*, do *prazo de exigibilidade* ou da *base de cálculo*.

Esse *estado de latência não é fictício*: manifesta-se na *dúvida interpretativa legítima*, na *diversidade de entendimentos jurisprudenciais*, na *ausência de precedentes vinculantes* e na *coexistência de soluções administrativas e doutrinárias contraditórias*.

A *obrigação tributária*, antes de se manifestar como *exigência concreta no plano institucional*, permanece em *estado de superposição normativa e factual*. Tal como ocorre no *contexto da física quântica*, em que uma partícula subsiste simultaneamente em múltiplos estados potenciais até o colapso de sua função de onda, a *obrigação fiscal* se mantém em *latência* até *ser definida por uma instância institucional*.

Nesse cenário, a *emergência do dever jurídico não é automática nem unívoca*, mas depende de uma *mediação interpretativa, procedimental* e *institucional* que *qualifica o fato* e *determina a norma aplicável.*

Esse *colapso hermenêutico-fiscal* ocorre no instante em que a *estrutura institucional do Estado* – seja pela autoridade administrativa competente, pelo órgão jurisdicional ou pela própria conduta declaratória do contribuinte – realiza a *individualização da obrigação.*

Tal fenômeno pode concretizar-se mediante a *declaração voluntária por parte do contribuinte*, que, com base em sua *leitura normativa, assume determinada obrigação por meio do autolançamento*; pela *constituição de ofício*, em que o fisco, de *modo retroativo, define o fato gerador, aplica a norma pertinente* e *quantifica o tributo*; ou ainda por *decisões administrativas* ou *judiciais* que *solucionam controvérsias interpretativas* e *consolidam o vínculo obrigacional* em sua forma exigível.

O *caráter performativo da obrigação* se impõe nesse modelo: ela não é uma *entidade descritiva previamente dada*, mas o resultado de um *processo institucional* que a constitui como tal.

A *observação* – entendida aqui como o julgamento, o lançamento ou a autodeclaração – não apenas *revela*, mas *conforma o conteúdo da obrigação*. A *materialização da obrigação* decorre, assim, da *arquitetura do sistema de decisão jurídica*, sendo o *colapso tributário* uma *função do aparato institucional* que o realiza.

Importa destacar que, sobretudo nos casos em que o *colapso se opera por meio de decisão judicial* ou *alteração de orientação administrativa*, é comum que os *efeitos da individualização da obrigação retroajam no tempo*, impondo *encargos* cuja definição jurídica *só se consolidou ex post*. Essa *retroatividade estrutural* compromete a *previsibilidade normativa* e fomenta *insegurança jurídica*, uma vez que o *contribuinte não tinha*, no momento da conduta, *elementos seguros para antecipar a interpretação que prevaleceria.*

Desse modo, promove-se a *judicialização em larga escala*, especialmente em setores nos quais os *colapsos hermenêuticos são frequentes, litigiosos* e marcados por *elevada densidade normativa.*

Esse *ambiente de instabilidade* induz, ainda, a *elaboração de estratégias racionais de adaptação*, nas quais a *incerteza* é internalizada como *variável decisória* – seja no planejamento tributário, na litigiosidade seletiva, na compensação de créditos controversos ou na autorregularização estratégica.

Tal cenário também *aprofunda a assimetria institucional: grandes agentes econômicos* operam com *relativa segurança dentro da zona de incerteza*, aproveitando-se de *margens interpretativas* e *capacidades técnicas*, ao passo que *contribuintes menores* tendem a adotar *posturas conservadoras, avessas ao risco*, o que, paradoxalmente, *compromete a equidade do sistema.*

A assertiva de *Joel Slemrod* (2013, p. 128), segundo a qual a *obrigação tributária não é um dado objetivo*, mas o *produto de uma construção institucional instável, interativa* e *contingente*, revela-se de grande acuidade neste contexto.

Nesse cenário, torna-se imperioso que a *dogmática tributária* absorva, de modo sistemático, *ferramentas capazes de mapear, simular e prever* os *comportamentos do sistema diante da indeterminação*. Destacam-se, entre essas ferramentas, as *redes probabilísticas de decisão fiscal*, aptas a estimar a probabilidade de ocorrência de determinados colapsos hermenêuticos, com base em padrões jurisprudenciais, comportamento institucional da Receita Federal, histórico setorial e perfil do contribuinte; os *modelos de machine learning*, que simulam a probabilidade de determinados desfechos interpretativos; e as *infraestruturas digitais de precedentes*, que permitem o rastreamento da trajetória de conceitos jurídicos em diferentes instâncias decisórias, contribuindo para maior previsibilidade institucional.

Esses instrumentos *não substituem a hermenêutica*, mas a *ampliam* e *fortalecem*, tornando-a *mais transparente, auditável* e *orientada por dados*. Em conformidade com os aportes de *Gerd Gigerenzer* (2002), decisões tomadas sob *incerteza estrutural* não requerem *ilusões de completude normativa*, mas *heurísticas robustas, calibradas empiricamente* e *contextualizadas institucionalmente*.

A compreensão da obrigação tributária como *produto de um processo interpretativo-institucional* e não como consequência lógica e automática do fato gerador legalmente previsto exige uma *transformação paradigmática*. Tal como a *física contemporânea* admite *campos de probabilidade* e não *certezas*, o *Direito Tributário* deve reconhecer que *opera em ambientes de instabilidade, dependência de observação* e *construção institucional ativa*.

A *governança fiscal*, por sua vez, precisa ser dotada de ferramentas capazes de navegar com *racionalidade* nesse mar de *indeterminação*, sem abdicar da *legalidade*, da *justiça fiscal* e da *responsabilidade pública*.

3.2.4. Implicações para a Justiça Fiscal, a Previsibilidade e o Litígio

O reconhecimento da *simultaneidade de regimes jurídicos*, da *superposição hermenêutica* e do *colapso normativo no sistema tributário contemporâneo* impõe reflexões inevitáveis quanto aos seus impactos sobre o *equilíbrio distributivo do sistema fiscal*, a *capacidade dos contribuintes de planejarem condutas juridicamente válidas* e a *sobrecarga estrutural do aparato contencioso tributário*.

Neste contexto, a ideia tradicional de que a *segurança jurídica*, a *justiça fiscal* e a *racionalidade do litígio* se estruturam com base em *previsibilidade textual* e *estabilidade legislativa* revela-se *anacrônica*.

A realidade fática demonstra que o sistema tributário opera como um *ambiente dinâmico de incerteza interpretativa, reação institucional* e *estratégias comportamentais assimétricas*, que afetam diretamente a equidade, a eficiência e a legitimidade do sistema.

A *justiça fiscal* exige, como *condição mínima*, que:

a. Os contribuintes tenham acesso equitativo à previsibilidade da norma e à proteção contra interpretações arbitrárias;

b. As obrigações tributárias reflitam a capacidade contributiva real e não se tornem produtos da sorte institucional ou da capacidade estratégica de defesa; e

c. O sistema de arrecadação e fiscalização atue de maneira isonômica, transparente e proporcional, independentemente do porte ou da sofisticação técnica do contribuinte.

Entretanto, em ambientes marcados por *superposição normativa* e *volatilidade interpretativa*, esses princípios são comprometidos. Isso porque:

⇒ *Grandes agentes econômicos internalizam o risco normativo*, utilizando pareceres, planejamentos e simulações de litígio para explorar zonas cinzentas da norma;

⇒ *Pequenos e médios contribuintes*, sem estrutura jurídica adequada, *atuam com conservadorismo fiscal*, recolhendo tributos mesmo sob dúvida, por temor de autuação ou incapacidade litigiosa;

⇒ As *interpretações mais inovadoras* – e por vezes mais benéficas – são acessíveis apenas a *quem tem capital jurídico e informacional*, promovendo um sistema regressivo de acesso à justiça fiscal.

Como destaca *Thomas Piketty* (2013, p. 496),

> a desigualdade tributária contemporânea não reside apenas na carga tributária, mas na assimetria de acesso à legalidade compreensível e previsível.

A *previsibilidade da norma* não é um valor em si, mas um *instrumento de racionalização do comportamento*. Ela permite que o *contribuinte antecipe sua carga tributária e planeje sua atividade*, o *Estado preveja sua arrecadação* e execute sua *política fiscal* e que o *sistema funcione com menor litigiosidade* e *maior conformidade espontânea*.

Contudo, em contextos marcados pela *superposição normativa*, a *previsibilidade jurídica* torna-se *rarefeita e instável*. Os contribuintes se deparam com um ambiente em que *distintas interpretações*, todas *plausíveis e juridicamente fundamentáveis*, convivem simultaneamente a respeito de um mesmo dispositivo legal.

Essa *multiplicidade hermenêutica* engendra *zonas cinzentas de conduta*, dificultando a identificação segura de qual interpretação prevalecerá em um dado momento ou perante determinada instância decisória. Soma-se a isso a insegurança quanto à *legitimidade dos regimes fiscais adotados*, os quais, embora amparados por entendimentos anteriores ou práticas consolidadas, passam a ser *objeto de questionamentos retroativos*, impondo *risco de autuação* e *exigência ex post*.

A *incerteza* se aprofunda diante da *ausência de diretrizes institucionais consistentes*, do *enfraquecimento dos precedentes vinculantes*, das *modulações imprevisíveis de decisões judiciais* e da *oscilação jurisprudencial contínua*. Esse cenário *compromete a racionalidade decisória do contribuinte*, que, a depender de seu *grau de informação*, *perfil de risco* e *capacidade de assessoramento*, poderá adotar *condutas defensivas*, *céticas* ou mesmo *oportunistas*.

Conforme aponta *Joel Slemrod* (2013, p. 124),

 a complexidade normativa aliada à instabilidade interpretativa constitui um desincentivo objetivo à conformidade voluntária, corroendo a legitimidade do sistema tributário.

A *permanência de teses jurídicas contraditórias*, sem a devida existência de mecanismos institucionalizados de *estabilização interpretativa* – como precedentes firmes, jurisprudência previsível e uniformidade decisória entre os órgãos julgadores – torna a *litigância tributária uma estratégia racional do ponto de vista econômico e jurídico*.

Nesse contexto, verifica-se a *expansão do contencioso tributário*, cujo estoque no Brasil *ultrapassa a marca de cinco trilhões de reais*, conforme estimativas da *Procuradoria-Geral da Fazenda Nacional* (PGFN) e do *Instituto Brasileiro de Planejamento e Tributação* (IBPT). A judicialização de temas dotados de *jurisprudência volátil* retroalimenta *ciclos de autuações* e *decisões conflitantes*, convertendo o *litígio* em *instrumento de postergação de passivos*, ferramenta de *barganha processual* ou *mecanismo deliberado de gestão fiscal estratégica*.

Paradoxalmente, o *próprio Estado* torna-se *vítima da instabilidade que engendra*. A *ausência de previsibilidade normativa* e *jurisprudencial* compromete sua *capacidade de planejamento orçamentário*, fragiliza a *coordenação federativa* e reduz seu *poder de indução de condutas cooperativas*.

Em um sistema no qual *as regras são fluidas*, as *interpretações mutáveis* e os *desfechos incertos*, a governança fiscal se torna *refém da indeterminação que deveria controlar*.

Como aponta *Marco Aurélio Greco* (2015, p. 73),

 "a função estruturante do Direito Tributário não se realiza num ambiente de permanente controvérsia hermenêutica: ela exige decisões responsáveis, estáveis e comunicáveis".

As implicações da *superposição normativa* e do *colapso fiscal* exigem *respostas sistêmicas*, tais como:

⇒ Estabilização interpretativa por precedentes qualificados, com modulação de efeitos clara e sistematicamente auditável;

⇒ Transparência nos critérios de autuação, julgamento e orientação fiscal, com sistemas de compliance assistido por inteligência artificial;

CAPÍTULO 3 • A FÍSICA DA INCERTEZA TRIBUTÁRIA **195**

⇒ Zonas de neutralidade interpretativa (*safe harbors*) para contribuintes de boa-fé;

⇒ Modelagem de risco institucional compartilhada, com inferência jurídica baseada em jurisprudência e aprendizado computacional.

A *justiça fiscal*, a *previsibilidade* e a *racionalidade contenciosa* só serão restabelecidas se o sistema for capaz de reconhecer sua *complexidade* e desenvolver mecanismos de *governança responsiva da incerteza*.

A partir dessa constatação, a seção 3.2 demonstrou que:

1. O fenômeno da *simultaneidade de regimes tributários* – tratado em 3.2.1 – não é *anomalia*, mas expressão da tentativa do sistema de *capturar a complexidade dos fatos econômicos* em *diferentes arranjos normativos*, exigindo estruturas de colapso legítimo e modelagem de risco;

2. A *superposição hermenêutica* – em 3.2.2 – reflete a *coexistência de teses jurídicas divergentes*, em *contextos de fragmentação institucional* e *oscilação jurisprudencial*, com impactos profundos sobre a previsibilidade, o litígio e a equidade;

3. A *teoria do colapso fiscal* – desenvolvida em 3.2.3 – demonstrou que a *obrigação tributária*, longe de ser um fato objetivo autônomo, emerge como produto de um *processo de qualificação institucional*, influenciado por múltiplas variáveis jurídicas, comportamentais e interpretativas;

4. Por fim, em 3.2.4, foram analisadas as *implicações práticas para a justiça fiscal*, a *previsibilidade* e o *litígio*, revelando que a *instabilidade estrutural do sistema* favorece a *assimetria comportamental*, a *litigância como estratégia* e a *regressividade no acesso à legalidade previsível*.

A partir de tais constatações, a seção propôs uma *reconfiguração do Direito Tributário como sistema dinâmico de estados jurídicos possíveis*, nos quais a *função da dogmática* e da *governança institucional* não é *eliminar a incerteza*, mas *gerenciar sua manifestação por meio de colapsos interpretativos legítimos, auditáveis* e *isonômicos*.

A *dualidade normativa da tributação* exige que o *sistema jurídico-fiscal*:

Reconheça a coexistência de múltiplos regimes como estrutura e não como exceção;

Implemente mecanismos de previsão de colapsos jurídicos, com base em algoritmos interpretativos e modelagem comportamental;

Desenvolva instrumentos de justiça fiscal compatíveis com a instabilidade, como *safe harbors*, precedentes inteligentes e parametrização do risco interpretativo;

E promova uma hermenêutica adaptativa e responsiva, capaz de operar sob indeterminação sem sucumbir à arbitrariedade ou à paralisia institucional.

3.3. CÁLCULO PROBABILÍSTICO E MODELAGEM MATEMÁTICA DA ARRECADAÇÃO FISCAL

Em um cenário tributário marcado por *instabilidade normativa, superposição hermenêutica* e *comportamento estratégico dos agentes*, torna-se essencial reformular *as bases epistêmicas da previsão arrecadatória* e da *gestão fiscal do Estado*, substituindo o *modelo tradicional* – baseado em projeções lineares, critérios fixos e premissas determinísticas – por uma *abordagem probabilística, dinâmica e responsiva*, capaz de lidar com a complexidade real da arrecadação.

A *arrecadação tributária* não é o *mero produto da incidência legal sobre uma base de cálculo estatística*: resulta de um *campo de forças interativas*, composto por *normas instáveis, decisões interpretativas conflitantes, práticas de elisão* e *evasão fiscal, ciclos econômicos* e *reações institucionais múltiplas*.

A *simples aplicação de alíquotas sobre agregados contábeis* não permite antecipar com precisão os *efeitos fiscais de alterações normativas* ou *mudanças comportamentais do contribuinte*.

Diante disso, o presente item propõe reflexões e debates sobre uma *nova epistemologia da previsão tributária*, fundada em:

- Cálculo probabilístico e inferência estatística, especialmente com base na lógica bayesiana;
- Modelagem matemática de arrecadação como sistema dinâmico não linear, sujeito a choques normativos, contenciosos e variações econômicas; e
- Uso de algoritmos de machine learning e redes neurais para predição de evasão, elasticidade da base tributável e simulação de políticas fiscais.

Essa abordagem permite não apenas aumentar a precisão técnica das estimativas arrecadatórias, mas também criar *instrumentos de auditoria algorítmica, previsão de risco fiscal* e *parametrização de políticas tributárias adaptativas*.

3.3.1. Métodos estocásticos na previsão da arrecadação

A *previsão da arrecadação fiscal*, tradicionalmente baseada em *projeções lineares de crescimento econômico*, comportamento da *base de cálculo* e aplicação de *alíquotas nominais*, mostra-se *progressivamente inadequada* diante da *volatilidade normativa*, da *mutabilidade interpretativa* e da *complexidade comportamental do sistema tributário contemporâneo*.

Em sua estrutura atual, a *arrecadação não é uma função direta* e *determinística* da legislação vigente, mas uma *variável emergente de sistemas estocásticos*, sensíveis a choques internos e externos e sujeitos a efeitos não lineares.

CAPÍTULO 3 • A FÍSICA DA INCERTEZA TRIBUTÁRIA **197**

Neste contexto, os *métodos estocásticos* – isto é, aqueles que *incorporam processos aleatórios* e *variabilidade probabilística* como parâmetros fundamentais de análise – oferecem um *caminho metodológico* para lidar com a *incerteza inerente à arrecadação tributária*, permitindo simular, inferir e predizer cenários futuros com maior grau de realismo técnico e precisão analítica.

3.3.1.1. A Natureza Estocástica da Arrecadação Tributária

A *arrecadação tributária*, embora juridicamente fundamentada em normas gerais e abstratas que buscam assegurar segurança e previsibilidade, comporta-se empiricamente como um *processo aleatório condicionado a múltiplas variáveis interdependentes* e sujeitas a *choques exógenos e endógenos*.

Essa constatação impõe uma *ruptura com o modelo clássico de previsão fiscal*, baseado na extrapolação linear de tendências históricas e exige a adoção de uma *abordagem estocástica* – isto é, uma modelagem fundada em *lógica probabilística*, *análise de risco* e *simulação de cenários em tempo real*.

A *arrecadação* é o *resultado agregado da interação entre normas jurídicas, comportamentos dos contribuintes, decisões institucionais, ciclos econômicos e interpretações judiciais*. Cada um desses elementos se comporta como variável aleatória interdependente, que:

⇒ Reage a incentivos, expectativas e restrições contextuais;

⇒ Produz retroalimentação comportamental (ex.: modulação de efeitos retroage na conduta dos contribuintes);

⇒ Gera não linearidades (ex.: uma alteração normativa aparentemente neutra pode causar perda ou ganho exponencial de arrecadação em certos setores);

⇒ É afetado por eventos imprevisíveis (ex.: decisões paradigmáticas do STF, pandemias, crises fiscais regionais, revoluções tecnológicas).

Portanto, a arrecadação *não é uma função direta do volume econômico*, sendo uma *variável emergente de um sistema caótico e adaptativo*, no qual *pequenas alterações iniciais* podem produzir *efeitos altamente desproporcionais* – o que caracteriza um comportamento estocástico sensível às condições iniciais.

A *imprevisibilidade arrecadatória* decorre de *múltiplas fontes de incerteza*, entre as quais se destacam:

a) Incerteza normativa

⇒ *Reformas tributárias abruptas* ou *fragmentadas* (ex.: revogação de regimes especiais, criação de novos tributos, alterações setoriais);

⇒ *Interpretações divergentes* ou *mutáveis* de dispositivos legais, com *efeitos retroativos* ou *modulados*.

b) Incerteza jurisprudencial

⇒ *Oscilações no entendimento de tribunais superiores* (STF, STJ, CARF), que afetam diretamente a base de cálculo, a alíquota ou a obrigação tributária em si;

⇒ *Efeitos não lineares de decisões paradigmáticas*, como o Tema 69 (ICMS fora da base do PIS/COFINS), que implicou devoluções bilionárias.

c) Incerteza econômica

⇒ Variações no PIB, *inflação, taxa de juros, desemprego*;

⇒ *Oscilação no comportamento setorial* (ex.: commodities, varejo, tecnologia);

⇒ *Respostas comportamentais à carga tributária* (ex.: deslocamento de investimentos, informalidade).

d) Incerteza comportamental

⇒ *Decisões estratégicas dos contribuintes* diante da complexidade normativa: planejamento, elisão, evasão, autorregularização, litígio;

⇒ *Adoção ou não de estratégias defensivas* diante de novas interpretações administrativas.

e) Incerteza tecnológica

⇒ Inovações que *alteram profundamente os modelos de negócio* (ex.: economia de plataforma, ativos digitais);

⇒ *Capacidade técnica do Estado* de capturar essas novas bases de tributação (lacunas legais e fiscais).

Modelos clássicos de previsão arrecadatória – como regressões lineares simples, extrapolações de média móvel ou aplicação de elasticidades fixas – são *incapazes de absorver a complexidade sistêmica* e a *variância das fontes de incerteza mencionadas*.

Como destaca *Joel Slemrod* (2013, p. 101),

 "a arrecadação de tributos, longe de ser um simples resultado da lei e da economia, é o produto de decisões estratégicas interativas em ambientes incertos e sujeitos a choques jurisprudenciais".

Isso não significa que a *arrecadação seja imprevisível em sentido absoluto*. Significa que sua *previsibilidade* depende da *capacidade de formalizar a incerteza*, por meio de modelos que operem com *distribuições de probabilidade*, e não com valores pontuais, *cenários simulados*, e não com projeções determinísticas, *faixas de arrecadação esperada*, e não com orçamentos rígidos e arbitrários e *modelagem de risco institucional*, incorporando a dimensão interpretativa e litigiosa da obrigação fiscal.

A *natureza estocástica da arrecadação* justifica e exige a *adoção de métodos probabilísticos na formulação orçamentária*, especialmente em reformas estruturais ou diante de jurisprudência instável, a *criação de fundos anticíclicos e reservas de precaução* baseadas em margens de incerteza arrecadatória estimadas por *simulações de Monte Carlo*[9] ou *modelos Garch*,[10] a utilização de *dashboards de risco fiscal em tempo real*, com indicadores de dispersão entre projeções e arrecadação efetiva e a *incorporação da incerteza no debate público sobre justiça tributária*, reconhecendo que o contribuinte opera sob risco jurídico assimétrico, especialmente em regimes de alta complexidade normativa.

A *arrecadação tributária* é, por natureza, um *processo estocástico, interativo e retroalimentado*, que reflete a *complexidade do sistema normativo*, o *comportamento dos agentes econômicos* e a *instabilidade institucional do ordenamento jurídico*.

Modelos determinísticos são incapazes de capturar essa *complexidade* e, quando utilizados isoladamente, produzem *previsões ilusórias, decisões ineficazes* e *políticas fiscais disfuncionais*.

Reconhecer a *natureza estocástica da arrecadação* é o primeiro passo para desenvolver *instrumentos institucionais de governança fiscal* baseados em *simulação, inferência, modelagem probabilística* e *accountability decisório*, criando as bases para um sistema tributário mais realista, adaptativo e justo.

3.3.1.2. *Principais Ferramentas de Modelagem Estocástica Aplicáveis à Arrecadação*

Diante da constatação de que a arrecadação tributária é afetada por *eventos aleatórios, comportamentos estratégicos, instabilidade normativa* e *volatilidade econômica*, a utilização de modelos determinísticos torna-se insuficiente. Em seu lugar, emergem as *ferramentas estocásticas*, isto é, *instrumentos estatísticos* e *computacionais* que tratam a arrecadação como uma *variável aleatória*, modelada por *distribuições de probabilidade, simulações iterativas* e análise de *séries temporais* com componentes de risco.

---

9. A *Simulação de Monte Carlo* é uma técnica estatística baseada em processos estocásticos que permite a modelagem de sistemas complexos por meio da geração aleatória de variáveis segundo distribuições de probabilidade predefinidas. Seu nome é uma referência ao famoso *cassino de Mônaco*, pela associação com *jogos de azar*, dado que seu funcionamento se baseia em experimentos repetidos com elementos aleatórios controlados.

Em termos formais, a *simulação de Monte Carlo* consiste na execução iterativa de um experimento matemático – por exemplo, o cálculo de um resultado financeiro, o valor presente líquido de um tributo ou a estimativa de um passivo fiscal —, sob múltiplas condições aleatórias. Ao se repetir esse experimento milhares de vezes, obtém-se uma distribuição de resultados possíveis, que permite a análise de riscos, incertezas e probabilidades associadas.

10. O modelo Garch (*Generalized Autoregressive Conditional Heteroskedasticity*) foi desenvolvido por Tim Bollerslev (1986) como uma generalização dos modelos Arch propostos por Robert Engle (1982). Seu objetivo é modelar situações em que a variância de uma série temporal não é constante ao longo do tempo, mas depende de valores passados – tanto da própria variância quanto dos choques ocorridos no sistema.

Esse modelo é particularmente eficaz em contextos em que ocorrem *clusters de volatilidade* – isto é, períodos de alta variação seguidos de períodos mais estáveis –, fenômeno recorrente em mercados financeiros, decisões judiciais oscilantes e ambientes fiscais instáveis.

Essas ferramentas *não visam prever valores pontuais com exatidão*, buscando *simular faixas de arrecadação esperada*, com *intervalos de confiança* e *quantificação de incerteza*, tornando o processo decisório mais robusto, transparente e ajustável a mudanças.

A seguir, apresentamos as *cinco principais categorias de ferramentas estocásticas* aplicáveis ao *campo da arrecadação tributária*, com exemplos práticos, vantagens e limites.

1. Séries Temporais Estocásticas (Arima, Sarima, Garch)

As *séries temporais estocásticas* são modelos que descrevem a *evolução temporal de uma variável* com base em seus *próprios valores passados* e em *componentes aleatórios estruturados*. Aplicam-se com precisão à *previsão de arrecadação por períodos* (mensal, trimestral, anual), especialmente em *tributos com padrão histórico estável*.

Modelos ARIMA (AutoRegressive Integrated Moving Average)

- Capturam tendências, ciclos e choques aleatórios;
- Utilizados para projeções de curto prazo com alta acurácia em tributos cíclicos (ex.: ICMS, ISS, PIS/Cofins).

Modelos Sarima (Seasonal Arima)

- Acrescentam componente sazonal;
- Ideais para tributos com variação periódica previsível (ex.: IPVA, IRPJ trimestral).

Modelos Garch (Generalized Autoregressive Conditional Heteroskedasticity)

- Modelam a volatilidade condicional da arrecadação;
- Capturam flutuações imprevisíveis em ambientes de risco elevado (ex.: impacto de decisões judiciais ou crises econômicas súbitas).

Vantagens

- ☑ Alta precisão de curto prazo;
- ☑ Reação rápida a mudanças recentes;
- ☑ Facilidade de calibragem com dados históricos.

Limites

- ☒ Baixa explicação estrutural (não identifica causas);
- ☒ Sensível a outliers e mudanças estruturais abruptas.

CAPÍTULO 3 • A FÍSICA DA INCERTEZA TRIBUTÁRIA

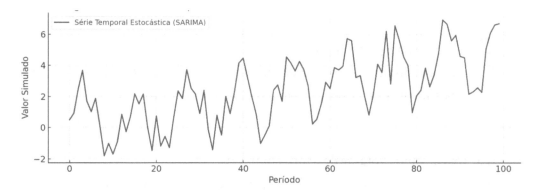

Figura 33 – Série Temporal Estocástica com Tendência, Sazonalidade e Ruído[11]

2. Modelos de Regressão Probabilística

Consistem na *construção de equações estatísticas* que relacionam a *arrecadação* a *variáveis econômicas, institucionais* e *comportamentais*, com inclusão de termos de erro estocástico.

Exemplos de variáveis explicativas

- PIB, produção industrial, desemprego, inadimplência;
- Volume de contencioso, taxa de judicialização, decisões do STF;
- Dados de conformidade espontânea, autuações e compensações tributárias.

Modelos log-lineares ou múltiplos

- Permitem estimar elasticidades (ex.: quanto varia a arrecadação do IRPJ para cada 1% de variação no PIB).

Modelos com variáveis instrumentais

- Utilizados quando há endogeneidade (ex.: o PIB influencia a arrecadação, mas a carga tributária também afeta o PIB).

---

11. *Figura 33 – Série Temporal Estocástica com Tendência, Sazonalidade e Ruído.*
    Representação gráfica de uma série temporal simulada por meio de componentes estocásticos típicos de modelos ARIMA e SARIMA. A série incorpora uma tendência linear crescente, flutuações sazonais de frequência constante e ruído gaussiano aleatório. Este tipo de estrutura é amplamente utilizado na modelagem de arrecadação tributária, previsões orçamentárias e simulações de fluxo de receitas públicas, permitindo a identificação de padrões, ciclos e comportamentos anômalos em bases temporais complexas.
    Fonte: Elaborado pelo autor com base na estrutura dos modelos autorregressivos integrados com sazonalidade (SARIMA).

Vantagens

- ☑ Permite interpretação causal;
- ☑ Suporta simulações contrafactuais (ex.: "e se a alíquota aumentar em 2%?");
- ☑ Pode incorporar covariáveis institucionais e jurídicas.

Limites

- ☒ Exige grande volume de dados confiáveis;
- ☒ Supõe normalidade dos resíduos e ausência de multicolinearidade.

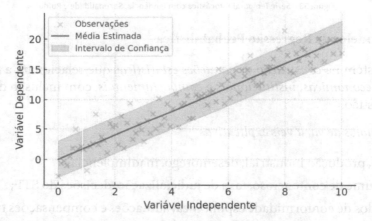

Figura 34 – Modelo de Regressão Probabilística com Incerteza[12]

3. Lógica Fuzzy e Inferência Bayesiana

Lógica Fuzzy (Lógica Nebulosa)

Permite trabalhar com *zonas de incerteza entre categorias jurídicas não binárias*, como:

- Enquadramento contábil;
- Tipicidade de fato gerador;
- "Relevância econômica" ou "essencialidade" (ex: conceito de insumo).

---

12. *Figura 34 – Modelo de Regressão Probabilística com Incerteza.*
    Modelo de regressão linear com incerteza paramétrica, representando a relação esperada entre uma variável independente e uma variável dependente, com faixa de confiança probabilística ao redor da curva estimada. A área sombreada expressa a margem de erro associada à estimativa, evidenciando a natureza não determinística das inferências em contextos tributários. Tais modelos são úteis na estimativa de elasticidades fiscais, no cálculo de alíquotas ótimas ou na previsão de impacto tributário sobre variáveis econômicas.
    Fonte: Elaborado pelo autor com base em métodos de regressão linear com variância heterocedástica simulada.

Exemplo: em vez de definir se uma operação é 100% tributável ou não, atribui-se um *grau de pertencimento* (ex: 70% de aderência ao conceito de insumo relevante).

Inferência Bayesiana

Atualiza as *previsões de arrecadação* à medida que novos dados são observados, permitindo:

- Recalibragem constante da projeção;
- Modelagem de incertezas interpretativas, com inclusão de risco jurídico como variável estimável;
- Ideal para lidar com variáveis não observáveis diretamente (ex.: comportamento de evasão, impacto de mudança jurisprudencial pendente).

Vantagens

☑ Captura incerteza interpretativa e transições institucionais;
☑ Opera bem com pequenas amostras e dados incompletos;
☑ Permite atualização dinâmica (posterior).

Limites

☒ Alto custo computacional e complexidade técnica;
☒ Requer modelagem subjetiva das distribuições iniciais (*priors*).

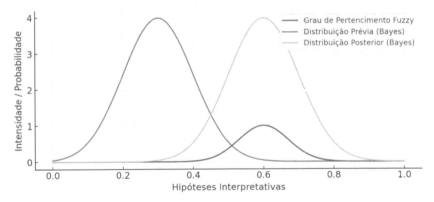

Figura 35 – Lógica Fuzzy e Inferência Bayesiana[13]

---

13. *Figura 35 – Lógica Fuzzy e Inferência Bayesiana.*
    Composição visual entre lógica fuzzy – representando o grau de pertencimento de uma hipótese a uma categoria jurídica – e inferência bayesiana – que permite atualizar a crença sobre determinada hipótese jurídica em função de evidências novas. A curva fuzzy ilustra a transição gradual entre zonas cinzentas do direito (como

4. Simulações de Monte Carlo

Trata-se de uma *técnica de simulação estatística* que:

- Gera milhares de execuções estocásticas com base em distribuições de probabilidade atribuídas a cada variável;
- Permite prever faixas de arrecadação esperada com intervalos de confiança (ex: "há 90% de chance da arrecadação do ISS variar entre R$ 9,3 bi e R$ 10,1 bi no próximo trimestre").

Aplicável, por exemplo, para:

- Análise de impacto de reformas tributárias;
- Avaliação de risco fiscal em julgamentos pendentes;
- Mensuração da dispersão entre valores declarados, autuados e efetivamente pagos.

Vantagens

- ☑ Adapta-se bem a sistemas complexos e interativos;
- ☑ Permite explorar múltiplos cenários com alto realismo;
- ☑ Fácil de visualizar graficamente (curvas de densidade, funis de risco).

Limites

- ☒ Exige definição cuidadosa das distribuições de entrada;
- ☒ Pode ser mal interpretada se comunicada sem rigor estatístico.

---

o conceito de "insumo"), enquanto as distribuições bayesianas expressam a atualização da probabilidade com base em informações adicionais, como precedentes ou decisões administrativas.

Fonte: Elaborado pelo autor com base em *ZADEH* (1965) e *BAYES* (1763), aplicando suas formulações à modelagem jurídica indeterminada.

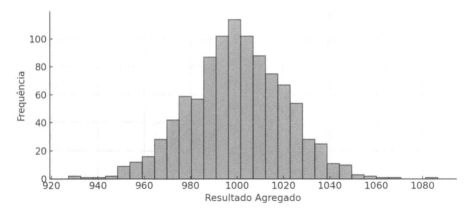

Figura 36 – Simulação de Monte Carlo (Distribuição de Resultados)[14]

5. Dashboards e Sistemas Integrados com Modelos Estocásticos

A utilização prática dessas ferramentas exige sua integração em *infraestruturas digitais* e *painéis de gestão tributária*, com visualização de:

- Projeções probabilísticas por tributo e ente federativo;
- Índices de risco arrecadatório (volatilidade, judicialização, evasão estimada);
- Dispersão entre previsão e realização;
- Sensibilidade da arrecadação a cada variável de entrada.

Esses sistemas já são utilizados em países como *Canadá*, *Estônia* e *Nova Zelândia*, fazendo parte da *agenda OECD Tax Administration 3.0*, para *transformar a administração fiscal em plataformas de decisão responsiva, transparente e preditiva*.

As *ferramentas de modelagem estocástica* representam o *futuro inevitável da previsão e gestão da arrecadação fiscal*. Elas substituem a *ilusão do determinismo* por *estruturas paramétricas de inferência e simulação*, capazes de traduzir a *incerteza em instrumento de governança, responsabilidade orçamentária e transparência tributária*.

Para um sistema tributário funcionar com legitimidade em tempos de complexidade, *não basta conhecer a lei* – é preciso *prever, quantificar e administrar o comportamento instável do próprio sistema*.

---

14. *Figura 36 – Simulação de Monte Carlo (Distribuição de Resultados).*
Distribuição empírica gerada a partir de 1.000 simulações de variáveis aleatórias com média e desvio-padrão conhecidos. A técnica de Monte Carlo é amplamente utilizada na estimativa de incertezas fiscais, no cálculo de risco associado a regimes tributários e na construção de cenários para avaliação de impacto regulatório. O histograma revela a dispersão de resultados possíveis, demonstrando a utilidade da abordagem para modelagem de comportamentos fiscais probabilísticos em ambientes voláteis.
Fonte: Elaborado pelo autor com base na técnica de simulação estocástica de Monte Carlo, adaptada ao contexto tributário.

Figura 37 – Dashboard Integrado com Modelos Estocásticos

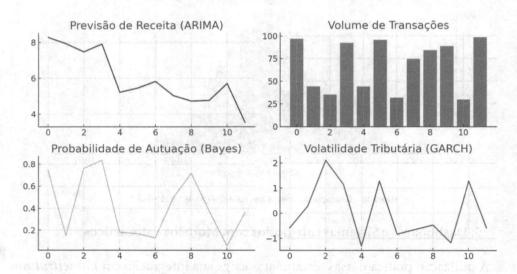

Figura 37 – Dashboard Integrado com Modelos Estocásticos[15]

3.3.2. Modelos de *machine learning* para predição de evasão e elisão fiscal

A *evasão* e a *elisão fiscal* configuram *duas formas distintas* – porém *estruturalmente correlatas* – de *reduzir a carga tributária*, com *efeitos diretos sobre a arrecadação*, a *eficiência do sistema* e *a justiça fiscal*.

Enquanto a *evasão* consiste na *violação direta da norma* (fraude, omissão, falsidade ideológica), a *elisão* opera em *zonas de licitude formal*, aproveitando *brechas, interpretações favoráveis* ou *estruturas artificiais* com aparência de legalidade.

Dada a *sofisticação das práticas empresariais* e a *complexidade da legislação*, os *métodos tradicionais de detecção* – baseados em cruzamento pontual de informações, malhas fiscais e auditoria manual – tornaram-se *ineficazes* ou *insuficientes*. Em seu lugar, emergem modelos de *machine learning* (aprendizado de máquina), capazes de *analisar grandes volumes de dados*, identificar *padrões anômalos* e construir *previsões* com base em *estruturas estatísticas não lineares*.

---

15. *Figura 37 – Dashboard Integrado com Modelos Estocásticos*.
    Painel visual com múltiplos indicadores simulados a partir de modelos estocásticos de previsão e inferência: série temporal (ARIMA), distribuição de probabilidades de autuação (Bayes), volatilidade fiscal (GARCH) e volume de transações. Essa estrutura ilustrativa simula um ambiente de monitoramento fiscal dinâmico, voltado à governança algorítmica de tributos, utilizando modelagens automatizadas para análise em tempo real. Tais dashboards são ferramentas fundamentais na administração tributária digital e na inteligência fiscal preditiva.
    Fonte: Elaborado pelo autor com base em modelos estocásticos multivariados aplicados à gestão fiscal automatizada.

Tais modelos já estão sendo aplicados com sucesso por administrações tributárias de ponta, como as do *Reino Unido* (HMRC), da *Estônia*, da *Austrália* e do *Brasil* (Receita Federal, com os *sistemas Harpia e T-Rex*), sendo *progressivamente incorporados como parte da arquitetura inteligente da arrecadação fiscal contemporânea*.

Machine learning é o *ramo da inteligência artificial* que *constrói algoritmos capazes de aprender padrões* e *fazer previsões com base em dados*, sem que tais padrões sejam explicitamente programados.

Aplicado à tributação, o *machine learning* permite:

⇒ Identificar indícios de evasão em massa de dados contábeis, bancários, fiscais e de terceiros;

⇒ Prever probabilidade de autuação ou inadimplência com base no histórico comportamental do contribuinte;

⇒ Detectar estruturas artificiais de elisão por simulação ou reestruturação societária;

⇒ Segmentar contribuintes por risco fiscal presumido, alocando recursos de fiscalização de forma eficiente e precisa.

3.3.2.1. *Tipos de Modelos Utilizados na Predição de Evasão e Elisão*

- *Modelos Supervisionados*

São *algoritmos treinados* com *conjuntos de dados rotulados* (ex: contribuintes autuados × não autuados) para *prever novas ocorrências*.

São considerados *modelos comuns*:

I. *Árvores de decisão e* Random Forests: úteis para detectar padrões de evasão com base em variáveis como setor, faturamento, variação de lucro, créditos fiscais utilizados.

II. *Regressão logística multivariada*: calcula a probabilidade de evasão com base em um conjunto de variáveis explicativas.

III. *Redes neurais artificiais (ANNs)*: capazes de capturar padrões não lineares e complexos de comportamento evasivo.

> Modelos supervisionados são algoritmos treinados com dados rotulados (ex: autuado x não autuado), capazes de aprender padrões fiscais e realizar previsões com base em novas observações.

ÁRVORES DE DECIÇÃO E RANDOM FORESTS
Detectam padrões de evasão com base em variáveis como setor econômico, faturamento, variação de lucro e utilização de créditos fiscais.

REGRESSÃO LOGÍSTICA MULTIVARIADA
Calcula a probalidade de evasão a partir de múltiplas variáveis explicativas, como margens, histórico de autuação e volume de operações.

REDES NEURAIS ARTIFICIAIS (ANNs)
Capturam padrões não lineares e altamente complexos, permitindo identificar estruturas sofisticadas de comportamento evasivo.

> Esses modelos são aplicados em administrações tributárias modernas para identificar riscos, direcionar auditorias e promover a justiça fiscal baseada em dados.

Figura 38 – Modelos Supervisionados para Predição de Evasão e Elisão Fiscal[16]

- ## *Modelos Não Supervisionados*

Utilizados para explorar dados sem rótulos prévios, ideais para detectar anomalias e padrões não esperados.

São considerados como *modelos comuns*:

---

16. *Figura 38 – Modelos Supervisionados para Predição de Evasão e Elisão Fiscal.*

Representação esquemática dos principais algoritmos supervisionados utilizados para detectar padrões de evasão e elisão fiscal com base em dados rotulados. O bloco superior descreve a lógica geral dos modelos supervisionados: aprendizagem estatística a partir de bases com rótulos conhecidos (por exemplo, contribuintes autuados versus não autuados). Os blocos inferiores destacam três técnicas amplamente aplicadas: (i) Árvores de decisão e Random Forests, ideais para classificar condutas com base em variáveis econômicas e fiscais; (ii) Regressão logística multivariada, capaz de estimar a probabilidade de evasão com base em múltiplas variáveis explicativas; e (iii) Redes neurais artificiais, aptas a identificar padrões complexos e não lineares de comportamento evasivo.

Fonte: Elaborado pelo autor com base em modelos de aprendizado supervisionado aplicados à tributação preditiva.

I. *K-means clustering*: agrupa contribuintes por similaridade e identifica outliers;

II. *Detecção de anomalias* (*anomaly detection*): sinaliza comportamentos atípicos em declarações fiscais;

III. *Autoencoders* (redes neurais compressivas): utilizados para reduzir dimensionalidade e detectar desvios estatísticos sutis.

Modelos não supervisionados analisam grandes volumes de dados sem necessidade de rotulagem prévia.
São utilizados para identificar padrões ocultos, comportamentos atípicos e seguimentações de risco fiscal.

K-MEANS CLUSTERING
Agrupa contribuintes por similaridade estatística em diferentes dimensões, permitindo detectar outliers e segmentos de risco elevado.

DETECÇÃO DE ANOMALIAS
Sinaliza condutas fiscais atípicas com base em desvios de normalidade, podendo indicar simulações, fraudes ou incongruências relevantes.

AUTOENCODERS (REDES NEURAIS COMPRESSIVAS)
Reduzem a dimensionalidade dos dados e identificam desvios sutis de padrão, sendo úteis para detectar elisão sofisticada e manipulação estatística.

Esses modelos permitem descobertas exploratórias em bases fiscais complexas, e são ferramentas-chave para análise comportamental, triagem de auditoria e construção de perfis preditivos.

Figura 39 – Modelos Não Supervisionados para Detecção de Padrões Fiscais[17]

---

17. *Figura 39 – Modelos Não Supervisionados para Detecção de Padrões Fiscais.*
Representação gráfica dos principais algoritmos não supervisionados utilizados para análise de dados fiscais em larga escala, sem necessidade de rotulagem prévia. Esses modelos são fundamentais para identificar padrões ocultos, condutas atípicas e estruturas de risco latente em ambientes tributários complexos. O *K-Means Clustering* permite a segmentação de contribuintes com base em similaridade estatística, facilitando a detecção de outliers comportamentais e fraudes em massa. Os algoritmos de Detecção de Anomalias atuam com base na variação da normalidade e destacam contribuintes com comportamento tributário aberrante, mesmo na ausência de rótulos conhecidos. Os *Autoencoders*, por sua vez, são redes neurais compressivas que reduzem a dimensionalidade dos dados e possibilitam a identificação de desvios estatísticos sutis, especialmente úteis em elisão sofisticada e manipulações contábeis de alta complexidade.
Esses modelos, aplicados conjuntamente, operam como ferramentas preditivas, diagnósticas e exploratórias para auditoria orientada por risco, construção de perfis fiscais e descoberta de novas tipologias de comportamento tributário.

Modelos de Aprendizado Semissupervisionado

Aplicados quando *há pouca rotulagem confiável*, mas *grande volume de dados disponíveis* – o que é comum em *bases fiscais heterogêneas e descentralizadas.*

Modelos semi-supervisionados utilizam uma pequena quantidade de dados rotulados combinada a um grande volume de dados não rotulados. São ideais para contextos fiscais com alta complexidade e escassez de precedentes firmes.

APLICAÇÃO EM BASES TRIBUTÁRIAS HETEROGÊNEAS
Permite identificar padrões evasivos quando há poucos autuados conhecidos, aplicando inferência estatística sobre um universo amplo e fragmentado.

APRENDIZADO COM LITÍGIOS E JURISPRUDÊNCIA VOLÁTIL
Detecta probalidades de risco fiscal em segmentos mal pacificados do ponto de vista normativo ou judicial.

ANÁLISE DE DADOS NÃO ESTRUTURADOS (PLN)
Integra decisões, petições, pareceres e contratos em modelos de compreensão linguística para previsão de atuações futuras.

Modelos semi-supervisionados representam a ponte entre análises exploratórias e preditivas, sendo especialmente úteis em cenários tributários marcados por incerteza interpretativa e escassez de dados confiáveis.

Figura 40: Modelos Semissupervisionados em Contextos Fiscais Complexos[18]

Fonte: Elaborado pelo autor com base em técnicas de aprendizado de máquina não supervisionado, conforme aplicadas à administração tributária por *OCDE* (2020), *HMRC* (UK), *Receita Federal do Brasil* e *literatura especializada em análise preditiva.*

18. *Figura 40 – Modelos Semissupervisionados em Contextos Fiscais Complexos.*

Diagrama explicativo dos principais usos de modelos semissupervisionados no campo da fiscalização tributária e da inteligência fiscal preditiva. Esses modelos operam com um pequeno conjunto de dados rotulados (como casos autuados ou litigados) e um grande volume de dados não rotulados (como contribuintes em situação fiscal regular), sendo ideais para bases fragmentadas, pouco estruturadas e com baixa densidade informacional.

As aplicações principais incluem: (i) mapeamento de padrões evasivos em bases tributárias heterogêneas; (ii) análise de risco jurídico a partir de litígios mal pacificados e jurisprudência instável; (iii) integração de dados não estruturados – como petições, contratos e decisões – por meio de técnicas de Processamento de Linguagem Natural (PLN).

Esses modelos representam uma ponte entre os métodos exploratórios não supervisionados e os métodos preditivos supervisionados, viabilizando inferência fiscal sob incerteza, mesmo na ausência de rotulagem plena.

Fonte: Elaborado pelo autor com base em aplicações fiscais de aprendizado semissupervisionado descritas em *OCDE* (2020), *World Bank* (2021), *Receita Federal do Brasil* e *literatura técnica em PLN tributário.*

A *efetividade do machine learning* depende da *qualidade, diversidade* e *integridade dos dados utilizados*. São consideradas como *fontes potenciais*:

⇒ *Declarações fiscais* e *contábeis* (DCTF, SPED, ECF, EFD-Contribuições);

⇒ *Notas fiscais eletrônicas* (NF-e), XMLs e *registros de transações*;

⇒ *Registros bancários* (ex: via convênios COAF e cruzamento com Receita);

⇒ *Dados públicos* e de *terceiros* (contratos, portais de transparência, redes sociais, *e-commerce*);

⇒ *Jurisprudência* e *padrões de litígio* (via processamento de linguagem natural – PLN).

Essas *bases de dados*, quando *integradas de maneira estruturada* e *submetidas a tratamentos analíticos adequados*, alimentam *modelos de aprendizado de máquina* capazes de identificar, com *acurácia crescente, padrões recorrentes associados à elisão e à evasão fiscal*.

Tais modelos operam por meio da *detecção estatística de anomalias*, da *identificação de clusters comportamentais* e da *construção de inferências probabilísticas* que antecipam comportamentos desviantes.

A aplicação dessa tecnologia pela administração tributária permite a *otimização do direcionamento da fiscalização*, concentrando os recursos institucionais sobre *contribuintes com maior risco presumido de não conformidade*. Ao mesmo tempo, possibilita a *redução dos custos de compliance para contribuintes classificados como de baixo risco*, promovendo, assim, a *conformidade espontânea* e a *confiança no sistema*.

Os modelos também têm a capacidade de *antecipar fraudes complexas*, por meio da *análise de padrões comportamentais não lineares* e da *simulação de estruturas artificiais de planejamento tributário*. Adicionalmente, essas *ferramentas preditivas* contribuem para a *projeção de perdas de arrecadação*, causadas por *decisões judiciais, alterações legislativas* ou pelo *aumento da litigância estratégica*.

Por fim, viabilizam a *implementação de fiscalizações preventivas em tempo real*, baseadas em *padrões de comportamento divergentes* em relação à normalidade estatística, com *emissão automática de alertas e notificações*.

Conforme sublinha o relatório *Tax Administration 3.0 da OCDE* (2020), o propósito dessas ferramentas *não é o de penalizar o contribuinte*, mas o de *construir uma administração tributária preditiva, responsiva e auditável*. Trata-se de um *sistema orientado à confiança mútua*, à *justiça distributiva* e à *eficiência arrecadatória*, fundamentado na análise de dados e na automação responsável da governança fiscal.

Não obstante seus benefícios, a aplicação de técnicas de *machine learning* em matéria tributária exige cautela redobrada. A primeira preocupação reside na *explicabilidade dos modelos utilizados*: é imperativo que as *decisões automatizadas possam ser auditadas, compreendidas* e *contestadas*, em conformidade com os *princípios do devido processo legal*.

A *transparência algorítmica* e a *responsabilização institucional* (*accountability*) devem ser garantidas para evitar que se estabeleça uma *opacidade injustificável na aplicação de modelos estatísticos sobre condutas humanas*. Além disso, é necessário *mitigar o risco de reforço de vieses históricos*, como a tendência à *fiscalização desproporcional de determinados setores econômicos* ou de *contribuintes com menor poder de reação institucional*.

Finalmente, é indispensável observar rigorosamente as disposições da *Lei Geral de Proteção de Dados* (Lei nº 13.709/2018), assegurando o *tratamento lícito, proporcional e seguro de dados sensíveis* utilizados na *modelagem preditiva*.

Essas salvaguardas *não constituem obstáculos ao uso da inteligência artificial no campo tributário*, mas condições necessárias para que ela atue como *instrumento legítimo de modernização estatal* e de *concretização da justiça fiscal* em ambientes digitais e complexos.

A *aplicação da IA tributária* deve ser orientada por *valores públicos*, com *governança humanamente supervisionada*, conforme *recomendações da OCDE* (2021) e do *Conselho da Europa*.

A utilização de modelos de *machine learning* para *predição de evasão e elisão fiscal* representa um *marco na racionalização do sistema tributário*, permitindo que a administração fiscal *deixe de atuar de forma reativa* e passe a operar de *modo preventivo, inteligente e estratégico*, com base em evidências empíricas e algoritmos auditáveis.

Essas tecnologias *não são substitutas da legalidade*, mas *ferramentas de concretização da justiça fiscal em sistemas complexos, assimétricos e instáveis*. O *futuro da governança tributária* depende de sua *capacidade de aprender com os dados, identificar padrões e decidir com inteligência*, sem abdicar da *legitimidade democrática* e da *proporcionalidade institucional*.

3.3.3. Inteligência Artificial aplicada à fiscalização tributária

A *fiscalização tributária* – outrora baseada em auditorias manuais, inspeções documentais presenciais e cruzamentos pontuais de informações – ingressou, nas *últimas duas décadas*, em um *processo de transformação estrutural impulsionado pela inteligência artificial* (IA), *big data* e *sistemas de automação preditiva*.

Este novo paradigma *não representa apenas um avanço tecnológico*: trata-se de uma *reformulação ontológica da função fiscalizatória*, que deixa de ser majoritariamente reativa e passa a operar em tempo real, com capacidade preditiva, capacidade adaptativa e arquitetura de *enforcement* baseado em risco.

A IA, nesse contexto, é aplicada como *instrumento de análise, decisão e priorização da ação fiscal*, transformando o *processo fiscalizatório* em um *sistema inteligente, retroalimentado por dados e algoritmos*, com *capacidade de autoadaptação* e *aprendizado constante*. Esse novo modelo é *compatível com a agenda global de administração tributária* orientada por dados, sintetizada na proposta *Tax Administration 3.0*, da OCDE (2020), que propõe uma virada digital, responsiva e personalizada para os fiscos nacionais.

A *aplicação de IA à fiscalização tributária* implica o uso de sistemas inteligentes capazes de processar grandes volumes de dados estruturados e não estruturados, identificar padrões, construir inferências e orientar decisões administrativas de forma automatizada ou semiassistida.

Entre suas *principais características*, destacam-se:

⇒ *Proatividade e predição*: em vez de reagir a infrações consumadas, o fisco atua preventivamente, identificando indícios de risco antes mesmo da ocorrência do fato gerador ou do inadimplemento;

⇒ *Automação de tarefas cognitivas complexas*: como análise de dados contábeis, leitura de notas fiscais eletrônicas, comparação entre regimes tributários e mapeamento de operações simuladas;

⇒ *Segmentação e priorização inteligente*: por meio de scorings de risco, a IA direciona a fiscalização aos contribuintes ou setores com maior probabilidade de infração, otimizando a alocação de recursos;

⇒ *Autorrecalibração dos modelos*: sistemas baseados em machine learning atualizam seus parâmetros com base em novos dados, decisões judiciais e respostas comportamentais dos contribuintes.

No Brasil, a *Secretaria da Receita Federal* já aplica IA em sistemas como:

a. *T-Rex* (Tributação com Risco Estimado): identifica contribuintes com elevada exposição tributária por meio de redes neurais e regras de negócio;

b. *Harpia*: modelo de machine learning que analisa dados estruturados (declarações, SPED, notas fiscais) e não estruturados (jurisprudência, pareceres, mídia) para sugerir hipóteses de fiscalização;

c. *Módulos do e-Fisco e Malha PJ*: que cruzam dados em tempo real e produzem alertas automatizados.

Em *demais países*, destacamos os seguintes sistemas:

• *HMRC (Reino Unido)* utiliza IA para detectar planejamento abusivo por meio de mineração de dados e análise de rede (*network analytics*);

• *Australian Taxation Office* aplica algoritmos para prever fraude em devoluções de tributos e para identificar padrões de inadimplência;

• *Estônia* possui um sistema *100% digitalizado*, com IA responsável por sugerir ajustes, gerar declarações pré-preenchidas e reduzir o contencioso.

A *adoção de IA na atividade fiscalizatória* impõe novos desafios ao Direito Tributário, que precisa adaptar sua estrutura *dogmática* e *procedimental* à nova *racionalidade algorítmica*. Entre os *principais pontos críticos*, destacam-se:

a) Devido processo administrativo e motivação algorítmica

A decisão de *autuar, fiscalizar* ou *classificar* um contribuinte como de risco deve ser motivada de forma compreensível e auditável, mesmo que tenha sido gerada por algoritmo.

b) Explicabilidade e auditabilidade dos sistemas

O uso de *algoritmos opacos* (caixa-preta) *viola o princípio da legalidade* e da *segurança jurídica*. Para tanto, exige-se o desenvolvimento de *sistemas com interpretação explicável* (*explainable AI*), capazes de *gerar justificativas compreensíveis para cada decisão automatizada*.

c) Presunção de boa-fé e presunção de veracidade

A IA *não pode inverter automaticamente o ônus da prova* ou *substituir a análise de mérito jurídico por meros padrões estatísticos*. Toda *inferência algorítmica* deve ser *validada por instância humana decisória*, conforme *princípio da supervisão significativa* (*human-in-the-loop*).

Quando adequadamente projetada e implementada, a *IA aplicada à fiscalização tributária* oferece ganhos significativos:

⇒ Aumento da eficiência fiscalizatória, com maior assertividade e menor dispersão de recursos;

⇒ Redução de arbitrariedade, com decisões baseadas em padrões objetivos e replicáveis;

⇒ Estímulo à conformidade voluntária, pela percepção de vigilância inteligente e indução comportamental;

⇒ Diminuição do litígio, ao evitar autuações genéricas ou indevidas;

⇒ Fomento à justiça fiscal, ao tornar a fiscalização mais isonômica, transparente e orientada por risco real.

A *implementação* dessa tecnologia deve observar *salvaguardas essenciais*, tais como:

I. Governança algorítmica transparente, com publicação de critérios, variáveis e lógica decisória;

II. Controle institucional permanente, com comissões multidisciplinares (juristas, cientistas de dados, auditores e representantes da sociedade civil);

III. Respeito à LGPD, com tratamento proporcional, finalístico e seguro dos dados;

IV. Sistema de accountability fiscal, com rastreabilidade da cadeia de decisão desde a inferência até a autuação final.

Como propõe *Barocas* et al. (2021), a inteligência artificial deve operar como *extensão do Estado de Direito*, e não como *substituto do juízo institucional humano*.

A *inteligência artificial aplicada à fiscalização tributária* inaugura uma nova era na administração fiscal: *baseada em dados, orientada por padrões, parametrizada por risco e estruturada para induzir a conformidade com inteligência e justiça*. Contudo, seu uso exige *compromisso institucional* com a *legalidade*, a *transparência*, a *proteção de dados* e a *explicabilidade das decisões*.

A fiscalização do século XXI será, inevitavelmente, *algorítmica* – mas para que ela seja também legítima, deve ser *eticamente supervisionada, juridicamente fundamentada e democraticamente controlada*.

A Seção 3.3 demonstrou, com base em *fundamentos transdisciplinares*, que a *arrecadação tributária*, longe de ser resultado direto e linear da aplicação de normas legais sobre agregados contábeis, comporta-se como *variável estocástica* e *multidimensional*, fortemente condicionada por *incertezas institucionais, instabilidades normativas, estratégias comportamentais* e *flutuações econômicas*.

O *modelo tradicional de previsão arrecadatória* – baseado em extrapolações determinísticas, hipóteses simplificadas e ausência de modelagem do risco jurídico – revela-se tecnicamente *obsoleto* e epistemologicamente *inadequado* diante da *complexidade do sistema fiscal contemporâneo*.

Em resposta, a seção apresentou *três grandes eixos de formalização*:

1. Na Subseção 3.3.1, demonstrou-se que a *arrecadação* deve ser tratada como um *processo estocástico*, cuja variabilidade exige a aplicação de *modelos probabilísticos, inferência estatística, séries temporais e simulações computacionais*, aptos a traduzir incerteza em faixas de previsão auditáveis e governáveis.

2. Na Subseção 3.3.2, abordou-se o *uso de modelos de machine learning na predição de evasão e elisão fiscal*, revelando como *algoritmos supervisionados e não supervisionados* são capazes de identificar padrões atípicos, simular comportamentos estratégicos e antecipar riscos arrecadatórios com base em dados massivos, fortalecendo a capacidade do Estado de agir com inteligência e proporcionalidade.

3. Na Subseção 3.3.3, explorou-se a *aplicação da inteligência artificial à fiscalização tributária*, consolidando *um novo paradigma de enforcement fiscal: automatizado, preditivo, adaptativo* e guiado por *evidências*.

Foi enfatizado que, embora eficiente, esse modelo exige *governança ética, supervisão humana, transparência decisória* e compromisso com o *Estado de Direito*.

O *futuro da arrecadação fiscal* será construído com base em *cinco pilares fundamentais*:

- Formalização da incerteza como estrutura do sistema jurídico-fiscal, superando a ilusão da previsibilidade absoluta;
- Parametrização das decisões tributárias por modelos estatísticos auditáveis, que transformem instabilidade em informação tecnicamente tratável;
- Utilização de IA para indução comportamental preventiva, com foco na conformidade espontânea e no uso inteligente de recursos fiscalizatórios;
- Criação de infraestruturas de dados interoperáveis e dashboards analíticos, com leitura em tempo real da arrecadação, do risco e da litigância;
- Compromisso institucional com justiça fiscal algorítmica, garantindo que a tecnologia amplifique a equidade, e não as assimetrias preexistentes.

A *governança da arrecadação tributária* em tempos de *instabilidade normativa* exige mais do que leis. Exige *ciência*. Exige *modelos*. Exige *inteligência*. E, sobretudo, exige a *capacidade de transformar incerteza* em *instrumento de racionalidade fiscal, eficiência distributiva* e *responsabilidade democrática*.

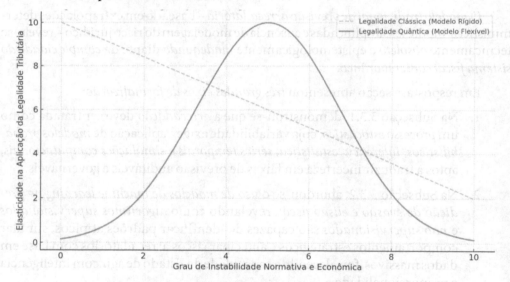

Figura 41 – Reconfiguração da Legalidade Tributária em Ambientes Inestáveis[19]

---

19. *Figura 41 – Reconfiguração da Legalidade Tributária em Ambientes Inestáveis.*
    Comparativo entre a abordagem clássica da legalidade, baseada na rigidez normativa, e o modelo quântico, pautado na adaptabilidade contextual da norma tributária diante de ambientes instáveis e complexos. A curva quântica reflete a natureza não linear da elasticidade jurídica em cenários de incerteza fiscal.
    Fonte: Elaborado pelo autor, com base em LÔBO (2023) e KELSEN (2005).

Capítulo 4
DIREITO TRIBUTÁRIO QUÂNTICO NA PRÁTICA

A *consolidação dos fundamentos teóricos, epistemológicos* e *analíticos* até aqui desenvolvidos – desde a *instabilidade normativa* e a *sobreposição hermenêutica* até os *modelos probabilísticos de arrecadação* e a *inteligência fiscal preditiva* – prepara o terreno para a transição do plano conceitual para o *plano operativo do Direito Tributário Quântico.*

Neste capítulo, abordaremos as *manifestações concretas, estruturais* e *institucionais da quantização normativa no campo fiscal,* com foco na aplicação sistêmica de suas categorias à realidade administrativa, contábil, tecnológica e jurisprudencial.

Mais do que uma metáfora, a noção de "*quântico*" aplicada ao *Direito Tributário* configura uma *mudança de paradigma interpretativo e operacional,* no qual os *institutos jurídicos* deixam de ser pensados como *categorias estáticas* e *autônomas* e passam a ser compreendidos como *sistemas dinâmicos, interativos* e em *estado de sobreposição até o colapso decisório.*

Esse deslocamento implica *rever a lógica dos regimes híbridos,* a *estrutura de conformidade,* a *relação entre contribuinte e Estado* e os próprios *critérios de justiça fiscal,* todos agora mediados por algoritmos, modelagens e inferências parametrizadas.

O *Direito Tributário Quântico,* em sua dimensão prática, manifesta-se sob *três eixos centrais,* que operam de forma entrelaçada:

1. A *hibridização normativa* e a *superposição estrutural de regimes jurídicos,* nos quais a conduta tributável pode simultaneamente pertencer a múltiplas qualificações legais, contábeis e fiscais – gerando conflitos de incidência, concorrência de competências, colapsos interpretativos e necessidade de simulação probabilística da subsunção;

2. A *automação da arrecadação* e a *governança digital fiscal,* onde o tributo deixa de ser resultado de uma cadeia linear de declaração e fiscalização, e passa a ser processado por sistemas de inteligência fiscal distribuída, infraestruturas de dados interoperáveis e plataformas algorítmicas parametrizadas por comportamento, risco e conformidade;

3. A *reformulação da justiça fiscal em ambientes tecnologicamente adaptativos*, nos quais a equidade tributária precisa ser modelada computacionalmente, em tempo real, levando em consideração não apenas a capacidade contributiva nominal, mas também a assimetria informacional, o acesso à legalidade compreensível, a heterogeneidade interpretativa e a variância estrutural do risco jurídico.

Sob este novo regime cognitivo, a *conformidade tributária não se limita mais ao cumprimento da literalidade da norma*: exige-se um grau elevado de *responsividade institucional, transparência algorítmica* e *modelagem de risco contextual*, tanto por parte do Estado quanto dos contribuintes.

Do ponto de vista da *técnica jurídica*, este novo arranjo impõe um *redesenho da dogmática fiscal*, exigindo que *categorias tradicionais* – como fato gerador, base de cálculo, lançamento, responsabilidade, decadência, prescrição e sanção – sejam *reinterpretadas como estruturas em estado quântico de latência*, sujeitas a *múltiplas atualizações hermenêuticas condicionadas* a *observações institucionais* e *algoritmos decisórios*.

Nesse ambiente, os *regimes híbridos não são exceção*, mas *regra*. As *normas* deixam de ser *estruturas fechadas* e passam a operar como *funções de possibilidade*. O *contribuinte* não é apenas *destinatário da norma*, mas *coparticipante da construção do sistema de sua incidência*, por meio da *parametrização dos dados*, da *resposta às inferências fiscais* e da *interação com os ambientes digitais de conformidade*.

4.1. A APLICAÇÃO DA TEORIA QUÂNTICA NA ESTRUTURA NORMATIVA FISCAL

A *aplicação da teoria quântica à estrutura normativa fiscal* não se limita a uma analogia metafórica, mas representa uma verdadeira *virada epistemológica* e *metodológica* no modo como se compreende a própria *ontologia da norma tributária*.

Em vez de um *sistema jurídico estático*, centrado em *comandos unívocos* e *relações lineares de subsunção*, o que se impõe é a *compreensão do sistema normativo* como uma *estrutura de superposição, latência* e *colapso interpretativo*, tal como concebido nos *modelos da física quântica*.

Na *mecânica clássica*, o comportamento de um corpo físico pode ser descrito com precisão a partir de *leis determinísticas*: dada sua posição, velocidade e forças atuantes, é possível prever seu movimento futuro com absoluta certeza.

A *mecânica quântica*, ao contrário, afirma que as *partículas elementares* existem *simultaneamente em múltiplos estados potenciais*, e que apenas a *observação* (ou medição) *colapsa esse estado superposto* em uma *única manifestação mensurável*.

Antes da *observação*, o sistema existe como *função de onda*, isto é, como *distribuição de probabilidades sobre diferentes estados possíveis*.

CAPÍTULO 4 • DIREITO TRIBUTÁRIO QUÂNTICO NA PRÁTICA **219**

Aplicada ao *Direito Tributário*, essa estrutura oferece uma *compreensão renovada do sistema normativo*, no qual:

i. A norma *não possui um único sentido ex ante*: ela é um campo de possibilidades interpretativas coexistentes;

ii. O fato jurídico *não gera automaticamente a obrigação tributária*: ele é qualificado como tal apenas após o colapso institucional operado por declaração, lançamento, autuação ou julgamento;

iii. A própria *tipicidade tributária* deixa de ser uma *relação binária* e passa a operar como *função de plausibilidade normativa*, sujeita a padrões institucionais de observação, litigância e resolução.

Esse modelo permite compreender por que normas aparentemente claras geram conflitos constantes, interpretações múltiplas e decisões jurisprudenciais contraditórias. A *superposição* não é uma *falha do sistema*, mas uma *propriedade inerente à complexidade do arranjo normativo*, que precisa ser governada com racionalidade, auditabilidade e técnicas formais de inferência.

Dessa forma, a *aplicação da teoria quântica à estrutura normativa fiscal* implica reconhecer que:

a. O *sistema tributário* existe como *função de onda normativa*, no qual convivem *regimes híbridos, conceitos indeterminados* e *múltiplas teses jurídicas*, todas *plausíveis*, até que um *ato institucional defina a incidência em um caso concreto*.

b. O *colapso fiscal* é um *evento interpretativo-institucional*, e não uma *dedução lógica automatizável*. Para tanto, depende do *aparato institucional*, da *posição do intérprete*, do *momento histórico* e das *variáveis econômicas* e *tecnológicas* envolvidas.

c. A *estrutura normativa* é sensível às *condições de observação*, e por isso reage de *maneira distinta diante de contribuintes diferentes, práticas diversas* e *níveis desiguais de sofisticação*. Isso exige um novo modelo de segurança jurídica, baseado não na certeza, mas na formalização da incerteza como variável de governança.

d. A *codificação legal* deixa de operar *isoladamente* e passa a ser complementada por *estruturas inferenciais parametrizadas: jurisprudência algorítmica, predições de risco fiscal, simulações de enquadramento normativo* e *mecanismos de conformidade assistida*.

Portanto, a *aplicação da teoria quântica na estrutura normativa fiscal* não dissolve a *legalidade*, mas *redefine sua função*: ela deixa de ser uma *promessa de previsibilidade total* e se transforma em uma *arquitetura flexível de coerência normativa auditável*, capaz de operar sob complexidade, retroalimentação e volatilidade interpretativa.

220 DIREITO TRIBUTÁRIO QUÂNTICO • Caio Bartine

Como consequência, *categorias clássicas* como lançamento, fato gerador, responsabilidade tributária e decadência *precisam ser reinterpretadas como estruturas de potencialidade jurídica*, cuja concretização *depende da atuação decisória em tempo real* e que podem *coexistir em estado de sobreposição* até a *definição de seus contornos operacionais*.

Trata-se, portanto, da *transição de uma dogmática da certeza* para uma *dogmática da função de onda fiscal* – uma arquitetura jurídica baseada em *probabilidade, inferência* e *colapso interpretativo*, compatível com a complexidade do mundo normativo do século XXI.

4.1.1. Regimes híbridos e interações normativas superpostas

No contexto da *quantização do Direito Tributário*, os chamados *regimes híbridos* e as *interações normativas superpostas* deixam de ser vistos como *anomalias da arquitetura jurídica*, passando a ser compreendidos como *fenômenos estruturais, próprios de sistemas interdependentes* e *multijurisdicionais*, nos quais as normas não operam isoladamente, mas em *redes normativas interativas*, sujeitas a *interferência mútua, ressonância hermenêutica* e *colapsos interpretativos simultâneos*.

A noção de *regime híbrido* – aqui tomada em sentido ampliado – refere-se àquelas *estruturas fiscais em que múltiplas normas, institutos* ou *regimes jurídicos incidem de forma concomitante, parcial* ou *alternativamente* sobre a *mesma realidade econômico-tributária*, seja no plano da *legislação nacional*, seja no plano da *tributação internacional*, seja ainda nas *estruturas normativas setoriais, digitais* ou *digitais-disruptivas*.

Essa *sobreposição normativa*, longe de ser episódica, reflete o *próprio modo de funcionamento do sistema tributário em ambientes de complexidade*, no qual os *limites tradicionais entre tributos diretos e indiretos, competências federativas, regimes especiais, conceitos contábeis* e *categorias jurídicas* se tornam porosos, interpenetrantes e sujeitos a ressignificações sucessivas.

4.1.1.1. Tipologias de Regimes Híbridos e de Superposição Normativa

A *complexidade fiscal contemporânea* impõe o reconhecimento de que os *sistemas tributários não operam com normatividade isolada e linear*, mas sob *arranjos de coexistência, concorrência, ressonância* e *interação normativa*.

Os chamados *regimes híbridos* e os *mecanismos de superposição normativa* deixam de ser considerados desvios ou exceções e passam a configurar *formas ordinárias de operacionalização fiscal*, cuja racionalidade só pode ser compreendida à luz da *teoria dos sistemas interativos*, da *estrutura de colapso normativo* e da *arquitetura de múltiplos enquadramentos jurídicos* possíveis.

A seguir, apresentamos uma *tipologia analítica* desses regimes, divididos em *cinco categorias estruturais*, com respectivos exemplos, implicações e riscos.

1. Hibridismo de Incidência: Confluência de Hipóteses Normativas sobre o Mesmo Fato Econômico

Este tipo de hibridismo se caracteriza pela *possibilidade de duas ou mais hipóteses de incidência tributária* concorrerem sobre a *mesma operação econômica*, gerando *colisão de normas materiais*. Trata-se do exemplo clássico de *bitributação potencial interna*, agravada pela *ausência de critério normativo claro de preponderância*.

Exemplos:

ICMS × ISS sobre softwares, licenciamento de uso e streaming (com decisões conflitantes entre STJ, STF e legislações estaduais e municipais);

IOF × IR sobre operações financeiras derivadas, especialmente em hedge e derivativos internacionais;

PIS/Cofins × IRPJ/CSLL sobre receitas financeiras, com variações conforme a origem, a natureza e o regime contábil.

Consequências:

- Insegurança jurídica elevada;
- Risco de autuação múltipla;
- Judicialização massiva e ausência de previsibilidade.

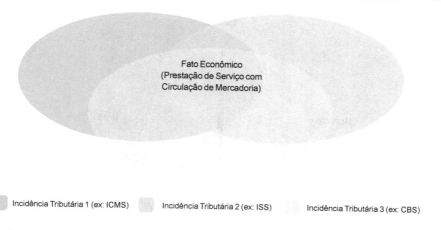

Figura 42 – Hibridismo de Incidência: Confluência de Hipóteses Normativas sobre o Mesmo Fato Econômico[1]

---

1. *Figura 42 – Hibridismo de Incidência: Confluência de Hipóteses Normativas sobre o Mesmo Fato Econômico.* Representação esquemática das múltiplas incidências tributárias (como ICMS, ISS e CBS) que podem recair simultaneamente sobre um único fato econômico – como a prestação de serviço com circulação de mercadoria. A sobreposição normativa evidencia a complexidade do sistema tributário e os conflitos de competência entre entes federativos.

Fonte: Elaborado pelo autor, com base em *Machado* (2022), *Torres* (2023) e *EC 132/2023*.

2. Hibridismo de Competência: Concorrência entre Entes Federativos sobre o Mesmo Fato Gerador

Aqui, o conflito não está apenas no *conteúdo da norma*, mas em sua *titularidade institucional*. Trata-se de *disputa entre União, Estados e Municípios* sobre quem tem *legitimidade para tributar determinado fato gerador*, sobretudo diante da *evolução de operações complexas e digitais*.

Exemplos:

Disputa entre estados e municípios sobre tributação de serviços de comunicação, softwares e plataformas digitais;

Incidência cruzada sobre energia elétrica (ICMS estadual × CIDE federal em energia renovável distribuída);

Conflitos entre ICMS e ISS sobre marketplaces, delivery e intermediação de serviços.

Consequências:

- Colapso do pacto federativo fiscal;
- Distorções de neutralidade econômica;
- Incentivos à guerra fiscal disfarçada de conflito hermenêutico.

Figura 43 – Hibridismo de Competência: Concorrência entre Entes Federativos sobre o Mesmo Fato Gerador[2]

---

2. *Figura 43 – Hibridismo de Competência: Concorrência entre Entes Federativos sobre o Mesmo Fato Gerador.* Representação gráfica das disputas de competência tributária entre Município, Estado e União sobre um mesmo fato gerador, como ocorre em serviços digitalizados, operações complexas e novas formas de riqueza. A

3. Hibridismo de Regime Jurídico: Multiplicidade de Regimes Aplicáveis ao Mesmo Sujeito Passivo

Ocorre quando *um mesmo contribuinte* ou *grupo econômico* está, *simultaneamente* ou em *alternância*, submetido a *mais de um regime jurídico tributário*, o que gera *inconsistências entre base de cálculo, forma de apuração* e *direito a créditos*.

Exemplos:

Contribuintes que transitam entre o Lucro Real e o Lucro Presumido em razão de reorganizações societárias estratégicas;

Empresas que acumulam regimes de substituição tributária, monofásico e cumulativo em razão da diversidade de produtos e canais de venda;

Entidades optantes pelo Simples Nacional que realizam operações sujeitas à segregação e à aplicação de regimes diferenciados por atividades econômicas.

Consequências:

- Ambiguidade na determinação da carga tributária efetiva;
- Dificuldade de fiscalização parametrizada;
- Oportunidade para elisão lícita e, por vezes, abusiva.

Figura 44 – Hibridismo de Regime Jurídico: Multiplicidade de Regimes Aplicáveis ao Mesmo Sujeito Passivo[3]

---

sobreposição evidencia o conflito federativo na definição de titularidade arrecadatória, agravado pela ausência de clareza normativa e de mecanismos eficazes de coordenação fiscal.

Fonte: Elaborado pelo autor, com base em *Torres* (2021), *Machado* (2022), *EC 132/2023* e *LC 214/2025*.

3. *Figura 44 – Hibridismo de Regime Jurídico: Multiplicidade de Regimes Aplicáveis ao Mesmo Sujeito Passivo.*
Esquema visual representando a complexidade enfrentada por empresas, especialmente de médio porte, diante da sobreposição de regimes jurídicos tributários – como Simples Nacional, Lucro Presumido, Lucro Real e regimes especiais setoriais. A coexistência normativa gera insegurança jurídica, planejamento instável e alta assimetria decisória.
Fonte: Elaborado pelo autor, com base em *Carrazza* (2022), *Machado* (2021), *EC 132/2023* e *LC 214/2025*.

4. Hibridismo de Qualificação Jurídica: Ambivalência de Conceitos Contábeis, Econômicos e Jurídicos

Neste tipo de hibridismo, o *mesmo fato ou operação* pode ser classificado de *forma distinta*, a depender do *enquadramento jurídico, contábil* ou *econômico* – com efeitos fiscais diretamente impactantes.

Exemplos:

Receitas classificadas como "indenizatórias" ou "tributáveis" a depender do contrato e do entendimento jurisprudencial (ex.: receitas de cancelamento de contrato, multas compensatórias);

Ativos intangíveis tratados como custo ou como despesa operacional com impacto em créditos de PIS/Cofins;

Operações de cessão de direitos de imagem qualificadas ora como prestação de serviço (ISS), ora como rendimentos de natureza civil (IR), ou mesmo como doações disfarçadas.

Consequências:

- Elevado grau de incerteza na apuração;
- Risco de requalificação retroativa;
- Contencioso sofisticado e altamente técnico.

Figura 45 – Hibridismo de Qualificação Jurídica: Ambivalência de Conceitos Contábeis, Econômicos e Jurídicos[4]

---

4. *Figura 45 – Hibridismo de Qualificação Jurídica: Ambivalência de Conceitos Contábeis, Econômicos e Jurídicos*. Representação gráfica da fragmentação conceitual existente na qualificação de institutos como receita, lucro e patrimônio. A divergência entre os referenciais contábil, econômico e jurídico gera múltiplas interpretações, insegurança normativa e conflitos de base de cálculo tributária. Essa ambivalência é crítica em ambientes de tributação digital, reorganizações societárias e regimes híbridos de apuração.
Fonte: Elaborado pelo autor, com base em *Schoueri* (2021), *Machado* (2022), *OCDE* (2020) e *LC 214/2025*.

5. Hibridismo Internacional: Dupla Não Tributação, Dedução Múltipla ou Conflitos de Qualificação Transnacional

Esta é a *manifestação mais complexa do hibridismo*, pois envolve *colisão entre sistemas tributários nacionais*, cada qual com seus próprios *critérios de residência, fonte, territorialidade, substância econômica* e *qualificação de rendas*.

Exemplos:

Planejamentos que exploram a não coincidência entre dedutibilidade de pagamento em um país e isenção no país receptor (*deduction/no inclusion*);

Lucros de CFCs (*Controlled Foreign Companies*) não tributados nem na controladora nem na controlada;

Diferenças na caracterização de dividendos, juros, royalties e *capital gain* entre as jurisdições.

Consequências:

- Dupla não tributação e erosão da base fiscal (BEPS);
- Disparidade na capacidade arrecadatória de países em desenvolvimento;
- Reação institucional com implementação de regimes mínimos globais, como o Pilar 2 da OCDE.

Figura 46 – Hibridismo Internacional: Dupla Não Tributação, Dedução Múltipla ou Conflitos de Qualificação Transnacional[5]

---

5. *Figura 46 – Hibridismo Internacional: Dupla Não Tributação, Dedução Múltipla ou Conflitos de Qualificação Transnacional.*
Representação esquemática das distorções fiscais geradas por regimes híbridos entre jurisdições internacionais, resultando em assimetrias como a dupla não tributação, dedução múltipla do mesmo pagamento e conflitos de qualificação jurídica entre países. Tais fenômenos são críticos em estruturas de planejamento fiscal agressivo e motivaram as ações BEPS da OCDE e os pilares da tributação internacional contemporânea.
Fonte: Elaborado pelo autor, com base em *OCDE* (2020), *Avi-Yonah* (2021), *Zucchman* (2019), *LC 214/2025* e *EC 132/2023*.

A *tipologia dos regimes híbridos* e das *superposições normativas* evidencia que a *estrutura do sistema tributário moderno* opera em estado de *latência, coexistência* e *reconfiguração permanente*, exigindo mecanismos de *colapso interpretativo eficiente, parametrização de risco jurídico, compliance assistido* e *governança normativa responsiva*.

No *Direito Tributário Quântico*, essas *múltiplas formas de hibridismo* são interpretadas não como *falhas do sistema*, mas como *expressões legítimas da complexidade estrutural do fenômeno tributário*, cuja gestão exige *inteligência normativa, coordenação institucional* e *modelagem formal da instabilidade*.

4.1.1.2. A Lógica de Superposição Normativa: Entre Ambiguidade e Ressonância

Nos *sistemas jurídicos contemporâneos* – especialmente nos ambientes tributários marcados por *elevada densidade normativa, sobreposição de competências e inovação econômica*, conforme explorado firmemente nesta obra – a *norma deixa de operar como um comando isolado e absoluto*.

Em seu lugar, estabelece-se uma *lógica de sobreposição*, segundo a qual *múltiplas normas, interpretações e regimes jurídicos* incidem *simultaneamente sobre um mesmo fato econômico* ou *situação jurídica*, sem que haja, *a priori, hierarquia normativa* ou *exclusão recíproca automática*.

Essa *lógica de superposição normativa* é a *manifestação jurídica* daquilo que, na *física quântica*, denomina-se *estado de superposição*: um sistema que *existe em múltiplos estados potenciais até o momento da observação*, momento em que se produz o chamado *colapso da função de onda*.

Aplicado ao Direito, esse modelo permite compreender como a *ambiguidade estrutural das normas* e a *pluralidade de centros decisórios institucionais* convergem para produzir *zonas de instabilidade hermenêutica*, cuja resolução depende de decisões de *colapso interpretativo* (administrativo ou judicial).

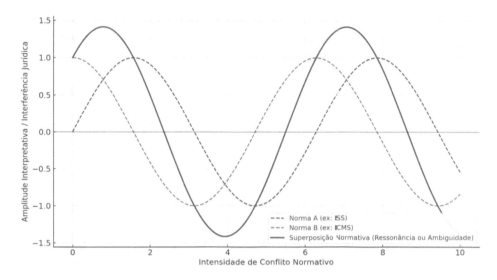

Figura 47 – A Lógica de Superposição Normativa: Entre Ambiguidade e Ressonância[6]

I. Superposição Normativa: A Norma como Função Jurídica Multivalente

A *superposição normativa* ocorre sempre que:

⇒ Mais de um dispositivo legal incide sobre o mesmo fato jurídico, com resultados jurídicos distintos ou contraditórios;

⇒ A mesma norma admite múltiplas interpretações substancialmente divergentes, todas sustentáveis à luz de métodos hermenêuticos formalmente válidos;

Exemplos paradigmáticos:

A disputa entre ICMS e ISS sobre softwares e serviços digitais, que envolvem legislação federal, estadual e municipal, além de jurisprudência divergente entre STJ e STF;

O regime de substituição tributária e o PIS/COFINS monofásico, com efeitos distintos sobre crédito, base de cálculo e responsabilidade;

A coexistência de critérios de territorialidade e residência em operações internacionais, gerando dupla não tributação ou conflito de jurisdição fiscal.

---

6. *Figura 47 – A Lógica de Superposição Normativa: Entre Ambiguidade e Ressonância.*
Representação gráfica da superposição de normas tributárias distintas sobre um mesmo fato jurídico, gerando ora ambiguidade interpretativa, ora ressonância normativa. A figura ilustra a interação entre dispositivos como o ISS e o ICMS, cujas incidências podem produzir zonas de interferência jurídica – exigindo modelos analíticos adaptativos baseados em complexidade e indeterminação fiscal.
Fonte: Elaborado pelo autor, com base em *Torres* (2023), *LC 214/2025* e *EC 132/2023*.

Nesses casos, a *norma não atua isoladamente*, mas como *parte de um conjunto de possibilidades jurídicas latentes*, cuja definição depende de *decisão institucional, jurisprudência dominante* ou *comportamento do contribuinte*.

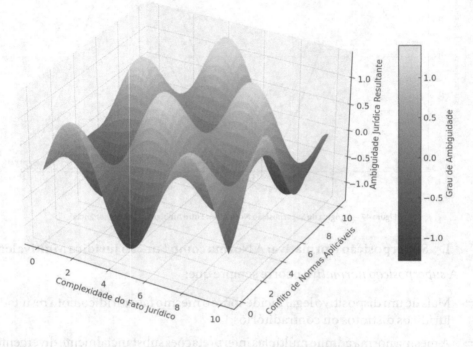

Figura 48 – Superposição Normativa: A Norma como Função Jurídica Multivalente[7]

II. Ambiguidade Estrutural e a Crise da Subsunção Determinística

A *superposição* é possível porque a *norma tributária* opera com *altíssimo grau de ambiguidade estrutural*, decorrente de:

---

7. *Figura 48 – Superposição Normativa: A Norma como Função Jurídica Multivalente*.
   Modelo tridimensional que representa a dinâmica da superposição normativa, considerando a complexidade do fato jurídico, o grau de conflito entre normas aplicáveis e o nível de ambiguidade jurídica resultante. A superfície ilustra como múltiplas interpretações, dispositivos legais concorrentes e regimes sobrepostos geram zonas de instabilidade hermenêutica, exigindo decisões institucionais ou comportamentais para sua definição concreta.
   Fonte: Elaborado pelo autor, com base em *Torres* (2023), *LC 214/2025* e *jurisprudência do STF/STJ*.

⇒ Termos vagos e cláusulas abertas ("atividade preponderante", "valor de mercado", "lucro real", "insumo essencial");

⇒ Multiplicidade de fontes (constitucional, legal, infralegal, jurisprudencial e administrativa);

⇒ Fragmentação institucional e ausência de hierarquia efetiva entre interpretações divergentes;

⇒ Conflito entre lógica contábil, jurídica e econômica.

A *dogmática clássica*, centrada na *subsunção lógica* (fato + norma = consequência), é *incapaz de operar em contextos* nos quais o *próprio vínculo entre norma e fato é contestado*, plural e volátil.

Como observa *Niklas Luhmann* (2004), o *sistema jurídico moderno é autopoiético*: se produz *por suas próprias decisões*, não por uma *correspondência automática com a realidade*.

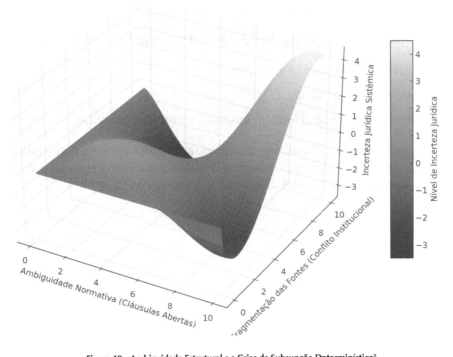

Figura 49 – Ambiguidade Estrutural e a Crise da Subsunção Determinística[8]

---

8. *Figura 49 – Ambiguidade Estrutural e a Crise da Subsunção Determinística*.
Superfície tridimensional que ilustra o impacto combinado da ambiguidade normativa e da fragmentação das fontes jurídicas sobre a incerteza sistêmica no Direito Tributário. O gráfico demonstra como cláusulas abertas,

III. A Ressonância Normativa: Amplificação Sistêmica e Interferência Jurídica

A *ressonância normativa* é o fenômeno pelo qual uma *decisão* ou *interpretação jurídica* em um ponto do sistema produz *reverberações*, *interferências* ou *reconfigurações em outros pontos*, muitas vezes *não previstos* ou *controláveis*. Trata-se de uma *propagação sistêmica da instabilidade*, similar à *ressonância física* observada em *sistemas vibratórios acoplados*.

Exemplos concretos *de ressonância normativa*:

A decisão do STF no *Tema 69* (ICMS fora da base do PIS/COFINS) afetou:

- O *cálculo dos créditos* de PIS/Cofins;
- A *arrecadação* estimada pela União;
- A *jurisprudência do Carf* sobre conceito de faturamento;
- As *projeções contábeis* de empresas abertas.

A *exclusão de receitas financeiras* do conceito de *receita bruta* alterou:

- A *base de cálculo do lucro presumido*;
- O direito ao *crédito fiscal*;
- A caracterização de *atividades principais e secundárias na ECF*.

Nesses casos, uma *decisão colapsa um estado normativo latente* e desencadeia uma *cadeia de reconfigurações interpretativas em outras normas, setores e regimes*, produzindo *interferência hermenêutica* e *instabilidade normativa agregada*.

---

fontes conflitantes e ausência de hierarquia institucional inviabilizam o modelo determinístico de subsunção lógica, exigindo abordagens hermenêuticas complexas e responsivas.

Fonte: Elaborado pelo autor, com base em *Luhmann* (2004), *EC 132/2023*, *LC 214/2025* e *jurisprudência do STJ/STF*.

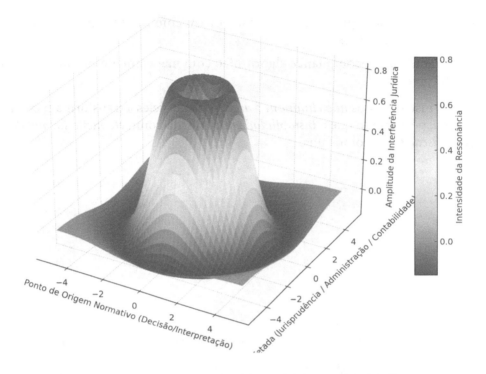

Figura 50 – A Ressonância Normativa: Amplificação Sistêmica e Interferência Jurídica[9]

IV. Governança da Superposição: Colapsos Interpretativos Parametrizados

A *governança da superposição normativa* exige:

⇒ Recnhecimento institucional de que múltiplos regimes coexistem e não se excluem automaticamente;

⇒ Criação de mecanismos de colapso interpretativo auditável, como:

- Precedentes vinculantes com modulação temporal explícita;
- Pareceres normativos parametrizados por setor e perfil do contribuinte;

---

9. *Figura 50 – A Ressonância Normativa: Amplificação Sistêmica e Interferência Jurídica*.
Representação tridimensional do fenômeno da ressonância normativa, em que decisões jurídicas pontuais desencadeiam ondas de reconfiguração sistêmica em múltiplas áreas do Direito, da contabilidade e da arrecadação. A propagação da instabilidade hermenêutica revela a interdependência normativa e a natureza sensível do sistema jurídico contemporâneo.
Fonte: Elaborado pelo autor, com base em *Luhmann* (2004), *OCDE* (2020), *EC 132/2023* e *jurisprudência do STF*.

- Sistemas de jurisprudência assistida por IA, com ranqueamento de teses e probabilidades de êxito;
- Ferramentas de compliance algorítmico com mapeamento de zona de risco interpretativo.

Esses instrumentos *não eliminam a ambiguidade* – eles a transformam em *dado gerenciável*, permitindo que a *instabilidade* seja tratada como *elemento formal da arquitetura fiscal*, e não como falha.

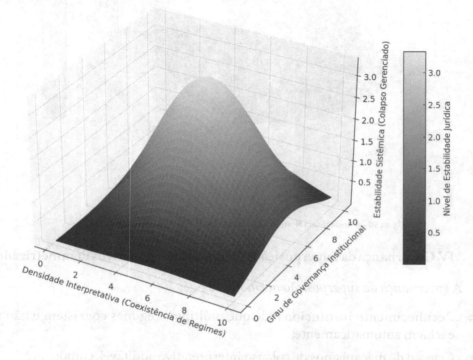

Figura 51 – Governança da Superposição: Colapsos Interpretativos Parametrizados[10]

A *lógica de superposição normativa* e de *ressonância hermenêutica* revela que o *sistema tributário moderno* não opera com *normas isoladas*, mas com *campos interativos de significação*, nos quais o *sentido jurídico* é construído institucionalmente por *decisões que colapsam estados normativos potenciais*.

---

10. *Figura 51 – Governança da Superposição: Colapsos Interpretativos Parametrizados*.
    Modelo tridimensional que representa o impacto da densidade interpretativa e da capacidade institucional de governança sobre a estabilidade do sistema tributário. A figura ilustra como múltiplas normas e interpretações podem coexistir, desde que colapsos hermenêuticos sejam gerenciados por precedentes vinculantes, pareceres parametrizados, sistemas de jurisprudência assistida por IA e mecanismos de compliance inteligente.
    Fonte: Elaborado pelo autor, com base em *Luhmann* (2004), *LC 214/2025, EC 132/2023* e *iniciativas de governança fiscal digital*.

CAPÍTULO 4 • DIREITO TRIBUTÁRIO QUÂNTICO NA PRÁTICA

Essa lógica exige um *novo modelo de legalidade*: não centrado na *rigidez textual*, mas na *capacidade do sistema de processar incertezas com coerência, transparência e responsabilidade institucional*. A *norma tributária* é, assim, uma *função de possibilidade* – e sua justiça depende de como os colapsos são produzidos, modulados e governados.

4.1.1.3. Implicações para a Conformidade, o Planejamento e o Litígio Tributário

A *coexistência de regimes híbridos* e a *superposição normativa* não são meros *fenômenos abstratos ou dogmáticos*: operam diretamente sobre o *comportamento dos contribuintes*, as *estratégias de conformidade empresarial* e a *racionalidade do contencioso fiscal*, reconfigurando a forma como se planeja, se cumpre e se contesta a obrigação tributária.

A partir da compreensão do *sistema tributário* como um *campo de estados normativos sobrepostos*, em que a *certeza* é substituída pela *parametrização da possibilidade*, constata-se que os *agentes jurídicos* passam a operar segundo *modelos de racionalidade adaptativa* e *probabilidade decisória* e não mais sob a *lógica da subsunção binária clássica*.

Essa reconfiguração tem implicações diretas sobre *três dimensões fundamentais da prática fiscal contemporânea*: a *conformidade fiscal* (compliance), o *planejamento tributário* e o *litígio estratégico*.

1. **A Conformidade em Regimes de Incerteza: Da Subsunção à Conformidade Parametrizada**

A *noção tradicional de conformidade* – isto é, o *cumprimento voluntário e integral da obrigação tributária* tal como prevista na norma – parte do pressuposto de que *há clareza normativa suficiente* para que o contribuinte saiba o que deve cumprir e como.

Todavia, em ambientes marcados por *regimes híbridos* e *superposição interpretativa*, a conformidade deixa de ser uma questão de cumprimento objetivo e passa a depender de *interpretações concorrentes, riscos institucionais* e *decisões parametrizadas por inferência jurídica e econômica*.

Nesse contexto, a *conformidade* passa a ser:

- *Probabilística*, pois os contribuintes consideram a chance de determinada interpretação ser aceita, questionada ou reformada;

- *Condicionada*, pois depende do comportamento anterior do contribuinte, de sua exposição fiscal, de sua inserção setorial e até mesmo de sua estrutura de governança; e

- *Algorítmica*, nos casos em que se utilizam ferramentas de compliance assistido, como sistemas de score de risco, simuladores de enquadramento fiscal e notificações preditivas.

A *conformidade tributária* se transforma, portanto, em um *exercício de parametrização de risco regulatório*, no qual o contribuinte *calcula o custo da não conformidade frente ao custo da interpretação conservadora*, atuando com base em *modelos de racionalidade limitada* e *previsibilidade contextual*.

2. O Planejamento Tributário como Simulação de Colapsos Hermenêuticos

Nos *sistemas de superposição normativa*, o *planejamento tributário* deixa de ser apenas um *exercício de economia lícita por meio da escolha do regime fiscal mais favorável*. Ele passa a ser uma *simulação estratégica de colapsos normativos possíveis*, operando dentro de:

- *zonas cinzentas da interpretação fiscal*, em que múltiplas teses jurídicas coexistem com respaldo doutrinário e jurisprudencial;
- *espaços intersticiais entre regimes especiais*, *regimes cumulativos*, *substituição tributária*, *monofásico* e *Lucro Real* ou *Presumido*, muitas vezes sujeitos a requalificação pelo fisco; e
- *estruturas jurídicas flexíveis*, como *reorganizações societárias*, *contratos atípicos*, *planejamento sucessório* e *operações internacionais*.

O *contribuinte*, ao planejar, atua como *observador institucional antecipado*, tentando prever qual *colapso será mais provável e menos oneroso*, *modelando o comportamento dos julgadores administrativos e judiciais*, avaliando a jurisprudência dos tribunais e a orientação dos atos interpretativos da Receita Federal.

Planejar, neste ambiente, é *posicionar-se na função de onda jurídica*, buscando *maximizar a eficiência tributária* sem *colapsar no regime de maior risco* – ou ao menos *reduzindo o impacto do colapso quando inevitável*.

3. O Litígio Tributário como Mecanismo de Resolução de Colapsos Conflitantes

Em razão da *superposição normativa*, o *litígio tributário* adquire uma *função sistêmica* que ultrapassa a *mera contestação de lançamentos indevidos*: passa a ser o. *mecanismo de colapso institucional das zonas de ambiguidade jurídica*.

O *Poder Judiciário*, os *tribunais administrativos* (como o CARF) e até mesmo os *tribunais superiores* operam como *instâncias decisórias de colapsos hermenêuticos*, definindo, *ex post*, qual das normas concorrentes se aplica, com quais efeitos, e com qual grau de retroatividade.

Essa lógica reconfigura o *litígio* como:

- *Estratégia racional de gestão do risco fiscal*, onde o custo de litigar é ponderado frente ao potencial ganho financeiro e à postergação do desembolso;

- *Ferramenta de construção de precedentes*, usada ativamente por grandes contribuintes para moldar o entendimento institucional a médio prazo;
- *Dispositivo de negociação implícita*, que precede programas de transação tributária, autorregularização e programas especiais de regularização fiscal.

O *contribuinte litiga não apenas para ganhar*: litiga também para *testar teses, postergar exigibilidades, induzir modulações, influenciar jurisprudência* e criar *precedentes favoráveis*.

Como bem adverte *Joel Slemrod* (2013), o *sistema tributário*, sob *pressão estratégica*, converte o litígio em *parte da racionalidade arrecadatória* – e não sua antítese.

4. Riscos Sistêmicos e Necessidade de Estruturas de Governança da Incerteza

Essa *nova racionalidade* impõe *riscos evidentes*:

⇒ **Assimetria de acesso à previsibilidade fiscal, favorecendo contribuintes com maior capacidade técnica, jurídica e econômica;**

⇒ **Judicialização excessiva e paralisia institucional, com bilhões de reais em disputa sem liquidez para a administração pública;**

⇒ **Injustiça fiscal estrutural, pois os pequenos contribuintes não têm os instrumentos para operar com segurança em ambiente de incerteza;**

⇒ **Colonização do sistema normativo por estratégias defensivas, com perda de eficácia normativa e esvaziamento da função regulatória do tributo.**

Por isso, o sistema exige *mecanismos de governança da superposição* e da *ambiguidade*, como:

- *Precedentes vinculantes com efeito parametrizado* e modulação prospectiva transparente;
- *Safe harbors interpretativos*, com zonas de não contestação para condutas de boa-fé;
- *Plataformas de compliance preditivo*, com dashboards de risco interpretativo;
- *Infraestruturas institucionais de transação* e *conformidade cooperativa*, baseadas em confiança, *accountability* e legalidade algorítmica auditável.

As *implicações da superposição normativa* e dos *regimes híbridos* são decisivas para o *comportamento dos contribuintes*, para a *eficácia da política fiscal* e para a *integridade da ordem jurídica*. Em vez de *negar a complexidade*, o *sistema tributário contemporâneo* deve reconhecê-la, *formalizá-la* e *modelá-la* com responsabilidade institucional.

Compliance, planejamento e *litígio* deixam de ser *funções isoladas* e passam a operar como *dimensões coordenadas da racionalidade fiscal adaptativa*, em um ambiente regido por *decisões probabilísticas, inferência de risco* e *colapsos normativos parametrizados*.

236 DIREITO TRIBUTÁRIO QUÂNTICO • Caio Bartine

Trata-se de construir um *sistema de conformidade compatível com a complexidade do real* – e um Direito Tributário capaz de funcionar não apesar da incerteza, mas a partir dela.

4.1.1.4 Caminhos para a Governança da Superposição Normativa

A constatação de que a ordem tributária moderna opera com *normas em estado de superposição hermenêutica*, *regimes híbridos simultâneos* e *estruturas institucionais concorrentes* impõe a necessidade de construção de mecanismos de governança dessa complexidade jurídica, sob pena de *agravamento da instabilidade fiscal*, da *desigualdade entre contribuintes* e da *erosão da confiança pública na legalidade tributária*.

Diferentemente de propostas que buscam *eliminar a ambiguidade normativa por via de positivismo normativo estrito* ou de *centralização institucional autoritária*, a *governança da superposição* deve partir da premissa de que a *complexidade é constitutiva do sistema fiscal*, e, portanto, deve ser tratada com instrumentos capazes de modelá-la, parametrizá-la e estabilizá-la de forma auditável, responsiva e democrática.

A seguir, delineamos *cinco eixos estruturantes* para uma *governança institucional da superposição normativa*:

> **1) Reconhecimento Jurídico-Formal da Sobreposição como Estrutura, e Não como Patologia**

O primeiro passo para *uma governança eficaz da superposição normativa* é o reconhecimento institucional da *pluralidade interpretativa* como um *dado estrutural da realidade fiscal contemporânea*. Isso implica:

- Abandonar o mito da *unicidade interpretativa* como pré-condição da segurança jurídica;

- Admitir que *diferentes interpretações podem coexistir legitimamente* até o *colapso institucional* (decisão administrativa, judicial ou legislativa);

- Criar instrumentos formais que operem sobre a *coexistência interpretativa*, e não apenas sobre a *sua negação* (ex.: regimes facultativos, zonas neutras, faixas de risco interpretativo).

Esse reconhecimento permite *retirar a ambiguidade da sombra da informalidade* e trazê-la para a *esfera da normatização parametrizada* e da *gestão da previsibilidade*.

> **2) Precedentes Vinculantes com Modulação Prospectiva Parametrizada**

Diante da *multiplicidade de interpretações possíveis*, torna-se fundamental que as *decisões de colapso hermenêutico* – especialmente as proferidas pelos tribunais superiores e pelos órgãos administrativos de cúpula —:

- Sejam moduladas de forma prospectiva, com critérios objetivos de transição temporal, setorial e procedimental;

- Contenham análise explícita de risco fiscal sistêmico, a partir de estudos de impacto econômico-jurídico;

- Sejam vinculadas a algoritmos explicáveis de ranqueamento de precedentes, que permitam ao contribuinte estimar com razoável confiabilidade a probabilidade de colapso de sua interpretação.

Trata-se de transformar o *sistema de precedentes em infraestrutura de previsibilidade adaptativa*, compatível com a *superposição normativa* e a *complexidade interpretativa*.

3) *Safe Harbors* e Zonas de Neutralidade Hermenêutica

A criação de *zonas seguras de interpretação (safe harbors)* é essencial para *garantir previsibilidade mínima aos contribuintes de boa-fé em contextos de ambiguidade não resolvida.*

Essas *zonas* podem ser:

- *Normatizadas* por atos interpretativos oficiais com efeito vinculante e prospectivo;

- Reconhecidas por *jurisprudência consolidada* ou por ausência de autuação reiterada;

- Modeladas por *sistemas de compliance assistido*, com indicadores de risco normativo e alertas preventivos de requalificação.

O *safe harbor* é o *equivalente jurídico à tolerância controlada à incerteza institucional*, permitindo que o contribuinte opere sob um *mínimo de estabilidade* enquanto a *superposição persiste*.

4) Infraestruturas de Inferência Probabilística e Jurisprudência Algorítmica

A *governança da superposição* também *requer instrumentos técnicos de racionalização da ambiguidade*, por meio de:

- *Modelos estatísticos de inferência jurídica* (ex.: aprendizado de máquina, regressões logísticas, análise bayesiana) para estimar:

  - Grau de *dispersão jurisprudencial*;

  - *Probabilidade de aceitação* de determinada interpretação;

  - *Tempo médio* de resolução de conflito.

- *Dashboards de jurisprudência algorítmica*, com visualização da evolução interpretativa de determinada norma, grau de aderência institucional, clusters de decisões e padrões argumentativos predominantes.

Tais ferramentas permitem que o *contribuinte* – e o *próprio Fisco* – modelem sua *conduta* com base em *dados objetivos* e não apenas em *intuições normativas* ou *pareceres isolados*.

5) Plataformas Institucionais de Conformidade Cooperativa e Colapso Negociado

Em *sistemas tributários instáveis*, a *conformidade espontânea* exige *confiança*, *previsibilidade* e *interação institucional contínua*. Daí a importância de:

- *Plataformas digitais de conformidade cooperativa*, como o *CONFIA* (Programa de Conformidade Cooperativa da Receita Federal), em que empresas com perfil de alto risco institucional recebem acompanhamento, feedback e pactuação interpretativa prévia;
- *Mecanismos de colapso negociado da superposição normativa, como:*
  - *transações tributárias com cláusulas interpretativas* e modulação de efeitos;
  - *autorregularizações parametrizadas*;
  - *soluções de consulta com efeito prospectivo* diferenciado por perfil do contribuinte.

Essas ferramentas *constroem consensos hermenêuticos em tempo real, reduzindo o litígio e requalificando a relação Fisco-contribuinte* sob o *paradigma da responsividade* e da *integridade interpretativa*.

Governar *a superposição normativa* não é *eliminar a ambiguidade* – é reconhecê-la como *estrutura* e transformá-la em *dado tratável*. Para tanto, é necessário *construir uma infraestrutura jurídico-institucional de decisão sob incerteza*, baseada em *precedentes parametrizados, safe harbors auditáveis, inferência algorítmica transparente e plataformas de colapso interpretativo cooperativo*.

O *Direito Tributário Quântico* impõe, assim, uma *reflexão* e um *debate* sobre uma *nova arquitetura de legalidade*: não mais *fundada na certeza*, mas na capacidade de transformar a *complexidade* em *previsibilidade proporcional*, a *ambiguidade* em *zonas seguras* e o *conflito* em *decisão tecnicamente auditável*.

A *aplicação da teoria quântica à estrutura normativa do Direito Tributário* não constitui *mera analogia conceitual importada da física*, mas uma *reconfiguração episte-mológica e metodológica* que permite interpretar, com precisão crescente, a *complexidade constitutiva do sistema fiscal contemporâneo*.

Em *substituição ao modelo tradicional*, calcado em *comandos lineares, normas unívocas e vínculos determinísticos* entre hipótese de incidência e obrigação tributária,

CAPÍTULO 4 • DIREITO TRIBUTÁRIO QUÂNTICO NA PRÁTICA **239**

emerge a discussão de um *paradigma* em que o *sistema jurídico* é compreendido como *campo dinâmico de possibilidades interpretativas*, no qual as *normas coexistem em estado de latência* até serem *colapsadas por decisões institucionais que as atualizam*, configurando, assim, uma *forma normativa de superposição*.

Ao tratar dos *regimes híbridos* e das *interações normativas sobrepostas*, demonstrou-se uma possiblidade de reflexão de que a *coexistência simultânea de múltiplas normas incidentes sobre o mesmo fato tributável – muitas vezes sem cláusulas explícitas de exclusão recíproca – não constitui uma anomalia sistêmica*, mas o *modo ordinário de operação de um sistema jurídico* estruturado sob a *lógica da complexidade*.

A *ausência de critérios hierárquicos rígidos*, a *pluralidade de fontes normativas*, a *fragmentação institucional* e a *indeterminação semântica de conceitos jurídicos estruturantes* são fatores que *não apenas viabilizam*, mas também *impõem a convivência de múltiplas interpretações legítimas e juridicamente sustentáveis*, cuja resolução exige mecanismos sofisticados de colapso hermenêutico.

Essa *superposição normativa*, entretanto, *não se restringe à simultaneidade interpretativa*: se amplifica por meio do *fenômeno da ressonância jurídica*, no qual *decisões interpretativas em um ponto do sistema* irradiam efeitos sobre *múltiplas esferas normativas conexas*, muitas vezes de *forma não linear e imprevisível*.

A *jurisprudência em matéria de base de cálculo, regime de créditos, requalificação de receitas* ou *exclusão de tributos da base de outros tributos* demonstra com clareza esse padrão: o *colapso de uma interpretação específica* frequentemente gera uma *cadeia de reconfigurações em regimes fiscais diversos*, exigindo do *intérprete* e do *planejador* uma *racionalidade probabilística* e *sistêmica* e não mais *exclusivamente lógica* ou *textual*.

As implicações práticas dessa estrutura *não se limitam à dogmática*: afetam diretamente a *conformidade fiscal*, o *planejamento tributário* e o *comportamento litigioso*. O *contribuinte* deixa de operar sob a expectativa de *certeza normativa* e passa a *parametrizar sua conduta* com base em *zonas de risco jurídico*, *precedentes flutuantes* e *interpretações em disputa*.

A *conformidade* passa a ser uma *função probabilística da jurisprudência esperada*, da *política fiscal vigente* e da *modelagem computacional dos regimes aplicáveis*. O *planejamento tributário* transforma-se em *simulação estratégica de colapsos possíveis*, e o *litígio* assume a *feição de mecanismo institucional de resolução de estados normativos concorrentes*.

Diante desse quadro, *não basta reconhecer a existência da superposição normativa*: é necessário estabelecer *estruturas de governança* capazes de formalizá-la, parametrizá-la e estabilizá-la. O *modelo jurídico contemporâneo* deve, portanto, *deslocar-se da promessa de univocidade interpretativa* para a construção de uma *arquitetura responsiva de decisão sob incerteza*.

Isso exige *precedentes vinculantes com modulação parametrizada*, criação de *safe harbors interpretativos*, desenvolvimento de *dashboards de jurisprudência algorítmica* e implantação de *plataformas de conformidade cooperativa*, que operem com inferência baseada em risco e integração institucional contínua.

A *estrutura normativa do Direito Tributário*, compreendida sob o *paradigma quântico*, não é um *conjunto de comandos fixos aplicáveis por dedução*, mas um *sistema de possibilidades interativas* cuja concretização depende da *observação institucional*, da *tecnologia jurídica disponível* e da *racionalidade regulatória dominante*.

Governar esse sistema é admitir que a *incerteza interpretativa é constitutiva* – e que sua administração exige instrumentos que combinem inteligência institucional, controle normativo distribuído, modelagem computacional e responsabilidade jurídica em tempo real. Esta é, em síntese, a *exigência técnica, ética* e *política* de um *Direito Tributário compatível com a complexidade do século XXI*.

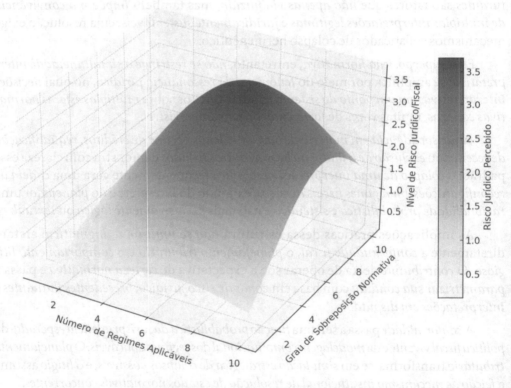

Figura 52 – Superposição de Regimes: Complexidade Estrutural e Função de Risco[11]

---

11. *Figura 52 – Superposição de Regimes: Complexidade Estrutural e Função de Risco.*
    Representação gráfica da relação entre o número de regimes tributários simultaneamente aplicáveis, o grau de sobreposição normativa e o risco jurídico/fiscal resultante. A elevação da complexidade estrutural, sem cláusulas excludentes claras, gera zonas críticas de incerteza que afetam o compliance, a jurisprudência e o comportamento do contribuinte.
    Fonte: Elaborado pelo autor, com base na *LC 214/2025, EC 132/2023* e *doutrina nacional*.

4.2. GOVERNANÇA DIGITAL E A AUTOMAÇÃO DA ARRECADAÇÃO TRIBUTÁRIA

A *evolução da administração tributária na era digital* tem promovido uma *transformação estrutural da arrecadação*, deslocando-a de um *modelo predominantemente reativo, formalista* e centrado na *declaração do contribuinte*, para um *sistema automatizado, preditivo e responsivo*, no qual a *função arrecadatória* é progressivamente exercida por meio de *infraestruturas algorítmicas, plataformas de dados interoperáveis e sistemas de decisão parametrizados por inteligência artificial*

Este novo paradigma, conhecido internacionalmente como *compliance by design* ou *real-time taxation*, não é apenas um *avanço tecnológico*, mas a *materialização de uma nova forma de racionalidade fiscal* – baseada em *codificação digital da norma, inferência comportamental* e *governança* orientada por *dados*.

Segundo a *OCDE* (2020), a *administração tributária do século XXI* deve deixar de operar como *mero repositório de registros* e passar a agir como *plataforma adaptativa de integração entre contribuinte, legislação e comportamento fiscal*, substituindo o *modelo declaratório* pelo *modelo de arrecadação embutida* (*embedded taxation*).

Nesse novo arranjo, o *tributo* deixa de ser o *resultado de uma cadeia de atos burocráticos* para se tornar uma *variável computada automaticamente pelo próprio ambiente digital em que a transação ocorre*. Tal processo requer não apenas tecnologia, mas também *infraestrutura institucional, normatividade auditável* e *arquitetura de legalidade* compatível com sistemas dinâmicos e distribuídos.

No Brasil, o avanço da *nota fiscal eletrônica* (NF-e), da *Escrituração Contábil Digital* (ECD) e da *EFD-Contribuições* foi acompanhado pela construção de *sistemas de controle inteligentes* como o *Harpia*, o *T-Rex* e o *Malha Fiscal PJ*, que utilizam *machine learning* e *análise preditiva* para detectar *inconsistências*, simular *cenários de evasão* e antecipar *ações de fiscalização* com altíssima precisão.

Em *nível internacional*, países como *Estônia, Nova Zelândia* e *Reino Unido* já operam com *sistemas digitais de arrecadação em tempo real*, nos quais a *conformidade* é nativamente *integrada às plataformas empresariais*, eliminando a *separação entre operação econômica* e *apuração tributária*.

A *automação da arrecadação* exige, porém, uma reconfiguração profunda dos *fundamentos da relação jurídico-tributária*. Se a *obrigação tributária* nasce agora em função de um *evento digital parametrizado por IA*, e não mais apenas da declaração do contribuinte, então a *própria ideia de lançamento, fiscalização* e *espontaneidade* precisa ser *ressignificada*, em chave compatível com os *princípios constitucionais de legalidade, segurança jurídica, capacidade contributiva* e *devido processo legal*.

Nesse sentido, a *arrecadação algorítmica* não pode ser entendida como *ruptura da legalidade*, mas como sua *reformulação técnica* por meio de *dispositivos computacionais auditáveis*, sob *regime jurídico de transparência, explicabilidade* e *supervisão significativa* (*human-in-the-loop*).

A *governança digital da arrecadação tributária*, para ser legítima, deve atender a *quatro princípios estruturantes*: (i) *parametrização normativa precisa*, com regras codificadas de forma verificável e não arbitrária; (ii) *proteção dos dados* e da *privacidade fiscal*, nos termos da LGPD e da legislação internacional correlata; (iii) *explicabilidade dos algoritmos decisórios*, garantindo que autuações, notificações e cruzamentos tenham motivação inteligível; e (iv) *accountability institucional*, com mecanismos de contestação, revisão e modulação das inferências automatizadas.

Essa transformação também *altera o papel do contribuinte*, que deixa de ser mero declarante e passa a ser *nó ativo em um sistema de retroalimentação de dados*, responsável por *alimentar, validar* e *ajustar a conformidade digital da obrigação tributária*.

A *conformidade*, nesse novo regime, torna-se *contínua, parametrizada, supervisionada por IA* e *constantemente inferida* – com menor margem para evasão intencional, mas também com *maior risco de assimetria técnica* entre *contribuintes* com *diferentes níveis de sofisticação digital*.

Daí a importância de garantir *infraestruturas equitativas de compliance assistido*, que *democratizem o acesso à tecnologia fiscal* e *assegurem simetria na relação jurídico--tributária*.

Como observa *Joel Slemrod* (2013), a *tributação automatizada* exige que a *estrutura normativa evolua da codificação de comandos* para a *codificação de comportamentos esperados*, permitindo que os sistemas computem *probabilidades de evasão*, avaliem *riscos contábeis* e prevejam o *impacto distributivo das decisões fiscais em tempo real*.

Isso demanda a *construção de sistemas* que sejam, ao mesmo tempo, *tecnicamente robustos, juridicamente legítimos* e *institucionalmente auditáveis*, como defende a *OCDE* em seu relatório *Tax Administration 3.0* (2020).

Assim, a *automação da arrecadação fiscal* não pode ser pensada como uma *mera substituição tecnológica da burocracia*, mas como a *reconfiguração do campo fiscal* como um *sistema cibernético de gestão adaptativa da legalidade tributária*, no qual a *racionalidade jurídica*, a *arquitetura tecnológica* e a *governança institucional* devem operar em simetria lógica, normativa e ética.

Neste cenário, a *governança digital tributária* deve ser desenhada como um *ecossistema normativo dinâmico*, articulado por *sistemas inteligentes de fiscalização, plataformas de conformidade cooperativa* e *modelos computacionais de arrecadação parametrizada*, sempre sob controle jurídico efetivo.

A *autoridade fiscal* deixa de ser apenas agente de controle e torna-se *orquestradora de fluxos informacionais* e *mediadora de comportamentos econômicos regulados por códigos auditáveis*, conforme propõe *Barabási* (2016) ao tratar da *ciência das redes* como fundamento para *sistemas de regulação inteligente*.

A *automação da arrecadação fiscal* – quando construída sobre *bases jurídicas sólidas, arquiteturas tecnológicas transparentes* e *mecanismos de governança legítima* – representa não apenas um *avanço técnico*, mas também um *salto institucional* na direção de um *modelo tributário justo, responsivo, eficiente e compatível com a complexidade do mundo digital*.

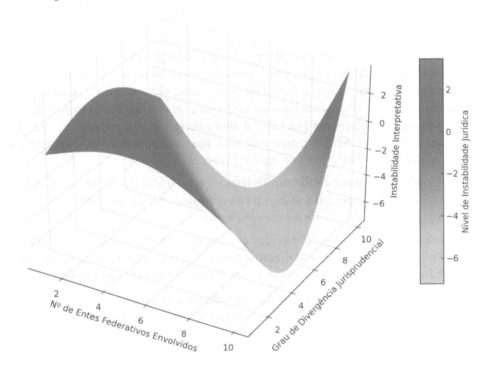

Figura 53 – Superposição de Competências: Choques Federativos e Instabilidade Interpretativa[12]

4.3. A TRANSFORMAÇÃO DOS FISCOS NACIONAIS E A ERA DOS TRIBUTOS ALGORÍTMICOS

A emergência dos chamados *tributos algorítmicos* corresponde à culminância de um *processo mais amplo e progressivo de transformação institucional dos fiscos nacionais*. Essa metamorfose, longe de se restringir à *digitalização de procedimentos administrativos* ou à *informatização de formulários fiscais*, representa uma *mudança*

---

12. *Figura 53 – Superposição de Competências: Choques Federativos e Instabilidade Interpretativa.*
Gráfico tridimensional que demonstra o impacto da concorrência entre entes federativos sobre um mesmo fato gerador, em conjunto com a divergência jurisprudencial, na formação de zonas de instabilidade interpretativa. A figura destaca a complexidade resultante da ausência de critérios claros de repartição de competências no modelo federativo tributário brasileiro.
Fonte: Elaborado pelo autor, com base em *Torres* (2023), *LC 214/2025* e *EC 132/2023*.

ontológica na própria função arrecadatória do Estado, que passa a operar sob as *coordenadas de governança de dados, modelagem computacional e inferência probabilística contínua*.

Nesse novo cenário, o *fisco não apenas interpreta e aplica a lei*: ele também *constrói, simula e atualiza permanentemente o significado da norma* a partir de *fluxos informacionais* extraídos de *declarações eletrônicas, bases de dados privadas, algoritmos de machine learning* e *ambientes digitais de transação*.

Essa transformação não ocorre de maneira *homogênea entre os países*, mas já se impõe como *tendência irreversível nas administrações fiscais de ponta*. Casos paradigmáticos como a *Estônia*, em que o *sistema fiscal é integralmente digital* e o *tempo médio de cumprimento de obrigações acessórias é inferior* a *três minutos*, ou como o *Reino Unido*, com sua iniciativa *Making Tax Digital*, demonstram que a *virtualização do tributo* não apenas *aumenta a eficiência arrecadatória*, mas também *redefine os parâmetros de controle, vigilância, transparência* e *justiça fiscal*.

No Brasil, os *sistemas da Receita Federal* – como o SPED, o e-Social, a Malha PJ, o Harpia e o T-Rex – já operam sob *lógicas algorítmicas*, ainda que *parcialmente encapsuladas sob interfaces declaratórias convencionais*.

O *conceito de tributo algorítmico* designa aquele cuja *ocorrência, cálculo, lançamento, conformidade* e *exigência* se realizam integralmente por meio de *processos automatizados*, baseados em *parametrizações normativas* e *inferência algorítmica*.

A *função do contribuinte*, nesse modelo, desloca-se da *declaração voluntária* para a *validação supervisionada de resultados computados por sistemas integrados*, cuja fonte de dados é distribuída entre *plataformas contábeis, sistemas bancários, marketplaces, registros públicos* e *ambientes de blockchain*.

O *tributo* deixa, assim, de ser uma relação formal entre sujeito passivo e ativo, e passa a constituir uma *variável inferida dentro de um ecossistema algorítmico regulado, auditável* e *retroalimentado em tempo real*.

Essa evolução impõe uma *ruptura com o modelo clássico do lançamento tributário*. Se, nas categorias tradicionais, o *lançamento constitui o momento formal de constituição do crédito tributário*, realizado por *iniciativa do Fisco* (de ofício), do *contribuinte* (por declaração) ou por *homologação*, no *regime algorítmico* esse processo é absorvido pela *lógica computacional do próprio sistema*, que *calcula, consolida* e *emite a obrigação tributária* com base em *dados previamente integrados* e em *regras previamente codificadas*.

O *"lançamento"*, nesse novo modelo, ocorre como *evento digital parametrizado por regras fiscais codificadas* – um *trigger algorithmic* – e não mais como *manifestação formal de vontade de uma autoridade administrativa*.

No *plano normativo*, essa realidade exige o *desenvolvimento de arquiteturas jurídicas compatíveis com a racionalidade dos algoritmos*. Isso significa, por um lado, *codificar a legislação fiscal* de forma que suas hipóteses e consequências sejam estruturadas como *regras operacionais, passíveis de implementação técnica e verificação automatizada.*

Por outro, exige que os *sistemas computacionais* sejam construídos com base em *princípios jurídicos claros: legalidade, tipicidade, capacidade contributiva, proporcionalidade, proteção de dados, não discriminação algorítmica* e *controle jurisdicional efetivo.*

A transformação dos fiscos nacionais na era dos tributos algorítmicos também reconfigura a própria noção de justiça fiscal. A *igualdade tributária*, nesse novo ambiente, *não depende apenas da aplicação isonômica da norma por diferentes agentes públicos*, mas da *neutralidade algorítmica dos sistemas*, da *auditabilidade dos critérios de inferência* e da *transparência das bases de dados utilizadas.*

Se *diferentes contribuintes são enquadrados de forma distinta* porque seus *dados estão estruturados de maneira desigual* ou porque os *algoritmos os interpretam segundo parâmetros enviesados*, então o *sistema de IA tributária* poderá *reproduzir* ou *acentuar desigualdades fiscais estruturais*, sob *aparência de objetividade técnica.*

Diante disso, a *transição para um regime de tributação algorítmica* exige um *duplo compromisso institucional*: com a *eficiência arrecadatória* baseada em *dados* e com a *preservação dos princípios do Estado de Direito tributário.*

A *eficiência* não pode justificar *opacidade*, nem a *automação* pode dispensar *fundamentação*. Como enfatiza a *OCDE* (2020), a *digitalização da administração fiscal* só será *legítima* se os *sistemas forem projetados com transparência algorítmica, explicabilidade decisória* e *mecanismos efetivos de contestação humana.*

Os *fiscos nacionais*, nesse contexto, *deixam de ser instituições centralizadas de poder fiscalizatório* e passam a ser *sistemas distribuídos de governança fiscal digital*, responsáveis por *orquestrar fluxos de dados*, calibrar *parâmetros normativos*, modular *riscos arrecadatórios* e garantir *conformidade espontânea* por meio de mecanismos preditivos e plataformas de conformidade assistida.

A *era dos tributos algorítmicos* não é apenas *inevitável*: ela é *estruturalmente necessária* para que o sistema tributário funcione em uma *sociedade orientada por dados, inteligência artificial* e *interações econômicas digitalmente mediadas.*

O desafio, porém, é garantir que essa *nova arquitetura de arrecadação* seja construída sobre *fundamentos legítimos, auditáveis* e *constitucionalmente comprometidos com a justiça*, a *equidade* e a *integridade institucional do Direito Tributário.*

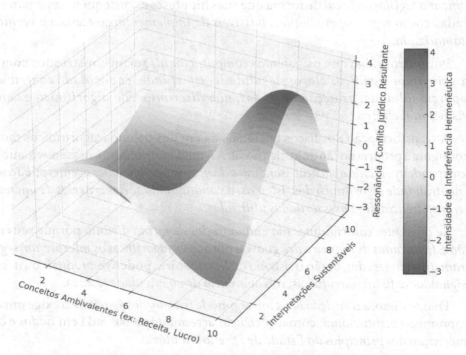

Figura 54 – Superposição de Conceitos: Ambivalência Semântica e Ressonância Jurídica[13]

4.3.1. Inteligência fiscal preditiva e modelagem computacional da arrecadação

A incorporação de *inteligência artificial* ao *aparato arrecadatório do Estado* não se restringe à *automação de tarefas operacionais* ou à *digitalização de declarações fiscais*: trata-se da *consolidação de uma nova ontologia institucional da função arrecadatória*, na qual o comportamento tributário dos contribuintes passa a ser *inferido, simulado e antecipado* por *modelos computacionais que operam em tempo real*, com *capacidade de atualização iterativa, detecção de padrões atípicos* e *identificação de riscos fiscais latentes*.

A *inteligência fiscal preditiva* representa, assim, o deslocamento da atuação estatal de um regime baseado em *fiscalização pontual* e *retroativa* para um *modelo prospectivo, adaptativo* e *parametrizado por inferência estatística*, no qual os sistemas computam não apenas o que já ocorreu, mas também o que pode vir a ocorrer com determinado *grau de probabilidade*.

Este modelo é fundado na *lógica de sistemas estocásticos, algoritmos supervisionados* e *redes neurais*, que, alimentados por *dados estruturados* e *não estruturados*, são

---

13. *Figura 54 – Superposição de Conceitos: Ambivalência Semântica e Ressonância Jurídica.*
    Modelo tridimensional que demonstra a propagação sistêmica de instabilidade normativa gerada pela coexistência de múltiplas interpretações juridicamente válidas sobre conceitos centrais do sistema tributário, como receita, lucro, insumo e patrimônio. A figura ilustra como a ambivalência semântica amplifica a ressonância hermenêutica entre regimes jurídicos, decisões administrativas e jurisprudência.
    Fonte: Elaborado pelo autor, com base em *Schoueri* (2023), *LC 214/2025, EC 132/2023* e *doutrina internacional*.

capazes de *construir perfis fiscais dinâmicos* para cada *contribuinte, setor* ou *operação*, permitindo uma *atuação fiscal seletiva, eficiente e preditiva*.

A *modelagem computacional da arrecadação*, nesse contexto, exige a *construção de infraestruturas tecnológicas* capazes de integrar dados oriundos de *fontes diversas* – escrituração contábil digital, notas fiscais eletrônicas, declarações fiscais periódicas, dados bancários, plataformas de marketplace, informações cadastrais, cruzamentos interinstitucionais – e *tratá-los* com *ferramentas de alto desempenho analítico*, como *regressões multivariadas, séries temporais estocásticas, simulações de Monte Carlo* e *algoritmos de machine learning*.

Esses instrumentos permitem a *identificação de anomalias*, a *classificação de contribuintes por grau de risco*, a *previsão de inadimplência*, a *simulação de impacto arrecadatório de decisões normativas* e o *dimensionamento do efeito fiscal de comportamentos elisivos*.

Ao mesmo tempo, a *inteligência fiscal preditiva* permite que a própria atividade normativa e regulatória do Estado seja orientada por *evidências*: ao modelar o comportamento arrecadatório em função de parâmetros jurídicos, econômicos e sociais, é possível *antecipar os efeitos de reformas tributárias, criar instrumentos de compliance adaptativo* e *calibrar a carga tributária real* incidente sobre diferentes segmentos econômicos com base em dados objetivos.

Como demonstram os estudos de *Slemrod* e *Gillitzer* (2013), os *sistemas fiscais mais eficazes* são aqueles que *operam com acurácia comportamental, previsibilidade normativa* e *baixo custo de conformidade*, requisitos que apenas *modelos computacionais integrados* podem satisfazer em *ambientes complexos* e *digitalmente mediados*.

A *inteligência preditiva* também redefine a noção de fiscalização. A *atividade fiscal* deixa de ser *episódica* e passa a operar como um *fluxo contínuo de análise de dados*, no qual os algoritmos indicam, em tempo real, *probabilidades de descumprimento, inconsistências entre regimes* e *simulações de impacto fiscal não declarado*, permitindo que o Fisco atue de forma seletiva, proporcional e técnica, com redução substancial da arbitrariedade e aumento da legitimidade institucional.

O *agente fiscal passa a ser um mediador interpretativo de decisões algorítmicas* – função que exige *formação híbrida em Direito, contabilidade, estatística* e *ciência de dados*.

Contudo, a *adoção da inteligência fiscal preditiva* exige salvaguardas jurídicas rigorosas. Os *sistemas* devem operar sob os *princípios da legalidade*, da *proporcionalidade* e da *auditabilidade algorítmica*, com *critérios objetivos de classificação de risco, explicabilidade das inferências, garantia de contraditório* e *proteção de dados*.

A *LGPD* (Lei nº 13.709/2018), nesse contexto, impõe *limites claros à opacidade decisória*, exigindo que os sistemas baseados em IA que produzam *efeitos jurídicos sobre indivíduos sejam supervisionáveis, transparentes* e *passíveis de revisão humana*.

Como alertam *Barocas* e *Selbst* (2016), a *automatização da decisão pública* pode *reproduzir desigualdades* e *discriminações estruturais*, caso não seja construída sobre *fundamentos éticos* e *institucionais robustos*.

Por fim, é preciso compreender que a *inteligência fiscal preditiva* não é uma *ferramenta de repressão*, mas de *reconstrução da confiança fiscal*. Ao permitir que o sistema opere com *previsibilidade comportamental* e *transparência decisória*, a *predição* baseada em dados oferece aos contribuintes condições objetivas para *ajustar sua conduta, avaliar riscos* e *adotar estratégias de conformidade*.

O *resultado* é a possibilidade concreta de transição do *modelo repressivo-punitivo de fiscalização* para uma *arquitetura cooperativa* e *adaptativa de legalidade tributária parametrizada por algoritmos*.

Trata-se, em última instância, de aplicar ao campo fiscal os *pressupostos da ciência dos sistemas complexos*, segundo os quais a *instabilidade* não deve ser negada, mas *modelada*; a *incerteza* não deve ser combatida, mas *governada*; e a *previsibilidade* não é resultado de rigidez normativa, mas de *inferência racional sustentada por dados, algoritmos* e *justiça auditável*.

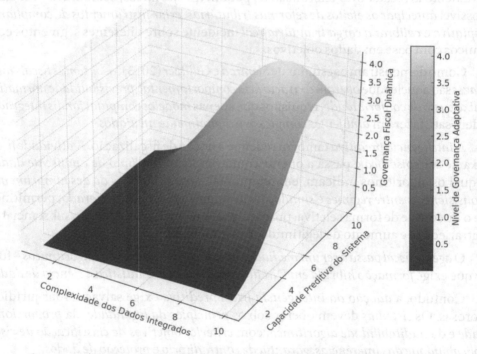

Figura 55 – Inteligência Fiscal Preditiva: Da Fiscalização Retroativa à Inferência Algorítmica Parametrizada[14]

---

14. *Figura 55 – Inteligência Fiscal Preditiva: Da Fiscalização Retroativa à Inferência Algorítmica Parametrizada.*
Gráfico tridimensional representando a interação entre a complexidade dos dados fiscais integrados, o grau de sofisticação dos modelos preditivos aplicados (machine learning, séries temporais, redes neurais) e a capacidade de governança fiscal dinâmica. O modelo ilustra a transição paradigmática do controle repressivo para a arquitetura cooperativa de legalidade tributária orientada por inferência, transparência e auditabilidade algorítmica.
Fonte: Elaborado pelo autor, com base em *Slemrod & Gillitzer* (2013), *Barocas & Selbst* (2016), *LGPD* e *LC 214/2025*.

4.4. A JUSTIÇA FISCAL EM AMBIENTES TECNOLÓGICOS E ADAPTATIVOS

A *transição do sistema tributário* para uma *arquitetura digitalizada, automatizada e parametrizada por inteligência artificial* exige a reformulação profunda da *noção clássica de justiça fiscal.*

A *equidade tributária,* compreendida tradicionalmente como a *aplicação isonômica da carga tributária segundo a capacidade contributiva de cada sujeito,* não se sustenta mais exclusivamente na comparação formal entre sujeitos iguais, mas demanda o *reconhecimento da assimetria informacional,* do *risco jurídico estrutural* e da *desigualdade no acesso à previsibilidade normativa.*

Em outras palavras, a *justiça fiscal* deixa de ser apenas *distributiva* e passa a ser também *epistêmica, tecnológica* e *institucional.*

O *princípio da capacidade contributiva,* previsto no art. 145, § 1º, da Constituição Federal de 1988, deve ser *reinterpretado à luz da quantização estrutural do sistema:* não basta *aferir a renda,* o *patrimônio* ou o *consumo de forma objetiva* – é necessário considerar a *exposição fiscal efetiva do contribuinte* ao *sistema de risco interpretativo* e ao *aparato fiscal algoritmizado.*

Contribuintes com menor estrutura contábil, informacional ou *digital* enfrentam *custos mais altos para cumprir suas obrigações,* operar em *conformidade* e contestar *decisões automatizadas,* o que compromete a *justiça material do sistema,* mesmo quando a legislação é *formalmente igualitária.*

A *justiça fiscal,* em ambientes *tecnologicamente mediados,* deve atender a *três dimensões interdependentes:* (i) a *equidade* no acesso à normatividade compreensível e ao compliance inteligente; (ii) a *proporcionalidade* dos critérios de inferência algorítmica e de classificação de risco; e (iii) a *neutralidade estrutural* dos modelos preditivos e dos sistemas de decisão automatizada.

Em outras palavras, *não basta que o sistema seja eficiente e tecnológico* – ele deve ser *eticamente projetado, normativamente compatível* e *institucionalmente justo.*

Nesse sentido, a *modelagem computacional da arrecadação* deve incluir, em seus parâmetros, *indicadores de regressividade estrutural, impactos distributivos, zonas de assimetria* e *desigualdade de acesso à informação normativa.*

Como propõe *Amartya Sen* (2009), a justiça não é apenas a *realização de um ideal formal,* mas a *redução de desvantagens reais,* especialmente quando estas decorrem de *desigualdades institucionais produzidas* ou *agravadas por sistemas automatizados.*

A *progressividade tributária,* tradicionalmente aferida por *alíquotas crescentes sobre renda e patrimônio,* deve ser complementada por uma *progressividade tecnológica,* isto é, por mecanismos que assegurem que os *contribuintes mais vulneráveis ao risco interpretativo* e à *opacidade informacional* tenham acesso a *canais privilegiados de orientação*, a *sistemas de compliance assistido* e a *plataformas de contestação* eficaz das inferências automatizadas.

A não observância desse requisito transforma a *tecnologia* em *vetor de regressividade* e *amplia a distância entre o contribuinte comum e o Estado*.

Ademais, a *responsividade institucional* passa a ser *elemento estrutural da justiça fiscal*. Um *sistema tributário é responsivo* quando é *capaz de adaptar sua normatividade*, seus *critérios de aferição* e sua *atuação fiscal* à *complexidade do comportamento dos contribuintes*, sem *prescindir da legalidade nem sacrificar a legitimidade*.

Isso exige que os *algoritmos utilizados sejam auditáveis*, que as *decisões baseadas em IA sejam motivadas de forma compreensível* e que os. *contribuintes tenham acesso a processos decisórios dotados de contraditório substancial*.

O conceito de *"justiça algorítmica fiscal"*, aqui proposto, corresponde à ideia de que os *sistemas automatizados de arrecadação* e *fiscalização* devem ser desenhados para *preservar a integridade jurídica do contribuinte*, garantir *tratamento proporcional entre perfis fiscais distintos* e promover *igualdade de acesso à conformidade inteligente*.

Isso requer que os *critérios de classificação de risco*, os *parâmetros de inferência* e os *modelos preditivos* sejam constantemente auditados sob a ótica da *neutralidade distributiva* e do *impacto social*.

Por fim, a *justiça fiscal em ambientes tecnológicos* e *adaptativos* não se realiza por meio de *imposições unilaterais*, mas por meio da construção de um *pacto fiscal digital*, no qual *contribuintes* e *administração tributária compartilham informações, responsabilidades* e *expectativas legítimas*.

Plataformas de conformidade cooperativa, autorregularizações parametrizadas, transações tributárias baseadas em dados e *pactos de integridade fiscal* são expressões práticas desse novo modelo.

Em um *sistema tributário quantizado*, o *critério de justiça* não está apenas na *coerência do texto normativo*, mas na *capacidade do sistema de tratar desigualmente os desiguais com proporcionalidade algorítmica, simetria institucional* e *integridade distributiva*.

A *justiça fiscal*, nesse novo regime, é uma *equação que exige codificação ética, engenharia institucional* e *controle democrático da inteligência fiscal*.

4.4.1. Equidade tributária e os desafios do modelo digital

A *transição do sistema tributário* para um *modelo digitalizado, automatizado* e *mediado por inteligência artificial* traz, como uma de suas faces mais complexas e sensíveis, a necessidade de *reconstrução do princípio da equidade tributária* à luz das *novas assimetrias produzidas pela tecnologia*.

A *equidade*, enquanto *dimensão estruturante da justiça fiscal*, não pode mais ser compreendida apenas como o *tratamento isonômico de situações jurídicas semelhantes*.

Em um *ambiente normativo parametrizado por algoritmos, redes neurais* e *inferência estatística*, a equidade precisa ser reconceituada como *acesso proporcional à legalidade auditável, simetria informacional, capacidade contributiva real e previsibilidade institucional tecnicamente distribuída.*

O *modelo digital* – embora capaz de *ampliar a eficiência arrecadatória, reduzir o contencioso* e *oferecer maior rastreabilidade das operações* – também é responsável por *produzir novas formas de desigualdade fiscal, invisíveis à lógica clássica da justiça distributiva.*

Isso ocorre porque *nem todos os contribuintes têm o mesmo grau de acesso à infraestrutura digital*, ao *conhecimento normativo estruturado*, à *capacidade de parametrizar riscos* ou à *habilidade de interagir com plataformas digitais complexas.*

Em outras palavras, a *digitalização fiscal intensifica* a *clivagem entre contribuintes digitalmente equipados* e *contribuintes digitalmente vulneráveis*, o que compromete diretamente o ideal de *equidade fiscal material.*

Essas *desigualdades são particularmente evidentes na tributação indireta*, em que a *automação permite ao fisco cruzar dados com precisão milimétrica*, enquanto *contribuintes menores* ou *menos estruturados* enfrentam *dificuldades operacionais, risco de autuação por erros formais* e *obstáculos interpretativos para se manterem em conformidade.*

A *equidade*, nesse caso, não está apenas na *alíquota incidente* ou *na base de cálculo aplicada*, mas na *capacidade do contribuinte de compreender* e *processar a norma com o mesmo nível de previsibilidade* e *segurança* que os *agentes mais sofisticados*. Trata-se, portanto, de uma *justiça tributária* que depende da *simetria tecnológica*, não apenas da *igualdade textual da norma.*

Os *sistemas algorítmicos de classificação de risco* – utilizados para ranqueamento de contribuintes, predição de evasão e direcionamento de auditorias – introduzem mais uma *camada de complexidade*: ao operarem com *dados históricos, padrões estatísticos* e *variáveis institucionais*, esses algoritmos podem *reproduzir vieses preexistentes, consolidar práticas discriminatórias* e *penalizar desproporcionalmente contribuintes* que já se encontram em *situação de vulnerabilidade.*

Como advertem *Barocas* e *Selbst* (2016), os *sistemas algorítmicos*, quando *mal regulados*, transformam a *pretensão de neutralidade* em uma *máquina opaca de reprodução das desigualdades do passado.*

A superação desse risco exige a implantação de *arquiteturas de equidade fiscal digital*, fundadas sobre *três pilares fundamentais.*

O *primeiro* é a *transparência algorítmica*, que impõe às autoridades fiscais a *obrigação de publicar os critérios de classificação de risco*, as *variáveis utilizadas* nos modelos preditivos e os *mecanismos de revisão* das decisões automatizadas.

O *segundo* é a *explicabilidade institucional*, segundo a qual todo contribuinte tem o *direito de compreender*, com *razoável clareza*, o *fundamento técnico* e *jurídico das inferências* que o classificam como de risco ou determinam sua obrigação tributária.

O *terceiro* é a *inclusão digital fiscal*, que exige o *desenvolvimento de sistemas de compliance assistido* para *micro e pequenos contribuintes*, com *interfaces simplificadas, alertas inteligentes* e *acesso universal à informação fiscal parametrizada*.

A *equidade tributária no modelo digital* também demanda a *modulação proporcional da rigidez normativa*, permitindo que *erros formais não intencionais, inconsistências de baixa materialidade* ou *infrações decorrentes de assimetria tecnológica* sejam tratados com *prudência institucional, mecanismos de regularização espontânea e incentivo à conformidade*.

É preciso abandonar o *ideal de perfeição fiscal* e adotar um *modelo de responsividade cooperativa*, que reconheça a *diversidade real dos perfis contributivos* e produza tratamento compatível com sua condição operativa.

Por fim, a realização da *equidade fiscal em ambientes digitais* exige o reconhecimento de que a *infraestrutura tecnológica do tributo* é, ela própria, um *vetor de justiça* ou de *desigualdade*. Quem *controla o algoritmo controla a incidência*; quem *define os critérios computacionais de conformidade define*, de fato, o *grau de exigência tributária real*.

Daí a necessidade de que a *engenharia fiscal digital* seja projetada com base em *princípios constitucionais, padrões éticos* e *salvaguardas institucionais*, como defendido pela *OCDE* (2020) e por autores como *Slemrod* (2013), *Sen* (2009) e *Streck* (2011), que associam *justiça tributária à integridade sistêmica do Estado fiscal*.

A *equidade tributária no século XXI* não será garantida apenas pela *neutralidade da norma*, mas pela *inteligência institucional capaz de modelar*, com *justiça*, a *assimetria estrutural do acesso à legalidade digital*.

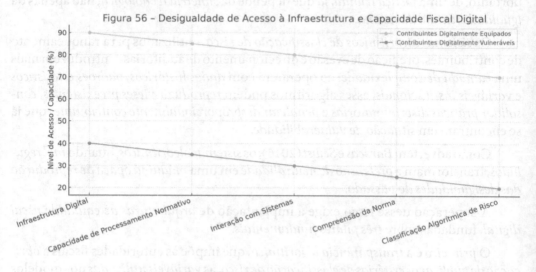

Figura 56 – Desigualdade de Acesso à Infraestrutura e Capacidade Fiscal Digital[15]

---

15. *Figura 56 – Desigualdade de Acesso à Infraestrutura e Capacidade Fiscal Digital*
Representação comparativa entre contribuintes digitalmente equipados e contribuintes digitalmente vulneráveis, considerando cinco dimensões críticas para a equidade tributária no modelo digital: infraestrutura

CAPÍTULO 4 • DIREITO TRIBUTÁRIO QUÂNTICO NA PRÁTICA **253**

4.4.2. Implicações da quantização fiscal para a progressividade tributária

A *progressividade tributária* constitui um dos *fundamentos normativos centrais da justiça fiscal moderna*. Em sua *formulação clássica*, representa a exigência de que o *sistema fiscal onere mais intensamente aqueles que dispõem de maior capacidade contributiva*, de modo a promover não apenas a *arrecadação eficiente*, mas também a *redistribuição de recursos* e a *redução das desigualdades econômicas estruturais*.

No entanto, os *paradigmas contemporâneos do Direito Tributário* – marcados pela *instabilidade hermenêutica*, pela *complexidade normativa*, pela *arquitetura de regimes híbridos* e pela *crescente automação dos mecanismos de arrecadação* – desafiam frontalmente a operacionalização concreta da progressividade.

A *quantização fiscal*, enquanto estrutura que reconhece a existência de estados normativos simultâneos, *inferência probabilística de obrigações* e *colapsos jurídicos* mediados por algoritmos, impõe uma *nova racionalidade distributiva*, cujo impacto sobre a progressividade requer análise detalhada.

A primeira implicação diz respeito à *assimetria de acesso à previsibilidade normativa*. Em um sistema onde a *obrigação tributária é definida não apenas pelo texto legal*, mas também por sua *interpretação institucional dinâmica*, a possibilidade de os contribuintes anteciparem com segurança o conteúdo de suas obrigações torna-se um bem escasso.

Isso afeta diretamente a progressividade, pois os *contribuintes de maior poder econômico dispõem de recursos técnicos e jurídicos para operar nas zonas cinzentas da normatividade*, ajustando suas *estruturas negociais, contábeis e jurídicas* de modo a *minimizar a carga tributária efetiva* – ainda que *dentro dos limites da licitude aparente*.

Já os *contribuintes menores*, com *menor sofisticação* ou *capacidade de assessoria*, submetem-se à *norma de forma literal e conservadora*, arcando com uma *carga tributária proporcionalmente superior*. Nesse sentido, a *quantização fiscal*, se não acompanhada de *mecanismos de governança justa da incerteza*, pode resultar em *regressividade institucionalizada*.

Além disso, a *aplicação de regimes híbridos* e a *possibilidade de múltiplas qualificações jurídicas para um mesmo fato econômico* fazem com que a *progressividade* seja impactada pela interpretação fiscal predominante, e não apenas pelo *nível de renda* ou patrimônio envolvido.

Isso significa que a *classificação de uma operação como receita operacional, ganho de capital, distribuição disfarçada ou variação patrimonial* pode gerar *efeitos fiscais absolutamente distintos*, com *alíquotas diversas* e *regimes de compensação assimétricos*.

---

digital, capacidade de processamento normativo, interação com sistemas, compreensão da norma e classificação algorítmica de risco. O gráfico evidencia a clivagem tecnológica que compromete a justiça fiscal material no ambiente tributário digital.

Fonte: Elaborado pelo autor, com base em *BAROCAS e SELBST* (2016), *OCDE* (2020), *SLEMROD* (2013), *SEN* (2009) e *STRECK* (2011).

Tal *volatilidade interpretativa*, mediada por *padrões institucionais* e *algoritmos decisórios*, transforma a *progressividade* em um *produto contingente da interpretação dominante*, e não em um *princípio normativo fixo, aplicável com isonomia*.

Outro *aspecto crítico* é a *transição da progressividade baseada em renda declarada* para uma *progressividade inferida por sistemas inteligentes*. No *modelo tradicional*, a apuração da capacidade contributiva está ancorada em *documentos formais, critérios objetivos* e *regras explícitas*.

No *modelo quantizado*, a *arrecadação* é, cada vez mais, *produto de inferências comportamentais, análises preditivas* e *classificações automáticas de risco* – o que significa que a *carga tributária efetiva* pode passar a depender da *forma como o sistema computa o perfil fiscal do contribuinte*, e não apenas do seu *rendimento real*.

Se os *parâmetros de inferência forem opacos, enviesados* ou *insensíveis à desigualdade*, o sistema poderá *penalizar indevidamente certos grupos* ou *permitir que outros escapem do controle tributário efetivo* por apresentarem *baixa previsibilidade de risco*.

Nesse cenário, a *progressividade tributária* deixa de ser um *resultado normativo direto* e passa a ser uma *variável sistêmica*, dependente de fatores como a *qualidade dos dados utilizados nos modelos de arrecadação*, a *calibração dos algoritmos de auditoria*, a *forma de parametrização dos regimes híbridos* e a *capacidade institucional de regular os colapsos interpretativos*.

Como advertem *Devereux* (2021) e *Zucman* (2015), a *desigualdade fiscal contemporânea* não é apenas *produto das alíquotas*, mas da *engenharia jurídica, contábil* e *algorítmica que estrutura a incidência*.

Para que a *progressividade* se mantenha como *valor normativo operacionalizável*, é necessário instituir *mecanismos técnicos e jurídicos de proteção distributiva*, tais como: *auditoria independente dos modelos de inferência; publicação de análises de impacto distributivo das decisões jurisprudenciais* e alterações normativas; *testes de regressividade algorítmica aplicados a sistemas de arrecadação digital* e *integração de critérios sociais e econômicos* aos mecanismos de *modulação interpretativa* e *aplicação da lei tributária*.

O *sistema* não deve apenas *simular a arrecadação* – deve também ser capaz de *simular seus efeitos distributivos reais*, promovendo *uma justiça fiscal parametrizada por dados*.

A *quantização fiscal não elimina a progressividade*: a desloca do campo da *norma formal* para o campo da *governança institucional dos sistemas* que operam a incidência. Isso exige do *legislador*, do *julgador*, do *administrador* e do *projetista de sistemas fiscais* um novo tipo de *responsabilidade distributiva* – não apenas sobre o *conteúdo da norma*, mas também sobre sua *concretização algorítmica*, sua *implementação técnica* e seus *efeitos fiscais socialmente distribuídos*. Em outras palavras, a *progressividade*, no contexto da *quantização*, é um *problema de arquitetura institucional*.

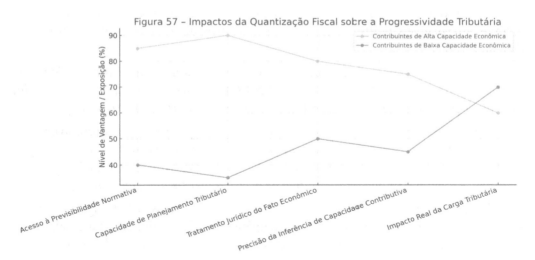

Figura 57 – Impactos da Quantização Fiscal sobre a Progressividade Tributária[16]

4.4.3. Modelagem computacional da equidade fiscal e do impacto social da tributação

A *equidade fiscal*, tradicionalmente tratada no *plano da dogmática normativa* e da *filosofia da justiça*, demanda, na *contemporaneidade digital*, um esforço técnico-científico de *modelagem, simulação* e *mensuração*.

A *progressiva complexificação do sistema tributário*, a *presença de regimes híbridos*, a *inferência algorítmica da obrigação tributária* e a *pluralidade de decisões com efeitos distributivos indiretos* tornam inviável qualquer concepção de justiça fiscal desvinculada de instrumentos formais de parametrização da desigualdade, auditoria do impacto social da arrecadação e controle estatístico das decisões normativas.

Nesse contexto, a *modelagem computacional da equidade fiscal* emerge como um *imperativo técnico-institucional*. Trata-se de desenvolver *modelos matemáticos, estatísticos* e *preditivos* que permitam *simular o comportamento do sistema tributário sob diferentes hipóteses normativas, decisões jurisprudenciais* ou *padrões de conformidade*, de modo a extrair, com precisão auditável, os *efeitos distributivos sobre grupos sociais, setores econômicos* e *faixas de renda*.

---

16. *Figura 57 – Impactos da Quantização Fiscal sobre a Progressividade Tributária*
    Representação gráfica dos efeitos assimétricos da quantização fiscal sobre a progressividade tributária, comparando contribuintes de alta e baixa capacidade econômica em cinco dimensões fundamentais: acesso à previsibilidade normativa, capacidade de planejamento tributário, tratamento jurídico do fato econômico, precisão da inferência de capacidade contributiva e impacto real da carga tributária. O gráfico revela como a progressividade deixa de ser um atributo exclusivamente normativo e passa a depender da governança técnica dos sistemas de incidência tributária.
    Fonte: Elaborado pelo autor, com base em *Devereux* (2021), *Zucman* (2015), *Slemrod* (2013) e *OCDE* (2020).

Esses modelos *não substituem os princípios constitucionais de justiça*, mas os transformam em *variáveis analisáveis, auditáveis* e *inferíveis* dentro da *arquitetura sistêmica da tributação*.

A *primeira dimensão dessa modelagem* consiste na *simulação da incidência tributária agregada*, com base em *microdados fiscais anonimizados, declarações de renda, consumo e patrimônio, informações de cadastro, dados setoriais* e *métricas regionais*.

A partir desses dados, é possível construir *curvas de progressividade* (como o *índice de KAKWANI*), *simular regimes alternativos de tributação* (ex: substituição do IRPJ por imposto sobre o fluxo de caixa, simulações de IVA progressivo ou imposto sobre grandes fortunas) e *avaliar o impacto distributivo de decisões jurisprudenciais paradigmáticas*.

A *segunda dimensão* envolve a *parametrização da regressividade algorítmica*, ou seja, a avaliação de como os sistemas de inteligência artificial utilizados na fiscalização, na classificação de risco e no enquadramento de contribuintes *afetam desproporcionalmente certos grupos*.

Isso inclui a análise *de viés de classificação, divergência estatística na distribuição de autuações, distorções no ranqueamento fiscal por perfil socioeconômico* e *diferença de acesso à previsibilidade normativa*.

Tal avaliação requer a *aplicação de testes de não discriminação algorítmica, análise de clusters* e *inspeção dos critérios de decisão das redes neurais* (interpretação por *explainable* AI).

A *terceira dimensão* está relacionada à *incorporação do impacto social como variável de decisão normativa e jurisprudencial*. Toda *política tributária*, ao *modificar as regras de incidência*, alterando *base de cálculo, alíquotas* ou *regimes*, produz *efeitos fiscais que extrapolam o caixa do Estado* – afetam consumo, investimento, informalidade, desigualdade e mobilidade social.

A *modelagem computacional* permite que tais impactos sejam *estimados com precisão técnica antes da implementação da norma*, promovendo *decisões baseadas em evidência* e reduzindo os *efeitos colaterais da política fiscal*. Essa perspectiva aproxima a tributação daquilo que *AMARTYA SEN* denominava *justiça realizável*: não a *justiça abstrata*, mas aquela *que produz melhorias mensuráveis nas condições reais de vida da população*.

Do ponto de vista institucional, a adoção da *modelagem computacional da equidade fiscal* requer: (i) *acesso público e qualificado aos dados fiscais*, com mecanismos de proteção à privacidade e transparência estatística; (ii) *fortalecimento das equipes técnicas dos fiscos com profissionais multidisciplinares* (juristas, estatísticos, cientistas de dados, economistas); (iii) *incorporação da análise de impacto distributivo* como etapa obrigatória da criação normativa; e (iv) *criação de painéis públicos de justiça fiscal*, que informem periodicamente o grau de regressividade, de litigiosidade estrutural e de disparidade algorítmica do sistema.

CAPÍTULO 4 • DIREITO TRIBUTÁRIO QUÂNTICO NA PRÁTICA **257**

Essa estrutura permitiria *transformar a noção de justiça tributária* de um *valor retórico* para uma *métrica institucional, passível de auditoria contínua* e *correção responsiva*.

Como adverte *Zucman* (2015), a *ocultação da injustiça tributária* ocorre, muitas vezes, *não por má-fé do legislador*, mas por ausência de instrumentos que revelem suas *formas estatisticamente verificáveis*. A *modelagem computacional*, nesse sentido, *converte a justiça fiscal em dado técnico* – e, ao fazê-lo, a *torna objeto de controle democrático, fundamento de políticas públicas* e *parâmetro para a legitimidade da arrecadação*.

A *justiça tributária*, em sua *dimensão quântica*, não pode mais ser inferida apenas da *norma positiva*. Ela depende do *comportamento sistêmico do aparato arrecadatório*, da *arquitetura dos algoritmos* que parametrizam a conformidade, da *acessibilidade digital* da norma e da *capacidade do sistema* de ajustar sua estrutura distributiva com base em evidências sociais.

A *modelagem computacional* é, portanto, *condição de possibilidade da justiça fiscal em um ambiente fiscalizado por inteligência artificial, algoritmicamente colapsado* e *tecnologicamente assimétrico*.

A *quantização do Direito Tributário*, enquanto *estrutura conceitual* e *operativa*, exige que se *abandone definitivamente a concepção clássica de sistema fiscal* como uma *máquina de aplicação linear de normas fixas sobre fatos objetivos*.

No *plano prático*, a experiência tributária revela-se como um *campo de possibilidades jurídicas concorrentes, instabilidades interpretativas, regimes híbridos, sobreposição normativa* e *comportamentos fiscalmente assimétricos*.

Neste capítulo, a *transição da teoria para a práxis* demonstrou que a *quantização não é um constructo retórico* ou apenas *epistemológico*: é uma *realidade concreta*, com *implicações diretas na estrutura da norma*, na *função arrecadatória*, na *automação fiscal* e na *justiça distributiva*.

A *primeira parte do capítulo* foi dedicada à *aplicação da teoria quântica à estrutura normativa do sistema tributário*. Demonstrou-se que a *norma fiscal opera em estado de latência interpretativa*, sujeita a *colapsos hermenêuticos diversos*, produzidos por *decisões administrativas, judiciais* ou *algoritmos institucionais*.

A figura dos *regimes híbridos* ilustra essa *pluralidade de sentidos jurídicos simultâneos*, cuja resolução depende de *observação institucional, contexto econômico* e *aparato tecnológico*.

Nessa lógica, conceitos como *fato gerador, base de cálculo* e *sujeição passiva não são mais categorias fechadas*, mas *funções normativas variáveis*, que *coexistem em diferentes estados jurídicos até sua atualização concreta*.

A governança dessa complexidade exige, por conseguinte, ferramentas capazes de simular, parametrizar e estabilizar a instabilidade normativa, sem comprometer a legalidade nem a coerência institucional.

Em seguida, o capítulo avançou para a *análise da transformação digital dos fiscos nacionais* e da *emergência de sistemas de arrecadação* orientados por dados, inteligência artificial e algoritmos preditivos.

A *automação da arrecadação*, longe de representar mera modernização procedimental, inaugura uma *nova lógica jurídico-institucional*, em que a *obrigação tributária é inferida a partir de sistemas computacionais*, e não exclusivamente constituída por *atos administrativos convencionais*.

O *conceito de tributo algorítmico* foi apresentado como *expressão paradigmática desse novo regime fiscal*, no qual os *dados*, a *codificação da norma* e os *modelos de inferência* substituem a figura clássica do lançamento.

Contudo, reconheceu-se que a legitimidade desse modelo depende da *auditabilidade dos sistemas*, da *explicabilidade das decisões automatizadas* e da *preservação dos direitos fundamentais do contribuinte* em ambiente tecnicamente *denso* e *juridicamente parametrizado*.

Por fim, a *terceira parte do capítulo* concentrou-se na *justiça fiscal em contextos tecnologicamente adaptativos*. A *digitalização do tributo* não é neutra: pode *acentuar desigualdades, reproduzir assimetrias informacionais* e *comprometer a equidade* se não for acompanhada de mecanismos de governança orientados por critérios distributivos.

A *equidade fiscal*, nesse cenário, deve ser compreendida como *acesso simétrico à normatividade compreensível*, à *previsibilidade algorítmica* e à *conformidade parametrizada*. A *progressividade* também deve ser repensada: não decorre apenas das *alíquotas nominais*, mas da *forma como o sistema distribui os riscos jurídicos*, os *custos de conformidade* e os *impactos das decisões institucionais*.

Nesse sentido, a *modelagem computacional da justiça fiscal*, por meio de *indicadores de regressividade, simulações de impacto* e *métricas de equidade algorítmica*, representa o caminho necessário para *transformar o ideal distributivo em realidade mensurável e auditável*.

Em síntese, o capítulo demonstrou que a *prática do Direito Tributário*, em sua *forma quantizada*, exige uma *nova racionalidade jurídica* – fundada na *interseção entre norma e algoritmo*, entre *legalidade e inferência*, entre *segurança jurídica e flexibilidade interpretativa*.

A *quantização fiscal* é, simultaneamente, um *diagnóstico da realidade complexa do sistema* e uma *proposta metodológica para sua reestruturação*. No lugar *da rigidez subsuntiva*, propõe-se a *parametrização interpretativa*. No lugar da *certeza artificial*, a *governança responsável da incerteza*. No lugar da *desigualdade tecnicamente invisível*, a *justiça fiscal algoritmicamente auditável*.

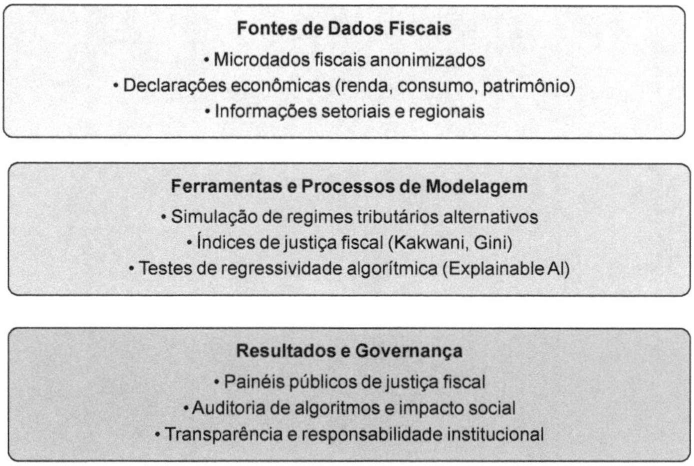

CAPÍTULO 4 • DIREITO TRIBUTÁRIO QUÂNTICO NA PRÁTICA **259**

Fontes de Dados Fiscais
• Microdados fiscais anonimizados
• Declarações econômicas (renda, consumo, patrimônio)
• Informações setoriais e regionais

Ferramentas e Processos de Modelagem
• Simulação de regimes tributários alternativos
• Índices de justiça fiscal (Kakwani, Gini)
• Testes de regressividade algorítmica (Explainable AI)

Resultados e Governança
• Painéis públicos de justiça fiscal
• Auditoria de algoritmos e impacto social
• Transparência e responsabilidade institucional

Figura 58 – Dimensões da Modelagem Computacional da Justiça Fiscal em Ambiente Tributário Quantizado[17]

---

17. *Figura 58 – Dimensões da Modelagem Computacional da Justiça Fiscal em Ambiente Tributário Quantizado*
Representação em camadas horizontais, com ícones temáticos, das três esferas estruturantes da modelagem computacional da equidade fiscal: Fontes de Dados Fiscais, que constituem os insumos informacionais para simulação da incidência; Ferramentas e Processos de Modelagem, que estruturam tecnicamente os índices, simulações e testes preditivos; e Resultados e Governança, que viabilizam a transformação dos dados em políticas públicas transparentes, auditáveis e fundamentadas em evidências. O diagrama sintetiza o papel da computação na realização da justiça tributária em sistemas quantizados e digitalmente automatizados.
Fonte: Elaborado pelo autor, com base em *Zucman* (2015), *Sen* (2009), *Devereux* (2021), *Slemrod* (2013) e *OECD* (2020).

Capítulo 5
O FUTURO DO DIREITO TRIBUTÁRIO EM UM MUNDO QUÂNTICO

A *evolução do Direito Tributário na era da complexidade* não se limita a *ajustes incrementais na legislação fiscal* ou à *modernização de procedimentos administrativos.* Trata-se de uma *transformação ontológica do próprio sistema jurídico-tributário,* cuja *lógica, estrutura* e *função* passam a operar segundo os *princípios da dinamicidade,* da *inferência algorítmica,* da *instabilidade interpretativa* e da *emergência normativa.*

O presente capítulo busca, portanto, *não apenas projetar tendências ou antecipar tecnologias,* mas também propor reflexões e estimular debates para uma *arquitetura conceitual* e *normativa para o Direito Tributário* em um mundo regido por *sistemas de informação distribuídos, inteligência artificial generalizada* e *epistemologias quânticas de incerteza.*

O ponto de partida dessa análise é o reconhecimento de que o *paradigma fiscal clássico –* centrado na estabilidade textual da norma, na subsunção binária e na função arrecadatória estática – *já não corresponde à realidade sistêmica da tributação em socie-dades digitalizadas, globalizadas* e *tecnologicamente descentralizadas.*

O *colapso do modelo tradicional* se expressa tanto na *ineficácia da regulação fiscal* diante de *estruturas econômicas fluidas,* como na *incapacidade de prever os efeitos nor-mativos de decisões institucionais em ambientes normativamente sobrepostos.* A estrutura *do tributo* torna-se *probabilística, retroalimentada, sensível a estímulos tecnológicos* e *organizada segundo padrões de governança* cada vez mais moduláveis e adaptativos.

Neste *novo regime epistêmico,* o *tributo* não é mais uma *relação linear entre fato, norma* e *valor,* mas uma *manifestação contingente dentro de sistemas dinâmicos, para-metrizados por dados, regidos por algoritmos* e *mediados por linguagens institucionais de múltiplos centros de decisão.*

Como bem observa *Rachel Griffith* (2020), o *desafio do século XXI* não é apenas *tributar mais ou menos,* mas construir *modelos institucionais* que sejam capazes de *operar em um ambiente fiscal instável, distribuído* e *codificado em arquiteturas digitais de controle.*

O *presente capítulo* não se propõe a *instituir um novo paradigma,* mas a *fomentar o debate qualificado sobre as transformações contemporâneas que atravessam o Direito Tributário* em um mundo marcado pela *complexidade,* pela *aceleração tecnológica* e pela *instabilidade normativa.* Trata-se de um convite à *reflexão coletiva* e *interdisciplina*r sobre os *rumos possíveis da tributação diante das múltiplas pressões oriundas da inteligência artificial*, da *modelagem computacional*, das *redes descentralizadas* e das *novas epistemologias jurídicas emergentes*.

A divisão do capítulo reflete essa *proposta dialógica*. O *primeiro bloco*, de *natureza prospectiva*, dedica-se à *análise de tendências e hipóteses para a tributação no século XXI*. Busca-se, aqui, explorar criticamente as implicações da *transição para sistemas tributários baseados em inteligência artificial*, assim como *discutir os potenciais* e os *limites da modelagem computacional* como *instrumento de ampliação da previsibilidade normativa*, especialmente em *cenários de superposição interpretativa e multiplicidade de regimes fiscais*. Em vez de *afirmar soluções definitivas*, o objetivo é *abrir espaço para o exame das possibilidades, riscos e desafios envolvidos nesse processo*.

O *segundo bloco* concentra-se na *investigação dos impactos das tecnologias disruptivas sobre a estrutura e a função do Direito Tributário*. Nesse ponto, são colocadas em discussão as *consequências da inteligência artificial generalizada*, da *governança fiscal* mediada por *blockchain* e *contratos inteligentes* e da *atuação de algoritmos autônomos* como possíveis *novos agentes na arrecadação tributária*. Mais do que apresentar um *diagnóstico fechado*, este segmento busca *instigar uma reflexão crítica* sobre *as implicações jurídicas, institucionais* e *éticas* dessas transformações.

Por fim, o *terceiro bloco não pretende consolidar a ideia de um Direito Tributário Quântico como modelo acabado*, mas examinar seus *fundamentos teóricos*, suas *inspirações científicas* e suas *possíveis aplicações práticas*. Parte-se da *teoria da incerteza hermenêutica* e da *lógica de sistemas dinâmicos* e *adaptativos* para suscitar um *diálogo* entre o *Direito*, a *Física* e a *Tecnologia*, considerando a *formulação de normas em ambientes caracterizados por instabilidade, multiplicidade e retroalimentação institucional*.

A proposta não é *definir um novo regime jurídico*, mas promover uma *plataforma crítica de interlocução entre distintas racionalidades* – jurídica, científica e computacional – capazes de iluminar, em conjunto, os contornos de uma tributação mais responsiva, auditável e tecnicamente integrada à realidade que se configura.

A proposta deste capítulo *não é apenas descrever o futuro da tributação*, mas *intervi-lo teoricamente com base em fundamentos científicos consistentes*. A *adoção do paradigma quântico no Direito Tributário* exige a *superação do determinismo normativo*, a *institucionalização da incerteza* como dado sistemicamente governável e a *incorporação da complexidade* como vetor constitutivo da estrutura jurídica.

Isso significa que as *normas* devem ser capazes de *funcionar em ambientes caóticos*, os *sistemas* devem ser projetados para *simular múltiplas interpretações possíveis*, e as *decisões* devem ser *auditáveis mesmo quando produzidas por inferência algorítmica*.

Mais do que um *exercício de futurologia fiscal*, este capítulo propõe uma *epistemologia jurídica para sistemas tributários não lineares, retroalimentados e tecnologicamente mediados*, em que o *controle da legalidade* será exercido *não apenas por operadores humanos*, mas também por *arquiteturas digitais capazes de codificar, inferir* e *colapsar normas em tempo real*. Em síntese, trata-se de *pensar o futuro do Direito Tributário* a partir da *ontologia da incerteza* e da *racionalidade computacional auditável*, abrindo caminho para a consolidação de um *sistema tributário inteligente, distribuído e justo*.

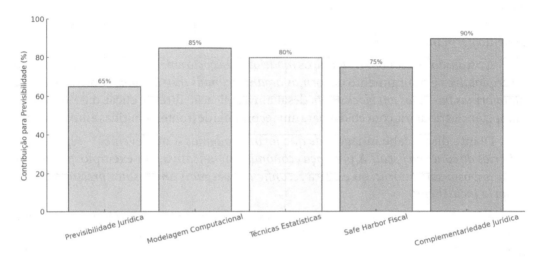

Figura 61 – Contribuição de Fatores à Previsibilidade Normativa no Direito Tributário[1]

5.1 TENDÊNCIAS E PERSPECTIVAS PARA A TRIBUTAÇÃO NO SÉCULO XXI

O *sistema tributário contemporâneo* encontra-se diante de um *cenário desafiador*, marcado por *transformações aceleradas na economia*, na *tecnologia* e nas *formas de organização social*.

Não se trata aqui de afirmar, de *modo definitivo*, a *superação das categorias normativas herdadas do constitucionalismo fiscal do século XX*, mas de reconhecer que tais categorias vêm sendo *tensionadas por dinâmicas que colocam em xeque sua suficiência explicativa e operacional frente à crescente complexidade dos fenômenos econômicos globais*.

A *fluidez das cadeias produtivas*, a *desterritorialização empresarial*, a *proliferação de ativos intangíveis* e a *intermediação algorítmica dos fluxos financeiros* desafiam a

---

1. *Figura 61 – Contribuição de Fatores à Previsibilidade Normativa no Direito Tributário.*
Gráfico de barras que representa a contribuição estimada de cinco pilares à previsibilidade normativa no contexto tributário moderno. Os dados ilustram o papel progressivo da previsibilidade jurídica clássica (65%), o avanço proporcionado pela modelagem computacional (85%) e pelas técnicas estatísticas aplicadas (80%), além do impacto da institucionalização de *safe harbors* fiscais (75%) e da complementariedade entre racionalidade jurídica e algorítmica (90%) na construção de um sistema fiscal auditável, previsível e justo.
Fonte: Elaborado pelo autor, com base em *OECD* (2020), *RFB* (2023), *Barocas & SELBST* (2016), *Griffith* (2020) e *Devereux* (2021).

estrutura normativa clássica, convidando à reflexão sobre os *limites* e as *possibilidades de sua adaptação*.

Nesse contexto, talvez uma das *tendências mais notáveis* – e dignas de debate – seja a *progressiva desmaterialização das bases tributárias* e a consequente *desconexão entre os critérios tradicionais de incidência*, como *territorialidade, residência fiscal e estabelecimento permanente*, e a *realidade efetiva das operações econômicas*.

A *ascensão da economia digital*, os *modelos de negócio em nuvem*, o *uso disseminado de criptoativos* e o surgimento de *formas organizacionais distribuídas*, como as *DAOs* e *plataformas baseadas em blockchain*, desafiam a aplicação direta e eficaz das normas de competência tributária concebidas para uma economia de fronteiras nítidas e fluxos físicos.

Diante disso, cabe indagar: *de que forma podemos – ou devemos – repensar os critérios de conexão fiscal?* A *presença econômica significativa*, por exemplo, *poderá ser uma resposta satisfatória*, ou exigirá *reconfigurações mais amplas nos pressupostos da própria incidência?*

A *arrecadação*, por sua vez, parece passar por *um processo de ressignificação* que também *merece reflexão crítica*. A *substituição gradual do modelo declaratório por sistemas de inferência automatizada, monitoramento contínuo* e *conformidade em tempo real* sugere um *deslocamento funcional do tributo*: de um *ato formalizado a posteriori* para uma *operação técnico-algorítmica que se realiza em tempo real*, com base em *dados integrados, padrões preditivos* e *lógica paramétrica*.

Trata-se, evidentemente, de um *avanço tecnológico* que pode *aumentar a eficiência* e a *capacidade de fiscalização*, mas que também *suscita questões relevantes sobre governança, transparência, segurança jurídica* e *responsabilização institucional*. Até que ponto é possível *compatibilizar essa nova realidade operacional* com os *princípios constitucionais da legalidade*, do *devido processo* e da *capacidade contributiva?*

Outro ponto que merece ser amplamente debatido é a *crescente fragmentação da autoridade fiscal*. A *distribuição da função normativa* entre *entes estatais, organismos internacionais, plataformas tecnológicas, fornecedores de sistemas de compliance* e *algoritmos autônomos de inferência normativa* levanta uma questão fundamental sobre o *locus* da *legalidade tributária*.

Quem, de fato, está exercendo *poder normativo sobre a obrigação tributária?* E como assegurar que esse poder – muitas vezes exercido por sistemas técnico-computacionais – seja *controlado, auditável* e *legitimado por processos democráticos?*

A *noção de legalidade*, nesse *novo ecossistema fiscal*, parece demandar uma *reconceituação* que a compreenda não apenas como *comando estatal positivado*, mas também como o *resultado de arquiteturas institucionais técnico-normativas* capazes de operar com *transparência, responsabilidade* e *abertura ao controle social*.

Essas transformações, mais do que apontar para *uma ruptura paradigmática definitiva*, devem ser vistas como *convites à construção de um espaço de diálogo interdisciplinar*.

A articulação entre *Direito, Tecnologia, Economia* e *Ciência de Dados* não é apenas útil: ela se mostra *imprescindível para compreender os contornos de uma tributação possível – e desejável –* no *século XXI*.

O objetivo, portanto, *não é fixar um novo modelo*, mas *estimular a crítica, fomentar a experimentação institucional* e *promover uma reflexão coletiva* sobre *o futuro da justiça fiscal em tempos de incerteza* e *interconectividade técnica*.

Um dos vetores mais promissores – e ao mesmo tempo mais desafiadores – para a tributação no século XXI reside na possibilidade de *parametrizar a justiça fiscal em tempo real*, por meio de *sistemas computacionais* capazes de medir, simular e corrigir distorções regressivas, efeitos discriminatórios e assimetrias algorítmicas.

Trata-se de um horizonte que demanda *atenção crítica*: se *adequadamente concebida*, a *tecnologia* pode funcionar como *instrumento de responsividade fiscal*, promovendo *ajustes dinâmicos na distribuição da carga tributária* e *ampliando a equidade do sistema*. No entanto, se *implementada sem critérios normativos claros* e *sem controle institucional qualificado*, essa mesma tecnologia poderá *reproduzir* – ou até mesmo *acentuar* – *desigualdades históricas*, sob o véu da *neutralidade matemática* ou da *eficiência técnica*.

A *equidade tributária do futuro*, nesse sentido, dependerá *menos de declarações formais* e *mais da capacidade concreta das instituições de auditar algoritmos, modular riscos distributivos* e *incorporar critérios de justiça* aos *sistemas de arrecadação automatizados*.

A *inteligência artificial*, quando aplicada à *arrecadação*, não pode ser apenas *eficiente*: precisa ser também *sensível às implicações sociais de suas inferências*, e *passível de revisão segundo parâmetros jurídicos transparentes e democráticos*. A *justiça fiscal*, nesse novo contexto, passa a ser uma *variável dinâmica, parametrizável* e *testável* – e não apenas um *ideal* abstrato normativamente proclamado.

Paralelamente a isso, assiste-se à emergência de uma *nova função do Direito Tributário*: não apenas a de *arrecadar recursos* ou *disciplinar condutas econômicas*, mas também a de *governar a complexidade fiscal em tempo real*. Essa função implica operar com *estruturas de codificação responsiva, inferência jurídica distribuída* e *colapsos normativos auditáveis*, ou seja, *eventos interpretativos mediados por tecnologia*, cuja legitimação dependerá da *rastreabilidade de seus critérios* e da *capacidade institucional de controlá-los*.

Nesse cenário, a *governança da incerteza*, a *modelagem da volatilidade normativa* e a *articulação entre regimes superpostos* não são mais atributos periféricos, mas competências jurídicas centrais para a atuação do Estado, dos tribunais e dos profissionais do Direito.

A *administração tributária*, os *órgãos de controle* e o *próprio ensino jurídico* precisarão desenvolver – e compartilhar – uma *nova gramática institucional*: uma que permita operar com a *instabilidade como dado estrutural*, e com a *adaptabilidade como critério de legitimidade*.

Importa destacar, contudo, que as tendências aqui delineadas *não apontam para um futuro tecnicamente predeterminado*, nem para um *modelo único de tributação*. Ao contrário, revelam um *campo aberto de possibilidades normativas, institucionais e tecnológicas*, cuja concretização exigirá *escolhas éticas, decisões politicamente negociadas e fundamentos técnicos rigorosos*. Não há *inevitabilidade tecnológica*: há disputa por *projetos fiscais* e por *arquiteturas jurídicas que traduzam valores de justiça, eficiência e transparência*.

O *Direito Tributário do século XXI*, nesse sentido, será, inevitavelmente, um *sistema de escolhas sob incerteza*. E justamente por isso, a qualidade das decisões que o estruturarem dependerá da *capacidade coletiva* de projetar uma *tributação auditável, inteligente e justa*, mesmo – e especialmente – diante da complexidade que caracteriza a vida econômica e institucional contemporânea.

Figura 59 – O Futuro do Direito Tributário em um Mundo Quântico[2]

5.1.1. A transição para sistemas tributários baseados em Inteligência Artificial

A *adoção progressiva de sistemas tributários baseados em inteligência artificial* (IA) tem suscitado importantes reflexões no campo do *Direito Fiscal*. Mais do que uma *ruptura paradigmática fechada* em si, trata-se de um fenômeno que convida juristas,

---

2. *Figura 59 – O Futuro do Direito Tributário em um Mundo Quântico*
Representação visual lúdica e inteligível dos três blocos estruturantes do novo paradigma tributário quântico. No primeiro bloco, apresentam-se as tendências futuras, com destaque para a aplicação de inteligência artificial, simulações normativas e superposição interpretativa. No segundo, abordam-se os impactos tecnológicos disruptivos, incluindo blockchain, contratos inteligentes e algoritmos autônomos. Por fim, o terceiro bloco sintetiza os fundamentos do Direito Tributário Quântico, estruturado a partir da incerteza hermenêutica, da adaptatividade normativa e da convergência entre Direito, Física e Tecnologia. A figura traduz graficamente a transição de um modelo estático para um sistema tributário dinâmico, inteligente e auditável.
Fonte: Elaborado pelo autor, com base em *Griffith* (2020), *Devereux* (2021), *OECD* (2020) e *Zucman* (2015).

economistas, cientistas de dados e gestores públicos a revisitar os *pressupostos históricos da legalidade tributária* à luz das *transformações tecnológicas* em curso.

Não se trata, portanto, de afirmar um *novo modelo definitivo*, mas de abrir espaço para o *debate sobre as consequências jurídicas, institucionais e éticas* da *crescente automatização da arrecadação*.

Esse processo, já em observação em países como *Estônia, Austrália, Reino Unido* e, de maneira ainda incipiente, no *Brasil*, sugere uma *transição gradual da lógica declaratória para modelos computacionais de arrecadação contínua*. Tais sistemas são estruturados a partir de *dados massivos* – provenientes de *notas fiscais eletrônicas, registros contábeis, movimentações bancárias* e *declarações digitais* – e operam com algoritmos capazes de reconhecer padrões, inferir obrigações e antecipar condutas de risco.

O que antes *dependia de declaração humana* e *análise ex post* pode, agora, ser executado por máquinas em tempo real. Resta saber: *como conciliar essa eficiência com os princípios constitucionais que regem a tributação?*

O que se observa é uma *reconfiguração paulatina do papel da norma tributária*, que passa a ser compreendida, em muitos casos, como *código parametrizado*, sujeito à *execução automática*. O tributo, por sua vez, *deixa de ser exclusivamente declarado* e passa a ser *inferido, calculado e colapsado por sistemas inteligentes*. A *conformidade tributária* deixa de ser *voluntária* e passa a ser *supervisionada de forma contínua*.

Essa *nova racionalidade fiscal* – fundada em *inferência estatística* e *automação preditiva* – levanta *questões profundas sobre o lugar do contribuinte*, o *alcance do controle institucional* e a *redefinição das garantias fundamentais*. Estaríamos diante de uma *nova epistemologia da legalidade fiscal?*

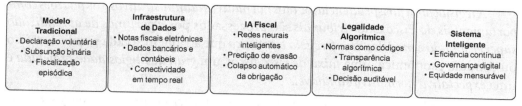

Figura 60 – Transição Lúdica para um Sistema Tributário Baseado em Inteligência Artificial[3]

---

3. *Figura 60 – Transição Lúdica para um Sistema Tributário Baseado em Inteligência Artificial*
Representação lúdica e sequencial da transformação do sistema tributário clássico em um modelo inteligente, auditável e baseado em inteligência artificial. A jornada evolutiva inicia-se com o modelo tradicional, centrado na declaração voluntária e na subsunção binária; evolui para a infraestrutura de dados, que conecta sistemas fiscais, bancários e administrativos; adentra os mecanismos de inferência da IA fiscal, que automatizam obrigações com base em padrões; redefine a legalidade como algoritmo transparente e auditável; e culmina em um sistema inteligente e justo, governado por eficiência digital e equidade mensurável. O gráfico traduz, de forma acessível, a mudança epistêmica do Direito Tributário na era algorítmica.
Fonte: Elaborado pelo autor, com base em *Griffith* (2020), *OECD* (2020), *CTN* (art. 142), *Devereux* (2021) e *Barocas & Selbst* (2016).

5.1.2. Modelagem computacional como ferramenta de previsibilidade normativa

A *previsibilidade* é um dos *pilares normativos fundamentais do Estado de Direito*, especialmente em *matéria tributária*. A possibilidade de o contribuinte *antecipar*, com base em *critérios jurídicos minimamente estáveis e inteligíveis*, o *conteúdo de suas obrigações fiscais* constitui não apenas *garantia individual*, mas também *pressuposto estrutural da confiança recíproca entre sociedade e fisco*.

Entretanto, no *cenário contemporâneo*, marcado por *volatilidade interpretativa*, *multiplicidade de regimes híbridos, superposição normativa e jurisprudência instável*, a *previsibilidade da norma* deixou de ser *atributo inerente ao texto legal* e passou a depender da capacidade institucional de governar a incerteza por meio de *métodos formais, estatísticos e computacionais*.

Neste contexto, a *modelagem computacional* emerge como *ferramenta paradigmática de estabilização da normatividade fiscal*, não por meio da *eliminação da ambiguidade*, mas através de sua *formalização, simulação e parametrização*. Ao invés de pretender uma *rigidez normativa inalcançável*, a *modelagem computacional* propõe *transformar a instabilidade* em *variável mensurável*, permitindo que *agentes públicos e privados* operem com *margens de risco quantificadas, cenários preditivos simuláveis e inferências auditáveis sobre o comportamento do sistema jurídico*.

Na prática, isso significa que a *norma tributária* passa a ser compreendida *não apenas como um comando legal*, mas também como uma *função de distribuição de probabilidade* sobre possíveis *interpretações, colapsos institucionais e decisões com impacto normativo*.

A *legislação*, a *jurisprudência*, os *atos normativos administrativos* e os *padrões comportamentais do Fisco* e dos *tribunais* são processados por *algoritmos de aprendizado supervisionado* e *modelos de inferência estatística* que atribuem, a cada regime jurídico ou conduta econômica, uma *faixa de risco fiscal*, um *grau de litigiosidade projetada* e uma *expectativa normativa simulável*.

Esses modelos utilizam, por exemplo, *árvores de decisão, redes bayesianas, regressões logísticas, análise de clusters e simulações de Monte Carlo*, alimentados por *bases históricas de julgados, dados administrativos, jurisprudência tributária e padrões de autuação*, permitindo que contribuintes, autoridades fiscais e reguladores antecipem os efeitos normativos prováveis de suas decisões – mesmo em contextos de superposição interpretativa.

Isso representa uma *reconfiguração profunda do próprio conceito de segurança jurídica*: não mais como *certeza*, mas como *previsibilidade estatística operacionalizável*.

Além de *reduzir o espaço de ambiguidade*, a *modelagem computacional* possibilita a criação de mecanismos de *"safe harbor fiscal"*, em que *determinadas condutas*, inter-

CAPÍTULO 5 • O FUTURO DO DIREITO TRIBUTÁRIO EM UM MUNDO QUÂNTICO **269**

pretadas como de *baixo risco conforme parâmetros objetivos*, sejam *institucionalmente protegidas por presunções de boa-fé* e *não sujeição à autuação*, desde que *parametrizadas* dentro de uma *faixa de aceitabilidade definida pela autoridade fiscal.*

Essa lógica já é praticada por algumas administrações tributárias de ponta – como a *australiana* e a *britânica* –, que publicam *modelos interativos de risco, pontuação de conformidade* e *simulações do impacto normativo de condutas específicas.*

No Brasil, iniciativas como o *Programa de Conformidade Cooperativa* (Confia) da Receita Federal apontam nessa direção, ao propor *ambientes institucionais de antecipação, diálogo* e *parametrização da interpretação tributária* com *contribuintes de grande porte*, com *base em dados, perfis de risco* e *práticas contábeis monitoradas em tempo real*. A *modelagem computacional* é, nesse sentido, a *infraestrutura técnica* dessa nova arquitetura de previsibilidade fiscal.

Entretanto, é necessário *cuidado com a ilusão da completude técnica*. A *modelagem computacional* não elimina a necessidade de *fundamentação jurídica*, nem substitui *o processo hermenêutico por cálculo*. Ela opera como *suporte epistêmico* para *decisões jurídicas mais informadas*, mais *auditáveis* e menos *arbitrárias, sem reduzir a complexidade normativa à sua representação estatística.*

Trata-se de um *modelo de complementariedade* entre *razão jurídica* e *razão algorítmica*, em que o operador do Direito deve ser capaz de *dialogar com os sistemas preditivos*, compreender suas *inferências* e avaliar suas *limitações* – o que exige uma *formação jurídica interseccional, estatística* e tecnicamente *qualificada.*

5.2. IMPACTO DAS NOVAS TECNOLOGIAS NO DIREITO TRIBUTÁRIO

O *Direito Tributário contemporâneo* atravessa um *processo de mutação profunda*, impulsionado não apenas por transformações econômicas e políticas, mas sobretudo por *disrupções tecnológicas* que afetam diretamente os *fundamentos operacionais, hermenêuticos* e *estruturais da tributação.*

A *inteligência artificial*, o *blockchain*, os *contratos inteligentes*, a *computação distribuída*, os *sistemas autônomos* e a *internet das coisas* (IoT) não são apenas instrumentos periféricos de modernização da administração tributária: eles constituem *novos ambientes institucionais e normativos*, nos quais as categorias clássicas da tributação passam a operar sob condições radicalmente alteradas.

A *primeira consequência dessas inovações* é a *reconfiguração da própria ontologia do fato gerador*. Em um *sistema analógico*, o *fato gerador* é um *evento econômico situado no tempo e no espaço*, passível de *apuração por meios humanos*. Em um *ecossistema digital*, contudo, o *fato tributável pode ser fracionado, automatizado, parametrizado* e *distribuído por múltiplas instâncias tecnológicas*, tornando-se *difuso, contínuo* e *potencialmente autorrealizável.*

Operações como *micropagamentos, contratos autoexecutáveis, transações em criptoativos* ou *atividades em ambientes virtuais* (metaverso) *desafiam a estrutura conceitual do art. 114 do CTN,*[4] exigindo uma redefinição do que constitui um *"fato jurídico tributável"* em *contextos digitais.*

A *inteligência artificial,* por sua vez, *altera profundamente* a forma como as *obrigações tributárias são apuradas, lançadas* e *fiscalizadas.* A *atuação humana é progressivamente substituída* ou *mediada* por *sistemas autônomos de coleta, cruzamento* e *inferência de dados,* capazes de *gerar obrigações tributárias em tempo real,* com base em *parâmetros previamente definidos,* mas *não necessariamente estáticos.*

Isso implica que a *legalidade tributária* passa a operar de forma *parametrizada,* com *inferência normativa embutida* nos próprios *sistemas tecnológicos de arrecadação.* Como consequência, a *fiscalização* deixa de ser uma *função episódica e reativa* e passa a configurar uma *atividade perene, preditiva* e *personalizada,* baseada em *score de risco, comportamento histórico* e *simulação contínua de conformidade.*

O *uso de blockchain* e *contratos inteligentes* introduz ainda uma *nova camada de complexidade:* a da *desintermediação institucional.* A possibilidade de se realizar *transações diretas entre partes* por meio de *códigos autoexecutáveis,* com *liquidação automática* e *irreversível,* desafia os instrumentos tradicionais de controle do Fisco, pois *desloca o locus da arrecadação do contribuinte para o ambiente tecnológico.*

Nessa lógica, o *tributo poderá ser embutido na própria arquitetura do contrato,* gerando *modelos de arrecadação por design,* nos quais o *pagamento do tributo ocorre como condição de execução contratual.* A chamada *programmable compliance* passa a ser uma *realidade operacional,* exigindo do legislador e do administrador a *habilidade de codificar obrigações fiscais em linguagem técnica compatível com ambientes descentralizados.*

Tais transformações exigem uma *revisão da doutrina tributária tradicional,* especialmente no que se refere à *tipicidade,* ao *lançamento,* à *responsabilidade tributária* e à própria *noção de sujeito passivo.* Em um ecossistema de contratos inteligentes, por exemplo, *quem é o sujeito da obrigação tributária? O programador do contrato? A plataforma que o hospeda? O titular da wallet que iniciou a operação? Ou o agente automatizado que executou o código?* Essas perguntas *não encontram resposta satisfatória nos modelos normativos clássicos* e revelam a necessidade de construção de uma *teoria fiscal da codificação algorítmica.*

Além disso, os *riscos de opacidade* e *assimetria técnica* se ampliam. *Algoritmos tributários não supervisionados, plataformas opacas de arrecadação automatizada* e *contratos inteligentes mal parametrizados* podem dar origem a *violações massivas do princípio da legalidade,* da *capacidade contributiva* e do *devido processo legal,* com prejuízos especialmente severos para *contribuintes tecnicamente vulneráveis* ou *digitalmente excluídos.*

---

4. *Art. 114.* Fato gerador da obrigação principal é a situação definida em lei como necessária e suficiente à sua ocorrência.

O *novo sistema fiscal*, se não for regulado com base em *princípios de justiça algo-rítmica* e *auditabilidade institucional*, corre o risco de consolidar um *regime de arreca-dação automático* e *inquestionável*, blindado por *tecnicalidade* e afastado do *controle jurisdicional*.

Em contrapartida, as *novas tecnologias* oferecem *ferramentas inéditas para pro-mover transparência, eficiência, rastreabilidade e justiça fiscal* em *tempo real*. A *descen-tralização das bases de dados*, a *imutabilidade dos registros em blockchain*, a *programa-bilidade de condutas fiscais em contratos inteligentes* e a *inferência preditiva baseada em aprendizado de máquina* permitem a construção de *sistemas tributários dinâmicos, auditáveis e responsivos*, capazes de se adaptar a *novas formas de organização econômica* sem renunciar à *legalidade*, à *justiça* e à *equidade*.

O impacto das novas tecnologias sobre o Direito Tributário, portanto, não se li-mita a uma *disrupção exógena a ser contida*. Trata-se de *uma transformação estrutural do próprio campo normativo*, no qual as *normas fiscais* passam a *coexistir com códigos computacionais* e as *decisões jurídicas* passam a ser *compartilhadas com arquiteturas algorítmicas*.

O *desafio da próxima geração de juristas, administradores fiscais e formuladores de política tributária* será, portanto, o de *projetar sistemas jurídicos tecnologicamente compatíveis com a democracia fiscal*, construindo um *Direito Tributário* que funcione em *ambientes instáveis, descentralizados e distribuídos* – sem renunciar a sua *função civilizatória de redistribuição, justiça e limitação do poder*.

5.2.1. Tributação em um cenário de inteligência artificial generalizada

A *consolidação da inteligência artificial* como infraestrutura cognitiva central da vida econômica, jurídica e social coloca o *Direito Tributário* diante de um *desafio inédito*: *responder normativamente* a um cenário em que *decisões jurídicas, econômicas e comportamentais* são *mediadas, simuladas* ou *executadas por sistemas autônomos de aprendizado e inferência*.

Se nas *fases iniciais da transformação digital* a IA operava como *ferramenta de apoio analítico para a administração fiscal*, o cenário que se projeta para as próximas décadas é o de uma *IA estrutural, generalizada, contínua e adaptativa*, que *participa ativamente da conformação da norma*, da *organização da arrecadação* e da *definição dos direitos e obrigações tributárias*.

Essa *inteligência artificial generalizada* caracteriza-se por sistemas capazes de *operar de forma autônoma em múltiplas camadas da arquitetura fiscal*: desde a *detecção de padrões de evasão* até a *simulação de impactos distributivos*, desde o *ranqueamento de contribuintes por risco* até a *parametrização normativa dos regimes especiais*.

A diferença fundamental em relação às *fases anteriores da automação* está na *capacidade dos sistemas de aprender iterativamente*, identificar *anomalias não pre-*

vistas, propor *novos padrões de comportamento normativo* e, em alguns casos, *tomar decisões que produzem efeitos jurídicos diretos*. Trata-se de uma *mudança de natureza*: a *IA* deixa de *ser periférica ao sistema* e passa a *integrá-lo como sujeito funcional de sua racionalidade*.

Esse novo cenário exige *repensar profundamente os pressupostos da teoria da norma tributária*. A *legalidade*, antes estruturada como relação entre *norma escrita e fato gerador objetivamente definido*, passa a operar sob uma *lógica inferencial*, em que a *obrigação tributária* é resultado de *processos estatísticos de correlação, aprendizado supervisionado* e *decisão algorítmica multivariável*.

A norma deixa de ser um *enunciado estático* e se transforma em um *vetor parametrizado de previsão comportamental*, cuja concretização dependerá da forma como os sistemas computacionais interpretam, inferem e colapsam os dados jurídicos e econômicos em tempo real.

Nesse ambiente, o *conceito de fato gerador*, previsto no art. 114 do CTN, passa a ser *contestado em sua estrutura clássica*. O *fato jurídico tributável* não será mais identificado exclusivamente por um *agente da administração pública*, mas poderá ser *detectado, reconstruído* e *atribuído por um sistema inteligente* que *simula o comportamento do contribuinte*, compara com *padrões normativos* e *infere*, com *alto grau de precisão*, a *existência de obrigação fiscal*.

A IA, neste contexto, opera como um *agente epistemológico da legalidade – não apenas executando comandos*, mas também *produzindo interpretações com relevância jurídica*.

Essa transição, contudo, *não ocorre sem riscos*. A delegação de tarefas de *natureza normativo-fiscal a sistemas de IA* exige o desenvolvimento de *mecanismos de controle, auditabilidade e fundamentação compatíveis* com os *princípios constitucionais do Estado de Direito*.

Uma *decisão* que *atribui a um contribuinte* determinada *obrigação fiscal com base em um sistema de classificação algorítmica* precisa ser *justificada de maneira inteligível*, sob pena de se converter em *violação do devido processo legal* e da *segurança jurídica*.

Como propõe a *OCDE* (2020), *é indispensável que os sistemas tributários baseados em IA* sejam construídos sobre os pilares da *explicabilidade algorítmica, supervisão humana significativa* e *direito à revisão institucional*.

Há ainda *outro aspecto decisivo*: a *assimetria técnica entre os sistemas de IA* e os *contribuintes humanos*. Em cenários de inteligência artificial generalizada, o *contribuinte* passa a *interagir com sistemas capazes de processar milhões de dados por segundo, modelar comportamentos com base em variáveis não explícitas* e aplicar *regras inferidas por aprendizado de máquina* e não necessariamente por *codificação direta*.

Isso gera um *descompasso estrutural na relação jurídica tributária*, especialmente para *contribuintes com menor estrutura técnica, jurídica* ou *financeira*, o que exige a

CAPÍTULO 5 • O FUTURO DO DIREITO TRIBUTÁRIO EM UM MUNDO QUÂNTICO **273**

criação de *instrumentos de proteção contra desigualdade algorítmica, simulação de risco institucional* e *regimes de proporcionalidade fiscal por design*.

Por outro lado, a *inteligência artificial generalizada* também oferece a possibilidade de construir um *sistema tributário profundamente adaptativo, distributivo* e *eficiente*.

A IA pode ser programada para *identificar práticas regressivas, simular impactos sociais, modular arrecadações de forma contextual* e até mesmo *propor reformas legislativas baseadas em dados reais de impacto econômico e distributivo*.

Essa *capacidade de modelagem em larga escala* transforma a inteligência fiscal em uma *plataforma institucional de justiça sistêmica*, desde que submetida a *padrões éticos, democráticos* e *normativos auditáveis*.

Em síntese, a *tributação em um cenário de inteligência artificial generalizada* requer um *novo pacto jurídico*: um pacto entre a *precisão técnica dos sistemas* e os *valores constitucionais do Direito Tributário*. A IA pode ser *agente de opressão fiscal silenciosa* ou de *justiça distributiva audível*. Tudo dependerá da *forma como seus algoritmos forem projetados, supervisionados, auditados* e *modulados*.

O *futuro do tributo*, portanto, está cada vez mais *inscrito no código* – e o *papel do Direito* será o de garantir que esse *código funcione sob os princípios da legalidade*, da justiça e da *igualdade fiscal*.

5.2.2. A governança fiscal em tempos de blockchain e contratos inteligentes

A *emergência do blockchain como arquitetura distribuída de registro, verificação* e *execução de transações* representa uma *inflexão paradigmática na forma como os sistemas jurídicos* – e, particularmente, os *sistemas tributários* – lidam com a incidência, a fiscalização e a arrecadação.

A tecnologia, ao permitir *registro imutável, descentralização do controle* e *execução automática de cláusulas contratuais* (via *smart contracts*), altera as *coordenadas tradicionais da regulação fiscal*, desafiando a *centralidade institucional do Estado*, a *intermediação humana das obrigações* e a *univocidade do sujeito passivo como ponto de referência da obrigação tributária*.

A *governança fiscal em tempos de blockchain* exige o reconhecimento de que as *operações econômicas* podem ser *codificadas em estruturas técnicas autoexecutáveis*, cujo funcionamento *prescinde de órgãos intermediários, registros notariais* ou *plataformas financeiras centralizadas*.

Um *contrato inteligente*, uma *Dao* (Organização Autônoma Descentralizada) ou um *protocolo DeFi* (Finanças Descentralizadas) pode *realizar, sem intervenção humana direta, atos com repercussão tributária relevante* – como *compra e venda de ativos, distribuição de lucros, cessão de direitos* ou *remuneração por prestação de serviços*.

Nesses casos, o *tributo não nasce mais da declaração do contribuinte* ou da *apuração do fisco*, mas da *própria arquitetura transacional inscrita no código*. Esse deslocamento exige uma *reformulação da dogmática tributária*.

O *contrato inteligente*, ao executar automaticamente uma obrigação econômica com liquidação integrada, torna-se um *"fato gerador programado"*, cuja *ocorrência não depende de externalização formal nem de atos posteriores de apuração*. O *desafio jurídico reside*, portanto, em *codificar a incidência tributária dentro da linguagem técnica desses contratos*, de modo que o *sistema de arrecadação* opere por *design* e não apenas por *controle posterior*. A tributação passa a ser, nesse cenário, uma *questão de engenharia normativa*, de *escrita fiscal em código-fonte* e de *embedment regulatório*.

A *implementação de tributos por design* requer, contudo, a *superação de três obs-táculos centrais*. O *primeiro* é a *formalização técnica da norma jurídica*, cuja *tradução em linguagem de programação* precisa *preservar seus elementos essenciais – tipicidade, hipótese de incidência, base de cálculo, sujeito passivo e alíquota – sem comprometer a segurança jurídica* nem abrir margem para *arbitrariedades automatizadas*.

O *segundo* é a *definição de responsabilidade tributária em redes descentralizadas*, em que *não há uma entidade jurídica claramente identificável como devedora*, mas um *conjunto distribuído de atores* que operam sob *pseudônimos, contratos autônomos* e *estruturas tokenizadas*.

O *terceiro* é a *interoperabilidade entre o sistema normativo estatal* e as *camadas técnicas dos sistemas blockchain*, de modo que seja *possível auditar, validar* e *regular os fluxos fiscais em tempo real*.

A *governança fiscal*, nesse contexto, *desloca-se do Estado como órgão central de arrecadação* para um *modelo híbrido*, em que a *arrecadação* é coordenada entre *plata-formas, usuários, códigos* e *autoridades reguladoras*, exigindo *estruturas de cooperação normativa* e *técnica* entre *entes públicos* e *privados*.

Essa *descentralização da função arrecadatória* não significa, contudo, *perda de soberania fiscal*: ao contrário, exige uma *reconfiguração institucional da autoridade tributária*, que deve operar como *orquestradora de sistemas interoperáveis, certi-ficadora de códigos fiscais* e *auditora de estruturas digitais*. A *Secretaria da Receita Federal*, por exemplo, poderá atuar como *nó validador institucional em blockchains públicos*, participando da *verificação de transações* e da *autenticação de registros com efeito fiscal*.

Ademais, a *imutabilidade dos registros* e a *rastreabilidade das operações em block-chain* oferecem *oportunidades inéditas para a construção de sistemas tributários mais transparentes, antifraude* e *auditáveis*, com potencial de *reduzir drasticamente a evasão*, o *planejamento abusivo* e o *contencioso*.

Desde que observados os *princípios da proteção de dados*, da *proporcionalidade* e da *justiça fiscal*, é possível projetar estruturas em que o *compliance* seja embutido nos *próprios fluxos transacionais*, evitando tanto a *sonegação* quanto a *arbitrariedade interpretativa*.

Por fim, o *desafio central da governança fiscal em tempos de blockchain* e *contratos inteligentes* reside na capacidade de *projetar um sistema normativo* que seja, *simultaneamente, tecnicamente exequível, juridicamente legítimo e democraticamente controlado*. Isso exige um *novo tipo de jurista*: um *arquiteto institucional* capaz de *dialogar com desenvolvedores, interpretar código como norma e construir regimes fiscais* que operem *dentro* e *através das tecnologias emergentes*.

A *tributação do futuro* não será apenas *regulada por leis* – será também *codificada em sistemas distribuídos, auditada por redes e validada por algoritmos*. A legitimidade desse sistema dependerá de sua *capacidade de integrar os princípios constitucionais da tributação* com a *lógica técnica das plataformas descentralizadas*. A *justiça fiscal do século XXI* será, cada vez mais, uma *questão de arquitetura* – e o *Direito Tributário*, uma *engenharia de governança em redes distribuídas*.

5.2.3. Algoritmos tributários autônomos e a descentralização da arrecadação

A *evolução dos sistemas de arrecadação tributária* a partir de *arquiteturas algorítmicas inteligentes, autoexecutáveis e distribuídas* sugere um *deslocamento profundo da centralidade estatal na função arrecadatória*. Esse movimento, longe de ser apenas um *fenômeno técnico*, corresponde a uma *reestruturação institucional do próprio campo fiscal*, em que algoritmos passam a exercer funções normativas, operacionais e decisórias que historicamente pertenciam ao Estado. No limite, assiste-se à *emergência de uma nova categoria de sujeito funcional do sistema tributário*: o *algoritmo tributário autônomo*.

Tais *algoritmos* operam como *agentes programáveis capazes de reconhecer eventos tributáveis*, aplicar *regras normativas parametrizadas, calcular a carga devida, executar automaticamente o recolhimento do tributo e registrar a operação em sistemas auditáveis* – muitas vezes sem a intermediação de qualquer agente humano.

Esses processos são impulsionados pela *expansão dos contratos inteligentes*, pelas *plataformas de blockchain* e por *sistemas de contabilidade digital autônoma*, que permitem a *inferência, liquidação e registro da obrigação tributária como funções integradas à transação econômica*.

A *descentralização da arrecadação*, neste contexto, *não se limita à pulverização dos sujeitos passivos* ou à *multiplicação das formas de manifestação da riqueza*: opera na *própria lógica do exercício da competência tributária*, que *deixa de ser exclusivamente estatal* e passa a ser *codificada*, ao menos em parte, em *estruturas técnicas e algoritmos operacionais*.

Nesse novo arranjo, a *função arrecadatória* é exercida *não mais por um ente público deliberativo*, mas por um *conjunto de regras automatizadas* que regem a *incidência fiscal em tempo real* e de *forma distribuída*.

Isso implica que o próprio conceito de *"autoridade fiscal"* precisa ser *reconstruído.* A autoridade *deixa de ser sinônima de titularidade política da arrecadação* e passa a significar a *capacidade de projetar, parametrizar* e *auditar os algoritmos* que *operam o sistema de arrecadação digital.*

Nesse sentido, o *poder fiscal desloca-se do campo da decisão humana* para o da *arquitetura algorítmica,* exigindo que a *governança tributária contemporânea* incorpore *infraestruturas institucionais híbridas,* compostas por *juristas, cientistas de dados, engenheiros de sistemas* e *reguladores técnicos.*

O risco evidente nesse modelo é a *perda de controle institucional sobre os efeitos distributivos, interpretativos* e *operacionais do tributo,* caso os algoritmos operem de forma *opaca, autoalimentada* e *não auditável.*

Se a arrecadação for operada *exclusivamente por máquinas* que *interpretam normas em função de padrões comportamentais,* corre-se o risco de se *instaurar uma forma de automação fiscal não supervisionada, tecnicamente precisa,* mas *juridicamente ilegítima.*

Como destaca a *OCDE* (2020), a *descentralização não pode significar desregulação* – ao contrário, exige o *fortalecimento dos mecanismos de supervisão pública, parametrização normativa* e *modulação institucional dos sistemas inteligentes.*

Contudo, quando *adequadamente projetados,* os *algoritmos tributários autônomos* oferecem *oportunidades sem precedentes para a construção de sistemas mais eficientes, transparentes* e *justos.* Tais sistemas podem permitir o *recolhimento instantâneo do tributo no momento exato da transação, eliminar o espaço para evasão voluntária, reduzir o contencioso* e *operacionalizar regimes fiscais progressivos* com base em *dados granulares de consumo, renda* e *patrimônio.* Além disso, possibilitam a *criação de ambientes fiscais programáveis,* em que o *tributo pode ser calibrado de forma dinâmica* em *função de variáveis econômicas* e *sociais, ajustando a carga tributária à conjuntura em tempo real.*

A *descentralização da arrecadação* também permite a *criação de modelos fiscais interoperáveis entre jurisdições,* com *contratos inteligentes* que automaticamente *retêm* e *distribuem os tributos devidos a diferentes entes federativos,* de acordo com *regras previamente codificadas* e *validadas por todas as partes.*

Isso poderá contribuir para a *superação de conflitos federativos de competência* e para a implementação de *regimes fiscais cooperativos transfronteiriços.*

No entanto, para que essa descentralização *não comprometa os fundamentos republicanos do sistema tributário,* será necessário instituir *mecanismos de responsabilização técnica, controle social* e *legitimação democrática dos algoritmos arrecadatórios.* Isso inclui *exigência de código aberto para os sistemas fiscais, auditorias públicas regulares, estruturas de correção de vieses automatizados, direito à revisão humana* e *integração de princípios constitucionais diretamente aos critérios de programação.*

Em síntese, os *algoritmos tributários autônomos* representam uma *nova geração de ferramentas fiscais,* capazes de operar a *arrecadação* como *função técnica embutida*

CAPÍTULO 5 • O FUTURO DO DIREITO TRIBUTÁRIO EM UM MUNDO QUÂNTICO

na arquitetura econômica das transações. Sua emergência desafia os *marcos tradicionais da legalidade* e da *soberania fiscal*, mas também oferece a possibilidade de *construir um sistema tributário mais preciso, distribuído, verificável* e *sensível à complexidade.*

O *futuro da arrecadação* poderá *não estar apenas no texto da lei*, mas no *comportamento das máquinas* – desde que o Direito seja capaz de ensiná-las a tributar com justiça.

5.3. A CONSOLIDAÇÃO DO DIREITO TRIBUTÁRIO QUÂNTICO COMO NOVO PARADIGMA

A trajetória analítica percorrida até aqui permite sustentar que o *sistema tributário contemporâneo opera sob condições de complexidade, instabilidade* e *incerteza* que *não são contingentes*, mas *estruturais*.

A *multiplicidade de regimes*, a *superposição normativa*, a *volatilidade interpretativa*, a *descentralização técnica da arrecadação* e a *inferência algorítmica de obrigações fiscais* compõem um ecossistema jurídico que *transcende os marcos do Direito Tributário tradicional*.

Nesse cenário, não se trata apenas de *atualizar conceitos* ou *modernizar procedimentos*, mas de *reconfigurar a própria gramática do sistema fiscal*, ancorando-a em *princípios compatíveis com realidades dinâmicas, não lineares* e *epistemologicamente distribuídas*.

Nesse cenário de *crescente complexidade normativa, instabilidade interpretativa* e *intensificação dos fluxos econômicos globais* e *digitais*, propõe-se, como *exercício teórico* e *epistemológico*, a *abertura de um campo de reflexão em torno do que se pode denominar de Direito Tributário Quântico*.

Mais do que a *simples transposição de conceitos da física quântica para o domínio jurídico* – o que seria *metodologicamente inadequado —*, trata-se de um *convite ao desenvolvimento de uma teoria jurídica da incerteza estruturada*, que reconheça a *volatilidade*, a *retroalimentação sistêmica* e a *interdependência* como *dimensões constitutivas do fenômeno tributário contemporâneo*.

Essa abordagem teórica propõe *repensar a forma como se concebe a norma tributária*: não mais como um *comando determinístico de aplicação binária*, mas como uma *função de onda jurídica*, na qual *múltiplos significados normativos coexistem potencialmente até que um ato institucional* – seja o *lançamento*, a *autuação*, a *decisão judicial* ou até mesmo uma *inferência algorítmica* – provoque o chamado "*colapso interpretativo*", atualizando *uma* entre as *diversas possibilidades latentes*.

A *norma tributária*, nesse contexto, *assume a forma de um campo probabilístico de sentido*, condicionado por *dados, padrões históricos, arquitetura decisória* e *contexto econômico*.

Ademais, essa proposta permite *problematizar a estrutura tradicional do tempo fiscal*. Em vez de uma *linha reta em que o fato gera a norma* e esta, por sua vez, *engendra a obrigação*, propõe-se a *análise do sistema tributário como dinâmico e retroalimentado*, em que *decisões presentes podem reconfigurar obrigações passadas* (por meio de modulações retroativas, por exemplo) e *expectativas futuras condicionam comportamentos atuais*, notadamente no contexto de *modelos de compliance tributário preditivo*.

O *Direito Tributário* poderia, então, ser concebido como um *sistema de feedback contínuo*, no qual *decisões institucionais* e *comportamentos dos contribuintes* influenciam mutuamente a *configuração normativa vigente e futura*.

Essa linha de investigação não pretende *impor verdades acabadas*, mas *fomentar debates interdisciplinares* e *reflexões críticas sobre os limites das categorias clássicas do Direito Tributário diante de um ambiente jurídico, econômico e tecnológico em permanente transformação*. É, em última análise, um *convite à construção coletiva de uma nova linguagem jurídica* capaz de *dialogar com a complexidade do mundo contemporâneo*.

Outro campo fértil para *reflexão no âmbito da proposta quântica aplicada ao Direito Tributário* reside na *possibilidade de integração das estruturas algorítmicas à racionalidade jurídica*, sem que isso implique *abdicação dos fundamentos constitucionais da legalidade*, da *capacidade contrib*utiva ou do *devido processo legal*.

Longe de conceber tecnologia e Direito como domínios antagônicos, a *quantização normativa* sugere a construção de uma *codificação fiscal responsiva*, ancorada em *modelos computacionais auditáveis, parametrizações transparentes* e *simulações distributivas ex ante*. Tal abordagem permitiria conceber a justiça fiscal não como um *ideal fixo*, mas como um *equilíbrio dinâmico* e *iterativo* entre *inferência técnica* e *controle normativo*, amparado por *métricas objetivas, evidências empíricas* e *jurisprudência adaptativa*.

A implementação dessa racionalidade demanda, entretanto, uma *reconfiguração metodológica profunda da ciência jurídica tributária*. O *operador do Direito no século XXI* não pode mais *restringir-se a textos legais, precedentes* e *doutrina tradicional*. Impõe-se a necessidade de *compreender sistemas dinâmicos, lidar com variáveis probabilísticas, interpretar outputs de modelos de aprendizado de máquina, auditar decisões automatizadas* e *construir argumentos jurídicos* integrando *estruturas lógico-computacionais*.

Assim, a *dogmática tributária* tende a *expandir seu repertório epistemológico*, incorporando *linguagens formais, técnicas de modelagem estatística* e *ferramentas visuais de simulação* e *risco normativo*, em um movimento similar ao que se observa em áreas como a *econometria aplicada à política fiscal* (*Gordon; Hines Jr.*, 2002; *Slemrod; Gillitzer*, 2013).

É importante ressaltar que a *proposta quântica não pretende constituir um modelo normativo rígido ou dogmático*. Pelo contrário, trata-se de uma *construção aberta, adaptativa* e *iterativa*, em consonância com a realidade de um *sistema tributário globalizado, digitalizado* e *profundamente mediado por tecnologias de automação, big data* e *inteligência artificial*.

Nessa perspectiva, o *Direito Tributário* passa a operar sob incerteza, não como *anomalia*, mas como *condição ontológica da governança fiscal moderna*. A proposta,

CAPÍTULO 5 • O FUTURO DO DIREITO TRIBUTÁRIO EM UM MUNDO QUÂNTICO

portanto, *não busca eliminar a instabilidade*, mas *governá-la de forma transparente, responsável* e *normativamente controlada*.

Em vez de *resistir à lógica algorítmica*, propõe-se *regulá-la sem renunciar à legalidade; parametrizar a previsibilidade sem anular a discricionariedade;* e *auditar a justiça fiscal por meio de métricas explícitas e acessíveis*.

Essa *racionalidade tributária emergente* encontra ressonância em estudos como os de *Graetz* (2016), ao explorar a *relação entre finanças públicas e estruturas institucionais;* em *Devereux* (2021), ao modelar *sistemas de taxação do lucro em economia digital;* em *OECD* (2020; 2023), com sua *proposta de administração tributária 3.0 e regras globais contra a erosão de bases fiscais;* e em *Zucman* (2015; 2019), ao denunciar a *necessidade de transparência e controle sobre fluxos financeiros automatizados*.

Também se articula com os desafios postos por autores como *Gadzo* (2018), no tocante à *redefinição de nexos fiscais em uma economia descentralizada*, e por *Kemmerling* (2022), ao relacionar *justiça fiscal e modelos tecnológicos de formulação de políticas públicas*.

Por fim, ao reconhecer a *complexidade não como exceção patológica*, mas como *estrutura normativa inevitável*, a *abordagem quântica* contribui para a *construção de uma nova racionalidade no campo tributário* – uma racionalidade fundada na *previsibilidade parametrizada*, na *legalidade algorítmica* e na *justiça fiscal auditável*, por meio de *instrumentos científicos* e *institucionais rigorosos*. Mais do que um *novo paradigma*, trata-se de um *convite à reflexão profunda sobre os caminhos possíveis para o Direito Tributário diante de sua própria mutação estrutural*.

5.3.1. O futuro da hermenêutica tributária diante da incerteza

A *hermenêutica tributária*, enquanto *disciplina destinada à interpretação, aplicação* e *estabilização do sentido das normas fiscais*, enfrenta, nas últimas décadas, uma *transformação de ordem estrutural*.

O *crescimento exponencial da complexidade normativa*, a *multiplicação de regimes legais sobrepostos*, a *volatilidade jurisprudencial*, a *interação entre ordenamentos internos e internacionais* e a *incorporação de tecnologias interpretativas automatizadas* (como sistemas de inteligência artificial jurídica) *desafiam a matriz clássica da interpretação* como *operação lógico-dedutiva* em torno de um *texto normativo com sentido fixo*. Nesse cenário, o *horizonte hermenêutico do Direito Tributário* deixa de ser a *busca por segurança absoluta*, e passa a ser a *administração responsável da incerteza institucional*.

A *premissa central da hermenêutica tributária tradicional* é a de que a *norma possui um significado originário*, que pode ser *reconstruído a partir de métodos interpretativos sistematizados* (gramatical, lógico, teleológico, histórico, entre outros), os quais conduzem à *descoberta do sentido "correto" da norma*. Contudo, essa premissa *mostra-se insustentável em contextos de superposição normativa, regimes híbridos, múltiplos centros* decisórios, decisões contraditórias e estruturas normativas parametrizadas por algoritmos que operam com funções probabilísticas e aprendizado supervisionado.

Como ensina *Lenio Streck* (2011), a *hermenêutica não é um caminho para a verdade objetiva da norma*, mas um *campo de disputa de sentidos que requer responsabilidade, coerência* e *abertura interpretativa*.

No *campo tributário*, essa indeterminação adquire *contornos particularmente sensíveis*. A *coexistência de interpretações divergentes sobre o conceito de "insumo"*, a *extensão do "fato gerador"*, a *natureza jurídica de receitas*, a *definição de "estabelecimento permanente"* ou os *limites da substituição tributária* evidencia que o *sentido da norma não é dado*, mas *construído e reconstruído continuamente por instituições que colapsam, seletivamente, as possibilidades normativas latentes*.

Em outras palavras, o *Direito Tributário opera com estados hermenêuticos sobrepostos*, cuja *resolução depende de decisões interpretativas que atualizam a norma* – uma analogia clara com o colapso da função de onda na mecânica quântica.

Nesse novo paradigma, a *hermenêutica tributária do futuro* não buscará *eliminar a ambiguidade*, mas *governá-la com responsabilidade institucional* e *previsibilidade parametrizada*. Isso implica reconhecer que a *multiplicidade de sentidos possíveis é inerente à linguagem normativa* e que a *tarefa da interpretação é construir colapsos justificáveis, coerentes* e *auditáveis*.

A *racionalidade hermenêutica* passa a ser, assim, *não uma lógica da certeza*, mas uma *tecnologia da estabilização provisória do sentido*, baseada em *padrões, precedentes, dados* e *inferência contextual*.

Além disso, o *avanço da inteligência artificial no campo interpretativo* inaugura uma *nova epistemologia jurídica: algoritmos capazes de processar precedentes, identificar padrões de julgamento, sugerir enquadramentos* e até mesmo *redigir fundamentações jurídicas* tornam-*se atores cognitivos da prática hermenêutica*.

O *futuro da interpretação tributária* envolverá uma *coparticipação entre operadores humanos* e *sistemas algorítmicos*, exigindo uma *hermenêutica híbrida*, que saiba *dialogar com estatísticas, probabilidades, redes semânticas* e *estruturas de aprendizado supervisionado*.

Essa *nova racionalidade* requer também que o *julgador* – administrativo ou judicial – *compreenda seu papel como colapsador institucional da norma entre possibilidades concorrentes*. A *função decisória* não é mais a de "reproduzir" o *sentido da lei*, mas a de *escolher, justificar* e *parametrizar uma dentre as possíveis leituras válidas*, de modo a *preservar a coerência institucional*, a *integridade sistêmica* e a *justiça fiscal*. A *função hermenêutica*, assim concebida, é *constitutiva da norma* – e não sua *mera revelação*.

A *hermenêutica tributária diante da incerteza* também deve *dialogar com a justiça fiscal*. A escolha entre *diferentes interpretações possíveis* deve ser orientada *não apenas por coerência formal*, mas também por *critérios de equidade, simetria interpretativa entre contribuintes, impacto social da decisão* e *previsibilidade institucional*.

A *interpretação* deixa de ser um *ato técnico isolado* e passa a ser um *evento normativo* sensível ao *contexto*, à *tecnologia* e à *responsabilidade institucional*.

Em suma, o *futuro da hermenêutica tributária* está na *construção de uma racionalidade interpretativa* capaz de lidar com *sistemas instáveis, algoritmos interpretativos, dados massivos* e *multiplicidade de sentidos*. Trata-se de *substituir a ilusão da verdade normativa* pela *ética do colapso justificado*.

A *incerteza é irredutível* – mas a *justiça*, a *transparência* e a *coerência interpretativa* são *exigíveis*. A *hermenêutica tributária quântica* é, assim, uma *teoria da responsabilidade interpretativa em contextos de instabilidade estrutural*.

5.3.2. A interseção entre Direito, Física e Tecnologia na formulação das normas

A crescente complexidade que caracteriza os sistemas tributários na contemporaneidade tem suscitado debates relevantes sobre os *limites da dogmática jurídica tradicional na formulação de normas fiscais*.

Tal cenário convida à abertura de *novos horizontes metodológicos*, nos quais a *elaboração normativa* possa dialogar com *saberes interdisciplinares*, incorporando elementos oriundos da *física contemporânea*, da *computação formal* e de *epistemologias adaptativas*, compatíveis com contextos de *instabilidade normativa* e *mutabilidade institucional*.

Trata-se, assim, de uma *provocação à comunidade jurídica*: como *repensar a estrutura das normas tributárias em tempos de volatilidade interpretativa, automação decisória e descentralização digital*?

Nesse contexto, desponta a possibilidade de explorar, com o devido rigor teórico, uma *aproximação entre os conceitos fundamentais da física quântica* e os *desafios enfrentados pela normatividade fiscal*. Na *física moderna*, os *sistemas são compreendidos como distribuições probabilísticas* de *estados possíveis*, expressos por *funções de onda que somente se consolidam em realidade observável mediante um ato de medição*.

Em *analogia* – que não *pretende ser transposição simplista*, mas uma *inspiração heurística* –, pode-se pensar a *norma tributária contemporânea* como um *campo de possibilidades interpretativas*, cuja *materialização dependerá de uma decisão institucional*, seja ela *administrativa, judicial* ou *algorítmica*.

Essa perspectiva *não visa abandonar os fundamentos jurídicos tradicionais*, prestando-se a *enriquecer a compreensão da normatividade* diante da sua *crescente complexidade e contextualidade*.

Tal analogia sugere que, *diante de um ambiente fiscal cada vez mais instável e tecnologicamente mediado, a legislação tributária* poderia ser concebida *não como instrumento de previsibilidade absoluta*, mas como *estrutura normativa parametrizável, sensível ao contexto* e *auditável em tempo real.*

Essa lógica já se manifesta, por exemplo, em *diversas iniciativas internacionais* que propõem a *codificação responsiva das normas tributárias, estruturadas sobre modelagens empíricas, simulações distributivas* e *métricas de impacto fiscal* (OECD, 2020; *Graetz,* 2016; *Devereux*, 2021).

Em vez de buscar *rigidez normativa diante da incerteza*, o desafio seria formular *regras capazes de governar a instabilidade com base em princípios como proporcionalidade, equidade* e *eficiência*, utilizando para isso ferramentas como *feedback normativo* e *inferência estatística.*

Do *ponto de vista tecnológico*, esse desafio *ganha ainda maior densidade*. O advento de *contratos inteligentes, plataformas de conformidade digital em tempo real* e *sistemas de arrecadação automática* exige que as normas tributárias sejam redigidas de maneira *compatível com os ambientes computacionais* nos quais serão implementadas.

Isso implica *estruturar regras com formalismo lógico, regras de exceção claramente delimitadas* e *integração com bancos de dados dinâmicos*, o que, por sua vez, demanda a *incorporação de metodologias oriundas da engenharia de software*, da *modelagem computacional* e da *lógica matemática no processo legislativo.*

Essa reflexão *não pressupõe a substituição da linguagem jurídica por linguagens formais ou técnicas*, mas o *alargamento do repertório metodológico do Direito Tributário*, para que se mantenha *funcional, legítimo e tecnicamente robusto diante das novas exigências da governança fiscal digital.* É, portanto, um *convite à construção coletiva de soluções normativas* que integrem *justiça fiscal, segurança jurídica* e *racionalidade algorítmica*, sem renunciar aos princípios constitucionais que fundam o sistema tributário.

A *interseção entre Direito, Física e Tecnologia não dissolve o papel da normatividade jurídica* – ela o *transforma.* Em *lugar de comando*, temos *programação.* Em lugar de *subsunção*, temos *inferência.* Em lugar de *fixidez*, temos *modelagem.*

O *legislador do século XXI* não pode ignorar que suas normas são *lidas, executadas* e *reinterpretadas por agentes humanos* e *máquinas, sistemas jurídicos* e *algoritmos, instituições nacionais* e *plataformas globais.* O *sucesso normativo* dependerá de sua *capacidade de construir normas que funcionem em contextos instáveis, operem sob retroalimentação tecnológica* e sejam *auditáveis por linguagens jurídicas e computacionais simultaneamente.*

Em síntese, a *formulação das normas fiscais no paradigma quântico* exige um *salto epistemológico*: do *texto à simulação*, da *certeza à inferência*, da *lógica formal à adaptabilidade probabilística.* A justiça, a legalidade e a *eficiência* continuarão sendo os *fins da tributação* – mas os *meios para alcançá-los passarão*, cada vez mais, pela *convergência entre Direito, Física e Tecnologia.*

5.3.3. Modelos dinâmicos e adaptativos para um sistema tributário eficiente

A *evolução das estruturas tributárias contemporâneas* tem colocado em pauta a necessidade de *repensar não apenas os fundamentos teóricos e hermenêuticos do sistema tributário*, mas também sua *arquitetura institucional e operacional*, à luz das *transformações tecnológicas, sociais e econômicas do século XXI*.

Nesse contexto, emerge a possibilidade de *discutir modelos mais responsivos*, capazes de *conciliar legitimidade normativa, viabilidade técnica e eficiência social*. A proposta aqui delineada *não pretende impor uma ruptura*, buscando *suscitar uma reflexão sobre como construir sistemas normativos* capazes de se ajustar com precisão a *contextos dinâmicos, dialogar com dados empíricos* e *operar com racionalidade adaptativa*.

Longe de sugerir o *abandono dos princípios jurídicos tradicionais*, o que se propõe é explorar a ideia de que um *sistema tributário eficiente*, em tempos de *volatilidade econômica e inovação tecnológica, não deve ser concebido como uma engrenagem normativa estática*, mas como um *organismo regulatório vivo*, que *aprende, corrige* e *se reconfigura a partir da realidade sobre a qual atua*.

Eficiência, nesse caso, *não se limita à maximização da arrecadação* ou à *redução de custos operacionais*, mas envolve uma *racionalidade distributiva, cooperativa* e *orientada por resultados* – princípios que vêm sendo debatidos, inclusive, na *literatura internacional sobre design de sistemas fiscais (Mirrlees* et al., 2010; *Slemrod; Gillitzer,* 2013; *Devereux,* 2021).

Para explorar essa racionalidade, propõem-se *três eixos reflexivos: dinamismo normativo, responsividade institucional* e *inteligência regulatória* – elementos que *não devem ser compreendidos como ruptura com o Direito positivo*, mas como *camadas complementares de racionalidade normativa* diante de *novos desafios interpretativos e operacionais*.

O *dinamismo normativo* convida à *revisão da concepção clássica de norma tributária* como *comando estático e imutável*. Em *ambientes instáveis*, atravessados por *assimetrias comportamentais, mutações jurisprudenciais* e *volatilidade macroeconômica*, parece legítimo indagar se normas mais *adaptativas, estruturadas por evidências empíricas* e *parametrizações transparentes*, poderiam oferecer *maior estabilidade e justiça*.

Experiências internacionais, como as do *sistema dinamarquês de ajustes fiscais automatizados* ou os *debates sobre progressividade dinâmica em países da OCDE*, demonstram a *viabilidade* de se pensar em *normas fiscalmente responsivas*, baseadas em *indicadores como índice de Gini, IDH regional, densidade de empregos* ou *elasticidade da receita frente ao crescimento econômico*.

Nessa abordagem, a *norma tributária* passa a operar como *estrutura condicionada*, apta a ser *parametrizada ex ante* e *reconfigurada ex post*, de acordo com *metas explícitas*, como *neutralidade econômica, justiça distributiva* ou *eficiência alocativa*.

As *simulações computacionais*, já utilizadas em *processos legislativos de vários países*, permitem testar o *impacto potencial de alterações normativas sobre o comportamento dos contribuintes*, a *distribuição da carga fiscal* e o *nível de arrecadação*. Assim, o *legislador deixa de atuar exclusivamente por modelos exógenos* e passa a *incorporar mecanismos internos de modelagem, monitoramento* e *correção*.

No campo da *responsividade institucional*, observa-se um movimento semelhante. A *eficiência administrativa* passa a ser pensada não como *obediência rígida à norma*, mas como *capacidade de escuta, aprendizado* e *adaptação sistêmica*.

Instituições fiscais como a *Receita Federal* podem ser vistas, nessa perspectiva, como *sistemas cognitivos que processam dados, simulam riscos, reavaliam condutas* e *ajustam estratégias de conformidade* com base em *inferência estatística* e *aprendizado contínuo* (*OECD*, 2020; *Zucman*, 2015).

O *Programa CONFIA*, por exemplo, *representa um passo importante nesse sentido ao propor mecanismos de cooperação, transparência* e *pactuação interpretativa* entre *Fisco* e *contribuinte*. Tais iniciativas *deslocam o foco da lógica punitiva* para uma *lógica preventiva e colaborativa*, baseada em *dashboards de risco, canais de orientação estratégica* e *mecanismos de autodeclaração parametrizada*.

Essa transição, em consonância com tendências observadas no *Reino Unido*, na *Holanda* e na *Nova Zelândia*, reforça a ideia de que um *sistema tributário adaptativo não apenas reduz litígios*, mas também *melhora a previsibilidade jurídica* e *fortalece a confiança institucional*.

A *terceira dimensão – inteligência regulatória –* diz respeito à *utilização crítica e reflexiva das ferramentas da ciência de dados na estruturação das decisões fiscais*. O *uso de algoritmos de machine learning, análise de redes complexas, inferência bayesiana* e *simulação estocástica não substitui o juízo jurídico*, mas o *qualifica com base em evidência empírica* e *modelagem preditiva*.

A proposta, nesse sentido, *não é substituir o Direito pelo código*, mas *reconstruir a legalidade sobre bases auditáveis, transparentes* e *empiricamente verificáveis*.

Modelos baseados em *inteligência regulatória* permitem que o *sistema fiscal identifique padrões, detecte anomalias* e se *ajuste com agilidade a novos contextos*, sem renunciar à *segurança jurídica*. Ao contrário, a *previsibilidade parametrizada –* nos termos de metas fiscais, limites de regressividade ou faixas de isenção calibradas dinamicamente *– fortalece o próprio princípio da legalidade*, ao torná-lo *mais responsivo, mais mensurável* e *mais adaptável*.

Por fim, é importante destacar que esse *conjunto de propostas não representa uma negação do Direito Tributário tradicional*, mas um *esforço de diálogo com seus limites e possibilidades*.

A *interdisciplinaridade aqui evocada busca enriquecer –* e *não substituir –* a *racionalidade jurídica*, mediante a *integração responsável de linguagens técnicas, modelagens*

CAPÍTULO 5 • O FUTURO DO DIREITO TRIBUTÁRIO EM UM MUNDO QUÂNTICO **285**

computacionais e *fundamentos constitucionais*. Trata-se, portanto, de um *convite à construção conjunta de um sistema tributário mais justo*, mais *transparente* e mais *eficiente*, compatível com os *desafios de um mundo globalizado, digitalizado* e *estruturalmente complexo*.

A *inteligência regulatória*, nesse contexto, *manifesta-se em três dimensões complementares* que estruturam sua *aplicabilidade prática* e seu *potencial transformador*.

No *plano normativo*, permite que as *normas tributárias sejam concebidas como estruturas parametrizáveis, sustentadas por algoritmos auditáveis* e *validadas por indicadores objetivos de justiça fiscal* (como progressividade e capacidade contributiva), *eficiência econômica* (como elasticidade arrecadatória e custos de conformidade) e *coerência institucional* (como convergência jurisprudencial e precedentes administrativos).

Trata-se de conferir à *norma* não apenas *estabilidade*, mas também *capacidade de simulação* e *reconfiguração*, de modo a *torná-la funcional em cenários dinâmicos*.

No *plano comportamental, a inteligência regulatória* viabiliza a *classificação dinâmica de contribuintes* com base em *perfis de risco atualizáveis*. Tais perfis *não se baseiam em estigmatizações abstratas*, mas em *comportamentos históricos, grau de litigiosidade, complexidade operacional* e *padrões estatísticos* detectados por *sistemas de inferência preditiva*.

A *administração fiscal*, assim, *passa a atuar de forma mais focalizada* e *proporcional*, destinando *ações repressivas aos casos de maior risco* e adotando *posturas orientativas* e *cooperativas* diante de contribuintes com *histórico de conformidade voluntária*. Essa lógica é *coerente com o modelo de compliance colaborativo* já ensaiado em diversas administrações fiscais ao redor do mundo.

Por fim, no *plano institucional*, a *inteligência regulatória* promove a *integração sistêmica* entre *arrecadação, fiscalização, contencioso, jurisprudência* e *legislação*. Cada decisão – seja ela administrativa ou judicial – passa a *retroalimentar os critérios de risco*, as *parametrizações normativas* e os *mecanismos de conformidade*, por meio de *infraestruturas cognitivas institucionais*.

Essa *capacidade de aprendizagem institucional contínua* representa um dos *eixos centrais da responsividade fiscal* e da construção de uma *governança adaptativa*, coerente com os princípios constitucionais da legalidade e da segurança jurídica.

A consolidação dessa arquitetura permite, ainda, a *implementação de plataformas públicas de regularização espontânea parametrizada*, nas quais o *contribuinte tem acesso transparente à sua classificação de risco*, aos *pontos de atenção* e às *causas de sua pontuação*.

Essa visualização *estimula condutas corretivas voluntárias* e transforma o *compliance fiscal em processo dialógico, pedagógico* e *racionalizado*, contribuindo para a *redução de litígios*, da *percepção de arbitrariedade* e da *assimetria informacional* entre Fisco e sociedade.

Contudo, para que essa nova racionalidade regulatória não se converta em um tecnocratismo opaco ou potencialmente autoritário, torna-se imprescindível estruturá-la com base em *princípios normativos robustos*.

Quatro fundamentos devem, nesse sentido, orientar sua implementação: (i) a *explicabilidade algorítmica*, assegurando que toda decisão automatizada com efeitos jurídicos seja compreensível e passível de revisão; (ii) a *proporcionalidade inferencial*, para evitar sanções fundadas em padrões estatísticos frágeis, enviesados ou descontextualizados; (iii) a *revisão humana ampliada*, que garanta contraditório qualificado e instâncias recursais efetivas; e (iv) o *controle democrático da parametrização legal*, com participação institucionalizada de conselhos multissetoriais, academia e sociedade civil.

Dessa forma, *a inteligência regulatória não substitui o Direito*, mas o fortalece, ampliando suas *capacidades de previsão, correção e legitimação*. Um *sistema tributário que combina legalidade constitucional, modelagem computacional e governança responsiva* não apenas arrecada com mais eficiência – ele promove *justiça distributiva*, aumenta a *previsibilidade jurídica* e qualifica o *processo decisório fiscal* em todos os seus níveis.

O horizonte que se delineia, portanto, é o de um *Direito Tributário* comprometido *não com a rigidez normativa*, mas com a *responsividade institucional* e a *justiça auditável*.

O *futuro da tributação*, nesse contexto, não será decidido unicamente por *legisladores e juízes*: será *coconstruído por sistemas que aprendem, simulam e colapsam normas com base em dados, algoritmos e responsabilidade democrática*.

O *papel do jurista*, nesse novo cenário, será *garantir que tais colapsos sejam legítimos, proporcionais e publicamente justificáveis* – ou seja, justos em sua forma e em seus efeitos.

Em síntese, os *modelos dinâmicos* e *adaptativos* aqui debatidos *não pretendem eliminar a complexidade*, mas *traduzir essa complexidade em estruturas regulatórias controláveis, auditáveis e funcionalmente orientadas por dados, princípios e participação democrática*.

O que se propõe *não é uma ruptura*, mas uma *evolução do pensamento jurídico-tributário*, que reconhece o *tributo como variável normativa, técnica e social*, demandando *novos instrumentos interpretativos* e *institucionais*.

Nesse ponto, o *Direito Tributário Quântico* encontra sua *expressão operativa*: um *sistema normativo que colapsa suas possibilidades não pela arbitrariedade de decisões isoladas*, mas pela *inteligência coletiva das instituições*, pela *responsividade de suas regras* e pela *capacidade de aprender com o mundo que regula*.

CONCLUSÃO

1. SÍNTESE DAS DESCOBERTAS E IMPLICAÇÕES PARA A CIÊNCIA DO DIREITO

A obra aqui concluída se estruturou sobre uma *hipótese ousada e necessária*: o sistema jurídico-tributário contemporâneo opera, cada vez mais, sob condições que se assemelham à *estrutura da realidade quântica – instabilidade interpretativa, simultaneidade de normas, incerteza institucional* e *colapsos decisórios* mediados por *observações jurídico-computacionais*.

Partindo das reflexões desenvolvidas ao longo desta obra, torna-se possível esboçar uma *proposta de reinterpretação dos fundamentos da ciência jurídica tributária*, à luz das transformações que caracterizam o mundo contemporâneo.

Tal proposta, que tem sido discutida sob a denominação de *Direito Tributário Quântico*, não busca *substituir modelos anteriores*, mas enriquecer o *repertório metodológico* e *hermenêutico do campo tributário*, explorando a ideia de que a *norma fiscal pode ser compreendida não como um comando fixo, absoluto e atemporal*, mas como uma *função probabilística de incidência*, condicionada por *contextos econômicos, padrões comportamentais* e *decisões institucionais* operando em *regime de retroalimentação*.

Essa abordagem, sustentada por um *esforço rigoroso de interdisciplinaridade e transdisciplinaridade*, sugere que a *dogmática tributária* pode se *beneficiar da incorporação crítica de conceitos e métodos oriundos de campos como a física moderna* (especialmente a *teoria da incerteza* e dos *sistemas complexos*), a *ciência de dados*, a *engenharia institucional* e a *economia digital*.

Com base nesse *diálogo epistemológico*, torna-se possível *repensar categorias clássicas do Direito Tributário* à luz de noções como *superposição normativa, colapso hermenêutico, estados de risco fiscal, inferência normativa por aprendizado de máquina* e *adaptabilidade institucional contínua*.

A *ciência jurídica*, nesse horizonte ampliado, *não se limita à exegese normativa* ou à *sistematização doutrinária*: se abre à *modelagem da complexidade*, à *simulação de impactos regulatórios*, à *auditoria de algoritmos decisórios* e à *construção dinâmica da legitimidade em ambientes marcados por incerteza estrutural*.

Trata-se de uma *mudança de enfoque*, em que a *racionalidade jurídica não é mais concebida como um sistema isolado*, mas como *parte de uma ecologia normativa mais ampla*, que interage com *dados, tecnologias, processos institucionais* e *expectativas sociais em tempo real.*

Do *ponto de vista metodológico*, a obra procurou demonstrar que a *dogmática tributária contemporânea* não pode mais se limitar às *fronteiras convencionais do Direito.* É necessário desenvolver uma *gramática normativa* que dialogue com *sistemas não lineares*, que se *alimente de evidência empírica*, que seja *testável por meio de simulação computacional* e que esteja *aberta à retroalimentação constante entre norma e realidade.*

Essa postura *não enfraquece os princípios jurídicos* – ao contrário, *reforça sua legitimidade ao integrá-los em uma racionalidade institucional mais sofisticada, auditável, adaptativa* e *orientada por justiça distributiva em ambientes complexos.*

Dessa forma, mais do que *propor um novo paradigma de forma prescritiva*, esta reflexão busca *contribuir com a construção de um espaço teórico de experimentação normativa*, em que a *função do jurista se expanda*: de *intérprete da legalidade* a *arquiteto de modelos regulatórios* capazes de operar com precisão, responsividade e legitimidade em sistemas marcados por instabilidade, interdependência e transformação constante.

2. O IMPACTO DA QUANTIZAÇÃO NORMATIVA NO CONTENCIOSO E NA ARRECADAÇÃO FISCAL

A adoção da *quantização normativa* como *eixo estruturante do sistema tributário* produz *transformações radicais no contencioso* e na *arrecadação fiscal.*

No *plano contencioso*, a *compreensão da norma como um campo de possibilidades* – e não como um *comando unívoco* – impõe a *reformulação da atividade interpretativa.*

O *contencioso* passa a ser visto como um *processo de colapso institucional da sobreposição hermenêutica*, no qual a *decisão judicial* ou *administrativa* atualiza um dos *múltiplos significados latentes da norma*, com base em *padrões, precedentes, dados* e *responsabilidade distributiva.* Com isso, o *litígio* deixa de ser *mera aplicação* e passa a ser, também, *gestão institucional da instabilidade.*

Essa nova racionalidade *transforma o papel dos tribunais*, que devem atuar *não apenas como aplicadores da lei*, mas também como *sistemas adaptativos de controle normativo*, capazes de identificar *zonas de instabilidade, modular efeitos, evitar jurisprudência disruptiva* e *retroalimentar o sistema com precedentes parametrizados.*

Além disso, o *uso de inteligência artificial aplicada ao contencioso fiscal* permitirá *simular cenários de julgamento, prever comportamentos institucionais* e *antecipar litígios*, com o objetivo de *promover regularizações espontâneas* e *decisões com menor assimetria informacional.*

No *plano arrecadatório*, a *quantização normativa* permite a *transição de um modelo declaratório* e *punitivo* para um *sistema de arrecadação parametrizada, preditiva* e *contínua.*

CONCLUSÃO **289**

O *tributo* deixa de ser apenas *resultado de um lançamento* formal e passa a ser *inferido por algoritmos com base em padrões comportamentais, redes transacionais, inferência estatística e regras normativas parametrizadas.* Isso *reduz custos de conformidade, aumenta a eficiência arrecadatória, minimiza a evasão* e permite o *desenho de estruturas fiscais compatíveis com a justiça distributiva em tempo real.*

Contudo, esses ganhos exigem *mecanismos robustos de auditabilidade algorítmica, controle jurídico das inferências, transparência decisória* e *equilíbrio entre automação e responsabilidade institucional.* A *arrecadação inteligente não é sinônimo de opacidade técnica.* O desafio será construir um sistema que *arrecade com precisão* e *distribua com justiça* – sem violar as *garantias fundamentais do Estado de Direito.*

3. CONSIDERAÇÕES FINAIS SOBRE A INTERSEÇÃO ENTRE DIREITO TRIBUTÁRIO, ECONOMIA, FÍSICA E TECNOLOGIA

Ao longo desta obra, tornou-se evidente que *não há mais como pensar o Direito Tributário em isolamento dogmático.* A *realidade tributária do século XXI* exige uma *abordagem plural, integrada* e *transdisciplinar,* em que os *conceitos jurídicos dialoguem com os modelos econômicos,* as *estruturas físicas da instabilidade* e os *sistemas computacionais que materializam as normas no plano operacional.*

A fronteira entre *Direito, Economia, Física* e *Tecnologia* deixou de ser uma *zona de colaboração facultativa* e se tornou *condição de possibilidade da própria legitimidade normativa.*

A *física quântica* ensinou-nos que *não há realidade fixa fora da observação.* A *economia comportamental* demonstrou que *agentes reagem de forma adaptativa às estruturas de incentivos.* A *ciência de dados* revelou que *padrões complexos podem ser inferidos com precisão a partir de grandes volumes de informação.* E a *engenharia computacional* nos apresentou um mundo no qual *as normas não são apenas escritas –* são *executadas, auditadas* e *reconfiguradas em tempo real.*

Diante da *complexidade crescente* que caracteriza os *sistemas fiscais contemporâneos,* talvez não se trate de *oferecer respostas definitivas,* mas de *abrir caminhos para novas perguntas.* Nesse sentido, o *Direito Tributário Quântico* não pretende se *impor como verdade última* ou *modelo hegemônico,* mas se apresenta como *uma proposta de investigação sofisticada, democrática* e *intelectualmente comprometida* com os desafios do presente e do futuro.

Mais do que um *campo acadêmico emergente,* o que aqui se delineia é a *possibilidade de construir, coletivamente,* um *projeto de racionalidade fiscal em tempos de incerteza* – um projeto que *substitua a rigidez pela governança adaptativa;* a *arbitrariedade pela parametrização responsável;* a *opacidade pela auditabilidade algorítmica* e a *desigualdade estrutural por mecanismos concretos de justiça distributiva.* Trata-se, portanto, de um *convite ao debate interdisciplinar* e à *construção colaborativa de soluções jurídicas compatíveis com as exigências de um mundo em transformação.*

REFERÊNCIAS BIBLIOGRÁFICAS

CAPÍTULO 1 – ATRIBUTOS QUÂNTICOS DOS SISTEMAS TRIBUTÁRIOS

AUERBACH, Alan J.; FELDSTEIN, Martin. Handbook of public economics. 5. ed. Amsterdam: Elsevier, 2013.

AVI-YONAH, Reuven S. International tax as international law: an analysis of the international tax regime. Cambridge: Cambridge University Press, 2007.

BARABÁSI, Albert-László. Network science. Cambridge: Cambridge University Press, 2016.

BARRETO, Paulo César. Justiça fiscal e tributação. São Paulo: Noeses, 2014.

BOHM, David. Wholeness and the implicate order. London: Routledge, 1980.

CARVALHO, Paulo de Barros. Curso de direito tributário. 30. ed. São Paulo: Saraiva, 2018.

DEVERAUX, Michael P. Taxing profit in a global economy. Oxford: Oxford University Press, 2021.

DWORKIN, Ronald. Sovereign virtue: the theory and practice of equality. Cambridge: Harvard University Press, 2000.

EASLEY, David; KLEINBERG, Jon. Networks, crowds, and markets: reasoning about a highly connected world. Cambridge: Cambridge University Press, 2010.

GADZO, Stjepan. Nexus requirements for taxation of non-residents' business income: a normative evaluation in the context of the global economy. Alphen aan den Rijn: Kluwer Law International, 2018.

GIGERENZER, Gerd. Calculated risks: how to know when numbers deceive you. New York: Simon & Schuster, 2002.

GORDON, Roger H.; HINES Jr., James R. International taxation. Amsterdam: Elsevier, 2002.

GRAETZ, Michael J. Follow the money: essays on international taxation and public finance. New Haven: Yale University Press, 2016.

GRIFFITH, Rachel; MILLER, Helen. Tax design and the digital economy. Oxford: Oxford University Press, 2020.

GUTMANN, Amy; THOMPSON, Dennis. Democracy and disagreement. Cambridge: Harvard University Press, 1996.

HEISENBERG, Werner. Physics and philosophy: the revolution in modern science. New York: Harper & Row, 1958.

HOLMES, Stephen; SUNSTEIN, Cass R. The cost of rights: why liberty depends on taxes. New York: W. W. Norton & Company, 1999.

KIEKEBELD, Ben J. Harmful tax competition in the European Union. Alphen aan den Rijn: Kluwer Law International, 2004.

MACHADO, Hugo de Brito. Curso de direito tributário. 38. ed. São Paulo: Malheiros, 2017.

MIRRLEES, James et al. Dimensions of tax design: the Mirrlees review. Oxford: Oxford University Press, 2010.

MURPHY, Liam B. Fairness and taxation. Harvard Law Review, v. 112, p. 1173-1221, 1999.

NEWMAN, Mark E. J. The structure and function of complex networks. SIAM Review, v. 45, n. 2, p. 167-256, 2003.

NIELSEN, Michael A.; CHUANG, Isaac L. Quantum computation and quantum information. Cambridge: Cambridge University Press, 2010.

NOZICK, Robert. Anarchy, state, and utopia. New York: Basic Books, 1974.

OECD. Global anti-base erosion model rules (Pillar Two). Paris: OECD Publishing, 2023. Disponível em: https://www.oecd.org/tax/. Acesso em: 12 mar. 2025.

OECD. Tax administration 3.0: the digital transformation of tax administration. Paris: OECD Publishing, 2020. Disponível em: https://www.oecd.org/tax/. Acesso em: 12 mar. 2025.

PENROSE, Roger. The road to reality: a complete guide to the laws of the universe. New York: Vintage Books, 2005.

PIKETTY, Thomas. Capital in the twenty-first century. Cambridge: Harvard University Press, 2013.

RAWLS, John. A theory of justice. Cambridge: Harvard University Press, 1971.

SAEZ, Emmanuel; ZUCMAN, Gabriel. The triumph of injustice: how the rich dodge taxes and how to make them pay. New York: W. W. Norton & Company, 2019.

SCHOUERI, Luís Eduardo. Princípios tributários e liberdade. São Paulo: Malheiros, 2005.

SEN, Amartya. The idea of justice. Cambridge: Harvard University Press, 2009.

SLEMROD, Joel; GILLITZER, Christian. Tax systems. Cambridge: MIT Press, 2013.

STIGLITZ, Joseph E. Economics of the public sector. 3. ed. New York: W. W. Norton & Company, 2000.

STROGATZ, Steven H. Nonlinear dynamics and chaos: with applications to physics, biology, chemistry, and engineering. Boulder: Westview Press, 1994.

THOMPSON, Dennis F. Democratic theory and taxation. Journal of Political Philosophy, v. 17, n. 2, p. 202-228, 2009.

TORRES, Ricardo Lobo. Tratado de direito financeiro e de direito tributário. Rio de Janeiro: Renovar, 2000.

VOGEL, Klaus. Double taxation conventions: a commentary. The Hague: Kluwer Law International, 2015.

WALLACE, David. The emergent multiverse: quantum theory according to the Everett interpretation. Oxford: Oxford University Press, 2012.

WORLD BANK. Measuring tax complexity and uncertainty: evidence from 30 countries. Washington, D.C.: The World Bank, 2021.

WORLD BANK. The changing nature of work: World Development Report 2019. Washington, D.C.: The World Bank, 2019. Disponível em: https://www.worldbank.org/en/publication/wdr2019. Acesso em: 12 mar. 2025.

ZUCMAN, Gabriel. The hidden wealth of nations: the scourge of tax havens. Chicago: University of Chicago Press, 2015.

ZUREK, Wojciech H. Quantum Darwinism. Nature Physics, v. 5, p. 181-188, 2009.

CAPÍTULO 2 – INTERCONEXÃO FISCAL GLOBAL E A SUPERPOSIÇÃO TRIBUTÁRIA

AMARO, Luciano. Direito tributário brasileiro. 27. ed. São Paulo: Saraiva, 2021.

AUERBACH, Alan J.; FELDSTEIN, Martin. Handbook of public economics. 5. ed. Amsterdam: Elsevier, 2013.

AVI-YONAH, Reuven S. International tax as international law: an analysis of the international tax regime. Cambridge: Cambridge University Press, 2007.

BALEEIRO, Aliomar. Direito tributário brasileiro. 11. ed. Rio de Janeiro: Forense, 2001.

BARABÁSI, Albert-László. Network science. Cambridge: Cambridge University Press, 2016.

DEVEREUX, Michael P. Taxing profit in a global economy. Oxford: Oxford University Press, 2021.

DWORKIN, Ronald. Sovereign virtue: the theory and practice of equality. Cambridge: Harvard University Press, 2000.

EASLEY, David; KLEINBERG, Jon. Networks, crowds, and markets: reasoning about a highly connected world. Cambridge: Cambridge University Press, 2010.

GADZO, Stjepan. Nexus requirements for taxation of non-residents' business income: a normative evaluation in the context of the global economy. Alphen aan den Rijn: Kluwer Law International, 2018.

GIGERENZER, Gerd. Calculated risks: how to know when numbers deceive you. New York: Simon & Schuster, 2002.

GRECO, Marco Aurélio. Direito tributário internacional: limites constitucionais à tributação da renda. São Paulo: Dialética, 2003.

GRIFFITH, Rachel; MILLER, Helen. Tax design and the digital economy. Oxford: Oxford University Press, 2020.

HOLMES, Stephen; SUNSTEIN, Cass R. The cost of rights: why liberty depends on taxes. New York: W. W. Norton & Company, 1999.

IMF. Fiscal policy and inequality. Washington, D.C.: International Monetary Fund, 2014. Disponível em: https://www.imf.org/en/Publications/WP/Issues/2016/12/30/Fiscal-Policy-and-Inequality-42288. Acesso em: 12 mar. 2025.

KEMMERLING, Achim. Taxing the rich in Latin America: the role of ideas in policy making. Journal of Public Policy, v. 42, n. 2, p. 1-23, 2022.

KIEKEBELD, Ben J. Harmful tax competition in the European Union. Alphen aan den Rijn: Kluwer Law International, 2004.

MIRRLEES, James et al. Dimensions of tax design: the Mirrlees review. Oxford: Oxford University Press, 2010.

MORIN, Edgar. La Méthode: la nature de la nature. Paris: Seuil, 1977.

MURPHY, Liam B. Fairness and taxation. Harvard Law Review, v. 112, p. 1173-1221, 1999.

NEWMAN, Mark E. J. The structure and function of complex networks. SIAM Review, v. 45, n. 2, p. 167-256, 2003.

OECD. Addressing base erosion and profit shifting (BEPS). Paris: OECD Publishing, 2013. Disponível em: https://www.oecd.org/tax/beps/. Acesso em: 12 mar. 2025.

OECD. Tax administration 3.0: the digital transformation of tax administration. Paris: OECD Publishing, 2020. Disponível em: https://www.oecd.org/tax/. Acesso em: 12 mar. 2025.

PIKETTY, Thomas. Capital in the twenty-first century. Cambridge: Harvard University Press, 2013.

PORTO, Walter Costa. Justiça fiscal na federação brasileira. São Paulo: RT, 2016.

RAWLS, John. A theory of justice. Cambridge: Harvard University Press, 1971.

SAEZ, Emmanuel; ZUCMAN, Gabriel. The triumph of injustice: how the rich dodge taxes and how to make them pay. New York: W. W. Norton & Company, 2019.

SEN, Amartya. The idea of justice. Cambridge: Harvard University Press, 2009.

SILVA, José Afonso da. Curso de direito constitucional positivo. 41. ed. São Paulo: Malheiros, 2019.

SOUZA, Jessé. A elite do atraso: da escravidão à Lava Jato. 2. ed. Rio de Janeiro: Leya, 2018.

STIGLITZ, Joseph E. Globalization and its discontents revisited: anti-globalization in the era of Trump. New York: W. W. Norton & Company, 2017.

STROGATZ, Steven H. Nonlinear dynamics and chaos: with applications to physics, biology, chemistry, and engineering. Boulder: Westview Press, 1994.

THOMPSON, Dennis F. Democratic theory and taxation. Journal of Political Philosophy, v. 17, n. 2, p. 202-228, 2009.

VOGEL, Klaus. Double taxation conventions: a commentary. The Hague: Kluwer Law International, 2015.

WORLD BANK. The changing nature of work: World Development Report 2019. Washington, D.C.: The World Bank, 2019. Disponível em: https://www.worldbank.org/en/publication/wdr2019. Acesso em: 12 mar. 2025.

YOUNG, Arthur. International taxation and the digital economy. London: Edward Elgar, 2021.

ZUCMAN, Gabriel. The hidden wealth of nations: the scourge of tax havens. Chicago: University of Chicago Press, 2015.

CAPÍTULO 3 – A FÍSICA DA INCERTEZA

AUERBACH, Alan J.; FELDSTEIN, Martin. *Handbook of public economics*. 5. ed. Amsterdam: Elsevier, 2013.

BARABÁSI, Albert-László. *Network science*. Cambridge: Cambridge University Press, 2016.

BOHM, David. *Wholeness and the implicate order*. London: Routledge, 1980.

DWORKIN, Ronald. *Sovereign virtue: the theory and practice of equality*. Cambridge: Harvard University Press, 2000.

EASLEY, David; KLEINBERG, Jon. *Networks, crowds, and markets: reasoning about a highly connected world*. Cambridge: Cambridge University Press, 2010.

GIGERENZER, Gerd. *Calculated risks: how to know when numbers deceive you*. New York: Simon & Schuster, 2002.

GRAETZ, Michael J. *Follow the money: essays on international taxation and public finance*. New Haven: Yale University Press, 2016.

GRIFFITH, Rachel; MILLER, Helen. *Tax design and the digital economy*. Oxford: Oxford University Press, 2020.

HEISENBERG, Werner. *Physics and philosophy: the revolution in modern science*. New York: Harper & Row, 1958.

HOLMES, Stephen; SUNSTEIN, Cass R. *The cost of rights: why liberty depends on taxes*. New York: W. W. Norton & Company, 1999.

INTERNATIONAL MONETARY FUND. *Uncertainty and fiscal policy*. Washington, D.C.: IMF, 2018. Disponível em: https://www.imf.org/en/Publications/WP/Issues/2018/07/23/Uncertainty-and-Fiscal-Policy-46153. Acesso em: 23 out. 2024.

MACHADO, Hugo de Brito. *Curso de direito tributário*. 38. ed. São Paulo: Malheiros, 2017.

MIRRLEES, James. Optimal taxation and income distribution. *Review of Economic Studies*, v. 38, n. 2, p. 175-208, 1971.

MIRRLEES, James et al. *Dimensions of tax design: the Mirrlees review*. Oxford: Oxford University Press, 2010.

MORIN, Edgar. *La Méthode: la nature de la nature*. Paris: Seuil, 1977.

MURPHY, Liam B. Fairness and taxation. *Harvard Law Review*, v. 112, p. 1173-1221, 1999.

NEWMAN, Mark E. J. The structure and function of complex networks. *SIAM Review*, v. 45, n. 2, p. 167-256, 2003.

NIELSEN, Michael A.; CHUANG, Isaac L. *Quantum computation and quantum information*. Cambridge: Cambridge University Press, 2010.

OECD. *Tax administration 3.0: the digital transformation of tax administration*. Paris: OECD Publishing, 2020. Disponível em: https://www.oecd.org/tax/. Acesso em: 25 out. 2024.

OECD. *Tax uncertainty and the digital economy*. Paris: OECD Publishing, 2022. Disponível em: https://www.oecd.org/tax/. Acesso em: 24 out. 2024.

PENROSE, Roger. *The road to reality: a complete guide to the laws of the universe*. New York: Vintage Books, 2005.

PIKETTY, Thomas. *Capital in the twenty-first century*. Cambridge: Harvard University Press, 2013.

POPPER, Karl. *The logic of scientific discovery*. London: Routledge, 2002.

RAWLS, John. *A theory of justice*. Cambridge: Harvard University Press, 1971.

SCHOUERI, Luís Eduardo. *Princípios tributários e liberdade*. São Paulo: Malheiros, 2005.

SEN, Amartya. *The idea of justice*. Cambridge: Harvard University Press, 2009.

SILVA, José Afonso da. *Curso de direito constitucional positivo*. 41. ed. São Paulo: Malheiros, 2019.

SLEMROD, Joel; GILLITZER, Christian. *Tax systems*. Cambridge: MIT Press, 2013.

STIGLITZ, Joseph E. *The price of inequality: how today's divided society endangers our future*. New York: W. W. Norton & Company, 2012.

STROGATZ, Steven H. *Nonlinear dynamics and chaos: with applications to physics, biology, chemistry, and engineering*. Boulder: Westview Press, 1994.

THOMPSON, Dennis F. Democratic theory and taxation. *Journal of Political Philosophy*, v. 17, n. 2, p. 202-228, 2009.

WORLD BANK. *Measuring tax complexity and uncertainty: evidence from 30 countries*. Washington, D.C.: The World Bank, 2021.

ZUCMMAN, Gabriel. *The hidden wealth of nations: the scourge of tax havens*. Chicago: University of Chicago Press, 2015.

ZUCMMAN, Gabriel. Taxing across borders: tracking personal wealth and corporate profits. *Journal of Economic Perspectives*, v. 28, n. 4, p. 121-148, 2014.

ZUREK, Wojciech H. Decoherence and the transition from quantum to classical. *Physics Today*, v. 44, p. 36-44, 1991.

CAPÍTULO 4 – DIREITO TRIBUTÁRIO QUÂNTICO NA PRÁTICA

AGGARWAL, Charu C. *Neural networks and deep learning: a textbook*. Cham: Springer, 2018.

AMARO, Luciano. *Direito tributário brasileiro*. 27. ed. São Paulo: Saraiva, 2021.

BARABÁSI, Albert-László. *Network science*. Cambridge: Cambridge University Press, 2016.

BRYNJOLFSSON, Erik; MCAFEE, Andrew. *Machine, platform, crowd: harnessing our digital future*. New York: W. W. Norton & Company, 2017.

CARVALHO, Paulo de Barros. *Curso de direito tributário*. 30. ed. São Paulo: Saraiva, 2018.

CASEY, Michael J.; VIGNA, Paul. *The truth machine: the blockchain and the future of everything*. New York: St. Martin's Press, 2018.

COCKFIELD, Arthur J. *The impact of digital technology on taxation: challenges and policy responses*. Toronto: University of Toronto Press, 2020.

COIN, Graeme; SKINNER, Chris. *The automated state: how AI and blockchain are changing government and taxation*. London: Palgrave Macmillan, 2022.

EASLEY, David; KLEINBERG, Jon. *Networks, crowds, and markets: reasoning about a highly connected world*. Cambridge: Cambridge University Press, 2010.

GIGERENZER, Gerd. *Calculated risks: how to know when numbers deceive you*. New York: Simon & Schuster, 2002.

GRAETZ, Michael J. *Follow the money: essays on international taxation and public finance*. New Haven: Yale University Press, 2016.

MACHADO, Hugo de Brito. *Curso de direito tributário*. 38. ed. São Paulo: Malheiros, 2017.

MITCHELL, Tom. *Machine learning*. New York: McGraw-Hill, 1997.

NARAYANAN, Arvind; BONNEAU, Joseph; FELTEN, Edward W.; MILLER, Andrew; GOLDFEDER, Steven. *Bitcoin and cryptocurrency technologies: a comprehensive introduction*. Princeton: Princeton University Press, 2016.

NEWMAN, Mark E. J. The structure and function of complex networks. *SIAM Review*, v. 45, n. 2, p. 167-256, 2003.

OECD. *Artificial intelligence in tax administration: emerging trends and best practices*. Paris: OECD Publishing, 2021. Disponível em: https://www.oecd.org/tax/digitalisation/. Acesso em: 30 nov. 2024.

OECD. *Blockchain technology in taxation: opportunities and challenges*. Paris: OECD Publishing, 2021.

OECD. *Tax administration 3.0: the digital transformation of tax administration*. Paris: OECD Publishing, 2020. Disponível em: https://www.oecd.org/tax/. Acesso em: 30 nov. 2024.

OECD. *Addressing base erosion and profit shifting (BEPS)*. Paris: OECD Publishing, 2013. Disponível em: https://www.oecd.org/tax/beps/. Acesso em: 30 nov. 2024.

RUSSELL, Stuart; NORVIG, Peter. *Artificial intelligence: a modern approach*. Upper Saddle River: Pearson, 2020.

SCHOUERI, Luís Eduardo. *Princípios tributários e liberdade*. São Paulo: Malheiros, 2005.

SILVA, José Afonso da. *Curso de direito constitucional positivo*. 41. ed. São Paulo: Malheiros, 2019.

STROGATZ, Steven H. *Nonlinear dynamics and chaos: with applications to physics, biology, chemistry, and engineering*. Boulder: Westview Press, 1994.

SWAN, Melanie. *Blockchain: blueprint for a new economy*. Sebastopol: O'Reilly Media, 2015.

TAPSCOTT, Don; TAPSCOTT, Alex. *Blockchain revolution: how the technology behind bitcoin and other cryptocurrencies is changing the world*. New York: Portfolio, 2016.

VOGEL, Klaus. *Double taxation conventions: a commentary*. The Hague: Kluwer Law International, 2015.

VUKOLIC, Marko. *The quest for scalable blockchain fabric: a technology overview*. Berlin: Springer, 2018.

WORLD BANK. *Big data in tax administration: improving taxpayer services with advanced analytics*. Washington, D.C.: The World Bank, 2021.

WORLD BANK. *Digital taxation: the role of AI and blockchain in fiscal policy*. Washington, D.C.: The World Bank, 2021.

WORLD BANK. *The changing nature of work: World Development Report 2019*. Washington, D.C.: The World Bank, 2019. Disponível em: https://www.worldbank.org/en/publication/wdr2019. Acesso em: 01 dez. 2024.

CAPÍTULO 5 – O FUTURO DO DIREITO TRIBUTÁRIO EM UM MUNDO QUÂNTICO

AVI-YONAH, Reuven S. Advanced introduction to international tax law. Cheltenham: Edward Elgar, 2015.

BARABÁSI, Albert-László. Network science. Cambridge: Cambridge University Press, 2016.

BRYNJOLFSSON, Erik; MCAFEE, Andrew. Machine, platform, crowd: harnessing our digital future. New York: W. W. Norton & Company, 2017.

CARVALHO, Paulo de Barros. Curso de direito tributário. 30. ed. São Paulo: Saraiva, 2018.

CASEY, Michael J.; VIGNA, Paul. The truth machine: the blockchain and the future of everything. New York: St. Martin's Press, 2018.

COCKFIELD, Arthur J. The impact of digital technology on taxation: challenges and policy responses. Toronto: University of Toronto Press, 2020.

COIN, Graeme; SKINNER, Chris. The automated state: how AI and blockchain are changing government and taxation. London: Palgrave Macmillan, 2022.

DWORKIN, Ronald. Sovereign virtue: the theory and practice of equality. Cambridge: Harvard University Press, 2000.

EASLEY, David; KLEINBERG, Jon. Networks, crowds, and markets: reasoning about a highly connected world. Cambridge: Cambridge University Press, 2010.

GIGERENZER, Gerd. Calculated risks: how to know when numbers deceive you. New York: Simon & Schuster, 2002.

GRAETZ, Michael J. Follow the money: essays on international taxation and public finance. New Haven: Yale University Press, 2016.

HOLMES, Stephen; SUNSTEIN, Cass R. The cost of rights: why liberty depends on taxes. New York: W. W. Norton & Company, 1999.

MITCHELL, Tom. Machine learning. New York: McGraw-Hill, 1997.

NARAYANAN, Arvind; BONNEAU, Joseph; FELTEN, Edward W.; MILLER, Andrew; GOLDFEDER, Steven. Bitcoin and cryptocurrency technologies: a comprehensive introduction. Princeton: Princeton University Press, 2016.

NEWMAN, Mark E. J. The structure and function of complex networks. SIAM Review, v. 45, n. 2, p. 167-256, 2003.

OECD. Artificial intelligence in tax administration: emerging trends and best practices. Paris: OECD Publishing, 2021. Disponível em: https://www.oecd.org/tax/digitalisation/. Acesso em: 12 mar. 2025.

OECD. Blockchain technology in taxation: opportunities and challenges. Paris: OECD Publishing, 2021.

OECD. Tax and digitalisation: the future of global tax systems. Paris: OECD Publishing, 2022. Disponível em: https://www.oecd.org/tax/digitalisation/. Acesso em: 12 mar. 2025.

PISTONE, Pasquale; BAEZ, Andres. Taxing the digital economy: the EU proposals and international perspectives. Amsterdam: IBFD, 2021.

RAWLS, John. A theory of justice. Cambridge: Harvard University Press, 1971.

RUSSELL, Stuart; NORVIG, Peter. Artificial intelligence: a modern approach. Upper Saddle River: Pearson, 2020.

SCHOUERI, Luís Eduardo. Princípios tributários e liberdade. São Paulo: Malheiros, 2005.

SEN, Amartya. The idea of justice. Cambridge: Harvard University Press, 2009.

SILVA, José Afonso da. Curso de direito constitucional positivo. 41. ed. São Paulo: Malheiros, 2019.

STROGATZ, Steven H. Nonlinear dynamics and chaos: with applications to physics, biology, chemistry, and engineering. Boulder: Westview Press, 1994.

SWAN, Melanie. Blockchain: blueprint for a new economy. Sebastopol: O'Reilly Media, 2015.

TAPSCOTT, Don; TAPSCOTT, Alex. Blockchain revolution: how the technology behind bitcoin and other cryptocurrencies is changing the world. New York: Portfolio, 2016.

THOMPSON, Dennis F. Democratic theory and taxation. Journal of Political Philosophy, v. 17, n. 2, p. 202-228, 2009.

VOGEL, Klaus. Double taxation conventions: a commentary. The Hague: Kluwer Law International, 2015.

VUKOLIC, Marko. The quest for scalable blockchain fabric: a technology overview. Berlin: Springer, 2018.

WORLD BANK. AI and big data in tax collection: policy challenges and opportunities. Washington, D.C.: The World Bank, 2023.

WORLD BANK. The role of digital infrastructure in tax administration. Washington, D.C.: The World Bank, 2023.

WORLD ECONOMIC FORUM. Blockchain and distributed ledger technology: a global tax perspective. Geneva: WEF, 2022.